UTB 2958

UTB

Eine Arbeitsgemeinschaft der Verlage

Beltz Verlag Weinheim · Basel
Böhlau Verlag Köln · Weimar · Wien
Verlag Barbara Budrich Opladen · Farmington Hills
facultas.wuv Wien
Wilhelm Fink München
A. Francke Verlag Tübingen und Basel
Haupt Verlag Bern · Stuttgart · Wien
Julius Klinkhardt Verlagsbuchhandlung Bad Heilbrunn
Lucius & Lucius Verlagsgesellschaft Stuttgart
Mohr Siebeck Tübingen
C. F. Müller Verlag Heidelberg
Orell Füssli Verlag Zürich
Verlag Recht und Wirtschaft Frankfurt am Main
Ernst Reinhardt Verlag München · Basel
Ferdinand Schöningh Paderborn · München · Wien · Zürich
Eugen Ulmer Verlag Stuttgart
UVK Verlagsgesellschaft Konstanz
Vandenhoeck & Ruprecht Göttingen
vdf Hochschulverlag AG an der ETH Zürich

Frankfurter Allgemeine Ze
DIE ZEIT
Le Monde
Saint-Tropez brille encore au soleil
Russlands

KLAUS MEIER

Journalistik

UTB basics

UVK Verlagsgesellschaft

Der Autor
Dr. Klaus Meier ist Professor für Journalistik an der Hochschule Darmstadt. Er lehrt in den Studiengängen Online-Journalismus und Wissenschaftsjournalismus.

Bibliografische Information der Deutschen Nationalbibliothek
Die Deutsche Nationalbibliothek verzeichnet diese Publikation in der Deutschen Nationalbibliografie; detaillierte bibliografische Daten sind im Internet über http://dnb.ddb.de abrufbar.

ISBN 978-3-8252-2958-0

Einbandgestaltung und Grundlayout: Atelier Reichert, Stuttgart
Satz: PTP-Berlin Protago-TEX-Production GmbH, Berlin
Lektorat: LMF – Lektoratsbüro Maria Fuchs, Brühl
Druck: Ebner & Spiegel, Ulm

UVK Verlagsgesellschaft mbH
Schützenstr. 24 · D-78462 Konstanz
Tel.: 07531-9053-0 · Fax: 07531-9053-98
www.uvk.de

Inhalt

Vorwort 9

1 Journalistik und Journalismusforschung 12

1.1 Gegenstand und Perspektiven des Fachs 12
1.1.1 Was ist Journalismus? 12
1.1.2 Journalismus und Demokratie 14
1.1.3 Was ist Journalistik? 17
1.1.4 Publizistik, Kommunikationswissenschaft, Medienwissenschaft 20
1.2 Theorien des Journalismus 23
1.2.1 Wissenschaftliche Theorie und Alltagstheorie 23
1.2.2 Übersicht: Neun Theoriekonzepte 25
1.2.3 Beispiel I: ein systemtheoretischer Ansatz 27
1.2.4 Beispiel II: Cultural Studies als kulturtheoretischer Ansatz 35
1.3 Journalismusforschung 39
1.3.1 Grundlagen empirischer Sozialforschung 39
1.3.2 Methoden empirischer Journalismusforschung 47
1.3.3 Grundlagenforschung und anwendungsorientierte Forschung 57

2 Journalismus in der Gesellschaft 65

2.1 Die fünf Ebenen des Journalismus 65
2.2 Geschichte und Wandel des Journalismus 69
2.2.1 Etappen der Journalismusgeschichte 70
2.2.2 Beispiele für lange wirkende Traditionen 78
2.3 Kommunikationsfreiheit und Mediensysteme 81
2.3.1 Kommunikationsfreiheit als Kennzeichen demokratischer Mediensysteme 82
2.3.2 Mediensysteme im Vergleich 85

3 Journalismus und sein Publikum 93

3.1 Publikumsforschung 93
3.2 Mediennutzung im Wandel 104
3.3 Wirkung des Journalismus 111

4 Medienorganisationen 121

4.1 Medien und Massenkommunikation 121
4.2 Organisationsformen und Ökonomie der Massenmedien 124
4.2.1 Privatwirtschaftlich und öffentlich-rechtlich 125
4.2.2 Der Doppelcharakter privatwirtschaftlicher Medienorganisationen 127
4.2.3 Medienkonzentration und Medienmultis 133
4.2.4 Ökonomische Herausforderungen durch das Internet 137
4.3 Medienlandschaft Deutschland: Basisdaten 141
4.3.1 Nachrichtenagenturen 142
4.3.2 Presselandschaft 143
4.3.3 Rundfunklandschaft 148
4.3.4 Perspektiven 153
4.3.5 Exkurs: Österreich und die Schweiz 155
4.4 Redaktionsorganisation 159

5 Journalistische Routinen 172

5.1 Journalismus, Realität und Objektivität 172
5.2 Darstellungsformen und Berichterstattungsmuster 179
5.3 Nachrichtenauswahl 191
5.4 Journalismus und Public Relations 198

6 Die Journalisten 203

6.1 Journalismus als Beruf 203
6.2 Ausbildung und Kompetenzen 216

7 Aktuelle Debatten der Journalistik ... 224

7.1 Qualität und Qualitätsmanagement ... 224
7.2 Ethik ... 233
7.3 Die Zukunft des Journalismus ... 245

Literaturempfehlungen ... 260

Literaturverzeichnis ... 262

Register ... 273

Vorwort

Ich gebe mit diesem Lehrbuch einen praxisnahen und systematischen Überblick über die vielfältigen Erkenntnisse der Journalistik als berufsorientierter wissenschaftlicher Disziplin. Studienanfänger der Journalistik haben häufig – wie ich auch – durch Praktika oder freie Mitarbeit ihre Leidenschaft für den Journalismus entdeckt. Ich möchte Lust wecken, mehr über diesen spannenden und für die Demokratie so wichtigen Beruf zu erfahren – nicht nur durch praktisches Tun im redaktionellen Korsett, sondern auch durch Nachdenken mit Hilfe wissenschaftlicher Methoden und Erkenntnisse im akademischen Freiraum.

Über die Identität des Fachs Journalistik wird seit mehr als 30 Jahren munter diskutiert. Die Studienangebote wurden ausgebaut – und haben sich dabei stark differenziert. Die Erkenntnisse der Journalismusforschung sind ungemein gewachsen. Alle Studiengänge, Lehrstühle und Professuren an Fachhochschulen und Universitäten, die entweder Journalistik oder Journalismus im Namen tragen, haben eines gemeinsam: Sie wollen die Studentinnen und Studenten gründlich auf das Berufsfeld Journalismus vorbereiten – und zwar nicht nur durch praktisches Training, sondern auch mit wissenschaftlicher Forschung und Reflexion.

Dieses Ziel will das vorliegende Lehrbuch unterstützen. Es führt kompakt, aber umfassend in die Wissensgebiete der Journalistik ein und orientiert sich dabei einerseits am Berufsfeld Journalismus, andererseits am anwendungsorientierten Forschungsstand der Publizistik-, Medien- und Kommunikationswissenschaft.

Das Lehrbuch soll sowohl dem aktuellen Wandel des Journalismus als auch den Ansprüchen der neuen Bachelor- und Master-Studiengänge gerecht werden. Es versteht sich als Ergänzung zu praktischen Leitfäden und Ratgebern, die sich auf Tipps zum journalistischen Recherchieren, Schreiben und Produzieren konzentrieren – was in der Journalistenausbildung zwar elementar ist, aber angesichts des dynamischen Wandels der Medienmärkte, -techniken und -produkte bei weitem nicht ausreicht.

Dieses Buch ist konzipiert für das Studium der Journalistik im Haupt- und Nebenfach, bietet aber auch eine Orientierung für Studierende anderer (Medien-)Studiengänge und für das Selbststudium mit Berufsziel Journalismus. Es dient demnach

- als begleitende Lektüre für Module, Vorlesungen, Seminare und Übungen im Haupt- und Nebenfachstudium Journalistik: vorwiegend als Einführung in den ersten beiden Semestern, aber auch als Vorbereitung auf Abschlussarbeiten und Abschlussprüfungen;
- zum Selbststudium für Studierende anderer Fachrichtungen mit Berufsziel Journalismus;
- zum Selbststudium für Journalistinnen und Journalisten – zum Beispiel in nicht-akademischer Aus- und Weiterbildung –, die in kompakter Form mehr über ihren Beruf wissen wollen und aus der inzwischen vorliegenden Fülle praxisrelevanter Forschung schöpfen möchten.

Die Reihe »UTB basics«, in der dieses Lehrbuch erscheint, gibt in knapper und didaktisch ausgearbeiteter Form einen Überblick über ein Fachgebiet. Der Aufbau ermöglicht eine schnelle Orientierung durch Kapitelübersichten, Merksätze, Definitionen und Zusammenfassungen. Dem Selbststudium dienen Übungsfragen. Wer mehr zu einem Thema wissen möchte, findet nach jedem Kapitel Literaturhinweise auf weiterführende Aufsätze und Bücher. Hier soll das Buch auch zur Vorbereitung von Hausarbeiten, Referaten, Diplom-, Bachelor- oder Masterprojekten nützlich sein: Man kann einzelne Kapitel nachlesen, wenn der Stoff im Studium vorkommt.

Das Buch ist so aufgebaut, dass man die einzelnen Kapitel nicht der Reihe nach lesen muss, sondern modular gezielt Vorlesungsinhalte herausgreifen kann – obschon ein umfassendes Verständnis des Fachs eher beim linearen Lesen entstehen wird. Ich beginne im ersten Kapitel mit einer Klärung des Gegenstands, der Perspektiven, Theorien und Forschungsmethoden der Journalistik. Das zweite Kapitel spannt dann den Rahmen für die weitere Gliederung des Buches auf, die sich an den fünf Ebenen des Journalismus orientiert: den historisch gewachsenen gesellschaftlichen und politischen Rahmenbedingungen, dem Kontext des Publikums, den Medienorganisationen, für die Journalisten tätig sind, den journalistischen Routinen und den Journalisten selbst, ihren sozialen Merkmalen und ihrer Ausbildung. Im letzten Kapitel werden schließlich drei übergreifende, aktuelle Debatten der Journalistik skizziert: über Qualität, Ethik und die Zukunft des Journalismus.

Ich konnte bei diesem Buch – wie generell bei meiner Arbeit an der Hochschule – auf großartige Unterstützung zählen. Ich danke vor allem meinen Kolleginnen und Kollegen an den Journalismus-Studiengängen der Hochschule Darmstadt: Wir diskutieren seit Jahren intensiv über das

Selbstverständnis der Journalistik, über die Konzeption neuer Studieninhalte und Studiengänge. Vor allem Friederike Herrmann und Annette Leßmöllmann gaben mir wertvolle Hinweise zum Manuskript; Peter Seeger, Hartmut Vinçon, Carlo Sommer, Thomas Pleil und Lorenz Lorenz-Meyer, der mit mir die Einführungsvorlesung teilt, waren immer wieder bereit zu fruchtbaren Gesprächen.

Als Gutachter in Akkreditierungsverfahren für neue Studiengänge an anderen Hochschulen hatte ich zudem vielfältige Einblicke in Journalistik-Konzeptionen; als Berater von Redaktionen und Coach in der Journalistenweiterbildung bekam ich die Gelegenheit, an Innovationen im Journalismus mitzudenken und mitzuarbeiten. Ich danke allen, die mir Chancen gaben, über mein Studium und die eigenen Forschungsprojekte hinaus mehr über den Journalismus und seine Wissenschaft zu erfahren.

Darmstadt, im August 2007 Klaus Meier

Das Blog zum Buch

Ein Weblog ergänzt und aktualisiert dieses Lehrbuch. Unter www.journalistik-lehrbuch.de können die Leserinnen und Leser das Buch kommentieren, weitere Lektüreanregungen oder Hinweise auf nötige Aktualisierungen geben – oder ganz einfach mit dem Autor ins Gespräch kommen.

1 | Journalistik und Journalismusforschung

Inhalt

1.1 Gegenstand und Perspektiven des Fachs

1.2 Theorien des Journalismus

1.3 Journalismusforschung

1.1 | Gegenstand und Perspektiven des Fachs

1.1.1 | Was ist Journalismus?

Der Medienalltag

Beginnen wir die Suche nach dem Journalismus mit einem ganz normalen Medienalltag. Am Morgen holt uns der Radiowecker aus dem Schlaf: Popmusik unterbrochen durch kurze Bemerkungen eines launigen Moderators über das miese Wetter. Wir blättern durch die Tageszeitung: Die CDU hat im neuesten Wahlbarometer ein Prozent mehr Zustimmung erhalten und bei Schlecker ist das Duschbad billiger geworden. Auf dem Weg zur Arbeit lesen wir in »DB mobil«, der Kundenzeitschrift der Bahn, ein Porträt des Radsportlers Jan Ullrich. Später dann – am Schreibtisch im Büro – informiert uns das Internet-Angebot eines Fernsehsenders darüber, dass eben jener Jan Ullrich wegen Dopingverdachts von der Tour de France ausgeschlossen wird. Am Abend fesselt uns nach den Nachrichten eine ZDF-Serie an den Fernsehbildschirm: Im »Bundeskanzleramt« simulieren Schauspieler das Berliner Machtzentrum. Wir zappen durch die Programme und stoßen erneut auf Sendungen, die auf ganz unterschiedliche Art und Weise Realität inszenieren: Fußball, »Die Super Nanny«, Talkshow »Berlin Mitte«, »Dschungelshow«, »Harald Schmidt«.

Die Medien: eine große Bühne

Die Massenmedien bieten vielfältige Formen öffentlicher Kommunikation. Sie gleichen einer großen Bühne, auf der vieles gespielt wird. Müssten wir für jedes mediale Format entscheiden, ob es sich um Journalismus handelt oder nicht – wir würden mit Sicherheit viel streiten. Journalismus lässt sich von anderen Aktivitäten im Medienbetrieb nicht klar unterscheiden. Selbst mit einer guten wissenschaftlichen Definition kann man oft nicht nach dem Muster »ja« oder »nein« vorgehen, sondern eher mit Hilfe einer bipolaren Linie: Es handelt sich dann um »mehr« oder »weniger« Journalismus. Das ist für die Wissenschaft höchst unbefriedigend, weshalb oft über Definitionsfragen diskutiert wird und viele Studien zur Theorie des Journalismus um eine sinnvolle Definition ringen (→ vgl. Kap. 1.2; S. 25 f.).

Die folgende Definition stellt die Aufgaben des Journalismus und seine Funktion für die Gesellschaft in den Mittelpunkt:

Definition

Journalismus
Journalismus recherchiert, selektiert und präsentiert Themen, die neu, faktisch und relevant sind. Er stellt Öffentlichkeit her, indem er die Gesellschaft beobachtet, diese Beobachtung über periodische Medien einem Massenpublikum zur Verfügung stellt und dadurch eine gemeinsame Wirklichkeit konstruiert. Diese konstruierte Wirklichkeit bietet Orientierung in einer komplexen Welt.

Aktualität

Die Themen, welche der Journalismus aufgreift, haben also drei Eigenschaften, die gemeinsam den Begriff der *Aktualität* kennzeichnen:

- *Neuigkeit:* Die Ereignisse, auf die sich die Themen beziehen, liegen nur einige Minuten, Stunden oder Tage zurück – je nach Erscheinungsintervall (= Periodizität) des jeweiligen Mediums. Bei Live-Berichterstattung wird sogar Gleichzeitigkeit erreicht. Auch Themen, die nicht direkt an Ereignisse gekopppelt sind, haben *Gegenwartsbezug*.
- *Faktizität:* Es handelt sich um tatsächliche Ereignisse und nicht um Fiktionen. Die Regeln des Journalismus sehen Faktenüberprüfungen vor. Die Faktizität bestimmt damit den unmittelbaren *Quellenbezug* des Journalismus.
- *Relevanz:* Die Themen sind wichtig für die Zielgruppe des jeweiligen Mediums, mitunter für die gesamte Gesellschaft. Das heißt, sie beziehen sich auf die (vermuteten) augenblicklichen Interessen des Publikums. Die Relevanz bestimmt damit den *Gesellschafts- und Publikumsbezug* des Journalismus.

Der Soziologe Niklas Luhmann hat seine Theorie über die Realität der Massenmedien mit dem banalen und doch folgenreichen Satz begon-

Vertrauensgut Journalismus

nen: »Was wir über unsere Gesellschaft, ja über die Welt, in der wir leben, wissen, wissen wir durch die Massenmedien.« (1996: 9) Die moderne Mediengesellschaft verlässt sich auf die durch den Journalismus konstruierte Wirklichkeit – trotz aller Kritik am Journalismus und trotz aller Skepsis, ob das denn alles richtig und wichtig ist, was wir lesen, sehen oder hören. Journalismus ist ein Vertrauensgut: Wir vertrauen darauf, dass die Journalistinnen und Journalisten die für uns wichtigen Themen auswählen und dass die Beschreibungen, die sie liefern, richtig sind – also bestimmte Realitätstests überstanden haben und nicht übertrieben oder gar falsch dargestellt sind. Auf diese Erwartungen hat der Journalismus mit der Entwicklung professioneller Arbeitsweisen – den journalistischen Routinen – reagiert (→ vgl. Kap. 5; S. 172–202): Die Selektionskriterien können mit den Nachrichtenfaktoren beschrieben werden; die Realitätstests beruhen auf den professionellen Kriterien der journalistischen Recherche. Journalismus würde seine gesellschaftliche Orientierungsleistung nicht erfüllen können, wenn er beliebig vorginge.

Andere Medienbereiche adaptieren oder imitieren diese Arbeitsweisen, um ebenfalls Vertrauen zu gewinnen. Die Deutsche Bahn zum Beispiel lässt eine Zeitschrift produzieren, die in den Zügen ausliegt und in der mit journalistischen Darstellungsformen über prominente Sportler oder Schauspieler ebenso informiert wird wie über die Sauberkeit von Bahnhöfen und die Pünktlichkeit von Zügen. Mit Hilfe unserer Definition können wir feststellen, dass die Zeitschrift zwar neue und durchaus relevante Themen kommuniziert, dass es aber an der Faktizität hapern könnte: Ob die Bahnhöfe tatsächlich so sauber sind und die Züge so pünktlich? – Wir trauen der Zeitschrift in diesem Punkt nicht, weil es sich eben nicht um Journalismus handelt, sondern um ein Medium der Unternehmenskommunikation (→ vgl. Kap. 5.4; S. 198–202) – eine andere Form öffentlicher Kommunikation, die den Interessen des Auftraggebers folgt und nicht unabhängig arbeiten kann.

Doch arbeitet Journalismus immer unabhängig? – Auch Journalismus unterliegt wirtschaftlichen und politischen Interessen.

1.1.2 | Journalismus und Demokratie

Öffentlichkeit und Transparenz

Damit sind wir schon mitten in der Debatte um die Ideale und die Qualität des Journalismus, die wir später vertiefen werden (→ vgl. Kap. 7.1; S. 224–245). Einleitend sei darauf verwiesen, dass sich zur deskriptiven Frage »Was ist Journalismus?« oft die normative Frage »Was soll Journalismus?« gesellt. Vor allem aus der Perspektive eines freien pluralistischen Gesellschaftssystems werden an die Rahmenbedingungen und Arbeitsweisen des Journalismus immer wieder Forderungen gestellt, denn der Journalismus gilt als »Schlüsselberuf« für die moderne Demokratie, der Öffentlichkeit herstellt und dadurch Transparenz in die gesellschaftlichen Verhältnisse bringen soll (→ vgl. Kap. 2.3; S. 81–92). Es handelt sich dann nicht um deskriptive – also beschreibende – Definitionen (wie oben), sondern um normative Theorien, die begründen, was Journalismus idealerweise ausmacht und was er »sein soll«. Diesen Theorien zufolge ist ein qualitativ hochwertiger, seriös-nachrichtlicher Journalismus konstitutiv für die Demokratie. Die Leistungen für die Gesellschaft kann er nur erfüllen, wenn er folgenden Idealen möglichst nahekommt:

- Zu den *Kernaufgaben des Journalismus* gehört die *Information*. Der Journalismus soll so vollständig und sachlich wie möglich informieren, damit wir uns über das politische und wirtschaftliche Geschehen ein sinnvolles Bild machen können. Journalismus sollte ein »Frühwarnsystem« der Gesellschaft sein und die Aufmerksamkeit auf zentrale Themen und Ereignisse lenken, damit gemeinsame Diskussionen über gesellschaftliche Probleme geführt werden können. Gleichzeitig sollte eine möglichst große Themen- und Meinungsvielfalt geboten werden.

»Vierte Macht«

- Weitere Aufgaben sind *Kritik und Kontrolle*. Die moderne Demokratie ist gekennzeichnet durch ein System der »checks and balances« (»Kontrolle und Gegengewichte«). Man spricht von »Gewaltenteilung« – sinnvoller ist aber der Begriff »Macht«, weil in der Demokratie ja in den wenigsten Fällen physische Gewalt ausgeübt wird. Die staatliche Macht ist auf mehrere Schultern verteilt; die Mächte kontrollieren sich gegenseitig. Die drei staatlichen Gewalten Exekutive, Legislative und Judikative werden durch die »vierte Macht« Journalismus kritisiert und kontrolliert. Missstände, Fehlentscheidungen, Korruption oder bürokratische Willkür sollen aufgedeckt werden.
- Durch Information, Kritik und Kontrolle wirkt der Journalismus an der *Meinungsbildung* mit.

Redaktionelle Unabhängigkeit

- Die *redaktionelle Unabhängigkeit* gilt als wesentliches Merkmal journalistischer Professionalität. Journalisten können ihre öffentliche Aufgabe nur erfüllen, wenn sie unabhängig von privaten oder geschäftlichen Interessen Dritter und von persönlichen wirtschaftlichen Interessen arbeiten. Dieser Grundsatz ist – auf die Produktebene bezogen – im Trennungsgebot von redaktioneller Berichterstattung und Werbung gesetzlich verankert (z. B. in den Landespressegesetzen) und standesrechtlich noch weiter gehend auf das journalistische Handeln bezogen formuliert (vgl. Pressekodex Ziffer 7): Verleger und Redakteure sollen jegliche Versuche, die Redaktion zu beeinflussen, abwehren. Unabhängigkeit und Trennungsgebot bestimmen letztlich die Glaubwürdigkeit der Information und liegen deshalb langfristig im Interesse aller Beteiligten. Denn die Attraktivität eines journalistischen Produkts resultiert aus der Erwartung eines mündigen Publikums, nicht einseitig im Dienst fremder Interessen informiert zu werden. Geht mit zunehmend schlechter Erfahrung das Vertrauen in die Unabhängigkeit einer Redaktion verloren, schwindet nicht nur die Zahlungsbereitschaft der Nutzer für die journalistische Dienstleistung, sondern auch der Wert der journalistischen Produkte als Werbeträger.

Merksatz

Aus Sicht einer normativen Demokratietheorie soll Journalismus Transparenz in die gesellschaftlichen Verhältnisse bringen. Seine Kernaufgaben sind demnach Information sowie Kritik und Kontrolle. Dadurch wirkt der Journalismus an der Meinungsbildung mit. Um ihre öffentliche Aufgabe optimal erfüllen zu können, brauchen Journalisten professionelle Unabhängigkeit.

»Wer kontrolliert die Kontrolleure?«

»Wer kontrolliert die Kontrolleure?« – Nicht wenige Tagungen, Vorträge oder Podiumsdiskussionen stehen unter diesem Motto. Die Frage kann generell nicht befriedigend beantwortet werden. Einerseits sollte der Journalismus möglichst große Freiheit haben und weder durch staatliche noch durch wirtschaftliche Mächte beeinflusst werden (Stichwort Pressefreiheit → vgl. Kap. 2.3.1; S. 82–84). Andererseits ist der Journalismus nicht unfehlbar – auch er braucht Schranken. Da die Pressefreiheit verfassungsrechtlich ein hohes Gut ist (vgl. Art. 5 Grundgesetz), sind die gesetzlichen Schranken recht weit gefasst und beziehen sich vor allem auf das Persönlichkeitsrecht und den Jugendschutz. Wie lässt sich ohne Zensur und Reglementierung auf Fehlentwicklungen im Journalismus reagieren? Dies ist die Kernfrage der publizistischen Qualitätssicherung (→ vgl. Kap. 7.1; S. 224–233) und der journalistischen Ethik (→ vgl. Kap. 7.2; S. 233–245). Die Möglichkeiten reichen von publizistischer Selbstkontrolle (z.B. durch den Presserat) bis zur Beobachtung und Kritik des Journalismus beispielsweise durch die Wissenschaft (z.B. die Journalistik), durch Bereiche des Journalismus selbst (Medienjournalismus) und durch so genannte Media Watchdogs (»Wachhunde«). Das Internet bietet eine neue Plattform für die Watchdogs: Ein Beispiel ist »bildblog.de«, ein Weblog, das sich kritisch mit der Berichterstattung der BILD-Zeitung auseinandersetzt – angeregt durch Hinweise von Leserinnen und Lesern.

Was ist Journalistik?

1.1.3

Wissenschaft vom Journalismus

Der Begriff »Journalistik« lässt sich historisch mindestens über 200 Jahre verfolgen. Lange Zeit war damit aber nichts anderes als »Journalismus« gemeint. Erst allmählich setzte sich in der zweiten Hälfte des 20. Jahrhunderts die heutige Bedeutung durch: Seitdem ist – pragmatisch formuliert – die Journalistik nichts anderes als die Wissenschaft vom Journalismus. Sie entwickelte sich in Deutschland vor etwa 30 Jahren als Teildisziplin aus der Publizistik- und Kommunikationswissenschaft (→ vgl. Kap. 1.1.4; S. 20–23).

Die Journalistik setzt sich wissenschaftlich-analytisch und reflektierend mit dem Berufs- und Arbeitsfeld Journalismus auseinander. Allerdings sind sich die Wissenschaftler nicht darüber einig, was dies im Detail bedeutet. Die Journalistik präsentiert sich, um es mit dem Journalismusforscher Martin Löffelholz (2003: 31) zu sagen, »als ein pluralistisches, differenziertes und dynamisches Forschungsfeld«. Im Wesentlichen gibt es zwei Dimensionen der Journalistik: das Studiengangmodell und den Forschungszweig.

Journalistik als Studiengangmodell

Vorbild USA

Die Journalistenausbildung bestand in den ersten Jahrzehnten der Bundesrepublik vor allem aus einem Anlernen *on the Job* im Volontariat. Kritik an dieser einspurigen Ausbildungsform und den journalistischen Berufsstandards führte in den 70er Jahren zu einer Reihe von Initiativen, die eine Hochschulausbildung von Journalisten forderten – zum Beispiel ein Memorandum des Deutschen Presserats. In Dortmund und München wurden Diplomstudiengänge gegründet, die erstmals den Namen »Journalistik« trugen und diesem Begriff ein Profil gaben. Es folgten weitere grundständige oder Aufbaustudiengänge mit im Detail unterschiedlichen Konzeptionen – aber mit dem gemeinsamen Anspruch, alle journalistischen Kompetenzen integrativ zu vermitteln (→ vgl. Kap. 6.2; S. 219–222) und damit Theorie und Praxis des Journalismus zusammenzuführen. Vorbild sind die USA: Es gibt dort mehr als 100 Journalistik-Studiengänge (insgesamt fast 500 kommunikationswissenschaftliche Angebote) und eine 80 Jahre alte Tradition der Hochschulausbildung von Journalisten. Mehr als drei Viertel der Journalisten, die in den USA in den 1990er Jahren ihren Job begannen, hatten Journalistik oder Kommunikationswissenschaft studiert (Weaver u. a. 2007: 43) (→ vgl. Kap. 6.2; S. 216–218).

In den 80er und 90er Jahren richteten einige deutsche Universitäten Voll-, Teil-, und Nebenfachstudiengänge Journalistik ein. Daneben wurden an traditionellen Instituten der Kommunikationswissenschaft und Publizistik Journalistik-Professuren und -Arbeitsbereiche eröffnet. In den vergangenen zehn Jahren kamen schließlich etliche Fachhochschulen hinzu, die mit unterschiedlichen Modellen für Medienberufe ausbilden. Insgesamt wurde die Journalistik vielfältiger (→ vgl. Kap. 6.2; S. 221–222).

Journalistik als Forschungszweig

Bedingungen, Leistungen und Wirkungen

Während die Journalistik als Studiengangmodell viele Perspektiven und Fachgebiete integriert – zum Beispiel die Medienökonomie, das Medienrecht oder politisches und gesellschaftliches Sachwissen –, um alle Dimensionen der journalistischen Kompetenz in die Ausbildung einbringen zu können, konzentriert sich die Journalistik als Forschungszweig auf die Erforschung des »Gegenstands Journalismus« – genauer: seiner Berufs- und Arbeitszusammenhänge. Die Journalistik untersucht die Regeln und Arbeitsweisen des Journalismus und analysiert »in einem auf die Kommunikationsverhältnisse der Gesellschaft bezogenen Kontext, was Journalismus leistet und wie Journalismus wirkt und unter welchen Bedingungen er dies tut« (Weischenberg 1992: 27). Für dieses Forschungsgebiet hat sich auch der Begriff »Journalismusforschung« etabliert.

Manche Wissenschaftler sehen die Journalistik als Teil einer »Kommunikatorforschung« (vgl. Pürer 2003: 107; Löffelholz 2003). Diese Bezeichnung geht auf ein Kommunikationsmodell zurück, das Harold D. Lasswell 1948 formulierte. Die so genannte Lasswell-Formel teilt den Kommunikationsprozess vereinfacht in fünf Elemente: »Who says what in which channel to whom with what effect?« Diese Einteilung hat auf die Kommunikationswissenschaft noch immer einen gewissen Einfluss, weil sich daran fünf Hauptbereiche der Kommunikationsforschung aufzeigen lassen (vgl. Abb. 1.1).

Kommunikatoren und Rezipienten

Diese Separierung von Forschungsbereichen ist allerdings nicht unproblematisch, weil damit mögliche Beziehungen untereinander unerforscht bleiben. So ist auch »Kommunikatorforschung« ein unglücklicher, weil missverständlicher Begriff: Man könnte meinen, es sei damit nur die Erforschung von Personen oder Gruppen von Personen gemeint, nämlich von Kommunikatoren (neben Journalisten auch PR-Fachleuten, Werbeagenten, sonstigen Autoren, Sprechern und Politikern, die in der Öffentlichkeit auftreten), die isoliert betrachtet gar nicht vernünftig erforscht werden können, weil sie immer in Strukturen und Prozesse der Medienproduktion und -nutzung eingebunden sind. Zudem können in neuen Medien wie dem Internet Kommunikator- und Rezipientenrollen nicht mehr strikt getrennt werden: Mediennutzer werden selbst zu Kommunikatoren, wenn sie sich an Medieninhalten beteiligen – zum Beispiel in Foren, Chats und Weblogs.

Abb. 1.1

Die Lasswell-Formel bildet auf einen Blick wichtige Elemente des Kommunikationsprozesses ab und systematisiert Felder der Kommunikationsforschung – nimmt allerdings aufgrund der Einfachheit viele Nachteile in Kauf: So werden z. B. wechselseitige Abhängigkeiten, Beziehungen untereinander, Feedback und Rückkopplungsschleifen nicht berücksichtigt. Gesellschaftliche Rahmenbedingungen der Massenkommunikation sind nicht explizit erwähnt.

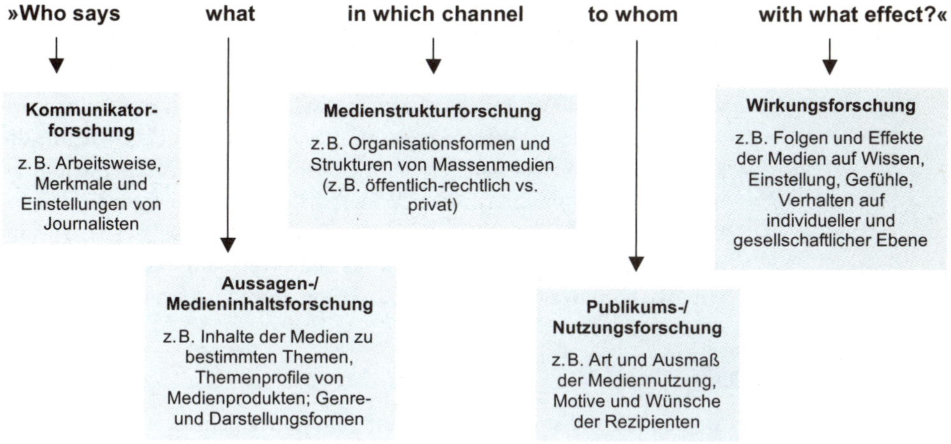

Aus diesen Gründen sprechen wir auch nicht von »Journalistenforschung«, sondern von »Journalismusforschung«. Und deshalb verlaufen Journalistik und Journalismusforschung quer zu einer solchen Einteilung. Sie gehen weit über eine »Kommunikatorforschung« hinaus und stehen mit allen Disziplinen im Austausch.

Die integrierende Perspektive: Berufsorientierte Journalistik

»Journalism Studies«

Die Fachgruppe, in der sich die deutschsprachigen Journalistik-Wissenschaftler austauschen, ist in der Deutschen Gesellschaft für Publizistik- und Kommunikationswissenschaft (DGPuK) angesiedelt und nennt sich »Journalistik und Journalismusforschung« – mit dem Ziel, beide Bereiche zu integrieren: die studiengangbezogene Dimension der Journalistik und das Feld der Journalismusforschung. In angloamerikanischen Ländern tut man sich sprachlich leichter: Die entsprechende Fachgruppe der International Communication Association (ICA) heißt schlicht »Journalism Studies« und beschäftigt sich mit »journalism theory, journalism research, and professional education in journalism«.

Wie die Medizin

Journalistik-Wissenschaftler, die sich in deutschsprachigen Ländern um eine Integration von Journalistenausbildung und Journalismusforschung – also von Lehre und Forschung – bemühen, betonen die Anwendungsorientierung des Fachs: So sieht zum Beispiel Horst Pöttker die Journalistik als »berufsorientierte Wissenschaft«, »die zur journalistischen Profession ein ähnliches Verhältnis entwickeln kann wie die Medizin zum Arztberuf« (1998: 233). Die Wissenschaft konzentriert sich aus dieser Perspektive auf Probleme, die der Journalismus zu lösen hat, und sie stellt der journalistischen Praxis »nützliche, d.h. innovative und zutreffende Erkenntnisse« zur Verfügung. Dabei muss allerdings betont werden, dass die Wissenschaft einen gesellschaftlichen und keinen privatwirtschaftlichen Auftrag hat – und es deshalb nicht primär um die kommerzielle Verwertbarkeit von Erkenntnissen gehen kann. Die Journalistik ist immer auch kritischer Widerpart des Journalismus, beschreibt Defizite und Fehlentwicklungen, belässt es aber nicht bei der Kritik, sondern zeigt Fakten und Argumente für neue Wege auf und erforscht systematisch Innovationen zur Verbesserung journalistischer Qualität.

Zusammenfassung

1 Journalistik ist die Wissenschaft vom Journalismus. Sie erforscht die Regeln und Arbeitsweisen des Journalismus und geht den Fragen nach, was Journalismus für die Gesellschaft leistet und wie er wirkt.
2 Als berufsorientierte Wissenschaftsdisziplin integriert sie Journalistenausbildung und Journalismusforschung und stellt für die journalistische Praxis innovative Erkenntnisse bereit, untersucht aber auch Defizite und Fehlentwicklungen des Journalismus.
3 Journalistik-Studiengänge haben den Anspruch, die journalistischen Kompetenzen durch Forschung und Lehre, in Theorie und Praxis integrativ zu vermitteln.

1.1.4 | Publizistik, Kommunikationswissenschaft, Medienwissenschaft

Die Journalistik entwickelte sich als Teildisziplin aus der Publizistik- und Kommunikationswissenschaft. Sie nutzt in vielfältiger Weise die Erkenntnisse dieser Wissenschaftsdisziplin, die sich mit der Mediengesellschaft und der medialen Durchdringung fast aller Bereiche des gesellschaftlichen Lebens wie Politik, Wirtschaft, Erziehung oder Kultur beschäftigt.

Was ist der Unterschied zwischen Journalistik und Publizistik- und Kommunikationswissenschaft? Zum einen geht die Publizistik- und

Kommunikationswissenschaft über die Journalistik hinaus und untersucht alle Phänomene der durch Massenmedien vermittelten öffentlichen Kommunikation – also auch mediale Formen, die nicht Journalismus sind (z. B. die Produktion und Wirkung fiktionaler Formate), oder andere Berufsfelder (z. B. Public Relations, Werbung oder Medienpädagogik). Zum anderen unterscheidet sich die Journalistik von der Publizistik- und Kommunikationswissenschaft durch ihren intensiven Berufs- und Anwendungsbezug.

Verwirrende Fachbezeichnungen

Die Kommunikationswissenschaft ist eine vergleichsweise junge Disziplin, die erst ab 1916 als »Zeitungskunde« in den Kanon akademischer Fächer aufgenommen wurde. Die heutigen Bezeichnungen des Fachs sind nicht einheitlich und stiften unter Studierenden sowie unter Wissenschaftlern anderer Fächer erhebliche Verwirrung. Nach 1945 wurde zunächst die Bezeichnung *Publizistikwissenschaft* gebräuchlich. Später kam der Begriff *Kommunikationswissenschaft* hinzu – in Anlehnung an die US-amerikanischen »Communication Studies«, die sich frühzeitig mit den gesellschaftlichen Kommunikationsprozessen befassten und empirische Forschungsmethoden dafür entwickelten (→ vgl. Kap. 1.3; S. 39–64).

Der Kerngegenstand des Fachs – nämlich die Medien – hielt seltsamerweise erst spät Einzug in die Fachbezeichnung: In den 70er Jahren entstand aus der Germanistik, den Literatur- und Theaterwissenschaften eine ästhetisch und historisch orientierte *Medienwissenschaft*, die sich als Geistes- und Kulturwissenschaft versteht und weniger den gesellschaftlichen Kontext als die Ästhetik und Geschichte von Einzelwerken und Einzelmedien erforscht. Die Publizistik- und Kommunikationswissenschaft geht dagegen eher sozialwissenschaftlich vor, berücksichtigt also stärker die Kommunikationsverhältnisse in der Gesellschaft und den Prozess- und Vernetzungscharakter von (Massen-)Kommunikation. Auch die historische Forschung ist entweder medienwissenschaftlich geprägt und betrachtet dann isoliert die Entwicklung einzelner Medien (wozu sie auch das Theater, den Brief oder das Plakat zählt; vgl. Faulstich 2004) – oder sie geht kommunikationswissenschaftlich vor und analysiert die Entwicklung der Massenmedien im Kontext der gesellschaftlichen Verhältnisse der jeweiligen Zeit (vgl. Wilke 2000) (→ vgl. Kap. 2.2; S. 69–78).

Um die Verwirrung noch zu steigern, gibt es Institute, die zwar den Namen »Medienwissenschaft« tragen, aber primär sozialwissenschaftlich geprägt sind, z. B. an den Universitäten Düsseldorf, Jena, Ilmenau und Leipzig. Immer mehr Kommunikationswissenschaftler schielen nach dem Begriff »Medien«, weil dieser in der Öffentlichkeit und der Hochschulpolitik leichter vermittelbar ist. So wurde zum Beispiel das Münchner Institut im Jahr 2004 von »Kommunikationswissenschaft (Zeitungswissenschaft)« in »Kommunikationswissenschaft und Medienforschung« umbenannt – unter geschickter Umgehung des umstrittenen Begriffs »Medienwissenschaft«.

Transdisziplinäre Wissenschaft

Wie auch immer man sie bezeichnet: Die umfassende Wissenschaft der Massenmedien und der medialen Prozesse in der Gesellschaft entwickelt sich immer mehr zu einer transdisziplinären Wissenschaft mit zahlreichen Berührungspunkten zu anderen Disziplinen. Einige Beispiele: Gemeinsam mit der Politikwissenschaft erforscht man das Spannungsfeld zwischen Politik und Journalismus, mit der Psychologie die individuellen Wirkungen der Medien, mit der Soziologie die gesellschaftlichen Wirkungen der Medien, mit der Pädagogik die Medienerziehung und den Einsatz von Medien in der Bildung, mit der Literatur- und Sprachwissenschaft die Medienprodukte oder mit der Medieninformatik die neuen Möglichkeiten der computervermittelten Kommunikation.

Zusammenfassung

Die Publizistik- und Kommunikationswissenschaft erforscht die wachsende mediale Durchdringung fast aller Bereiche des gesellschaftlichen Lebens wie Politik, Wirtschaft, Erziehung oder Kultur. Sie geht primär sozialwissenschaftlich vor, entwickelt sich aber immer mehr zur transdisziplinären Integrationswissenschaft mit erheblichen Berührungspunkten zu anderen Disziplinen. Die Journalistik ging aus der Publizistik- und Kommunikationswissenschaft hervor, unterscheidet sich davon aber durch die konkrete Berufsorientierung und den intensiven Praxisbezug.

Übungsfragen zu Kapitel 1.1

1 Definieren Sie »Journalismus«. Nennen Sie Beispiele medialer Formate und diskutieren Sie, inwiefern es sich um Journalismus handelt.
2 Welche drei Eigenschaften kennzeichnen die »Aktualität«?
3 Warum gilt der Journalismus als »Schlüsselberuf« für die moderne Demokratie?
4 Warum ist redaktionelle Unabhängigkeit so wichtig?
5 Welche Ziele verfolgt eine berufsorientierte Journalistik?
6 Warum ist die Publizistik- und Kommunikationswissenschaft nicht deckungsgleich mit der Journalistik? Welche Unterschiede gibt es?

Literatur

Der Hamburger Professor Siegfried Weischenberg hat als Erster das umfangreiche Wissen der **Journalistik** gesammelt und in drei Bänden veröffentlicht. Da die Bücher mit 1.300 Seiten allerdings etwas ausufern, sind sie nicht in einem Semester zu bewältigen und eher als Nachschlagewerk geeignet. Problematisch ist, dass der Großteil schon vor 15 Jahren geschrieben wurde und deshalb veraltet ist. Auch neuere Auflagen wurden bislang nicht durchgehend aktualisiert.

Einen knappen Überblick über die Perspektiven und Probleme ihres Fachs gibt das Selbstverständnispapier der Deutschen Gesellschaft für Publizistik- und Kommunikationswissenschaft unter dem Titel »Die Mediengesellschaft und ihre Wissenschaft« (als kostenloser Download unter www.dgpuk.de). Als Einführung, als Nachschlagewerk und für die Prüfungsvorbereitung ist sowohl das 600 Seiten starke Handbuch **Publizistik- und Kommunikationswissenschaft** des Münchner Professors Heinz Pürer geeignet als auch das Studienhandbuch »Publizistik« der Mainzer Wissenschaftler Michael Kunczik und Astrid Zipfel.

Unterschiedliche Journalistik-Konzepte verfolgen Horst Pöttker und Martin Löffelholz. Es lohnt sich, die beiden Aufsätze im Vergleich zu lesen: Während Pöttker – als Professor am Dortmunder Journalistik-Studiengang – im Beitrag »Öffentlichkeit durch Wissenschaft« die Berufsorientierung der Journalistik hervorhebt und sie mit der Medizin vergleicht, begreift der Ilmenauer Professor Löffelholz die Journalistik rein forschungsorientiert als Teilgebiet der Kommunikationswissenschaft – und dort wiederum als Teilgebiet der Kommunikatorforschung.

Einführungen in die **Medienwissenschaft** mit geistes- und kulturwissenschaftlicher Prägung haben Werner Faulstich und Knuth Hickethier vorgelegt.

Theorien des Journalismus | 1.2

Wissenschaftliche Theorie und Alltagstheorie | 1.2.1

Darstellung, Erklärung, Prognose

Schon die Frage, was überhaupt eine Theorie ist, lässt sich nicht einfach beantworten. Der Begriff leitet sich aus dem Griechischen ab (»theoria« = »Betrachtung«, »Überlegung«, »Erkenntnis«) und bezeichnet im Allgemeinen einen Zusammenhang wissenschaftlich begründeter und generalisierender Aussagen über einen Bereich der Realität – also über bestimmte

Tatsachen sowie über die ihnen zugrunde liegende Gesetzmäßigkeit. Aufgabe einer Theorie ist zunächst die *Darstellung* eines Sachverhalts (z.B. eine Beschreibung der Strukturen sozialer Wirklichkeit durch Bildung von Typologien und Klassifikationen), aber auch die *Erklärung* (»Was sind die Ursachen und Bedingungen dafür, dass Ereignisse eintreten, dass wir genau diese und nicht andere Strukturen vorfinden?«) und schließlich die *Prognose* (die Voraussage bis dahin unbekannter Sachverhalte oder Vorhersagen von Trends). Theorien können zudem *normative Aussagen* über wünschenswerte Entwicklungen treffen (»Was soll sein?«). Theorien des Journalismus beschreiben demnach den Journalismus oder einen bestimmten Bereich des Journalismus; sie suchen nach Ursachen und Bedingungen dafür, warum Journalismus so und nicht anders ist – und sie legen die Basis für Voraussagen, wohin der Journalismus sich künftig entwickelt. Oder sie fordern, was der Journalismus sein soll. Im Prinzip waren die Antworten auf die Fragen »Was ist Journalismus?« und »Was soll Journalismus?« in Kapitel 1.1 bereits Theoriefragmente.

An der Realität bewähren

In vielen Alltagsbereichen und gerade im Journalismus und der Journalistenausbildung wird immer wieder auf einen (scheinbaren) Gegensatz von Theorie und Praxis verwiesen: hier das Nachdenken über Journalismus – dort das Handeln im Journalismus; hier die wissenschaftliche Arbeit – dort die journalistische Arbeit. Verfasser von Theorien werben dagegen mit Aussagen wie »keine Praxis ohne Theorie« oder »nichts ist so praktisch wie eine gute Theorie«. Und in der Tat ist zielgerichtetes – also nicht zufälliges – praktisches Handeln nicht möglich ohne ein theoretisches Konzept, das zumindest durch Nachdenken gewonnen wurde. Wer sagt, er arbeite ohne Theorie, ist sich seiner Theorie nur nicht bewusst. Jeder Journalist ist gut beraten, wenn er sein Handeln nicht nur auf seine eigenen Alltagstheorien (oder die seiner Kollegen) gründet, sondern auf wissenschaftlich erarbeitete Theorien. Im Gegensatz zur Alltagstheorie, die vom Einzelfall und subjektiver Erfahrung ausgeht, liefert die wissenschaftliche Theorie eine intersubjektiv nachprüfbare, allgemeingültige und kritisierbare Beschreibung und Erklärung der Wirklichkeit. Gute Theorien bauen auf vorliegenden Theorien sowie auf Ergebnissen empirischer Sozialforschung auf (→ vgl. Kap. 1.3; S. 39–64) und werden weiterentwickelt, wenn neue Forschungsergebnisse oder Veränderungen der sozialen Wirklichkeit dies erfordern. Theorien müssen sich also immer wieder an der Realität bewähren (vgl. Kasten).

Das Falsifikationsprinzip
Wissenschaftstheorie und Erkenntnistheorie diskutieren Regeln und Gütekriterien für Theorien. Einer der einflussreichsten Wissenschaftstheoretiker des 20. Jahrhunderts war Karl R. Popper (1902–1994). Er begründete den kritischen Rationalismus, der uns lehrt, dass unsere Vermutungen über die Realität – also unsere Theorien – immer kritisierbar und widerlegbar sein müssen. Das so genannte Falsifikationsprinzip besagt, dass wir nie absolute Gewissheit haben, sondern jede menschliche Erkenntnis nur vorläufig gültig sein kann – nämlich so lange, bis wir sie falsifizieren, bis wir also feststellen, dass sie falsch ist, weil sie an Tatsachen gescheitert ist. Erkenntnisfortschritt ist eine Folge von Vermutung und Widerlegung: Solange eine Theorie alle Einwände überlebt, die wir gegen sie haben, nehmen wir an, dass sie richtig ist. Streng genommen sind wir erst klüger, wenn die Theorie falsifiziert ist: Dann können wir unsere Vermutung über die Wirklichkeit optimieren. Wissenschaft vermittelt nach diesem Verständnis keine »Glaubenssicherheit«, sondern öffnet den kritischen Blick auf die Realität.

Übersicht: Neun Theoriekonzepte | 1.2.2

Wie die Journalistik insgesamt sind auch ihre theoretischen Grundlagen aus der Publizistik- und Kommunikationswissenschaft hervorgegangen. Die Theorien des Journalismus haben sich aber inzwischen unter dem Einfluss anderer Disziplinen und im Hinblick auf die Berufsorientierung der Journalistik in vielerlei Hinsicht von den ursprünglichen allgemeinen Kommunikations- und Medientheorien emanzipiert.

Keine »Supertheorie«

Bewusst ist im Plural von »Theorien« die Rede, denn eine einzige »Supertheorie« des Journalismus gibt es nicht. Vielmehr konkurrieren etliche Teiltheorien mit unterschiedlichen fachlichen Wurzeln und Herangehensweisen sowie einer jeweils spezifischen Erklärungskraft. Martin Löffelholz hat sich um eine Synopse von Journalismustheorien bemüht und acht Theoriekonzepte identifiziert (vgl. Löffelholz 2003: 33). Dabei fasst er als »Theoriekonzept« unterschiedliche theoretische Ansätze zusammen, die sich u. a. im Entstehungskontext, in der Herangehensweise und im Untersuchungsfokus ähneln. Löffelholz unterschlägt allerdings ein weiteres Konzept, das wir als »berufsorientierte Journalistik« bezeichnen können (→ vgl. Kap. 1.1.3; S. 19–20) und das in der folgenden Tabelle – nach der Systematik von Löffelholz – berücksichtigt wird (vgl. Abb. 1.2).

Abb. 1.2

Synopse theoretischer Konzepte der Journalismusforschung

In der Tabelle ist die Synopse von Martin Löffelholz (2003) um das Konzept der berufsorientierten Journalistik ergänzt.

Konzept	Vertreter	Kontext	Fokus
normativer Individualismus	Karl Bücher, Hermann Boventer, Emil Dovifat, Otto Groth, Walter Hagemann	Individualismus, normative Publizistik, »Zeitungswissenschaft«	Begabung und Gesinnung journalistischer Persönlichkeiten
materialistische Medientheorie	Hermann Budzislawski, Emil Dusiska, Horst Holzer, Wulf D. Hund	historischer und dialektischer Materialismus	Journalismus als klassenabhängige und kapitalverwertende Warenproduktion
analytischer Empirismus	Maxwell E. McCombs, Klaus Schönbach, Winfried Schulz, David Weaver, David M. White	Empirismus, analytische Philosophie, Theorien mittlerer Reichweite	Nachrichtenselektion, Agenda Setting und journalistische Akteure
legitimistischer Empirismus	Wolfgang Donsbach, Hans-Mathias Kepplinger, Renate Köcher	Empirismus, Medienwirkungsforschung, politische Normen	Verhaltensnormen, Wirklichkeitsbezug und journalistische Akteure
(kritische) Handlungstheorien	Achim Baum, Hans-Jürgen Bucher, Maximilian Gottschlich	Basiskonzepte aus Linguistik und Soziologie, Kritische Theorie	Journalismus als soziales und kommunikatives Handeln, Handlungsregeln
funktionalistische Systemtheorien	Bernd Blöbaum, Alexander Görke, Matthias Kohring, Manfred Rühl	Differenzlogik, Theorie autopoietischer sozialer Systeme	Journalismus als soziales System in der Weltgesellschaft
integrative Sozialtheorien	Klaus-Dieter Altmeppen, Martin Löffelholz, Christoph Neuberger, Siegfried Weischenberg	soziokultureller Konstruktivismus, Akteur-Struktur-Dynamik, Strukturationstheorie	journalistische Kognitionen und Kommunikationen im Systemzusammenhang
Cultural Studies	Stuart Allen, John Hartley, Elisabeth Klaus, Margreth Lünenborg, Rudi Renger	Kritische Theorie, Semiotik, Linguistik, Handlungstheorien	Journalismus als Teil der Populärkultur zur (Re-)Produktion von Bedeutung
berufsorientierte Journalistik	Horst Pöttker, Ulrich Pätzold, Michael Haller, Stephan Ruß-Mohl	Normen und Arbeitsweisen des Journalismus als Profession, Öffentlichkeitskonzepte	Probleme der journalistischen Praxis, Qualität und Ethik des Journalismus

Auch die Synopse in Abbildung 1.2 zeigt nur einen Ausschnitt einer Vielzahl von Konzepten. Würde man alle vorliegenden theoretischen Ansätze zählen, käme man sicherlich auf mehrere Dutzend Theorien des Journalismus. Und in der Tat enthält allein das von Löffelholz herausgegebene Handbuch »Theorien des Journalismus« insgesamt 27 zum Teil ganz unterschiedliche Ansätze. Dabei sind noch nicht einmal alle Perspektiven dort versammelt: Es fehlt zum Beispiel die Sichtweise von Wolfgang R. Langenbucher (vgl. u. a. 1993) und Hannes Haas (1999), die Journalismus als intellektuelle Leistung, als Kulturleistung sehen und den Werkcharakter journalistischer Arbeit hervorheben.

Diese Einführung in die Journalistik kann nicht alle Konzepte angemessen darstellen. Beispielhaft soll anhand der sozialwissenschaftlichen Systemtheorie gezeigt werden, wie Theorien in ihrer Beschreibung und Analyse der Wirklichkeit vorgehen. Als Kontrast dazu folgt ein kurzer Blick auf die kulturwissenschaftliche Schule der Cultural Studies.

Zusammenfassung

Theorien des Journalismus können vier Aufgaben erfüllen:

- Darstellung: Sie beschreiben den Journalismus beispielsweise durch Bildung von Typologien und Klassifikationen.
- Erklärung: Sie suchen nach Ursachen und Bedingungen dafür, warum Journalismus so und nicht anders ist.
- Prognose: Sie sagen voraus, wohin sich der Journalismus entwickelt.
- Normative Aufgabe: Sie treffen und begründen Aussagen über wünschenswerte Entwicklungen (»Was soll Journalismus?«).

Es gibt keine »Supertheorie« des Journalismus, sondern es konkurrieren Teiltheorien mit unterschiedlichen fachlichen Wurzeln und Herangehensweisen sowie einer jeweils spezifischen Erklärungskraft, die sich auf bestimmte Aufgaben konzentriert.

1.2.3 Beispiel I: ein systemtheoretischer Ansatz

»Mainstream« in der Journalismustheorie

Die systemtheoretische Perspektive ist vor allem dazu geeignet, die Struktur des Journalismus zu beschreiben und zu erklären. Schon seit zehn bis 15 Jahren sind die meisten Journalismustheorien im deutschen Sprachraum systemtheoretisch geprägt; es wird sogar von einem »Mainstream« in der Journalismustheorie gesprochen. Bezugspunkt ist das Werk des Bielefelder Soziologen Niklas Luhmann (1928–1998), der als »Spiritus rector« einer funktional-strukturellen und konstruktivistischen

Systemtheorie gilt. Er hat sich selbst zwar immer wieder zu einer Theorie der Massenmedien geäußert (vgl. z.B. Luhmann 1996), aber keine spezielle Theorie des Journalismus entworfen. Luhmann ging es um die Entwicklung einer universalen Theorie der Gesellschaft, wofür er ein eigenes hochkomplexes Denk- und Begriffssystem entwickelte.

Konstruierte Wirklichkeit

Der folgende kurze Abriss beruht auf (weit ausführlicheren und im Detail unterschiedlichen) Ansätzen von Bernd Blöbaum, Ralf Hohlfeld, Matthias Kohring, Frank Marcinkowski, Christoph Neuberger, Manfred Rühl, Armin Scholl und Siegfried Weischenberg. Um exemplarisch zu zeigen, wie eine Theorie ein soziales Phänomen des Journalismus beschreiben, erklären und prognostizieren kann, wenden wir uns einer spezifischen Fragestellung zu, die ich an anderer Stelle ausführlicher und mit mehr Quellenhinweisen behandelt habe (vgl. Meier 2002 a): Warum thematisiert der tagesaktuelle (Nachrichten-)Journalismus ausgerechnet Politik, Wirtschaft, Kultur und Sport am stärksten? Warum nicht auch andere wichtige gesellschaftliche Bereiche wie Recht, Religion, Erziehung oder Gesundheit? Welche Konsequenzen hat dies für die vom Journalismus konstruierte Wirklichkeit? – Das sind Strukturfragen, die sich mit Hilfe der Systemtheorie beantworten lassen.

Die Funktion des Journalismus: Selbstbeobachtung und Synchronisation der Gesellschaft

Exklusive Funktion

Die Systemtheorie geht davon aus, dass sich die moderne Gesellschaft in soziale Systeme differenziert hat, die jeweils für die Gesamtgesellschaft bestimmte Aufgaben übernommen haben, spezifische gesellschaftlich relevante Probleme lösen und damit eine *exklusive Funktion* erfüllen. Das System der Wirtschaft löst zum Beispiel das Problem des Warenaustauschs, das der Politik verhindert Anarchie und produziert kollektiv bindende Entscheidungen, Streitfälle werden durch das System des Rechts geschlichtet. Die Funktion des Journalismus wird beschrieben als »Herstellung und Bereitstellung von Themen zur öffentlichen Kommunikation« (Manfred Rühl), aber auch als »Selbstbeobachtung« und »Synchronisation der Gesellschaft« oder Erzeugung eines »sozialen Gedächtnisses« (Niklas Luhmann). Damit löst der Journalismus ein für die Gesellschaft zentrales Problem: Die dynamisch auseinander driftenden Systeme werden über das Journalismussystem zeitlich und sozial aneinander geknüpft. Sie wären überfordert, wenn sie jeweils selbst die Synchronisation und Beobachtung der anderen Systeme und der Gesellschaft übernehmen müssten.

Binärer Code

Über die Bearbeitung von Problemen entscheiden die sozialen Systeme weitgehend selbst: Sie operieren in hohem Maße autonom oder systemtheoretisch gesprochen: selbstreferentiell und autopoietisch – ein Kunstwort, das aus griech. »autos« (=selbst) und »poiein« (=machen, schaffen) zusammengesetzt ist. Dieser »Eigensinn« von Systemen steigert die Möglichkeiten der Komplexitätsverarbeitung, die grundsätzlich über Kommunikationsprozesse abläuft. Wegen der unendlichen und zufälligen (»kontingenten«) Möglichkeiten von Kommunikationen in der Gesellschaft ist es für jedes soziale System eine Herausforderung, die eigenen Grenzen zu definieren. Immer wieder muss ein System mit Hilfe eines *binären Codes* – oder seiner *Leitdifferenz* – entscheiden, welche Themen im System kommuniziert werden und welche zur Umwelt des Systems gehören. Am Themenrepertoire eines Systems bzw. an den akzeptablen Themen lassen sich die Grenzen dieses Systems ablesen.

Strukturelle Kopplungen

Die Autopoiesis, also die operative Geschlossenheit von Systemen, schließt jedoch Umweltkontakte nicht aus: Alle Funktionssysteme sind durch *strukturelle Kopplungen* miteinander verbunden. Systeme können über diese Kopplungen andere Systeme aber nicht direkt beeinflussen, sondern dort nur mehr oder weniger starke Irritationen auslösen und Möglichkeiten für Anschlusskommunikation schaffen. Will ein System in ein anderes intervenieren, hat es dabei umso mehr Erfolg, je intensiver es dessen Sprache spricht, sich also auf dessen Leitdifferenz einlässt. Politische Interventionen in die Wirtschaft müssen zum Beispiel so formuliert werden, dass die politischen Absichten in der Sprache der Preise verstanden werden können, denn der binäre Code der Wirtschaft ist Zahlung/Nichtzahlung. Ein Beispiel: Wenn die Politik ein Unternehmen dazu bewegen will, mehr auf Umweltschutz zu achten, muss die Umweltbelastung für das Unternehmen verteuert oder eine ökologisch verträgliche Produktion verbilligt werden.

Aktualität als Leitdifferenz des Journalismus

Was ist nun die spezifische binäre Codierung des Journalismus? Diese Frage wurde nicht einheitlich beantwortet. Die Vorschläge reichen von *Information/Nicht-Information* (Niklas Luhmann, Bernd Blöbaum) über *öffentlich/nicht-öffentlich* (Frank Marcinkowski, Ralf Hohlfeld) bis zu *aktuell/nicht-aktuell* (Siegfried Weischenberg, Armin Scholl, Christoph Neuberger) oder neuerdings *nachrichtlich/nicht-nachrichtlich* (Siegfried Weischenberg). An dieser Stelle sei der Begriff der Aktualität als Leitdifferenz favorisiert, weil wir damit die Funktion der Selbstbeobachtung und Synchronisation – also die soziale und zeitliche Dimension des Journalismus – schlüssig erklären können:

(1) Durch die *zeitliche* Dimension der Aktualität lässt sich Journalismus von anderen nicht-periodischen Formen der Publizistik abgrenzen.

Selbstbeobachtung und Synchronisation der Gesellschaft

Journalismus agiert »augenblicksbezogen«: Die gesellschaftsweite Beobachtung von Ereignissen ereignet sich oft gleichzeitig, zumindest aber fast gleichzeitig mit den Ereignissen selbst. Durch Journalismus wird Gegenwart erzeugt, was durchaus funktional ist: Die Synchronisation der Gesellschaft bis hin zur »Gegenwartsgesellschaft« ist eine Leistung des Journalismus, auf die viele andere Teilsysteme angewiesen sind – allen voran zum Beispiel die Wirtschaft oder die Politik: Zahlungen und Entscheidungen in der Demokratie brauchen gesellschaftsweite Gegenwart. Dazu gehört, dass zu bestimmten Zeitpunkten Wissen gesellschaftsweit unterstellt werden kann, obwohl dies nicht einmal für die Top-Themen de facto der Fall ist: Die »Unterstellung universeller Informiertheit« bestimmt »als eine Art operative Fiktion den politischen Prozess« (Luhmann).

Kognitiver Nutzen

(2) Die *soziale* Dimension ist ebenso wie die zeitliche untrennbar mit dem Aktualitätsbegriff verbunden: Es handelt sich um zwei Seiten einer Medaille. Aktuell ist, was gesellschaftsweit oder in einer bestimmten Zielgruppe eine gewisse Relevanz besitzt und demnach die Interessen der Rezipienten treffen muss. Rezipienten erwarten vom Journalismus einen »kognitiven Nutzen«: Aktuelle Aussagen dienen dem Rezipienten als Wissen, mit dem er Probleme bearbeiten oder vermeiden kann; man spricht von einem »Frühwarnsystem«, das ein »Orientierungsbedürfnis« befriedigt (Neuberger). Da Probleme in der Realität gelöst werden müssen, ist Wahrheit die Bedingung für den kognitiven Nutzen schlechthin und damit Bedingung für die soziale Relevanz des Journalismus. Wahrheit konfligiert indes mit der zeitlichen Dimension der Aktualität, wenn eine Nachricht schneller verbreitet wird, als sie überprüft werden kann. Das alte Agenturprinzip »Get it first, but get it right« wird eben doch immer wieder verletzt. Und sei es dadurch, dass getrost das eigene Dementi einkalkuliert wird und damit erneut exklusiv etwas Aktuelles verbreitet werden kann. Dies ist auch der Grund dafür, warum der Code wahr/unwahr nicht für den Journalismus gilt, sondern für das Wissenschaftssystem, in dem Schnelligkeit hinter der Wahrheitsnorm zurücktritt. Gleichzeitig hat die Wahrheit über den Faktor der sozialen Relevanz einen hohen Stellenwert im Informationsjournalismus (im Gegensatz zum Unterhaltungsjournalismus, von dem das Publikum weniger kognitiven als emotionalen Nutzen erwartet).

Will ein System vom Journalismus wahrgenommen werden, muss es sich auf die Leitdifferenz Aktualität einlassen. Politik und Wirtschaft z. B. schaffen dann Ereignisse, die Anknüpfungspunkte für Aktualität bieten – etwa durch Pressekonferenzen oder inszenierte Ereignisse. Oft wird anderen Systemen der Stempel der Aktualität aufgedrückt, was sich z. B.

auf die Politik auch dysfunktional auswirken kann: Der Journalismus wird dann dafür verantwortlich gemacht, dass sich Bürger von der Politik abwenden. Der ehemalige Bundespräsident Johannes Rau hat dies in einer Rede vor Journalisten anhand eines Beispiels beklagt (vgl. Kasten sowie Informationen zum Ranking der meistzitierten Medien in → Kap. 1.3.2; S. 56–57).

Rede des ehemaligen Bundespräsidenten Johannes Rau beim Jahrestreffen des »Netzwerk Recherche« am 5. Juni 2004 in Hamburg (kleiner Auszug):

Medien zwischen Anspruch und Realität

[...] Es gehört ja inzwischen zum guten Ton, dass Medien ständig Exklusives melden und damit in eigener Sache werben. Daran ist nichts auszusetzen, wenn die Meldung denn auch stimmt. Inzwischen hat sich aber ein verhängnisvoller Medien-Mechanismus entwickelt, der die Politik und das Land in einen atemlosen Zustand permanenter Dauererregung versetzt.

Ich will versuchen, diesen Mechanismus an einem Beispiel ganz plastisch zu erläutern. Vor drei Wochen erklärte der Bundesverkehrsminister in einem Interview mit einer Sonntagszeitung, wie seit Jahren die Rechtslage in Deutschland ist: Privatunternehmen, die ein neues Verkehrsprojekt privat finanzieren und betreiben, können eine Mautgebühr für dieses Projekt erheben. »Allerdings«, so sagte Manfred Stolpe, »ist diese Variante auf Grund europäischer Rahmenbedingungen beschränkt auf Tunnel, Brücken oder Gebirgspässe und einige wenige Bundesstraßen und Autobahnen.« So weit der Originalton.

Die Zeitung macht daraus die Überschrift »Stolpe will Maut für Pkw« und gibt eine Vorabmeldung an die Nachrichtenagenturen. Am Samstag meldet die erste Agentur: »Stolpe – Maut auch für Pkw denkbar«. Die nächste spitzt schon weiter zu: »Stolpe plant Maut auch für Pkw«. Am Abend, das Interview ist noch immer nicht erschienen, beliefert eine andere Zeitung die Agenturen vorab mit einer exklusiven Stellungnahme des ADAC, der »mit allen Mitteln gegen die Pkw-Maut kämpfen« wolle.

Am Sonntag, das Interview ist endlich erschienen, stellt das Ministerium klar, dass keine Maut geplant sei. Wenige Stunden später weist ein Grüner die Pläne Stolpes zurück, der CSU-Generalsekretär spricht von »hemmungsloser Abzockerei«, die CDU kritisiert die »neue Schröpfkur«.

Am Montag ist die offenbar unmittelbar bevorstehende Einführung einer Pkw-Maut in Deutschland das Thema aller Kommentare, es gibt Sonderberichte im Fernsehen, Experten werden befragt, die Opposition beschimpft die Regierung und umgekehrt.

So geht das noch drei, vier Tage. Danach kehrt langsam wieder Ruhe ein. Der Nebel lichtet sich. Es gibt keine allgemeine Pkw-Maut, das hat auch niemand geplant. Der Verkehrsminister sei »lädiert«, schreibt eine Zeitung, und nicht nur die Bürger sind verunsichert und fragen sich: »Sind denn alle verrückt geworden?«

Es gibt inzwischen leider viele Beispiele dieser Art. Virtuelle Debatten, deren Ursprung keinerlei Aufregung rechtfertigen würde, beschäftigen Journalisten und Politiker tagelang, manchmal wochenlang. Aus Referentenentwürfen werden in den Nachrichten Gesetzesvorhaben, aus Interview-Äußerungen werden in der flotten Moderation gleich Pläne. Das Ergebnis ist immer dasselbe: Die Bürger verstehen immer weniger, was wirklich und was wirklich wichtig ist. Sie wenden sich ab und beschließen, vorsichtshalber gar nichts mehr zu glauben. Dafür tragen Journalisten eine erhebliche Mitverantwortung. [...]

(Quelle: www.bundespraesident.de/Die-deutschen-Bundespraesident/JohannesRau/Reden-,11070.95035/Rede-von-Bundespraesident-Joha.htm?global.back=/Die-deutschen-Bundespraesident/Johannes-Rau/-%2c11070%2c0/Reden.htm%3flink%3dbpr_liste
www.bundespraesident.de → Reden und Interviews → Reden Johannes Rau)

Die sachliche Kopplung: Selbstbeobachtung der Gesellschaft

Auf die Herstellung von Öffentlichkeit durch ein autonomes Journalismussystem sind einige Systeme ganz besonders angewiesen: Politik zum Beispiel braucht Öffentlichkeit, damit die Bürger kompetent an gesellschaftlichen Prozessen mitwirken und über Wahlen mitentscheiden können. Wirtschaft braucht Öffentlichkeit, damit sich die Konsumenten über Waren informieren und Kaufentscheidungen treffen können, und auch, damit sich die Unternehmen für strategische Entscheidungen über ihr Umfeld informieren können.

Leistungen für ein Massenpublikum

Die gesellschaftlichen Teilsysteme müssen der Gesamtbevölkerung Zugang zu ihrer Funktion und ihren Leistungen ermöglichen. Individuen müssen sich beteiligen können: Im Prinzip sollte jeder an politischen Entscheidungen teilnehmen können, jeder seine Bedürfnisse in der Wirtschaft befriedigen können, erzogen werden, einen Arzt konsultieren, Journalismus rezipieren oder an den Heilsgütern der Religion teilhaben können. Dafür hat jedes Teilsystem einen *Inklusionstyp* entwickelt. Durch Inklusion entstehen in jedem gesellschaftlichen Teilsystem Publikumsrollen und Leistungsrollen: Laien und Priester, Kranke und Ärzte, Wähler und Politiker, Käufer und Verkäufer, Zuschauer und Künstler, Klienten und Anwälte – um nur einige Beispiele zu nennen. Aber nur ganz bestimmte Sozialsysteme benötigen zur Inklusion die Vermittlung durch (unabhängigen) Journalismus. Es sind dies Sozialsysteme, die standardisierte Leistungen für ein Massenpublikum bereitstellen: Politik, Wirtschaft, Kultur und Sport sowie die Medien selbst und mit Abstrichen die Wissenschaft. Alle anderen Sozialsysteme bevorzugen primär Inklusion durch persönliche, professionelle Betreuung einer möglichst kleinen Zahl von Klienten – zum Beispiel das Gesundheitssystem, das Erziehungssystem, Recht und Religion.

Transparenz

Vor diesem Hintergrund lässt sich jetzt spezifizieren, dass sich die soziale Relevanz des Journalismus nach den Inklusionstypen der gesellschaftlichen Teilsysteme richtet. Das Realitätsspektrum der Nachrichtenmedien besteht überwiegend aus Themen derjenigen Sozialsysteme, die ihre Inklusion primär über Massenpublika vollziehen. Nimmt die Leistung dieser Systeme ab, hat das Publikum zwei Möglichkeiten: Abwanderung zur Konkurrenz und Widerspruch gegen den Anbieter – »exit« und »voice« – sind die beiden Äußerungsformen des Publikums in Politik, Wirtschaft, Kunst, Sport und Massenmedien (vgl. Neuberger 2004a: 301). Journalismus ermöglicht Transparenz und damit die Wahl zwischen verschiedenen Angeboten für den Bürger, den Konsumenten, das Kunstpublikum, den Sportfan oder den Medienrezipienten (»exit«). Über den Widerspruch (»voice«), der im Journalismus gesammelt und gebündelt wird, zwingt das Publikum die Leistungserbringer zur Verbesserung ihrer Angebote. Umgekehrt benutzen diese die Beobachtungsstrukturen des Journalismus, um Wünsche, Zufriedenheit und Unzufriedenheit des Publikums kennenzulernen.

In allen anderen Sozialsystemen vollzieht sich die Inklusion des Publikums über das Dual Professioneller/Klient: Die Problembearbeitung geschieht normalerweise im kleinen Kreis unter Ausschluss der Öffentlichkeit. Massenpublika sind im Kern ebenso wenig vorgesehen wie »exit«- oder »voice«-Optionen: Kranke, Laien, Schüler oder Klienten vertrauen der Kompetenz des Arztes, des Priesters, des Lehrers oder Anwalts. Je stärker allerdings das Vertrauen schmilzt – zum Beispiel aufgrund von vermehrt auftretenden Kunstfehlern, Justizirrtümern oder Ausbildungen in die Arbeitslosigkeit –, umso größere Chancen werden dem Informationsjournalismus eröffnet, in diese Sozialsysteme einzudringen. Journalismus drückt dann auch diesen Systemen den »voice«/»exit«-Stempel auf: zum Beispiel durch Rankings von Medizinern, Anwälten oder Universitäten (»exit«) oder durch die Artikulation der Unzufriedenheit von Gläubigen zum Beispiel mit Aussagen des Vatikans zu Fragen der Ökumene oder des Schwangerschaftsabbruchs (»voice«).

Die zeitliche Kopplung: Synchronisation der Gesellschaft

»fresh money and new information«

Luhmann hat den Zwang, zum Beispiel in Wirtschaft, Politik oder Kunst permanent etwas Neues bieten zu müssen, als »geradezu neurotisch« bezeichnet. Ähnlich wie im Wirtschaftssystem immer wieder Geld durch Geld ersetzt werden muss, braucht der Journalismus permanent neue Information: »fresh money und new information sind zentrale Motive der modernen Gesellschaftsdynamik« (Luhmann 1996: 44). Aktualität bestimmt die Ablauforganisation in Redaktionen und verdichtet die Arbeitsphasen kurz vor Redaktionsschluss, wobei der Konkurrenzdruck bzw. der Drang zu Exklusivität eine zentrale Rolle spielt. Meldungen, die kurz vor Redaktionsschluss eintreffen, haben aufgrund der Aktualitätsprämisse höhere Publikationschancen.

Bedarf nach Synchronisation bei Politik, Wirtschaft, Sport

Von der Leistung der Synchronisation profitieren ebenfalls Sozialsysteme, in die Massenpublika eingeschlossen sind. Entscheidungsverhalten der Wähler wird ebenso synchronisiert wie das Konsumentenverhalten und das Börsengeschehen oder das Zuschauerinteresse bei Kultur- und Sportereignissen. Hochleistungssport zum Beispiel ist »daueraktuell«. Diese zeitliche Dimension des Codes aktuell/nicht aktuell ist also ein weiteres Indiz dafür, warum sich der Informationsjournalismus ausgerechnet auf diese vier Ressorts spezialisiert hat. Vor allem in Politik, Wirtschaft und Sport ist der Bedarf nach Synchronisation zwischen Leistungsträgern und Publikum besonders hoch, was sich nicht zuletzt darin zeigt, dass bei Nachrichtenagenturen diese drei Ressorts mit Abstand am stärksten besetzt sind und dass dafür sogar spezialisierte Tageszeitungen existieren: Sportzeitungen gibt es in vielen Ländern, ebenso Wirtschaftszeitungen.

Religion und Aktualität

Politik, Wirtschaft und Sport profitieren also von der zeitlichen Dimension der Leitdifferenz des Journalismus. Andere gesellschaftliche Teilsysteme müssen diesen Code akzeptieren, wenn sie im Journalismus thematisiert werden (wollen). Ein Beispiel: »Wenn Kirchen behaupten, Gott sei aktuell, so pervertieren sie einen Begriff, um Sendezeiten zu erhalten.« (Luhmann) Der Kern der Religion – der Glaube an Gott mit all seinen Folgen – wird normalerweise durch den Code aktuell/nicht aktuell aus dem Journalismussystem ausgeschlossen. Ausnahmen sind Ereignisse, die mit der gesellschaftsweiten Synchronisation zusammenfallen: Die Predigten von Papst, Kardinälen und Bischöfen in Weihnachts- und Ostergottesdiensten zum Beispiel werden vom Journalismus automatisch wahrgenommen – oder Ereignisse, bei denen ein Bedarf nach weltweiter Synchronisation von Seiten der Religion besteht, um den Laien eine Inklusion zu ermöglichen: Über eine Papstwahl wird immer berichtet werden. Massenmedial thematisierte Religion bleibt indes für den Einzelnen meist unbefriedigend, denn religiöse Sätze können medial nicht transferiert werden – »es sei denn, wir missverstünden religiöse Rede als Praxis der Information, was aber die religiöse Rede als absurde Rede erscheinen ließe«, hat der Philosoph Hermann Lübbe festgestellt. Auch andere Teilsysteme werden vom Informationsjournalismus thematisiert, wenn Synchronisationsbedarf besteht: beispielsweise das Gesundheitssystem bei Epidemien oder das Rechtssystem bei Entscheidungen der Bundesgerichte.

Auch die zeitliche Kopplung des Journalismus mit anderen Sozialsystemen begründet also die Differenzierung des Informationsjournalismus in Politik, Wirtschaft und Sport. Das Kultursystem spielt, was Synchronisation und Schnelligkeit betrifft, eine etwas geringere Rolle. Dies zeigt sich zum Beispiel darin, dass es in Redaktionen von Nachrichtenagenturen nur wenige Kulturjournalisten gibt.

Konsequenz: Wahrnehmungsstrukturen des Journalismus

Wahrnehmungsstrukturen des universellen Informationsjournalismus

Die Systemtheorie stellt also Erklärungsmodelle zur Verfügung, mit deren Hilfe sich die Ausprägung von Wahrnehmungsstrukturen im universellen Informationsjournalismus beschreiben und begründen lässt. Die Bildung von ausgerechnet vier Kernressorts liegt an der sozialen und zeitlichen Kopplung des Journalismus mit anderen gesellschaftlichen Teilsystemen. Um möglichst viele Rezipienten zu erreichen, verbessert der Informationsjournalismus seine Leistungen für diejenigen Sozialsysteme, die am stärksten auf sein Funktionieren angewiesen sind.

Das Wahrnehmungsspektrum des Journalismus, das vom Code aktuell/nicht aktuell ausgeformt wurde, umfasst also nicht alle Sozialsysteme der Gesellschaft in gleicher Art und Weise. Wir sollten uns deshalb von der These verabschieden, die Gesellschaft könne durch Selbstbeobachtung und Synchronisation eins zu eins gespiegelt werden. Die Konstruktion der Medienwirklichkeit durch Journalismus erfolgt vielmehr mit ganz bestimmten Regeln und Gesetzmäßigkeiten (→ vgl. zu den Routinen des Journalismus Kap. 5; S. 172–202).

1.2.4 Beispiel II: Cultural Studies als kulturtheoretischer Ansatz

Der Mensch als kulturelles Wesen

Die so genannten Cultural Studies haben keinen sozialwissenschaftlichen, sondern einen kulturtheoretischen Hintergrund. Stark vereinfacht könnte man sagen, dass der Mensch weniger als soziales, sondern vielmehr als kulturelles Wesen begriffen wird. Dennoch wird mit diesem Ansatz nicht nur die kulturelle Praxis erfasst – also Literatur, Musik, darstellende Kunst etc. –, sondern es werden auch gesellschaftliche Strukturen wie das Machtgefüge oder Gewohnheiten und Verhaltensweisen der Menschen analysiert. Es steht also ein Kulturbegriff dahinter, der das soziale Verhalten einschließt. Die Cultural Studies bilden kein einheitliches Theoriegebäude, sondern wurzeln in einer Vielfalt von Ansätzen und methodischen Herangehensweisen.

Information und Unterhaltung

Die Journalismustheorie der Cultural Studies lenkt den Blick darauf, dass Journalismus nicht nur aus Information besteht, sondern Unterhaltung immer Teil des Journalismus war und ist. Aus Sicht von Autoren wie Rudi Renger (2000), Elisabeth Klaus und Margret Lünenborg (2002) ist Journalismus Teil der Populärkultur und des kulturellen Diskurses. In einer Theorie des Journalismus ist demnach die Trennung von Information und Unterhaltung nicht haltbar. Durch diese Perspektive geraten Bereiche des Journalismus ins Blickfeld, die vom obigen systemtheoretischen Entwurf nicht ganz erfasst werden können: Boulevardjournalismus, Skandal- und Sensationspresse sowie fiktionale Formen vor allem im Fernsehen. Die Cultural Studies sehen Journalismus als Gebrauchsprodukt, das dazu da ist, konsumiert und weggeworfen zu werden, der aber auch ein wichtiges »identitätsbildendes Instrument in der Gesellschaft« ist (Renger 2000: 491).

Forschungsfokus der Cultural Studies ist weniger der Informationsjournalismus mit seiner »öffentlichen Aufgabe«, sondern vielmehr die Tatsache, dass die Menschen journalistische Produkte eben nicht nur aus intellektuellen, kognitiven, sondern weit mehr aus emotionalen, affektiven Gründen konsumieren: Sie wollen sich zerstreuen und unterhalten. Weil Journalismus eine marktabhängige Ware ist und unter kommerziellen Bedingungen produziert wird, führt der tägliche Kampf um das Publikum zu einer Emotionalisierung, Fiktionalisierung und Entertainisierung journalistischer Inhalte.

Narration und Fiktion

Man kann dies aus normativer und demokratietheoretischer Perspektive (→ vgl. Kap. 1.1.2; S. 14–16; Kap. 2.3.1; S. 81–84) beklagen, aber auch aus kulturtheoretischer Perspektive analysieren und erklären. Journalismus dient dann weniger der Wissensvermittlung, sondern vielmehr der »narrativen Herstellung eines gemeinsamen kulturellen Verständnisses« (Klaus/Lünenborg). Wenn Journalismus als Narration – also als Erzählung – aufgefasst wird, kann dazu die Fiktion gehören: Produktbausteine, welche die Autoren erdacht haben. »Die Einbindung von Fakten in Erzählungen und ihre Anreicherung mit Fiktionen ist Teil des journalistischen Geschäfts und konstituiert per se keine Fälschung«, meinen Klaus und Lünenborg (2002: 155). Sie verweisen auf neue Fernsehgenres, die Fakten und Fiktionen bewusst mischen: Doku-Soaps – wie zum Beispiel die Reality-Shows aus deutschen Familien »Die Super Nanny« (RTL) oder »Die

Supermamas« (RTL II) – stellen Menschen von nebenan mit ihren Alltagsproblemen dar und greifen in den Inszenierungen auf Elemente der Soap-Opera zurück. Im Doku-Drama werden historische Ereignisse – zum Beispiel aus der Zeit des »Dritten Reichs« – in Spielszenen »lebendig« gemacht. »In der Kombination von Dokumentarischem und Fiktionalem wird Authentizität hergestellt und damit eine Annäherung an die Wirklichkeit geschaffen, die mit der rein faktischen Rekonstruktion des Geschehenen so nicht möglich wäre.« (Klaus/Lünenborg 2002: 159) Die Authentizität – und nicht die Faktizität – wird damit zu einem wesentlichen Maßstab journalistischer Qualität (→ vgl. Kap. 7.1; S. 224–233).

Der Blickwinkel der Cultural Studies zeigt alles in allem auf, dass die Gleichungen »Fakten = Information« und »Fiktion = Unterhaltung« nicht aufgehen – vor allem wenn man das Publikumsverhalten und die Rezeptionsweisen in die Analyse einbezieht (Bausinger 1984; Lünenborg 2005 a). Fakten können auch unterhaltend aufbereitet und genutzt werden, fiktive Medienangebote der Information dienen. Dies hat weit reichende Folgen für die Grenzziehung des Journalismus (→ vgl. Kap. 7.3; S. 253–255): Die Frage, wo Journalismus anfängt und wo er aufhört, beantwortet die Kulturtheorie anders als z. B. die Demokratietheorie.

Zusammenfassung

(1) Die systemtheoretische Perspektive ist vor allem dazu geeignet, Strukturen der Gesellschaft zu beschreiben und zu erklären. Das System Journalismus übernimmt – wie andere gesellschaftliche Systeme auch – eine exklusive Funktion, die in der Selbstbeobachtung und Synchronisation der Gesellschaft liegt. Davon profitieren überwiegend die Systeme Politik, Wirtschaft, Kultur und Sport.

(2) Die Journalismustheorie der Cultural Studies analysiert den Journalismus – unter Berücksichtigung der Rezeptionsweisen – nicht nur als Information, sondern als Mischung von Information und Unterhaltung. Vor allem populärer Journalismus – wie Boulevard- und Sensationspresse – gerät dadurch ins Blickfeld der Untersuchung, aber auch die Emotionalisierung und Entertainisierung journalistischer Inhalte und die bewusste Mischung von Fakten und Fiktionen in bestimmten Fernsehgenres.

Übungsfragen zu Kapitel 1.2

1 Wie unterscheiden sich Alltagstheorie und wissenschaftliche Theorie?
2 Erläutern Sie das Falsifikationsprinzip als Grundannahme des Kritischen Rationalismus.
3 Welche exklusive Funktion erfüllt der Journalismus aus Sicht der Systemtheorie? Was bedeuten »Selbstbeobachtung« und »Synchronisation« als soziale und zeitliche Dimensionen des Journalismus?
4 Erklären Sie systemtheoretisch, warum vor allem Politik und Wirtschaft von der Funktionsweise des Journalismus profitieren. Warum kann sich umgekehrt der Journalismus auch dysfunktional auf diese beiden sozialen Systeme auswirken?
5 Warum lässt sich der Journalismus nach Ansicht der Cultural Studies nicht eindeutig in Information und Unterhaltung sowie in Fakten und Fiktionen teilen?

Literatur

Wer sich in wissenschaftliche Theorien einlesen und hineindenken möchte, muss Zeit und Muße mitbringen. Man kann die Literatur dazu nicht einfach überfliegen, sondern muss sich auf neue und ungewohnte Denk- und Begriffssysteme einlassen. Grundsätzlich ist Studienanfängern zu raten, verschiedene Theorieansätze nicht kreuz und quer zu lesen, sondern sich erst einmal mit einem Konzept intensiver zu beschäftigen – denn selbst einfach erscheinende Begriffe werden von verschiedenen Theorien oft unterschiedlich definiert und benutzt.

Von und über Karl R. Popper gibt es schon fast unzählige Veröffentlichungen. Wer sich für einen Einstieg in Wissenschaftstheorie und Sozialphilosophie des **Kritischen Rationalismus** interessiert, dem sei das Lesebuch empfohlen, das David Miller mit Texten von Karl R. Popper zusammengestellt hat.

Standardwerk zu den **Theorien des Journalismus** ist der 600 Seiten starke Sammelband unter dem gleichnamigen Titel, den Martin Löffelholz herausgegeben hat. Das Buch enthält die meisten wichtigen Konzepte. Die Autorinnen und Autoren haben sich in verständlicher Sprache um Kurzfassungen ihrer Ansätze bemüht. Zu jedem Beitrag ist weiterführende Literatur genannt. Wer darüber hinaus eine verständliche Einführung in die Systemtheorie sucht, der kann beim Studiengang Journalistik der Katholischen Universität Eichstätt-Ingolstadt das Heft **Systemtheorie für Journalisten** von Ralf Hohlfeld bestellen.

Journalismusforschung | 1.3

Grundlagen empirischer Sozialforschung | 1.3.1

Planmäßiges und systematisches Vorgehen

Sozialwissenschaftliche Forschung geht in der Regel empirisch vor – das heißt »auf Erfahrung beruhend« (griech. »empeiria« = Erfahrung). Die Forscher sammeln und systematisieren Erfahrungen über die gesellschaftliche Realität. Dabei bedient sich die Wissenschaft bestimmter Forschungsmethoden, die ein planmäßiges und systematisches Vorgehen bei der Erkenntnisgewinnung garantieren. Die gängigen empirischen Methoden der Journalismusforschung sind mündliche und schriftliche Befragung, Inhaltsanalyse und Beobachtung.

Wissenschaft und Alltagserfahrung

Auch hier tritt die Wissenschaft – ähnlich wie bei der Theoriebildung – in Konkurrenz zur Alltagserfahrung: *Erfahrene* Journalisten z. B. glauben zu wissen, was journalistische Qualität ausmacht, wie sie erfolgreich informieren und was ihr Publikum lesen, sehen oder hören möchte. Alltagserfahrung hat immer einen gewissen Wert, sie ist jedoch situativ, subjektiv und begrenzt. Empirische Journalismusforschung baut auf Alltagserfahrung von Journalisten und Publikum auf – sie geht aber darüber hinaus:

- durch umfangreichere Analyse (sie arbeitet aus einer Vielzahl ähnlicher Situationen das Gemeinsame heraus),
- durch Distanz zum Untersuchungsgegenstand (Wissenschaftler sind nicht in den untersuchten Situationen und Institutionen tätig und deshalb in der Regel nicht durch eigene Interessen »gefangen«),
- durch Offenlegung und Nachvollziehbarkeit der Vorgehensweise und der Ergebnisse.

Wissenschaftlicher Fortschritt: Auf den Schultern von Riesen
Wie ist wissenschaftlicher Fortschritt möglich? – Ein Gleichnis, das Isaac Newton zugeschrieben wird, aber vermutlich bis ins Mittelalter zurückgeht, besagt: »Wenn ich weiter gesehen habe (als andere), so deshalb, weil ich auf den Schultern von Riesen stehe.« Jede Generation von Wissenschaftlern stützt sich auf das, was ihre Vorgänger geleistet haben. Selbst wenn ein Wissenschaftler nur wenig Neues zur Erkenntnis beizusteuern hat, kann er doch weiter blicken als seine großen Vordenker – sofern er deren Schultern erklimmt, also deren Erkenntnisse wahrnimmt und als Basis betrachtet. Dieses Grundprinzip des wissenschaftlichen Fortschritts kann nur eingehalten werden, wenn Wissen frei ver-

fügbar ist, also wenn Erkenntnisse veröffentlicht werden – und wenn wissenschaftliche Arbeiten transparent zitieren, Vordenker würdigen und den Forschungsstand zunächst einmal zusammenfassen, bevor sie neue Fragen stellen.

Ein witziges Buch zu diesem Grundsatz hat Robert K. Merton (1910–2003) – Professor für Soziologie an der New Yorker Columbia University – 1965 unter dem Titel »On the Shoulders of Giants« veröffentlicht (in Übersetzung 1983). Das Manuskript beruht auf einem Briefwechsel mit einem befreundeten Historiker, der mit der Suche nach dem Ursprung des genannten Zitats begann, letztlich aber in eine launige Betrachtung der Wissenschaftsgeschichte führt.

Wie in Kapitel 1.2.1 ausgeführt, müssen Theorien an der Realität geprüft werden. Umgekehrt ist empirische Forschung ohne theoretische Einbettung bedeutungslos. Theorie und Empirie sind im Idealfall verschiedene Stadien des Forschungsprozesses. Grundsätzlich gibt es zwei mögliche Vorgehensweisen: induktiv und deduktiv (vgl. Abb. 1.3).

Abb. 1.3

Zusammenhang zwischen Theorie und Empirie

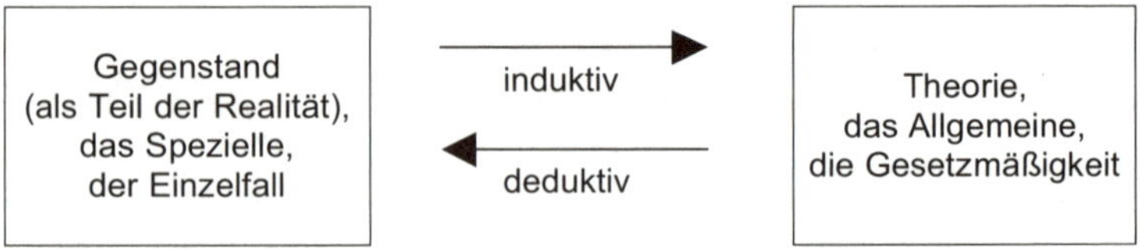

Einzelfälle und Fallstudien

- Das *induktive* Vorgehen hat nur Sinn, wenn ein Realitätsbereich bislang wenig erforscht ist: Wir beobachten dann zunächst mit dem »Prinzip der Offenheit« ohne Vorstellung über theoretische Zusammenhänge und ohne großes Vorwissen den betreffenden Gegenstandsbereich, systematisieren Einzelfälle und versuchen, daraus gesetzmäßige Zusammenhänge zu bilden – also Theorien zu formulieren. Dabei greifen wir in der Journalismusforschung auch auf die Erfahrung von Journalisten zurück – etwa durch offene mündliche Interviews oder durch Fallstudien in Redaktionen. Wir gehen nicht beliebig vor, sondern fokussieren unser Erkenntnisziel mit Forschungsfragen, die unsere Aufmerksamkeit für bestimmte Phänomene und Zusammenhänge sensibilisieren. Die Wissenschaftstheorie lehrt uns aber, dass wir nie sicher sein können, ob wir von Einzelfällen auf andere

Fälle schließen können – auch wenn wir noch so viele Einzelfälle einbeziehen. Induktive Theoriegewinnung ist deshalb immer *explorativ*, d. h. theorie-entdeckend und nicht theorie-prüfend (im Sinne des kritischen Rationalismus). Die Wissenschaftstheorie bezeichnet dieses Vorgehen als *interpretative Sozialwissenschaft* (vgl. Kromrey 1995: 28–31), die eher die so genannten qualitativen Methoden einsetzt (→ vgl. Kap. 1.3.2; S. 48–49).

Weiße und schwarze Schwäne

- Das *deduktive* Vorgehen überprüft dagegen eine bereits vorliegende Theorie an der Realität. Streng forschungslogisch dürften wir dabei nach den Kriterien des Kritischen Rationalismus (→ vgl. Kap. 1.2.1; S. 24–25) nicht verifizierend vorgehen, denn nur die Falsifikation einer Theorie führt zu neuer Erkenntnis. Karl R. Popper nennt dazu ein Beispiel, das er immer wieder aufgreift (vgl. z. B. 1995: 95, 110, 405) und mit dem er oft zitiert wird: Selbst wenn wir noch so viele weiße Schwäne beobachten, dürfen wir nicht daraus schließen, dass alle Schwäne weiß sind – es könnte ja doch irgendwo auf der Welt einen schwarzen Schwan geben. Die Aussage »Alle Schwäne sind weiß.« kann also nicht verifiziert werden. Allerdings haben wir es in der Kommunikationsforschung nie mit derartig universellen Aussagen zu tun, sondern immer mit Theorien allenfalls mittlerer Reichweite und mit Hypothesen, die Aussagen auf bestimmte Rahmenbedingungen beschränken. In der Regel wird man die Leistung einer Theorie am Bewährungsgrad messen und ein »Bewährtheitskonto« und ein »Belastetheitskonto« führen (vgl. Brosius/Koschel 2003: 50): »Je häufiger eine Hypothese durch empirische Forschung bestätigt wurde, desto bewährter ist sie, ohne gleich als wahr zu gelten. Je häufiger eine Theorie widerlegt wurde, desto größer ist ihre Belastetheit.« Aber auch wenn wir uns streng an das Falsifikationsprinzip halten, müssen wir eine Theorie nicht verwerfen, wenn wir ein Gegenbeispiel gefunden haben: Wir können die Theorie optimieren, indem wir intervenierende Bedingungen einführen. Finden wir z. B. schwarze Schwäne im Süden Australiens, können wir behaupten: Alle Schwäne sind weiß – außer einer bestimmten Art, die im Süden Australiens lebt. Das deduktive Vorgehen bevorzugt einen strengen methodischen Prozess: Der Untersuchungsgegenstand wird möglichst detailliert vorstrukturiert; wir formulieren Hypothesen, die wir mit standardisierten Erhebungsinstrumenten der quantitativen Sozialforschung überprüfen (→ vgl. Kap. 1.3.2; S. 48–57).

Ein Beispiel aus der Journalismusforschung

Konzeption eines neuen Studiengangs

Die obige abstrakte Darstellung von Forschungsprozessen sei an einem Beispiel aus der Journalismusforschung veranschaulicht, das an der Hochschule Darmstadt zur Konzeption und Gründung des neuen Studiengangs Wissenschaftsjournalismus beigetragen hat (vgl. Meier/Feldmeier 2005). Im Folgenden kommt es nicht darauf an, einen Forschungsablauf in all seiner Komplexität differenziert zu analysieren, sondern das Prinzip eines Forschungsprojekts darzustellen, um Studienanfängern einen Einblick zu geben und bei der Anfertigung von Abschlussarbeiten – wie z. B. Diplomarbeiten oder Bachelorarbeiten – eine erste Orientierung zu liefern.

In der Tabelle sind die einzelnen Schritte in groben Zügen dargestellt (vgl. Abb. 1.4). Erster Schritt ist das Beschreiben eines gesellschaftlich relevanten Problems – in unserem Fall einer für den Journalismus und die Journalistenausbildung relevanten Frage: Lohnt sich die Einführung eines Studiengangs Wissenschaftsjournalismus? Oft greift die Forschung in diesem Stadium auf Alltagserfahrungen und einzelne Aussagen von Journalisten, Chefredakteuren oder Verlegern zurück, oder ein Auftrag ist Auslöser des Projekts. In der zweiten, explorativen Phase wird unser Wissen systematisch verdichtet und fokussiert: durch die Sammlung von Ideen, einzelne Gespräche oder Fallstudien – und vor allem durch die Lektüre vorliegender journalistikwissenschaftlicher Befunde und Theorien. In diesem Forschungsprojekt nahm die Exploration einen relativ breiten Raum ein, da wir zu aktuellen Entwicklungen in der Wissenschaftskommunikation nur auf wenig journalistikwissenschaftliche Erkenntnisse zurückgreifen konnten.

Leitfragen

Im dritten Schritt wird unser bisheriges, vorläufiges Wissen in eine wissenschaftliche Fragestellung überführt. Wenn die theoretische Basis und die bereits vorliegenden Befunde ausreichen, können wir hier Hypothesen formulieren, die im Weiteren streng deduktiv getestet werden. In unserem Beispiel wagten wir uns noch nicht an eine Hypothesenbildung, sondern wollten offener vorgehen und formulierten Leitfragen zur Entwicklung der betreffenden Berufsfelder, zur redaktionellen Verarbeitung von Wissenschaftsthemen und zu den künftigen Qualifikationsanforderungen.

Fragebogenkonzept

Die Methodenwahl im vierten Schritt hängt von der Fragestellung ab. Wenn wir uns auf die Medieninhalte beschränkt hätten und z. B. gefragt hätten, ob naturwissenschaftliche Themen in der journalistischen Berichterstattung tatsächlich zugenommen haben, dann wäre eine Inhaltsanalyse beispielsweise von Tageszeitungen oder Fernsehsendungen sinnvoll gewesen. Wir wollten aber vor allem die Arbeitszusammenhänge in Re-

Abb. 1.4

Beispiel eines Forschungsablaufs

Allgemein	Beispiel
(1) Problem oder Fragestellung aus dem Bereich des Journalismus; Forschungsauftrag	Alltagserfahrung: Wandel im Wissenschaftsjournalismus; wachsende Bedeutung von Themen aus Naturwissenschaft, Technik und Medizin in den Medien; steigender Bedarf an Wissenschaftsjournalisten? Forschungsinteresse: Lohnt sich die Einführung eines Studiengangs Wissenschaftsjournalismus? Wenn ja, welche Anforderungen müsste er erfüllen?
(2) Exploration: Ideen, Gespräche, Fallstudien; Lektüre vorliegender journalistikwissenschaftlicher Befunde und Theorien	Auswertung von wissenschaftlichen und praxisorientierten Fachzeitschriften und Büchern, Marktanalyse (z. B. Entwicklung von Auflagenzahlen sowie von einzelnen Fernseh- und Radiosendungen)
(3) Überführung in wissenschaftliche Fragestellung und/oder Entwicklung von Arbeitshypothesen	Leitfragen zur Entwicklung der Berufsfelder Wissenschaftsjournalismus und Wissenschaftskommunikation, zur redaktionellen Verarbeitung von Wissenschaftsthemen und zu den künftigen Qualifikationsanforderungen
(4) Methodenwahl, Operationalisierung und Durchführung	mündliche, teilweise standardisierte Befragung von 35 Wissenschaftsjournalisten (Chefredakteuren und Ressortleitern) und 24 leitenden Pressesprechern im Wissenschaftsbereich
(5) Verwertung der Ergebnisse	Publikationen (Aufsätze und Vorträge); Verwendung der Ergebnisse zur Konzeption eines neuen Studiengangs; Anknüpfungspunkte für weitere, stärker deduktiv vorgehende Forschungsprojekte

daktionen (z. B. zwischen Wissenschafts-PR und Wissenschaftsjournalismus) und Einstellungen von leitenden Wissenschaftsjournalisten (z. B. im Hinblick auf Qualifikationsanforderungen) erfahren, weshalb sich eine Befragung anbot. Die Leitfragen mussten nun in ein Fragebogenkonzept überführt werden, das sowohl standardisierte Fragen vorsah – zum besseren Vergleich der Antworten – als auch offene Fragen zu Fakten und Zusammenhängen, die uns im Vorfeld weniger bekannt waren. Hier zeigt sich wieder, dass wir nicht streng deduktiv vorgingen, sondern weiterhin die Exploration – also die Entdeckung von Phänomenen und Zusammenhängen – eine Rolle spielte.

Als letzter Schritt folgt die Verwertung der Ergebnisse – in wissenschaftlichen Veröffentlichungen oder als Planungshilfe in der sozialen

Realität. Die Publikation von Ergebnissen ist im wissenschaftlichen Forschungsprozess elementar: Andere Forschungsprojekte können Bezug darauf nehmen und die gewonnenen Einsichten (erneut) an der Realität überprüfen. In unserem Beispiel böte sich eine künftige deduktive Überprüfung unserer Erkenntnisse an, die wir thesenhaft als »Konsequenzen für die Journalistenausbildung« formuliert haben. Man könnte aufbauend z.B. eine Inhaltsanalyse durchführen oder eine größere Zahl von Wissenschaftsjournalisten repräsentativ befragen.

Verstehende Methoden in der Journalismusforschung

Die Methoden der empirischen Sozialforschung können als »Mainstream« in der Journalismusforschung – und allgemein in der Kommunikationsforschung – bezeichnet werden, weil sie unschlagbare Vorteile in der Beschreibung und Analyse gegenwärtiger sozialer Realität haben. Bei bestimmten Fragestellungen stoßen diese Methoden aber an Grenzen, die durch andere Vorgehensweisen durchbrochen werden können. Hans Wagner (1999) beschreibt in einem Lehrbuch für Kommunikationswissenschaftler Methoden, die primär aus einer geisteswissenschaftlichen Tradition stammen, als »verstehende Methoden«. Mit der biographischen Methode zum Beispiel können Leben und Werk herausragender Journalisten im jeweiligen gesellschaftlichen Kontext erforscht werden. Das historisch-systematische Vorgehen und die aus der Geschichtswissenschaft übernommene Methode der Quellenkritik können historische Wurzeln des Journalismus aufdecken, die sich noch heute auf Struktur und Arbeitsweise des Journalismus auswirken. Oder: Mit der Szenario-Technik können Einflussfaktoren auf künftige Entwicklungen systematisch zusammengefasst und Prognosen entwickelt werden.

Qualitätskriterien empirischer Forschung

Transparent und überprüfbar

Die Qualität wissenschaftlicher Forschung hängt von der Qualität des Erkenntniswegs ab: Folgt jeder Schritt im Forschungsprozess logisch auf den anderen? – Um den Erkenntnisweg transparent und überprüfbar zu machen, enthalten Veröffentlichungen von Forschungsprojekten nicht nur die Ergebnisse, sondern alle oben genannten Stufen: von der Fragestellung und Exploration bis zur Konzeption und Durchführung der Untersuchung. Die Forschung soll *intersubjektiv nachvollziehbar* und *kritisierbar* sein.

Für alle Schritte des Forschungsablaufs gibt es Qualitätskriterien. Insbesondere bei der Konzeption und Umsetzung einzelner Methoden spricht man von Gütekriterien. Die größte Herausforderung empirischer Forschung ist die so genannte *Operationalisierung*: die Umsetzung einer Fragestellung in ein konkretes *Untersuchungsdesign*. Darauf beziehen sich auch die drei wichtigsten Gütekriterien zur Beurteilung von Forschungsqualität:

- *Validität (Gültigkeit):* Misst das Untersuchungsdesign tatsächlich das, was gemessen werden soll? Gibt es Einflussfaktoren, die berücksichtigt werden müssen? Ein Beispiel aus der Nutzerforschung: Um zu erfahren, welche Medien die Menschen wie intensiv nutzen, wird häufig die Methode der Befragung eingesetzt. Doch die Mediennutzung ist meist ein unbewusster Vorgang, an den die Nutzer sich nur ungenau erinnern. In einer Befragung von Lesern einer Wirtschaftszeitung z. B. wollte man wissen, welche Teile der Zeitung die Leser in der Regel immer lesen und für unverzichtbar halten. 15 Prozent antworteten: den Sportteil – obwohl diese Zeitung noch nie einen Sportteil hatte. Die Untersuchung war an diesem Punkt also nicht valide. Andere Methoden wie *Copytest* oder *ReaderScan* können die Validität von Leserforschung erhöhen (→ vgl. Kap. 3.1; S. 97–99). Bei Befragungen kann zudem das Phänomen der *sozialen Erwünschtheit* eine besondere Rolle spielen. Ein Beispiel: In der Journalistenausbildung wird oft darauf hingewiesen, dass die Recherche wesentlich zur journalistischen Qualität beiträgt. Dies kann dazu führen, dass Journalisten bei Befragungen vor allem ihre Rechercheleistung hervorheben – weil es eben sozial erwünscht erscheint, lange und intensiv zu recherchieren.

Gültigkeit

- *Reliabilität (Zuverlässigkeit):* Ein Untersuchungsdesign ist zuverlässig, wenn bei einer Wiederholung der Untersuchung das gleiche Ergebnis herauskommt. Dies sollte der Fall sein, wenn ein anderer Forscher das Design anwendet, und auch wenn der gleiche Forscher die Untersuchung wiederholt.

Zuverlässigkeit

- *Grundgesamtheit und Repräsentativität:* Mit der Grundgesamtheit sind alle Fälle gemeint, für die eine Untersuchung gelten soll. Bei manchen Projekten können wir die Grundgesamtheit komplett in die Untersuchung einbeziehen. Man spricht dann von einer *Vollerhebung*. Wenn wir zum Beispiel die Zukunftsstrategien der deutschen Zeitungschefredakteure erfahren wollen, können wir die Chefredaktionen aller 137 Publizistischen Einheiten befragen (→ vgl. Kap. 4.3.2; S. 143–145). Wenn wir dagegen wissen möchten, welche Interessen und Wünsche die Leser haben, wäre es ökonomisch unsinnig und praktisch nicht durchführbar, alle Leser auch nur einer Zeitung zu befragen. Oder: Wenn wir erfahren möchten, wie ein bestimmtes Thema von den Medien aufgegriffen wird, müssen wir für die Inhaltsanalyse eine Auswahl an Medien und Beiträgen treffen. Es handelt sich dann um

Stichprobe

eine *Teilerhebung*, der eine Stichprobenziehung vorausgeht. Die Güte einer Stichprobe bemisst sich an der *Repräsentativität*: Handelt es sich um ein strukturgleiches Abbild der Grundgesamtheit? Repräsentiert die Stichprobe tatsächlich die Grundgesamtheit, bildet sie sie also adäquat ab? Man kann die Verteilung bestimmter Variablen vergleichen, also z. B. darauf achten, dass in einer Leserbefragung der Anteil von Frauen und Männern, Jungen und Alten, Reichen und Armen genau dem Anteil in der Grundgesamtheit entspricht. Dies setzt aber voraus, dass wir Geschlecht, Alter und Einkommen jedes Lesers kennen. Die Sozialforschung behilft sich oft mit einer Zufallsauswahl: Man zieht dann z. B. aus einer alphabetisch sortierten Leserkartei jede zehnte Karte oder man untersucht jede zehnte Ausgabe einer Zeitschrift. Aber auch mit einer Zufallsauswahl können wir uns der Repräsentativität nur mit einer bestimmten Irrtumswahrscheinlichkeit annähern, die mit statistischen Methoden berechnet werden kann. Ist also eine Vollerhebung in jedem Fall besser als eine Teilerhebung? Nicht unbedingt. Bleiben wir beim obigen Beispiel: Wenn von 137 befragten Chefredakteuren nur 70 antworten – können wir dann von einer repräsentativen Befragung sprechen? Mit dem Begriff Repräsentativität sollte man in diesem Fall vorsichtig umgehen. Elisabeth Noelle-Neumann, Leiterin des Instituts für Demoskopie Allensbach, nennt als »groben, praktischen Anhaltspunkt« eine Rücklaufquote von 50 Prozent (Noelle-Neumann/Petersen 2003: 280). Liege der Rücklauf darunter, könne man nicht von einer »repräsentativen Befragung« sprechen. Etwas Sicherheit können wir auch hier gewinnen, wenn wir die Verteilung von Variablen vergleichen: Sind große und kleine Zeitungen, Boulevard- und Abonnementzeitungen, Regionen und Bundesländer im Rücklauf im gleichen Verhältnis vertreten wie in der Gesamtheit der Zeitungen in Deutschland?

Die Diskussion der Gütekriterien zeigt, dass es keine hundertprozentig sichere empirische Sozialforschung geben kann. Wir können uns nur den Idealen möglichst weit annähern. Gerade deshalb ist Transparenz, Offenlegung und Reflexion des Erkenntniswegs so wichtig.

Zusammenfassung

Empirische Methoden der Sozialforschung garantieren eine planvolle und systematische Erkenntnisgewinnung. Wir unterscheiden zwischen

- *explorativen* Elementen im Forschungsablauf, die Realität erkunden und entdecken sowie von Einzelfällen ausgehend vorsichtig generalisieren (induktives Vorgehen),

- und *hypothesen-testenden* Forschungsschritten, die bestehende Theorien an der Realität überprüfen (deduktives Vorgehen).

Die Qualität wissenschaftlicher Forschung hängt von der Qualität des Erkenntniswegs ab, der grundsätzlich transparent und kritisierbar sein sollte. Es gibt drei wesentliche Gütekriterien:

- Die *Validität* fragt danach, ob das Untersuchungsdesign *gültig* ist und tatsächlich die Forschungsfragen beantworten kann – ob das »gemessen« wird, was »gemessen« werden soll.
- Die *Reliabilität* fragt nach der *Zuverlässigkeit* eines Instruments. Eine Wiederholung der Untersuchung sollte zum gleichen Ergebnis kommen.
- Die *Repräsentativität* ist Kennzeichen dafür, ob eine Stichprobe die Grundgesamtheit adäquat abbildet.

Methoden empirischer Journalismusforschung | 1.3.2

Dem empirisch arbeitenden Journalismusforscher stehen im Wesentlichen drei Werkzeuge zur Verfügung: Er kann Menschen *befragen*, Gruppen oder Organisationen *beobachten* oder Medien*inhalte analysieren*. Mit der Befragung kann man Einstellungen und Meinungen erforschen; die Beobachtung erfasst das Verhalten und Handeln; die Inhaltsanalyse beschreibt und wertet systematisch Medieninhalte aus. Während Inhaltsanalysen den Journalismus also vom Produkt oder Output her untersuchen, erheben Befragungen und Beobachtungen die Merkmale und Einstellungen von Journalisten und die Bedingungen der Aussagenentstehung. Befragungen und Beobachtungen erforschen zudem die Nutzung und Wirkung von Medien. Bei jeder dieser Methoden kann man entweder stärker *quantitativ* oder stärker *qualitativ* vorgehen (vgl. Brosius/Koschel 2003; Klammer 2005).

Mehrmethodendesign

Jede Methode hat Vor- und Nachteile. Es kommt auf die Forschungsfrage und das Erkenntnisinteresse an, welche Methode in einer Studie eingesetzt werden sollte. In umfangreicheren Untersuchungen hat sich die Kombination mehrerer Methoden mit unterschiedlichen Zugängen zur Wirklichkeit bewährt: Eine Methode beleuchtet die »blinden Flecken« der anderen und gleicht deren Unzulänglichkeiten aus. Man spricht dann vom *Mehrmethodendesign* oder von *Triangulation*.

Im Rahmen dieser Einführung können nicht alle Methoden ausführlich dargestellt werden. Es geht vielmehr darum, exemplarisch und in groben Zügen das Vorgehen der Journalismusforschung zu erklären und verständlich zu machen. Dies geschieht vor allem anhand der Methode der Befragung.

Quantitative und qualitative Forschung

Die Realität »vermessen«

Quantitative Verfahren belegen ausgesuchte Merkmale mit Zahlenwerten. Die soziale Realität wird »vermessen«, komplexe Zusammenhänge werden auf Aussagen reduziert, die in Zahlen, Prozent- oder Mittelwerten ausgedrückt werden können. Eine Befragung von 450 Online-Journalisten kam u.a. zu dem Ergebnis, dass 97 Prozent online und 77 Prozent offline recherchieren und dass für die Online-Recherche im Schnitt 73 Minuten pro Tag aufgewendet werden, für die Offline-Recherche dagegen nur 35 Minuten – dies ist ein Beispiel, bei dem die Forscher in Fragestellung und Auswertung quantitativ vorgingen (Löffelholz/Quandt/Hanitzsch/Altmeppen 2003: 482).

Motive und Hintergründe

Qualitative Verfahren versuchen dagegen, ein komplexes Phänomen in seiner jeweiligen Situation, individuelle Motive und Hintergründe detailliert zu erfassen. Man befragt dann z.B. einzelne Online-Journalisten, warum und bei welchen Themen sie welche Recherchemethoden einsetzen, und lässt sie dabei relativ offen aus ihrem journalistischen Alltag erzählen. Eine solche qualitative Befragung kann aber nicht 450 Journalisten, sondern allenfalls 20 oder 30 in die Untersuchung einbeziehen, weil es viel zu aufwändig wäre, hunderte Interviews im Detail auszuwerten.

Vorteil des quantitativen Vorgehens ist, dass aufgrund der Standardisierung die untersuchten Fälle vergleichbar sind. Zudem kann eine relativ große Menge untersucht werden, was oft sogar repräsentative Rückschlüsse auf eine Grundgesamtheit ermöglicht. Unser Beispiel ist ein starker Beleg für die These, dass Online-Journalisten in Deutschland generell stärker online als offline recherchieren, woraus man z.B. die Schlussfolgerung ziehen kann, dass Inhalte, die bereits online sind, bessere Chancen auf Publikation in Online-Medien haben als Inhalte außerhalb von Internet und Datenbanken (was dann aber wiederum mit anderen Methoden zu prüfen wäre).

Vorteil des qualitativen Vorgehens ist dagegen, dass man soziale Realität detaillierter und tiefer erfassen kann – ohne allerdings verbindliche Schlüsse auf andere Fälle oder gar auf eine Grundgesamtheit ziehen zu können. In unserem Beispiel könnten z.B. Leitfadengespräche mit Online-Journalisten oder Redaktionsbeobachtungen dazu beitragen, die Arbeitsweisen und Tätigkeiten in Online-Redaktionen sowie Motive und Hintergründe zu erhellen.

Die Fallstudie

Eine Sonderform qualitativen Vorgehens ist die *Fallstudienforschung*. Fallstudien werden in der Sozialforschung – z.B. in den Wirtschaftswissenschaften oder der Politikwissenschaft – angewandt, um aktuelle und dynamische Entwicklungen möglichst tief gehend, individuell und nicht pauschalisierend zu erkunden. Sie dienen also induktiven Schritten im Forschungsprozess. Ein Fall – beispielsweise eine Redaktion, ein Verlag oder eine Rundfunkanstalt – wird möglichst umfassend analysiert. Dazu werden qualitative Methoden kombiniert: Leitfadeninterviews, einfache Beobachtungen, Hintergrundgespräche oder die Auswertung von schriftlichen Quellen wie Selbstdarstellungen oder Strategie-Papieren. Fallstudien können z.B. die Strategien von Redaktionen zur Lösung bestimmter Probleme ganzheitlich ergründen. In der Regel wird ein Fall aber nicht isoliert betrachtet: Ein systematischer Vergleich mehrerer Fallstudien kann zu generalisierenden Thesen führen – und so weiter gehende, vielleicht repräsentative Untersuchungen explorativ vorbereiten (*Grundlagenliteratur: Yin 2003*).

Quantitative Methoden zwängen das Forschungsthema in ein enges Korsett. Wenn die Methode nicht ausreichend vorbereitet ist, besteht die Gefahr, dass sie dem Forschungsthema nicht gerecht wird, dass das Korsett nicht passt und die Daten wertlos sind, weil sie an der Hauptsache vorbeigehen. Zwar wird in der Journalismusforschung – wie in der Kommunikationsforschung und auch in der Sozialforschung allgemein – überwiegend quantitativ empirisch gearbeitet, aber in größeren Studien werden oft beide Varianten kombiniert. Dabei hat sich die Reihenfolge qualitativ → quantitativ → qualitativ bewährt: Ist ein Bereich bislang wenig erforscht, setzt man zunächst zur induktiven Thesengewinnung (→ vgl. Kap. 1.3.1; S. 40–41) qualitative Instrumente ein: Der Forscher führt zum Beispiel offene, detaillierte Gespräche mit einzelnen Journalisten oder Experten, oder er sammelt Fallstudien, um auf dieser Basis konkrete Fragestellungen für eine quantitative, groß angelegte Journalistenbefragung zu gewinnen. Kommen nun dabei Ergebnisse heraus, die näher erklärt oder plausibilisiert werden müssen, könnte ein weiterer qualitativer Schritt noch einmal stärker in die Tiefe gehen.

Zudem kann man in einem einzigen Instrument qualitative und quantitative Elemente mischen – z.B. durch die Kombination offener oder geschlossener Fragen in einer Befragung (siehe die folgenden Seiten).

Die Befragung

Einstellungen, Bewertungen, Überzeugungen

Streng genommen kann man mit einer Befragung nur Einstellungen, Bewertungen und Überzeugungen von Menschen erforschen. Da viele Forschungsfragen indes oft auf Verhalten abzielen, das nicht durch Beobachtung zugänglich ist (weil es z.B. zu aufwändig wäre, 1.000 Journalisten oder Nutzer zu beobachten), behelfen wir uns, indem wir mit einer Befragung Selbstauskünfte einholen: »Welche Sender haben Sie in der letzten Woche im Radio gehört?« (→ vgl. Kap. 3.1; S. 94–97) – »Schätzen Sie bitte, wie viel Zeit Sie im Schnitt für folgende Tätigkeiten aufwenden: Recherche, Verfassen eigener Texte, Redigieren von Agenturtexten, ...« (→ vgl. Kap. 6.1; S. 208–210).

Die verschiedenen Möglichkeiten der Befragung sind in der Tabelle dargestellt (vgl. Abb. 1.5). Die Form der Befragung (mündlich oder schriftlich) sollte aufgrund des Forschungsziels gewählt werden, oft spielen aber auch Kostengründe eine Rolle. Grundlage jeder Befragung ist der Fragebogen, der mehr oder weniger standardisiert sein kann:

- Standardisierte Fragebögen enthalten überwiegend geschlossene Fragen und legen alles genau fest: von Wortlaut und Abfolge der Fragen bis zu den Antwortvorgaben, aus denen der Befragte dann auswählen kann. Diese Fragebögen können quantitativ statistisch ausgewertet werden.
- Weniger standardisierte Fragebögen verwenden meist offene Fragen und bestehen in mündlichen Interviews entweder aus einem Leitfaden oder einer Stichwortliste für den Interviewer. Sie werden qualitativ und explorativ eingesetzt, wenn zum Thema der Studie noch wenig bekannt ist. Wenn die Interviews später verglichen werden sollen, empfiehlt sich die Festlegung von Wortlaut und Reihenfolge im Leitfaden. Spontanes Nachhaken des Interviewers, um tiefer gehende Informationen zu erhalten, sollte jedoch möglich sein. Mündliche Leitfadeninterviews werden mit Zustimmung der Interviewten aufgezeichnet und nachher – zumindest in wesentlichen Teilen – transkribiert, um die Auswertung zu optimieren.

Vollständig und trennscharf

Generell gibt es zwei Fragetypen: offene und geschlossene Fragen (vgl. die Beispiele in Abb. 1.6). Offene Fragen sind grundsätzlich zu empfehlen, wenn der Forscher die Bandbreite möglicher Antworten nicht genau kennt und Aspekte zur Sprache kommen sollen, die vorher nicht bekannt waren. Geschlossene Fragen sollten alle möglichen Antworten vorgeben (Vollständigkeit), und die Antwortvorgaben sollten inhaltlich nicht überlappen (Trennschärfe). Man kann zwar mangelnde Vollständigkeit durch einen offenen Zusatz (z. B. »Sonstiges«) ausgleichen, finden sich dort aber sehr viele Antworten, fällt eine quantitative Auswertung schwer, weil man nicht weiß, ob die Kategorie häufiger angekreuzt worden wäre, wenn sie auf der Liste gestanden hätte.

Bei der Frage nach Einschätzungen und Meinungen werden oft »Rating-Skalen« benutzt – mit in der Regel zwei bis sieben Stufen. Dabei müssen unterschiedliche Skalen- und Datenniveaus beachtet werden, die in den einschlägigen Lehrbüchern ausführlich beschrieben werden. Beispiele sind *Zustimmung/Ablehnung* (stimme voll zu/stimme weitgehend

Abb. 1.5

Möglichkeiten der Befragung

Form der Befragung	mündlich: face to face	aufwändige, aber intensive Interviews mit geringer Abbrecherquote
	mündlich: telefonisch	kostensparend und schnell, aber ohne Visualisierungsmöglichkeit; Fragen und Antwortvorgaben müssen einfach formuliert sein
	schriftlich: postalisch	Rücklaufquote meist relativ niedrig: langwierige Nachfassaktionen sind nötig
	schriftlich: austeilen/einsammeln	Verteilung eines Fragebogens z. B. in einer Redaktion oder einer Schulklasse/einer Vorlesung; beim Einsammeln auf Anonymität achten
	schriftlich: per E-Mail	am besten telefonisch ankündigen (Spam-Filter!); beliebige, breite Streuung hat wenig Sinn und nervt unter Umständen die Befragten; eine Mail kann auf einen Fragebogen im WWW hinweisen
	schriftlich: im WWW	kostensparend und schnell, automatische Dateneingabe und statistische Verwertbarkeit; aber: nur versierte Internet-Nutzer sind erreichbar, Selbstselektion der Befragten (meist keine Repräsentativität). Gute Einsatzmöglichkeit vor allem bei klar umrissener und kleiner Grundgesamtheit (z. B. Journalisten bestimmter Redaktionen, Absolventen von Studiengängen, Nutzer einer bestimmten Website)
Art des Fragebogens	stark standardisiert	genaue Festlegung von Antwortvorgaben; überwiegend geschlossene Fragen; Vorteil: quantitative, statistische Auswertung
	weniger standardisiert	Leitfaden oder Stichwortliste; überwiegend offene Fragen; Ziel: Exploration, Stoffsammlung
Fragetypen	offen	keine Vorgabe von Antwortkategorien; möglichst wörtliche Aufzeichnung der Antwort; Auswertung in der Regel qualitativ deskriptiv; eventuell können die Antworten auch quantitativ in Kategorien einsortiert werden
	geschlossen	vollständige und trennscharfe Antwortvorgaben; möglich sind z. B. Skalen: zweigeteilt (ja/nein oder männlich/weiblich) oder mehrgeteilt (stimme voll zu/stimme weitgehend zu/lehne weitgehend ab/lehne voll ab)

Abb. 1.6 | *Offene und geschlossene Fragen*

Beispiele für offene Fragen:

(1) Wie lautet die genaue Bezeichnung Ihrer jetzigen beruflichen Stellung? (z. B. Redakteur, Moderator, Korrespondent)

(2) Über journalistische Qualität wird in letzter Zeit viel diskutiert. Was sind für Sie die wichtigsten Kriterien journalistischer Qualität?

(3) Was sind Ihrer Meinung nach die wichtigsten Aufgaben eines Journalisten?

Beispiele für geschlossene Fragen:

(4) Welche redaktionelle Position haben Sie?

- O Gesamtleitung (Chefredakteur, Programmdirektor oder Stellvertreter)
- O Teilleitung (Chef vom Dienst, Ressortleiter, Teamleiter)
- O Redakteur
- O Volontär
- O Praktikant/Hospitant

(5) Wie oft werden Ihre Beiträge von jemand anderem in der Redaktion gegengelesen bzw. abgenommen?

- O immer oder fast immer
- O meistens
- O ab und zu
- O selten
- O gar nicht

(6) Nun lese ich Ihnen einige Aussagen vor, in denen es darum geht, wie man sich in seinem Beruf als Journalist verstehen kann und welche Ziele man mit seiner beruflichen Arbeit erreichen möchte. Es geht also immer um die Frage: Worum geht es Ihnen ganz persönlich in Ihrem Beruf? – IN MEINEM BERUF GEHT ES MIR DARUM ...

a) »komplexe Sachverhalte zu erklären und zu vermitteln.«
trifft O voll und ganz O überwiegend O teils/teils
O weniger O überhaupt nicht zu

b) »dem Publikum eigene Ansichten zu präsentieren.«
trifft O voll und ganz O überwiegend O teils/teils
O weniger O überhaupt nicht zu

c) »die Realität genauso abzubilden, wie sie ist.«
trifft O voll und ganz O überwiegend O teils/teils
O weniger O überhaupt nicht zu

...

Einige dieser Beispiele sind in etwas veränderter Form der Studie »Journalismus in Deutschland« entnommen. Die kompletten Fragebögen für diese umfangreiche Untersuchung sind in den Büchern von Scholl/Weischenberg (1998: 325–354) und Weischenberg/Malik/Scholl (2006: 229–254) abgedruckt.

zu/lehne weitgehend ab/lehne voll ab), *Häufigkeit* (immer/häufig/selten/nie) oder *Bewertung* (Schulnoten von 1 bis 6).

Wie kann man einen Fragebogen optimal aufbauen? Wie werden Fragen gut formuliert? – Zum Handwerkszeug der Befragung gibt es gute Lehrbücher, die am Ende dieses Kapitel vorgestellt werden. Vor allem bei standardisierten Fragebögen ist es zentral, dass alle Missverständnisse, Zweideutigkeiten und Verzerrungen bei jeder einzelnen Frage vermieden werden – und dass die Dramaturgie des Fragebogens stimmt, um Abbrüche möglichst zu minimieren.

Die Beobachtung

Redaktionsforschung

Diese Methode wird in der Kommunikationsforschung relativ selten eingesetzt. In die Journalismusforschung hat sie sich jedoch vor allem in der Redaktionsforschung schon gut bewährt, weil dadurch Abläufe, Handlungen und soziale Strukturen in einer Redaktion erfasst werden können. Man kann z.B. herausfinden, wie sich redaktionelle Umstrukturierungen auf das journalistische Arbeiten auswirken, wie Journalisten mit Informanten umgehen, wie zeitlicher Druck die redaktionelle Arbeit beeinflusst oder wie journalistische Arbeit technisiert und formalisiert wird (→ vgl. Kap. 4.4; S. 159–171). Redaktionsforschung mit der Methode der Beobachtung wurde in Deutschland bislang vor allem in Dissertationen betrieben – vgl. z.B. die Arbeiten von Manfred Rühl (»Die Zeitungsredaktion als organisiertes soziales System«, 1979), Ulrich Hienzsch (»Journalismus als Restgröße«, 1990), Eduard Grimme (»Zwischen Routine und Recherche«, 1991), Klaus-Dieter Altmeppen (»Redaktionen als Koordinationszentren«, 1999), Klaus Meier (»Ressort, Sparte, Team«, 2002) oder Thorsten Quandt (»Journalisten im Netz«, 2005).

Wie alle empirischen Methoden sollte auch die Beobachtung nicht unkontrolliert, unsystematisch und impressionistisch vorgehen, um möglichst zuverlässige und gültige Daten liefern zu können. Wir beobachten deshalb nur ganz bestimmte Aspekte, die wir vorher aufgrund unserer Fragestellung und unseres theoretischen Konzepts festlegen – und wir gehen systematisch mit Hilfe eines mehr oder weniger stark definierten Schemas vor.

Beobachtungsschema

Diskutiert wird in der Wissenschaft immer wieder, wie weit die Systematisierung gehen soll, das heißt, wie stark ein Kategorienkatalog spezifiziert und wie exakt ein Beobachtungsschema vorgegeben wird. Während quantitativ orientierte Forscher zunächst Hypothesen entwickeln und dann in einem standardisierten Beobachtungsschema genau Zahl und Art der Beobachtungseinheiten von vornherein festlegen, rät die qualitativ orientierte Sozialwissenschaft von einem exakten Plan ab, um die Exploration nicht zu behindern und nicht nur zu sehen, was man vorher schon sehen wollte.

Ratsam ist es auch hier wieder, zwei Regeln zu befolgen. Erstens: Je mehr wir vom zu untersuchenden Gegenstand wissen, umso eher können wir quantifizierend, also messend und zählend vorgehen. Zweitens: Quantitative und qualitative Elemente können kombiniert werden. Wenn zum Beispiel aufgrund unseres Forschungsinteresses Dauer und Art der Tätigkeiten eines Redakteurs beobachtet werden sollen, könnten wir einen standardisierten Erhebungsbogen entwerfen: Dort tragen wir dann in einer Spalte die Tätigkeit ein (eventuell mit einer Nummer aus einer vorgefertigten Liste), in einer weiteren Spalte die Dauer in Minuten. Eine dritte Spalte können wir dann der offenen Form eines Beobachtungstagebuchs vorbehalten, in dem Merkmale der Tätigkeiten und Besonderheiten notiert werden.

Offen oder verdeckt

Eine Beobachtung kann offen oder verdeckt, teilnehmend oder nicht teilnehmend vorgehen (vgl. dazu ausführlich Klammer 2005: 200–204). Wird allen beobachteten Redakteuren der Forscher als Forscher vorgestellt, handelt es sich um die offene Variante. Schmuggelt sich der Forscher dagegen als Praktikant ein, beobachtet er verdeckt. Dies bringt allerdings – ähnlich wie die verdeckte Recherche eines Journalisten (→ vgl. Kap. 6.1; S. 213–214) – ethische und rechtliche Probleme mit sich und ist in der Regel nicht zu empfehlen. Grundsätzlich ist zu bedenken, dass Menschen nicht ausschließlich zu Objekten der Untersuchung gemacht und als zweckdienlich betrachtet werden sollten.

Geduld und Hartnäckigkeit

Die Methode der Beobachtung ist aus verschiedenen Gründen nicht unproblematisch. Die Forscher müssen Zugang zum Feld, also zum Beispiel zu einer Redaktion erhalten, was oft Geduld und Hartnäckigkeit erfordert. Zudem kann man nicht ausschließen, dass sich der Beobachter allein durch seine Anwesenheit auf die Handelnden auswirkt. Der Aufwand ist insgesamt relativ hoch, wenn man bedenkt, dass immer nur einzelne Fallstudien erhoben werden können, also nie Repräsentativität – z.B. für alle Redaktionen in Deutschland – erreicht werden kann. Dennoch sind wissenschaftliche Beobachtungen wertvoll, weil nur durch sie soziale Situationen in ihrer Tiefe richtig erfasst werden können. Eine Kombination mit anderen Methoden ist gerade bei Beobachtungen sinnvoll: So kann z.B. die Redaktionsforschung mit zusätzlichen mündlichen Leitfadengesprächen und einer begleitenden schriftlichen Befragung der Redakteure arbeiten.

Die Inhaltsanalyse

Themenagenda des Journalismus

Die Inhaltsanalyse ist die am weitesten verbreitete Methode der Kommunikationsforschung. Deshalb gibt es dazu eine Reihe guter Einführungen, die von Kommunikations- und Journalismusforschern geschrieben wurden (vgl. die Literaturempfehlungen). Wertvoll ist die Inhaltsanalyse zum Beispiel im Bereich der Public Relations: Wenn die Themenagenda des Journalismus kontinuierlich analysiert und wenn systematisch ausgewertet wird, wie sich die Aussagen von Politikern und Parteien, Unternehmen und Verbänden in den Medien niederschlagen, können darauf aufbauend Kommunikationsstrategien entworfen oder optimiert werden.

Stärken und Schwächen von Zeitungen

Nutzen für die journalistische Praxis hat die Inhaltsanalyse beispielsweise in so genannten Benchmarkings, wie sie vom Leipziger Journalismusforscher Michael Haller entworfen wurden (vgl. www.journalismusforschung.de): Die Inhalte von Tageszeitungen wurden verglichen, und in Kombination mit Leserforschungen wurden Qualitätskriterien herausgearbeitet, die für den Markterfolg wichtig sind. Auf dieser Basis können nun per Inhaltsanalyse Stärken und Schwächen von redaktionellen Teilen herausgefunden und Strategien für einzelne Redaktionen entwickelt werden. Eine ähnliche, aber umfangreichere Studie von Klaus Schönbach zu den Erfolgsfaktoren von Tageszeitungen wird im folgenden Kapitel 1.3.3 kurz vorgestellt.

Es gibt zwar qualitativ vorgehende Inhaltsanalysen, ganz überwiegend wird jedoch quantitativ gearbeitet, um große Mengen an Text-, Bild-, Audio- oder Videomaterial verarbeiten und vergleichen zu können. Die *Stichprobenziehung* ist gerade bei der Inhaltsanalyse sehr wichtig, weil meist aufgrund einiger hundert oder tausend Beiträge (Untersuchungseinheiten) auf die gesamte Berichterstattung geschlossen werden soll. Ein *Kategorienschema* legt auf Basis der Forschungsfragen genau fest, welche Variable (z.B. Thema eines Beitrags) mit welcher Ausprägung (z.B. Politik, Wirtschaft, Sport, Bildung) wie kodiert – also vermessen oder ausgezählt – wird. Das Kategorienschema wird im *Codebuch* erklärt, das Anweisungen und Regeln für die Codierer bereithält.

Beispiele für Inhaltsanalysen

Beispiel I: Themenprofile deutscher Fernsehnachrichten

(Leitung: Udo Michael Krüger, IFEM-Institut, Köln)

Die ARD/ZDF-Medienkommission hat das Kölner Institut IFEM damit beauftragt, die wichtigsten Nachrichtensendungen im deutschen Fernsehen kontinuierlich zu analysieren. Ein Zwischenbericht für die ersten sechs Monate des Jahres 2005 erbrachte u.a. das Ergebnis, dass die »Tagesschau« zu 51 Prozent, »heute« zu 38 Prozent und die Nachrichtensendungen in RTL und SAT.1 zu 21 bzw. 24 Prozent über Politik berichten. Zentrale politische Themen werden in den Sendungen von ARD und ZDF kontinuierlicher beobachtet als in den privaten Fernsehkanälen.

Das Ergebnis ist nicht überraschend, kann für die Verantwortlichen von ARD und ZDF jedoch eine wissenschaftlich gestützte Argumentationshilfe sein, wenn es darum geht, die Gebührenfinanzierung der öffentlich-rechtlichen Sender zu verteidigen. (*Quelle: Media Perspektiven, 7/2005, 302–319*)

Beispiel II: Ranking der meistzitierten Medien

(Leitung: Institut Medien Tenor, Bonn)

Das Forschungsinstitut Medien Tenor führt regelmäßig Inhaltsanalysen der wichtigsten deutschen Medien durch – überwiegend zu politischen oder wirtschaftlichen Fragestellungen im Auftrag von Parteien, Unternehmen oder Verbänden. Ein Produkt dieser Forschung ist das so genannte Ranking der meistzitierten Medien. Hintergrund ist, dass sich Redaktionen aufgrund der großen Medienkonkurrenz durch Exklusivmeldungen profilieren wollen: Wer Exklusives meldet und über Nachrichtenagenturen geschickt vermarktet, wird von anderen Medien öfter zitiert und deshalb in der Branche und eventuell auch vom Publikum als »wichtig« wahrgenommen. Dies soll langfristig den Erfolg des journalistischen Produkts sichern. Der Trend, dass Redaktionen immer mehr Exklusives recherchieren und vermarkten wollen, führt allerdings auch zu Falschmeldungen oder bewussten Falschinterpretationen (vgl. die Kritik des ehemaligen Bundespräsidenten Johannes Rau, die in Kapitel 1.2.3 wiedergegeben ist).

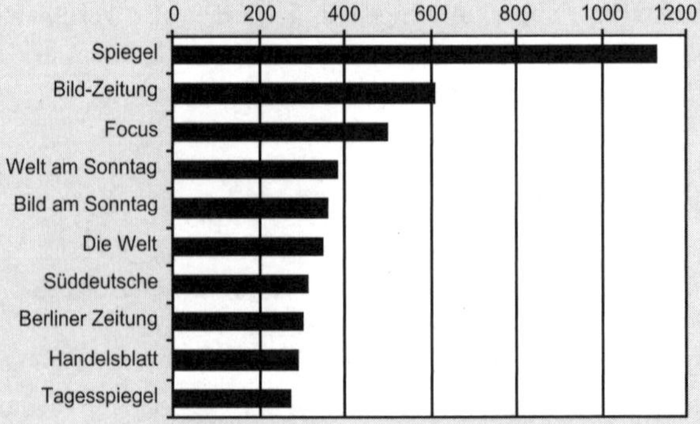

Die Abbildung zeigt einen Ausschnitt aus einem Ranking der meistzitierten Medien, das der Medien Tenor nach einer Auswertung von 15.983 Zitaten in 35 Medien im ersten Halbjahr 2004 erstellt hat. Die Zählung belegt, dass Spiegel, Bild, Focus und die beiden großen Sonntagszeitungen am erfolgreichsten die redaktionelle Strategie der Exklusivmeldung verfolgen. (*Quelle: Medien Tenor Forschungsbericht, 147/2004, 60*)

Zusammenfassung

Empirisch arbeitende Journalismusforscher können drei Methoden einsetzen und bei Bedarf kombinieren: die Befragung, die Beobachtung und die Inhaltsanalyse. Jede Methode kann stärker quantitativ oder stärker qualitativ vorgehen – wobei quantitative Verfahren häufiger verwendet werden: Sie vergleichen anhand von Zahlen, Prozent- und Mittelwerten und erlauben aufgrund großer untersuchter Mengen repräsentative Schlussfolgerungen. Qualitative Forschungen versuchen dagegen, ein komplexes Phänomen z. B. durch Fallstudien ganzheitlich zu erfassen.

1.3.3 Grundlagenforschung und anwendungsorientierte Forschung

Nutzwert

Jede Wissenschaft hat zwei Dimensionen (vgl. Kromrey 1995: 18–20): *Grundlagenforschung* begründet die Relevanz der von ihr aufgegriffenen Themen wissenschaftsimmanent aus bestehenden Lücken oder aus Widersprüchen im bisherigen Wissensbestand. *Anwendungsorientierte Forschung* leitet die behandelten Fragestellungen aus den Bedürfnissen der Praxis außerhalb der Scientific Community ab. Auch Ergebnisse aus Grundlagenprojekten können indes Praxisrelevanz und Nutzwert außerhalb der Wissenschaft besitzen – und umgekehrt können anwendungsorientierte Projekte zum wissenschaftlichen Fortschritt beitragen. Wir können zwar feststellen, ob eine Studie mehr in die eine oder mehr in die andere Richtung geht, aber es gibt keine trennscharfe Grenze zwischen beiden Bereichen. Kriterium ist zum Beispiel die Finanzierung: Stammen die Forschungsmittel von einer Universität oder von einer forschungsfördernden Institution wie der Deutschen Forschungsgemeinschaft (DFG), dann handelt es sich in der Regel um Grundlagenprojekte. Wenn Unternehmen, Institutionen der journalistischen Praxis oder Fachhochschulen Forschungsmittel bereitstellen, besteht in der Regel das Interesse, die Ergebnisse außerhalb der Scientific Community zu verwerten.

Vorwiegend grundlagenorientierte Journalismusforschung

Beobachter zweiter Ordnung

Dank der empirisch-analytischen Journalismusforschung der vergangenen drei bis vier Jahrzehnte können wir wissenschaftlich fundierte Aussagen über den Journalismus treffen. Was wir früher über den Journalismus wussten, wussten wir durch den Journalismus: durch Einzelaussagen und Selbstbeobachtungen der Berufspraktiker. Die Journalistik dagegen untersucht den Journalismus als ein Beobachter zweiter Ordnung, der mit intersubjektiv überprüfbaren Methoden systematisch und kontinuierlich Realitäten und Wandlungsprozesse der aktuellen Aussagenentstehung, -nutzung und -wirkung beschreibt.

DFG-Projekte im Bereich der Journalistik gab es in den vergangenen Jahren z. B. zu folgenden Themen: »Journalismus in Deutschland« (Siegfried Weischenberg/Armin Scholl), »Kulturelle Bedeutungsproduktion durch Journalismus. Die Integration der Publikumsperspektive in die Journalistik« (Margreth Lünenborg), »Der Einfluss der angewandten Medienforschung auf den Journalismus« (Ralf Hohlfeld), »Online-Journalismus: Die Transformation aktueller Medienkommunikation. Theoretische und empirische Eingrenzung eines Medienbereichs im Wandel« (Martin Löffelholz), »Vertrauen in Medien: Strukturen, Gründe und Konsequenzen des Vertrauens in medial vermittelte öffentliche, insbesondere journalistische Kommunikation« (Matthias Kohring), »Wandel bei aktuellen Massenmedien: Journalismus in veränderten Medienkontexten« (Bernd Blöbaum).

Professionalisierung

Auf den ersten Blick ist aus diesen Studien kein unmittelbarer Nutzen für die journalistische Praxis abzuleiten. Noch am ehesten lässt sich der Sinn dieser Grundlagenforschung für die Praxis damit erklären, dass die Journalisten dank der Forschung mehr über ihren Beruf wissen (können, wenn sie wollen). Die Forschungserkenntnisse helfen bei der Einordnung des eigenen Tuns und tragen zur Professionalisierung des traditionellen »Anlernberufs« bei. Diese Funktion der Journalistik wurde immer wieder mit dem Begriff der Reflexion etikettiert und dutzendfach beschrieben. In diesen Kontext ist auch die Journalistenausbildung an Hochschulen einzuordnen (→ vgl. Kap. 6.2; S. 216–223) – oder die Analyse einer journalistischen Ethik im Kontext von vielerlei Abhängigkeiten der Journalisten (→ vgl. Kap. 7.2; S. 233–245).

Es wäre indes absurd, den praktischen Nutzen von Grundlagenforschung auf Transfermöglichkeiten und Reflexionswissen zu beschränken: Sie legt vor allem die Basis, auf der erst anwendungsorientierte Forschung gedeihen kann.

Grundlagenorientierte Journalismusforschung: ein Beispiel

Journalismus in Deutschland II

(Leitung: Siegfried Weischenberg/Armin Scholl)
Die repräsentative Befragung lieferte wichtige Daten über die Journalistinnen und Journalisten in Deutschland (→ vgl. Kap. 6; S. 203–223). Die Studie wurde von der DFG gefördert. Sie ist auf der DFG-Website wie folgt beschrieben: »Zum Journalismus in Deutschland sind Anfang der 90er Jahre erstmals repräsentative Daten erhoben worden. Sie bildeten nicht nur die Basis für einen soliden Kenntnisstand über Journalistinnen und Journalisten, sondern erlaubten auch eine anspruchsvollere theoretische Einordnung der Voraussetzungen, unter denen Wirklichkeitsentwürfe der aktuellen Medien zu Stande kommen.

Es muss aber vermutet werden, dass der heutige Journalismus in wesentlichen Bereichen ein anderes Bild bietet als vor zehn Jahren, sodass die damaligen Daten einer Aktualisierung bedürfen. Sichtbare Wandlungsprozesse im Mediensystem, bei der Medienproduktion und bei den Medienprodukten haben inzwischen die Aussagenentstehung und ihre Akteure verändert. Die Befunde aus den 90er Jahren bedürfen also einer Aktualisierung. Das Projekt ermittelt erneut mit Hilfe einer repräsentativen Journalistenbefragung, welche Institutionen und welche Akteure journalistische Aussagen produzieren, welche Merkmale sie haben und unter welchen Bedingungen sie arbeiten. [...]

Die als Replikation angelegte Studie verfolgt drei grundlegende Ziele: 1) Die Neuerhebung repräsentativer Daten soll es ermöglichen, den gegenwärtigen Journalismus, seine Strukturen und die Bedingungen der journalistischen Aussagenentstehung fundiert beschreiben und analysieren zu können. 2) Im diachronen Vergleich mit den zehn Jahre alten Ergebnissen der Vorläuferstudie wird erstmals empirisch-analytisch und nicht spekulativ geprüft, ob und in welcher Weise sich der Journalismus gewandelt und verändert hat. Die Langzeitstudie zur Mediennutzung und -bewertung erfährt so eine Ergänzung im Bereich der Kommunikatorforschung. 3) Im synchronen Vergleich mit anderen nationalen Kommunikator-Studien und insbesondere mit der neuen Erhebung im Rahmen der Langzeituntersuchung zum Journalismus in den USA soll die Bedeutung des Journalismus in seinem gesellschaftlichen Kontext analysiert und bewertet werden.« (*Quelle: www.dfg.de/gepris/nachweise/243644.html*)

Die Studie ist u. a. in der Zeitschrift »Journalist« (Heft 8 und 9/2006) und im Buch von Weischenberg/Malik/Scholl (2006) veröffentlicht. Teilergebnisse der Vorläuferstudie Anfang der 90er Jahre sind an verschiedenen Stellen zu finden, z. B. im Buch von Scholl/Weischenberg (1998).

Vorwiegend anwendungsorientierte Journalismusforschung

Innovationen

Die Wissenschaft wird gern zu Rate gezogen, wenn Journalisten mehr über ihr Publikum wissen wollen: Redaktionen, Verlage und Rundfunkanstalten beauftragen dann Wissenschaftler oder Forschungsinstitute mit Leserforschung, Zuschauerbefragung oder Usability-Tests von Online-Medien. Meist findet derartige Forschung außerhalb des akademischen Bereichs statt: Große Rundfunkanstalten und Verlage unterhalten eigene Abteilungen für so genannte »Medienforschung« – oder freie Marktforschungsinstitute werden mit Nutzerforschung beauftragt. Der Nutzen einer anwendungsorientierten Journalistik geht indes über die Publikumsforschung hinaus. Er liegt z.B. darin, mögliche Innovationen zu erforschen, zu prüfen und zu testen, neue Wege aufzuzeigen – nicht nur im Hinblick auf ökonomischen Erfolg, der von vielen Faktoren abhängt, sondern zur Verbesserung der journalistischen Qualität in allen ihren Dimensionen (→ vgl. Kap. 7.1; S. 224–233). Wo und wie funktionieren Innovationen, wo bergen sie Risiken und Gefahren für die journalistische Qualität? – Insgesamt ist das Potential von angewandter Journalismusforschung bei weitem (noch) nicht ausgeschöpft (→ vgl. Kap. 7.3; S. 256–258). Zu denken wäre z.B. an neue Formen der *Aktionsforschung*, welche die Sozialforschung in den 70er Jahren entwickelte und bei der die Forschungstätigkeit z.B. als Beratungsleistung unmittelbar in die Alltagspraxis eingebunden wird, mit dem Ziel, diese zu verändern (vgl. Kromrey 1995: 430–438). Der Forschungsprozess durchläuft dann mehrere Zyklen, um die Veränderungen und Erfolge des Handelns mehrfach zu prüfen und wieder verändern zu können. In diese Richtung geht eines meiner Projekte, das im folgenden Kasten kurz beschrieben ist.

Expertise, Beratung, Coaching

Während die Grundlagenforschung nahezu ausschließlich wissenschaftsimmanent veröffentlicht, greift die angewandte Forschung auch auf alternative Outputformen zurück, die aus wissenschaftsinternen Publikationsritualen ausbrechen: Beiträge in Fachzeitschriften für Journalisten (z.B. »Message«, »Journalist« oder »Medium Magazin«), Expertisen und Beratungsleistungen für Redaktionen, beispielsweise in Form von Analysen vor Ort, Coachings und Weiterbildungen. Viele anwendungsorientierte Projekte sind allerdings nicht öffentlich zugänglich – nämlich dann, wenn die Auftraggeber einer Veröffentlichung nicht zustimmen.

Anwendungsorientierte Journalismusforschung: zwei Beispiele

Beispiel I: Zeitungen in den Neunzigern: Faktoren ihres Erfolgs 350 Tageszeitungen auf dem Prüfstand

(Leitung: Klaus Schönbach)

Schon seit mehr als 15 Jahren tun die deutschen Verlage viel, um die Tageszeitung für die Zukunft zu stärken: Ausbau der Hintergrundberichterstattung und lokaler Service-Angebote, Modernisierung des Erscheinungsbildes, gezieltes Lesermarketing und vieles mehr. Doch wie erfolgreich sind sie damit? – Ein generelles Schrumpfen der Leserzahlen scheint unausweichlich (→ vgl. Kap. 3.2; S. 106–111). Der Bundesverband Deutscher Zeitungsverleger (BDZV) und die Stiftervereinigung der Presse haben den Journalistik-Wissenschaftler Klaus Schönbach Mitte der 90er Jahre damit beauftragt, alles auf den Prüfstand zu stellen, was Zeitungen unternehmen, um Leser zu binden und neue zu gewinnen.

Die umfangreiche Studie kombinierte mehrere Methoden: Eine Inhaltsanalyse von 350 Ausgaben untersuchte im Vergleich jeweils einer Woche aus den Jahren 1989 und 1994, was die Zeitungen in ihrem Inhalt attraktiver gemacht haben könnte. Eine Befragung der Verlage trug zusammen, was zudem das Lesermarketing unabhängig vom Zeitungsinhalt unternahm, z.B. durch Abonnenten-Werbung oder Preisgestaltung. Alle Verlags- und Redaktionsaktivitäten wurden dann in Bezug zu Entwicklungen der Abonnenten- und Leserzahlen gesetzt, wobei die Wettbewerbssituation im Erscheinungsgebiet berücksichtigt wurde.

Die Untersuchung lieferte praktische Erkenntnisse für die Tageszeitungen: Auf der Basis harter Daten wurde ermittelt, ob sich mehr Lokales, der Ausbau des Service-Angebots, eine stärkere Bebilderung oder ein niedriger Bezugspreis tatsächlich ausgezahlt haben, wenn es darum ging, Auflage und Reichweite stabil zu halten oder sogar zu steigern. Zudem konnte spezifiziert werden, welche gut gemeinten Maßnahmen offensichtlich sinnlos oder sogar kontraproduktiv waren. (*Quelle: Schönbach 1997*)

Klaus Schönbach wiederholte seine Pionierstudie von 1995 knapp zehn Jahre später: mit einer kleineren Stichprobe in Deutschland und einem Vergleich mit Erfolgsfaktoren US-amerikanischer Zeitungen. (*Quelle: Schönbach 2004*)

Beispiel II:
Newsroom, Newsdesk, crossmediales Arbeiten
Neue Modelle der Redaktionsorganisation und ihre Auswirkung auf die journalistische Qualität
(Leitung: Klaus Meier)

Die Anglizismen »Newsroom«, »Newsdesk« und »Crossmedia« avancierten zu Modewörtern des Redaktionsmanagements vor allem bei Tageszeitungen, aber auch bei Nachrichtenagenturen, Zeitschriften und Rundfunkanstalten (→ vgl. Kap. 4.4; S. 167–171). Sie werden in der journalistischen Praxis ganz unterschiedlich verwendet und bewertet. Euphoriker versprechen sich durch neue redaktionelle Strukturen eine höhere journalistische Qualität, weil u.a. Abläufe, Themenplanung und Themenbearbeitung professionalisiert werden können. Skeptiker sehen dagegen den ökonomischen und zeitlichen Druck auf Redakteure (erneut) wachsen oder befürchten einen Verlust an Qualität und Vielfalt.

Die Studie erarbeitete zunächst explorativ anhand von Beispielen einen Überblick über neue Modelle und Motive für deren Umsetzung und untersuchte dann in einer empirischen Langzeitstudie den redaktionellen Innovationsprozess der österreichischen Nachrichtenagentur APA: Die AUSTRIA PRESSE AGENTUR siedelte im August 2005 in ein neues Gebäude über und bezog einen Newsroom auf einer Ebene mit etwa 1600 Quadratmetern für ca. 140 Arbeitsplätze. Das Großraumbüro soll neue Organisationsformen journalistischer Arbeit ermöglichen: Verbesserung der Kommunikation und der Arbeitsabläufe, vernetztes ressortübergreifendes Denken und Handeln, Einführung aktueller Teams (Task forces) für zentrale, komplexe Themen, neue koordinierende Rollen (News-Manager), Integration der »Multimedia«-Abteilung.

Erstmals wurde eine derartige redaktionelle Innovation von einer Langzeitstudie begleitet: Die Untersuchung begann *vor* der Umstrukturierung mit zwölf mündlichen Intensivinterviews mit Ressortleitern und zufällig ausgewählten Redakteuren sowie einer schriftlichen Befragung aller Redakteure per Online-Fragebogen und wurde fortgesetzt *nach* der Umstrukturierung wiederum mit mündlichen Interviews und einer schriftlichen Befragung sowie einer Redaktionsbeobachtung im neuen Großraum. Wie verändern sich die Arbeitsbedingungen der Redakteure? Tragen die neuen Strukturen aus Sicht der Redaktion zu einer Verbesserung der journalistischen Qualität bei?

Die Studie mündete in Ratschläge, wie das Redaktionsmanagement der APA weiter optimiert werden kann. Gleichzeitig trug die Studie über Veröffentlichungen zum wissenschaftlichen Fortschritt bei, hatte also auch grundlagenorientierte Aspekte, weil das Feld der Redaktionsorganisation und des Redaktionsmanagements bislang kaum untersucht ist. (*Quelle: Meier 2006, 2007*)

Übungsfragen zu Kapitel 1.3

1 Was unterscheidet empirische Sozialforschung von Alltagserfahrung?
2 Was meint induktives und deduktives Vorgehen in einem Forschungsprozess?
3 Erklären Sie die Qualitätskriterien Validität, Reliabilität und Repräsentativität.
4 Welche grundsätzlichen Unterschiede lassen sich zwischen quantitativer und qualitativer Sozialforschung feststellen? Wie können beide Vorgehensweisen kombiniert werden?
5 Was sind die Kennzeichen von Fallstudien?
6 Erläutern Sie Einsatzgebiete, Vorgehensweise und Beispiele für die drei Methoden der empirischen Journalismusforschung: Befragung, Beobachtung und Inhaltsanalyse.
7 Beschreiben Sie die Unterschiede von Grundlagenforschung und anwendungsorientierter Forschung und nennen Sie jeweils ein Beispiel aus der Journalismusforschung.

Literatur

Die Kommunikationswissenschaftler Hans-Bernd Brosius und Friederike Koschel haben ein sehr gut lesbares und anschauliches Lehrbuch zu den **Methoden der empirischen Kommunikationsforschung** geschrieben. Der Schwerpunkt liegt allerdings auf hypothesen-testenden, quantitativen Methoden sowie auf Beispielen aus der Nutzungs- und Wirkungsforschung – und weniger auf der Journalismusforschung.

Auf einen Vergleich empirischer Forschungsmethoden und journalistischer Recherchemethoden hat sich Bernd Klammer im Buch **Empirische Sozialforschung** konzentriert. Er erklärt außerdem, warum Journalisten in der Ausbildung empirische Methoden zumindest kennenlernen sollten, und schlägt vor, wie Journalisten in der Berichterstattung besser mit den Ergebnissen empirischer Studien umgehen können.

Wer sich intensiver mit der Methode der Befragung auseinandersetzen oder sie selbst in Forschungsprojekten anwenden möchte – dem seien zwei Bücher empfohlen: Der Münsteraner Journalismusforscher Armin Scholl liefert im Buch **Die Befragung** nicht nur einen gut nachvollziehbaren Leitfaden für alle Arten der Befragung, sondern beschreibt auch Dutzende von Beispielen aus der Kommunikationsforschung. Um die kluge Formulierung von Fragen und Konzipierung von Fragebögen dreht sich das Buch »Alle, nicht jeder« von Elisabeth Noelle-Neumann und Thomas Petersen. Die Lektüre ist lesenswert und ergiebig – etwas nervig ist nur die aufdringliche Werbung für das Vorgehen des Instituts für Demoskopie Allensbach, das Elisabeth Noelle-Neumann 1947 gegründet hat.

Zur **Inhaltsanalyse** hat Werner Früh schon 1981 einen praxisorientierten und gut nachvollziehbaren Leitfaden geschrieben, der mittlerweile in 6. Auflage vorliegt. In der Reihe »UTB basics«, in der auch das vorliegende Buch erscheint, hat Patrick Rössler 2005 ein erfrischendes und anwendungsorientiertes Einführungsbuch zur Inhaltsanalyse vorgelegt.

Das Internet eröffnet neue Möglichkeiten der Markt- und Sozialforschung – wie beispielsweise die erwähnte Befragung durch einen Fragebogen im World Wide Web. Ein umfangreicher Ratgeber dazu ist 2005 erschienen: **Online-Research** von Martin Welker, Andreas Werner und Joachim Scholz.

Journalismus in der Gesellschaft | 2

Inhalt

2.1 Die fünf Ebenen des Journalismus

2.2 Geschichte und Wandel des Journalismus

2.3 Mediensysteme

Die fünf Ebenen des Journalismus | 2.1

Der Journalismus ist in modernen Demokratien in der Regel ein freier Beruf: Jeder kann sich Journalist nennen – egal, was er tatsächlich tut. De facto sind aber Menschen, die als Journalisten praktizieren und vom Journalismus leben, immer dem normativen Kontext der Gesellschaft, den Wünschen und Interessen des Publikums, den organisatorischen Zwängen der Medieninstitutionen, für die sie arbeiten, und den Darstellungsmöglichkeiten der jeweiligen medialen Plattform unterworfen. Der Journalismus ist geprägt durch fünf Ebenen (Weischenberg 2004: 68–71; Fabris 2004: 394 f.):

- *Normenkontext:* Als gesellschaftliche Rahmenbedingungen bestimmen die historischen und rechtlichen Grundlagen sowie aktuelle medienpolitische Entscheidungen das *Mediensystem* eines Landes. Wie groß ist die Kommunikationsfreiheit? Welche Traditionen und professionellen Standards prägen den Journalismus? Mediensystem
- *Kontext des Publikums:* Der Zuspruch des Publikums – gemessen an Auflage und Quote – bestimmt den ökonomischen Erfolg von Medieninstitutionen. Nur wer genügend Publikum findet, kann langfristig auf dem Markt bestehen. Die Erforschung der Interessen und Wünsche der Rezipienten ist deshalb für privatwirtschaftliche Medienunternehmen elementar. Aber auch öffentlich-rechtliche Rundfunkanstalten müssen legitimieren, warum sie von allen Zuschauern und Zuhörern Gebühren verlangen, und können nicht fernab vom Publikum Publikum

agieren. Die Nähe oder Ferne zum Publikum wird im Journalismus immer wieder heftig diskutiert. Denn traditionell ist der Bezugspunkt für den Journalismus der durch Information aufgeklärte Staatsbürger – und nicht eine durch Marketing definierte Zielgruppe (vgl. u.a. Blöbaum 2004: 202).

Medienorganisationen

- *Organisationskontext:* Journalistische Produkte entstehen in Medienunternehmen oder allgemeiner formuliert in Medienorganisationen. Hier werden die ökonomischen, organisatorischen und technischen Rahmenbedingungen für das journalistische Arbeiten festgelegt. Journalisten bei privatwirtschaftlichen Unternehmen haben andere Bedingungen als Journalisten bei öffentlich-rechtlichen Anstalten. Technischer Wandel der journalistischen Produktion oder organisatorischer Wandel der Redaktion führen zu neuen Arbeitsweisen und Routinen im Journalismus.

Journalistische Routinen

- *Kontext der Medienprodukte und journalistischen Routinen:* Bei der Produktion von Beiträgen sind Journalisten einerseits von der Informationslage und den Quellen abhängig – andererseits von den Darstellungsmöglichkeiten der jeweiligen medialen Plattform. Die Beitragsproduktion für Print, Radio, Fernsehen oder Internet ist geprägt durch die tradierten Darstellungsformen und Berichterstattungsmuster – oder allgemein formuliert durch die *Medienschemata*. Die Systemtheorie spricht hier von den »Arbeitsprogrammen des Journalismus« (Altmeppen 2004: 425f.; Blöbaum 2004: 209–211). Das Korsett der jeweiligen medialen Plattform wird deutlich, wenn man die Zwänge des Fernsehens mit denen der Printmedien vergleicht: Ein Fernsehjournalist muss in Bildern erzählen. Lassen sich keine starken Bilder finden, ist das Thema nicht fernsehgerecht und kann nur schwer im Programm untergebracht werden. Allgemein kann man fragen: Welche Routinen und Schemata bestimmen die Medienrealität? Welche Merkmale hat die durch Journalismus konstruierte Wirklichkeit? Was ist zum Beispiel Objektivität?

Der Spielraum des Journalisten

- *Rollenkontext:* Journalisten sind auf Tätigkeiten spezialisiert und bestimmten Verhaltenserwartungen ausgesetzt. Sie sind Chefredakteure oder Redakteure, spezialisiert auf Politik oder Wirtschaft, auf Themen- und Sendungsplanung oder auf Recherche und Beitragsproduktion. Jeder einzelne Journalist hat aber auch – trotz aller Zwänge und Rahmenbedingungen moderner Medienkommunikation – einen autonomen Spielraum, in dem seine persönliche Einstellung, sein Rollenselbstverständnis und seine Ausbildung in die Arbeit einfließen.

Diese Ebenen lassen sich nur analytisch trennen: Sie hängen in der Realität stark zusammen; es gibt Rückkopplungen über mehrere Ebenen hinweg. Beispiel ist der Publikumsbezug des Journalismus: Wenn sich

z. B. Journalisten in ihrem Handeln nach der Quote richten – etwa Online-Journalisten nach den Klickzahlen (Meier/Tüshaus 2006) –, dann hat das mit konkretem Publikumsverhalten zu tun, aber auch mit Vorgaben des Medienunternehmens oder mit Leitlinien der Redaktion – und hat Auswirkungen auf die Darstellungsformen. Jeder einzelne Journalist muss für sein tägliches redaktionelles Entscheidungshandeln ganz pragmatisch über ein Konzept »seines Publikums« verfügen (Hohlfeld 2005: 195).

Auch die zentrale Frage nach der *Wirkung des Journalismus* lässt sich nicht auf einzelne Ebenen beschränken: Ob Journalismus rechtlich, politisch und wirtschaftlich frei oder unterdrückt ist, ob ein breites Publikum überwiegend Unterhaltungsformate nutzt oder auch politische Informationen, wie die Medien organisiert sind (z. B. privat-kommerziell oder öffentlich-rechtlich) – all dies hat Effekte auf Gesellschaft und Individuum.

Die Zwiebel-Metapher

Seit etwa 20 Jahren hat es immer wieder Versuche gegeben, die Einflussfaktoren auf den Journalismus zu systematisieren und zu klassifizieren. Als tauglich hat sich die oft zitierte Zwiebel-Metapher erwiesen, mit der Siegfried Weischenberg (2004: 68–71) das System Journalismus verdeutlicht. Die Schalen der Zwiebel stehen für die einzelnen Ebenen, welche den Journalismus prägen. Die äußeren Ebenen sind das Korsett für die jeweils darunter liegenden.

Andere Forscher haben das Modell der Zwiebel aufgegriffen und weiterentwickelt – z. B. Frank Esser (1998: 20–28) für einen Ländervergleich oder Hans Heinz Fabris (2004: 394 f.) zur Beschreibung der Dimensionen journalistischer Qualität. Allerdings werden die Schalen der Zwiebel nicht immer gleich definiert. So besteht z. B. die Zwiebel von Weischenberg nur aus vier Schalen: Normenkontext (Mediensysteme), Strukturkontext (Medieninstitutionen), Funktionskontext (Medienaussagen) und Rollenkontext (Medienakteure). Die dritte Schale, der Funktionskontext, fasst hier sowohl die Quellen und Darstellungsformen als auch Nutzung und Wirkung zusammen. Doch es wäre eine verengte Sichtweise, wenn wir die Rolle des Publikums für den Journalismus nur als Kontext der Medienaussagen analysierten oder die Wirkung nur von den Medieninhalten ableiteten. Auch die Struktur der Medienorganisationen und das Rollenverständnis der Journalisten beziehen sich zum Teil auf das Publikum. Differenzierter können wir demnach vorgehen, wenn wir – so wie Fabris – das Publikum als eigene Schale definieren, die sogar noch über der Schale des Organisationskontexts liegt, weil die Mediennutzung auch das Agieren von Medienunternehmen einengt (vgl. Abb. 2.1). Eine ähnliche Systematisierung findet sich zum Beispiel auch in der US-amerikanischen Gatekeeping-Theorie, die in Kapitel 5.3 vorgestellt wird (→ vgl. S. 191–192).

Wissensbestände der Journalistik

Die Journalistik erforscht die Schalen der Zwiebel und deren Wechselbeziehungen. Wenn wir im Folgenden die Wissensbestände der Journa-

Abb. 2.1

Die Ebenen des Journalismus als Zwiebel

(Quelle: eigene Darstellung nach Weischenberg 2004: 71; Fabris 2004: 395)

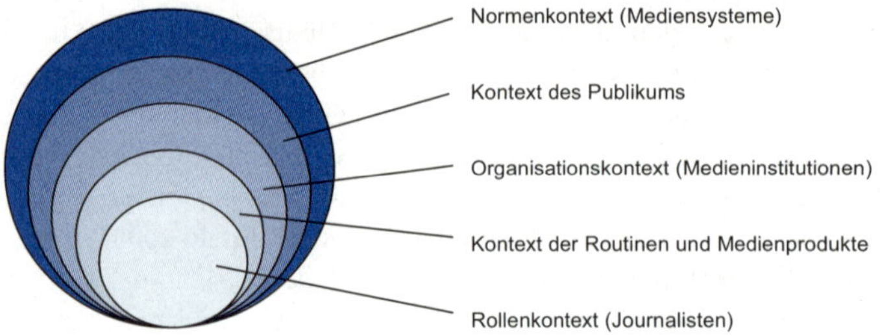

listik systematisch darstellen, so entblättern wir die Zwiebel und beschreiben die einzelnen Schalen in den Kapiteln 2 bis 6. Da die äußeren Schalen die jeweils darunter liegenden prägen, gehen wir von außen nach innen vor:

- Die Kapitel 2.2 und 2.3 zur Geschichte und zu Mediensystemen thematisieren den *Normenkontext* des Journalismus.
- Der *Kontext des Publikums* – also Nutzung und Wirkung des Journalismus – wird im dritten Kapitel beschrieben.
- Kapitel 4 widmet sich dem *Organisationskontext*, wobei der Schwerpunkt auf Medienökonomie, Medienlandschaften und Redaktionsmanagement liegt.
- Wie *Medienprodukte* entstehen und welche Regeln und Arbeitsweisen zu den *Routinen* des Journalismus gehören – diesen Fragen gehen wir im fünften Kapitel nach.
- Die Merkmale der einzelnen *Journalisten*, ihr Selbstverständnis und ihre Ausbildung werden im sechsten Kapitel dargestellt.

Alternative Modelle

Das Modell der Zwiebel ist für ein Einführungsbuch in die Journalistik gut geeignet, weil die Ebenen des Journalismus systematisch dargestellt werden können. Wir müssen uns aber im Klaren darüber sein, dass es andere Modellierungen und theoretische Durchdringungen des Journalismus gibt – und jedes Modell hat Vorteile, aber auch Grenzen. Otfried Jarren und Hartmut Weßler (2002: 31–35) plädieren zum Beispiel für ein »Modell öffentlicher Kommunikation«, das die Einflüsse auf den Journalismus wie in Abbildung 2.2 dargestellt in Beziehung setzt. Auch hier werden im Wesentlichen die fünf Ebenen modelliert, die wir in den Kapiteln 2 bis 6 analysieren.

Abb. 2.2

Analysemodell gesellschaftlicher Öffentlichkeit

(Quelle: Jarren/Weßler 2002: 32)

Geschichte und Wandel des Journalismus | 2.2

Man kann auch bei einer historischen Journalismusforschung nach dem Zwiebelmodell vorgehen und analysiert dann separat die Normengeschichte (z.B. die Geschichte der Pressefreiheit), die Geschichte der Mediennutzung, der Medienorganisation, der Medientechnik, der Medieninhalte, Darstellungsformen und Arbeitsweisen sowie des journalistischen Rollenverständnisses. Wir gehen integrativ vor und tragen als Übersicht die wesentlichen Entwicklungsschritte des Journalismus in allen diesen Kontexten zusammen.

Natürlich kann eine Einführung in die Journalistik Geschichte und Wandel des Journalismus nicht komplett nachzeichnen. Wir wollen uns aber einige Eckdaten der Medienentwicklung und grundsätzliche Etappen der Journalismusgeschichte vor Augen führen – und dann der Frage nachgehen, welche Traditionen, die in ganz bestimmten historischen Konstellationen entstanden sind, heute noch prägend für den Journalismus sind. Auch dies kann nur exemplarisch erfolgen. Dieses Kapitel soll bewusst machen, dass Journalismus nie geschichtslos existiert: Der heutige Journalismus und unser Demokratieverständnis beruhen auf Traditionen, die mehrere Jahrzehnte, mitunter sogar Jahrhunderte zurückgehen.

Die Wurzeln des heutigen Journalismus

Eine umfassende Geschichte des journalistischen Berufs ist noch nicht geschrieben (Hömberg 1987). Es gibt aber eine frühzeitige Systematisierung, deren Einteilung in historisch gewachsene Epochen man noch heute folgen kann (Baumert 1928), sowie eine umfangreiche Erforschung des journalistischen Berufs im 19. Jahrhundert (Requate 1995) – in diesem Jahrhundert wurden die Wurzeln des heutigen Journalismus im Wesentlichen gelegt. Zudem ist die Journalismusgeschichte untrennbar mit der Medien- und Kommunikationsgeschichte verbunden, die heute gut erforscht ist – vgl. z.B. die umfangreichen Übersichten von Wilke (2000a) und Stöber (2005).

2.2.1 | Etappen der Journalismusgeschichte

Der Journalismus entwickelte sich im Laufe von vier Jahrhunderten aufgrund eines Zusammenspiels von technischen Erfindungen und Verbesserungen, kommunikationspolitischen und rechtlichen Regulierungen sowie aufgrund wirtschaftlichen, sozialen und kulturellen Wandels. In Abbildung 2.3 sind einige Eckdaten dieser Entwicklung notiert.

Abb. 2.3 | *Eckdaten der Geschichte des Journalismus*

ca. 1450	Erfindung des Drucks mit beweglichen Lettern durch Johannes Gutenberg
ab ca. 1480	Vorläufer der Zeitungen: nichtperiodische Einblattdrucke und Flugblätter (*Neue Zeitungen*), halbjährliche Chroniken (*Messrelationen*)
Zeitungen und Zeitschriften	
1597	Die erste monatliche Zeitschrift erscheint in Rorschach am Bodensee: Annus Christi (Rorschacher Monatsschrift).
1605	Die erste wöchentlich erscheinende Zeitung ist urkundlich nachgewiesen: Relation (Straßburg); Ausgaben sind aus dem Jahr 1609 erhalten – ebenso vom Aviso (Wolfenbüttel).
17. Jh.	erste Zeitungen z. B. in den Niederlanden (1618), England (1621), der Schweiz (1622), Frankreich (1631), Italien (1643), den USA (1690)
1650	erste Tageszeitung der Welt: Einkommende Zeitungen (Leipzig)
ab 1665	erste Zeitschriften, z. B. Gelehrten-Zeitschriften/Fachzeitschriften (Journal des Savants, Paris), Salonblätter mit Klatsch aus der höfischen Welt (Mercure Galant, Paris, Götter-Both Mercurius, Nürnberg), Familienzeitschriften (Moralische Wochenschriften ab 1709, z. B. Tatler, Spectator, Der Patriot)
ab 1780	erste moderne Tageszeitungen (unabhängige Forumszeitungen): Neue Zürcher Zeitung (seit 1780), Times London (seit 1788), Frankfurter Zeitung (1866 – 1943), Berliner Tageblatt (1871 – 1939). Die Wiener Zeitung (1780; seit 1703 Wiennerisches Diarium) ist bis heute 300 Jahre lang in Staatsbesitz.
19. Jh.	Aufkommen der Massenpresse: zuerst in England und den USA (z. B. The Sun, 1883, New York Herald, 1835), später in Deutschland (z. B. Berliner Lokal-Anzeiger, 1883, BZ am Mittag, 1904); Ende des 19. Jhs.: große Pressekonzerne entstehen in Berlin (Mosse, Ullstein, Scherl)
19. Jh.	Erfindungen zur Verbesserung der Drucktechnik: z. B. Schnellpresse 1814 (Koenig), Satzmaschine »Linotype« 1885 (Mergenthaler)
Pressefreiheit	
1689/95	erstmals Pressefreiheit: »Bill of Rights« und Fall des »Licencing Act« (Vorzensur) in England

1789	Französische Erklärung der Menschen- und Bürgerrechte, inkl. Pressefreiheit
1791	Pressefreiheit in den Vereinigten Staaten: »First Amendment« zur Verfassung
1815–48	Kampf um Pressefreiheit in Deutschland
1819–48	Karlsbader Beschlüsse: scharfe Unterdrückung und Vorzensur
1848	Märzrevolution und Versammlung in der Frankfurter Paulskirche: Verkündigung der Pressefreiheit in Deutschland, allerdings mit erheblichen Rückschlägen ab 1850/54 (z. B. Konzessions- und Kautionszwang, Steuern)
1874	Reichspressegesetz: erstmals Pressefreiheit in Deutschland – mit nur noch kleinen Lücken (z. B. Sozialistengesetz)
1914–18	Erster Weltkrieg: Unterdrückung der Pressefreiheit durch Militärzensur und Presseanweisungen
1919	Die Meinungsfreiheit erhält in § 118 Verfassungsrang; die Pressefreiheit wurde aber vor allem zum Ende der Weimarer Republik immer wieder attackiert.
1933–45	Totalitäre Diktatur mit Unterdrückung und Steuerung der Medien durch die Nationalsozialisten (»Gleichschaltung«): Schriftleitergesetz; Berufsverbote, Verhaftungen und Ermordungen von Journalisten; Presseanweisungen und Propaganda
1945–49	Deutsche Medien unter Kontrolle der Alliierten; »Reeducation« der westdeutschen Journalisten durch Briten und Amerikaner
1949	Verabschiedung des Grundgesetzes für die Bundesrepublik: In Artikel 5 genießen nun erstmals in Deutschland »Meinungs-, Informations- und Pressefreiheit« Verfassungsrang.
1945–89	Totalitäre Diktatur mit zentraler Lenkung und Überwachung aller journalistischen Aktivitäten in der DDR
1989/90	Ende der DDR und Pressefreiheit in ganz Deutschland
Nachrichtenübermittlung	
ab ca. 1500	regelmäßiges Botenwesen an den Hauptlinien der Postkutschen
1833–50	Erfindung und technische Verbesserungen der elektrischen Telegraphie, Ausbau der Telegraphennetze und Freigabe für die Allgemeinheit
ab 1825/35	Erfindung und Ausbau der Dampf-Eisenbahn
ab 1835	erste Nachrichtenagenturen als privatwirtschaftliche Unternehmen (z. B. HAVAS, Paris, 1835; WOLFF'S TELEGRAPHISCHES BUREAU, Berlin, 1849; REUTERS, London, 1851), als staatliche Dienste (z. B. K. K. TELEGRAPHEN-KORRESPONDENZ-BUREAU, Wien, 1860) oder als genossenschaftlicher Zusammenschluss von Zeitungen (z. B. ASSOCIATED PRESS AP, New York, 1848; SCHWEIZERISCHE DEPESCHENAGENTUR sda, Bern, 1895)

1946/49	Gründung genossenschaftlicher Nachrichtenagenturen in Österreich (Austria Presse Agentur APA, 1946) und Deutschland (Deutsche Presse-Agentur dpa, 1949) nach dem Vorbild von AP
Hörfunk und Fernsehen	
1923	erste regelmäßige Hörfunksendungen in Deutschland: Berliner »Radio-Stunde« (20–21 Uhr); staatliches Unterhaltungsradio, Sendegesellschaften auf Länderebene
1935	erster regelmäßiger Fernsehprogrammbetrieb in öffentlichen Fernsehstuben in Berlin, Leipzig und Potsdam
1946–63	Monopol der ARD-Anstalten; 1950 Gründung der ARD als Zusammenschluss aller Landesrundfunkanstalten; 1952 erstes tägliches Fernsehprogramm (NWDR Hamburg)
1963–84	öffentlich-rechtliche (Fernseh-)Konkurrenz von ARD und ZDF
seit 1984	Duales System aus öffentlich-rechtlichen und privaten Fernseh- und Hörfunkanbietern
Internet	
1994	erste journalistische Websites: spiegel.de und www.dwelle.de (Deutsche Welle)

Abb. 2.4

Am 6. Juni 2000 erschien diese Briefmarke der Deutschen Post

Vor einigen Jahren konnten Jubiläen gefeiert werden: »350 Jahre Tageszeitung« (2000) z.B. mit einer Briefmarke der Deutschen Post und »400 Jahre Zeitung« (2005) mit einer Sonderausstellung im Gutenberg-Museum in Mainz (Teile davon langfristig als Dauerausstellung). Im Vergleich dazu sind andere Medien ziemlich jung: Der Hörfunk konnte das 80-jährige Bestehen feiern (2003), das Fernsehen wurde 50 Jahre alt (2002) und der Journalismus im Internet gerade mal zehn Jahre jung (2004).

Vier Phasen der Journalismusgeschichte

In den folgenden vier Phasen der Journalismusgeschichte folgen wir der Systematik von Dieter Paul Baumert von 1928, die auch heute noch als grundlegend zitiert wird (vgl. z.B. Hömberg 1987: 624; Pürer 2003: 110f.; Donsbach 2003: 82). Die Phasen sind nicht scharf zu trennen – es gibt lange Übergangszeiten: An einem Ort oder in einem Land war man schon weiter als anderswo.

Präjournalistische Periode (bis ca. 1600)

Im Mittelalter und der beginnenden Neuzeit überbrachten Sendboten, wandernde Spielleute, Sänger und Dichter Neuigkeiten. Neben dieser mündlichen Überlieferung von Nachrichten etablierte sich allmählich vor allem für Fürsten und Handelsleute ein regelmäßiges Botenwesen, durch das handschriftlich vervielfältigte Nachrichten verbreitet wurden.

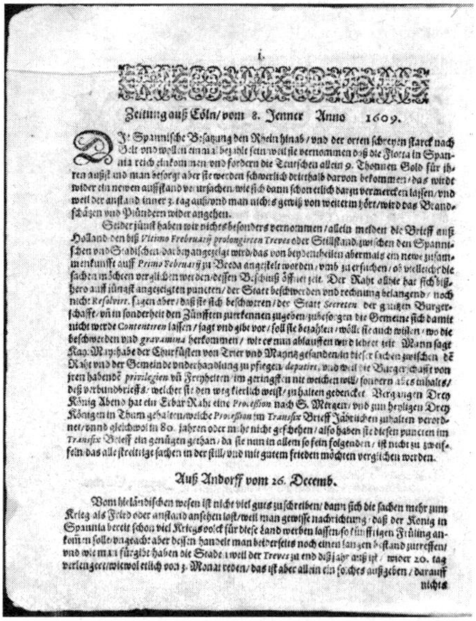

1.

Zeitung auß Cöln/vom 8. Jenner Anno 1609.

DJe Spannische Besatzung den Rhein hinab/vnd der orten schreyen starck nach Gelt vnd wellen einmal bezahlt sein/weil sie vernommen daß die Flotta in Spannia reich einkommen/vnd fordern die Teutschen allein 9. Thonnen Gold für jren außstand/man besorgt aber sie werden schwerlich dritthalb darvon bekommen/das wirdt wider ein newen auffstand verursachen/wie sich dann schon etlich darzu vermercken lassen/vnd weil der anstand inner 3. tag auß/vnd man nichts gewiß von weitern hört/wird das Brandschätzen vnd Plündern wider angehen.

Seider jüngst haben wir nichts besonders vernommen/allein melden die Brieff auß Holland den biß *Vltimo Frebruarij prolongirten Treves* oder Stillstand/zwischen den Spannischen vnd Stadischen/darbey angezeigt wird/das von beydentheilen abermals ein newe zusammenkunfft auff *Primo Februarij* zu Breda angestelt worden/vmb zu ersuchen/ob vielleicht die sachen möchten verglichen werden/dessen Beschluß öffnet zeit. Der Raht alhie hat sich bißhero auff jüngst angezeigten puncten/der Statt beschwerden vnd rechnung belangend/noch nicht *Resolvirt*, sagen aber/daß sie sich beschwerren/der Statt *Secreten* der gantzen Burgerschafft/vñ in sonderheit den Zünfften zuerkennen zugeben/zubesorgen die Gemeine sich damit nicht werde *Contentiren* lassen/sagt vnd gibt vor/soll sie bezahlen/wölle sie auch wissen/wo die beschwerden vnd *gravamina* herkommen/wie es nun ablauffen wird lehret zeit. Mann sagt Kay. May. habe der Churfürsten von Trier vnd Mayntz gesandten/in dieser sachen zwischen dē Raht vnd der Gemeinde vnderhandlung zu pflegen *deputirt*, vnd weil die Burgerschafft von jren habendē *privilegien* vñ Freyheiten im geringsten nit weichen will/sondern alles inhalts/deß verbundbrieffs/welcher sie den weg klerlich weist/zuhalten gedencket. Vergangen Drey König Abend hat ein Erbar Raht eine *Procession* nach S. Mergen/vnd zun heyligen Drey Königen in Thum gehalten/welche *Procession* im *Transfix* Brieff Jährlichen zuhalten verordnet/vnnd gleichwol in 80. jahren oder mehr nicht geschehen/also haben sie diesen puncten im *Transfix* Brieff ein genügen gethan/da sie nun in allem so fein folgenden/ist nicht zu zweifeln das alle streittige sachen in der still/vnd mit gutem frieden möchten verglichen werden.

Auß Andorff vom 26. Decemb.

Vom niderländischen wesen ist nicht viel guts zu schreiben/dann sich die sachen mehr zum Krieg als Fried oder anstand ansehen lost/weil man gewisse nachrichtung/daß der Konig in Spannia bereit schon viel Kriegsvolck für diese Land werben lassen/so künfftigen Früling ankom̄en solle/vngeacht aber dessen handelt man beiderseits noch einen langen bestand zutreffen/vnd wie man fürgibt haben die Staden/weil der *Treves* zu end diß jahr auß ist/wider 20. tag verlengert/wiewol etlich von 3. Monat reden/das ist aber allein ein solches außgeben/darauff nichts

Abb. 2.5

Titelseite und erstes Blatt der RELATION *aus dem Jahr 1609. Die Nachrichten wurden in der Reihenfolge des Eintreffens gesetzt. Die Überschriften bestanden nur aus Ortsmarke und Datum: hier zum Beispiel »auß Köln/vom 8. Jenner Anno 1609« und »Auß Andorff von 26. Decemb.« (Copyright: Universitätsbibliothek Heidelberg).*

Der korrespondierende Journalismus (ca. 1600 bis 1750)

»Zeitungsschreiber« als Erfinder der Zeitung

Im Jahr 1605 verdient der Straßburger Johann Carolus einen Teil seines Unterhalts damit, Briefe von Korrespondenten aus großen europäischen Städten handschriftlich zu kopieren und zu verkaufen – er betätigt sich als »Zeitungsschreiber«. Das ist ihm aber zu mühselig und langwierig. Da hat er eine Idee: Er kauft eine Druckerei, setzt die Briefe in Blei und druckt sie unter dem Titel RELATION wöchentlich. Die Zeitung ist geboren.

Mehr als 200 Jahre lang beschränkten sich die Zeitungen darauf, die an einem Postknotenpunkt eingehenden Korrespondenzen zu sammeln, aneinandergereiht zu setzen und meist auf vier oder acht Blätter zu drucken. Der »korrespondierende Journalismus« lag in der Hand von Druckern oder Postmeistern, die nebenberufliche Korrespondenten beschäftigten und aus anderen Zeitungen abschrieben. Die Korrespondenten waren im Hauptberuf meist Handelsleute, Beamte und Diplomaten.

Ein redaktionelles Selektieren, Gewichten und Plazieren nach Relevanz, wie wir es heute kennen, gab es in den ersten Zeitungen nicht: Die Nachrichten wurden in der Reihenfolge ihres Eintreffens ohne Überschrift oder sonstige typografische Hervorhebung oder Gliederung gesetzt. Als Gliederungshilfe diente lediglich die Ortsmarke: Mit Ort und Datum – oft fett gedruckt – begann ein neuer Artikel, der aus einer Korrespondenz aus jenem Ort bestand und mehrere thematisch ganz unterschiedliche Nachrichten enthalten konnte. Dieses »Layout« blieb oft bis ins 19. Jahrhundert erhalten.

Die Merkmale der Zeitung

Der Begriff »Zeitung« wurde bereits im 15. Jahrhundert für »Nachricht« gebraucht. So lässt sich auch der Titel der ersten Tageszeitung erklären: »Einkommende Zeitungen«.

Vier Merkmale kennzeichnen die Zeitung von Anfang an, wenn man sie nicht technisch, sondern als soziale Institution (→ vgl. Kap. 4.1; S. 121–124) definiert (von Otto Groth schon 1927 bis 1930 in der vierbändigen Zeitungskunde beschrieben):

- *Aktualität:* auf die Gegenwart bezogen, mit gegenwärtiger Relevanz
- *Periodizität:* das Erscheinen in regelmäßigen Abständen
- *Publizität:* öffentlich und allgemein zugänglich
- *Universalität:* thematische Vielfalt

Bei allen Merkmalen strebt die Zeitung ein hohes Maß an. Die Zeitschrift zum Beispiel ist nicht so universell (z.B. kein Lokalteil) und erscheint mit geringerer Periodizität. In Abgrenzung zu den linearen Medien Hörfunk und Fernsehen ist später als fünftes Merkmal die *Disponibilität* hinzugekommen: die zeitlich und räumlich unabhängige Nutzungsmöglichkeit (Speichermedium).

Definitorisch spannend ist die Frage, ob man im Internet noch von Zeitungen sprechen kann – denn prinzipiell ist der Trägerstoff Papier in dieser Definition nicht berücksichtigt (Groth hat den Druck schon 1960 nur als zeitbedingtes Merkmal gesehen). Angesichts der Konvergenz digitaler Medien verschwimmen indes die Grenzen zwischen technischen Einzelmedien (→ vgl. Kap. 4.1; S. 122) – die genannten Merkmale könnten allgemein als Kennzeichen des Journalismus in Massenmedien gelten (auch Rundfunk ist in digitaler Verbreitung ja disponibel, z.B. als Podcast). Die frühe Kommunikationswissenschaft ging übrigens lange von einem solchen breiten Zeitungsbegriff aus und nannte das Fach »Zeitungswissenschaft« – ein missverständlicher und im Alltag kaum zu vermittelnder Begriff.

Der schriftstellerische Journalismus (ca. 1750 bis 1850)

Kampf um Freiheit

Im Zuge der Aufklärung und des Wandels der philosophisch-politischen Verhältnisse wandten sich immer mehr Schriftsteller im Kampf um die Freiheit des Denkens und der Ideen an die Öffentlichkeit. Gelehrte Zeitschriften wurden gegründet – die Schriftsteller waren oft Literaten, Herausgeber und Verleger zugleich – und in einigen Zeitungen entstand der »Gelehrte Artikel«: Diese regelmäßige Sparte kann als Vorläufer des Wissenschaftsjournalismus oder allgemein des Kulturteils bezeichnet werden (das Feuilleton entstand als erstes Ressort um 1800). Einige Prestigeblätter leisteten sich schon im 18. Jahrhundert einen angestellten Redakteur, der den »Gelehrten Artikel« pflegte. Bekanntes Beispiel ist der Literat Gotthold Ephraim Lessing, der von 1751 bis 1755 die Sparte »Gelehrte Sachen« in der Berlinischen Privilegirten Zeitung (der späteren Vossischen Zeitung) betreute.

Während im 18. Jahrhundert selbst bei Qualitätsblättern die redaktionelle Arbeitsteilung nur aus dem Modell Verleger/nebenberuflicher Redakteur bestand, sind in der ersten Hälfte des 19. Jahrhunderts bereits einige größere Redaktionen mit mehreren hauptberuflichen Redakteuren entstanden. Einer der wichtigen Vorreiter war Johann Friedrich von Cotta – der Verleger von Goethe – mit der 1798 gegründeten Allgemeinen Zeitung, die zunächst in Tübingen, Stuttgart und Ulm und ab 1810 in Augsburg erschien. Cotta setzte als Verleger von Anfang an auf ein professionell gemachtes Blatt und bemühte sich um ein Netz aus eigenen Korrespondenten (z. B. Heinrich Heine mit seinen Berichten aus Paris). Zwar war die Auflage mit 6.000 bis 8.000 Exemplaren im Vergleich nicht besonders hoch – der Hamburgische Correspondent zum Beispiel verbreitete in dieser Zeit bis zu 30.000 Auflage. Die Cotta'sche Allgemeine erwarb sich aber schnell einen hervorragenden Ruf, was nicht zuletzt an der personellen Ausstattung der Redaktion lag: Cotta arbeitete zunächst mit zwei und seit 1833 mit vier Redakteuren. Ursprünglich hatte sogar Friedrich Schiller die Redaktionsleitung übernehmen sollen, der jedoch absagte, weil ihm für dieses »höchst schwierige Fach« das Talent fehle (Müchler 1998: 13–16).

Joseph Görres und Karl Marx

Protagonisten des politischen Journalismus im 19. Jahrhundert waren Joseph Görres, der als Herausgeber des »Rheinischen Merkur« 1814–1816 mit seinen Leitartikeln für eine freiheitliche Verfassung und Pressefreiheit kämpfte, sowie der junge Karl Marx, der 1842–1843 die Redaktion der Rheinischen Zeitung in Köln leitete.

Der redaktionelle Journalismus (ab ca. 1850/70)

Nach der Märzrevolution und der Beseitigung der Zensur schossen neue Zeitungen und Zeitschriften wie Pilze aus dem Boden: Zwischen 1848 und 1850 wurden in Deutschland mehr Zeitungen und Zeitschriften gegründet, als es vorher insgesamt gegeben hatte. Allerdings in der Mehrzahl sehr kleine Blätter, die allein von Verlegerredakteuren vertrieben wurden und unter dem wirtschaftlichen Druck der Restaurationsphase ab 1850 wieder verschwanden. Erst eine Welle von Neugründungen in den 70er Jahren, als sich mit dem Reichspressegesetz der Spielraum der Zeitungen erweiterte, führte zu einer stärkeren Verberuflichung des Journalismus (Requate 1995: 130).

Take-off des Journalismus

Bernd Blöbaum (1994: 179) spricht von dieser Zeit als der Phase des *Take-off* des Journalismus: Die Kommunikationsbedürfnisse der Bevölkerung wachsen, die (Massen-)Produktion von Zeitungen wird zu einem lohnenden Geschäft, die Redaktion als journalistische Organisation entsteht, die Nachricht als journalistische Darstellungsform bildet sich heraus (→ vgl. Kap. 5.2; S. 181–182) – und immer mehr Journalisten können von ihrem Beruf leben. Nachrichtenagenturen werden gegründet und liefern immer mehr Stoff. Die Materialfülle muss gebändigt werden, weshalb sich redaktionelle Arbeitsteilung mit Spezialisierung und Ressortierung herausbildet: zunächst das Wirtschafts- und das Lokalressort und um die Jahrhundertwende zunehmend auch das Sportressort (Meier 2002 a: 119–132).

Bei der NEUEN ZÜRCHER ZEITUNG (NZZ) zum Beispiel wuchs die Zahl der Redakteure zwischen 1860 und 1900 von zwei auf acht, wobei die Redaktion ab 1894 drei Ausgaben täglich und 18 pro Woche produzierte. Der Berliner LOKAL-ANZEIGER dagegen fing 1883 mit drei Redakteuren an, hatte zehn Jahre später elf, 1899 bereits 46 Redakteure beschäftigt und dürfte damit zur Jahrhundertwende die größte Redaktion in Deutschland betrieben haben.

Viele Ursachen des rasanten Wandels

Die Ursachen dieses rasanten Wandels in den letzten drei Jahrzehnten des 19. Jahrhunderts sind vielfältig:

- *Technisch:* Neue Übermittlungsverfahren (Eisenbahn, Telegraph, Telefon) und schnellere Satz- und Druckverfahren ermöglichen eine Beschleunigung der Kommunikation und eine massenhafte Verbreitung der Presse.
- *Rechtlich-politisch:* Pressefreiheit und Liberalisierung sorgen nicht nur dafür, dass Zeitungen und Zeitschriften nun frei produziert werden dürfen, sondern ermöglichen auch eine breitere Finanzierung durch Werbung. Durch das Erstarken der Freiheits- und Bürgerrechte (z. B. Gründung neuer Parteien, allgemeines Wahlrecht) wächst die politische Öffentlichkeit.
- *Wirtschaftlich:* Durch Industrialisierung und Liberalisierung der Märkte werden schnelle und verlässliche Informationen benötigt (z. B. Aufstieg der Börsen und Aktiengesellschaften, Kreditinstitute und Versicherungen). Angebot und Nachfrage bestimmen zunehmend die Märkte. Die Unternehmen werben für ihre Produkte.
- *Sozial:* Die Großstädte wachsen durch Großindustrie und Urbanisierung – das tägliche Leben wird anonymer. Der Informationsbedarf

im Nahraum steigt, was Lokaljournalismus nötig macht. Die Verbesserung der Bildung für eine breite Bevölkerung (Alphabetisierung) vermehrt die Kundschaft für »Zeitungen für alle«. In ihrem sozialen Elend suchen Arbeiter aber auch nach Unterhaltung und Ablenkung vom harten 18-Stunden-Tag.

Das Riepl'sche Gesetz: Verdrängen neue Medien die alten Medien?
In der Geschichte der Massenkommunikation hat es immer wieder Befürchtungen gegeben, dass aufkommende neue Medien die alten Medien verdrängen. Schon 1913 hat Wolfgang Riepl in seinem Buch »Das Nachrichtenwesen des Altertums« die These formuliert, dass dies nicht der Fall ist: Demnach können »die einfachsten Mittel, Formen und Methoden, wenn sie nur einmal eingebürgert und brauchbar befunden worden sind, auch von den vollkommensten und höchst entwickelten niemals wieder gänzlich und dauernd verdrängt und außer Gebrauch gesetzt werden [...], sondern sich neben diesen erhalten, nur dass sie genötigt werden, andere Aufgaben und Verwertungsgebiete aufzusuchen«. In der Tat hat die Zeitung nicht die Zeitschrift, der Film nicht das Foto, das Fernsehen weder Hörfunk noch Zeitung – und das Internet (noch) kein Medium verdrängt. Die These ist später als »Riepl'sches Gesetz« in die Kommunikationswissenschaft eingegangen, wird viel zitiert und immer wieder diskutiert (z. B. von Winfried B. Lerg 1981 oder Christoph Neuberger 2001). So mancher Medienmanager und Journalist nutzt die These als Beruhigungspille – letztlich empirisch bewiesen ist sie aber nicht. Und man darf den zweiten Teil nicht vergessen: Neue Medien bringen alte Medien zwar nicht um, sie zwingen sie aber zu einer anderen publizistischen und ökonomischen Strategie (zu einem Funktionswandel). Wer den Anpassungsdruck nicht rechtzeitig erkennt, kann untergehen.

Pressefreiheit: ein langer Weg

Lange Unfreiheit

Deutschland ist zwar das Geburtsland der Zeitung, hinsichtlich der Pressefreiheit kann man es aber nur als »verspätet« bezeichnen. Im Vergleich zu anderen Ländern – wie den USA oder England – ist die lange Unfreiheit eine wesentliche Traditionslinie der deutschen Presse. Insbesondere das 19. Jahrhundert steht unter dem Zeichen eines jahrzehntelangen Kampfes um die Pressefreiheit. Im Vormärz (1815–1848) wurden Verleger, Journalisten und Literaten politisch verfolgt und verhaftet oder mussten ins Exil. Redakteure standen in ständigem Konflikt mit den Zensoren. Aber selbst nach den Befreiungsschüben 1848 und 1874 wurden die Journalisten im deutschen Obrigkeitsstaat des Kaiserreichs längst nicht als unabhängige und kritische Wächter der Öffentlichkeit angesehen – wie zur gleichen Zeit etwa Journalisten in den Vereinigten Staaten oder in England.

2.2.2 | Beispiele für lange wirkende Traditionen

Die restriktiven rechtlich-politischen Rahmenbedingungen im 19. Jahrhundert beeinflussten den Journalismus im deutschen Sprachraum lange und nachhaltig. Das Bild des Publizisten, der für Ideen und Meinungen einsteht, blieb aus dem Kampf für Pressefreiheit bis weit ins 20. Jahrhundert erhalten: Im Vergleich zu den USA und England hatten der politisch unabhängige Nachrichtenjournalismus und die journalistische Konzeption der Presse als »Fourth Estate« in Deutschland lange einen schweren Stand (vgl. z. B. Requate 1995: 393–407; Donsbach 2003: 83 f.). Als in der zweiten Hälfte des 19. Jahrhunderts endlich der Spielraum der Journalisten erweitert wurde, »empfanden die Redakteure den verlegerischen Unparteilichkeitsanspruch als Einengung ihrer journalistischen Freiheit, die in ihren Augen darin bestand, endlich die eigenen Anschauungen nicht mehr zurückhalten zu müssen, sondern Partei ergreifen zu können« (Requate 1995: 394).

Gesinnungsjournalismus

Der Nachholbedarf mündete in parteibezogenen Gesinnungsjournalismus und heftige publizistische Meinungskämpfe. Bis in die Weimarer Republik informierten Zeitungen aufgrund ihrer parteipolitischen, ideologischen oder wirtschaftlichen Bindungen oft einseitig. Eine stark fragmentierte Presselandschaft sowie massive verunglimpfende Kritik an der Republik waren Faktoren einer mangelnden Ausbildung von Demokratie in der Weimarer Republik (vgl. Wilke 2000 a: 355). Moderne Forumszeitungen, die unabhängig berichten und verschiedene Meinungen widerspiegeln – wie das Berliner Tageblatt oder die Frankfurter Zeitung – hatten eine zu geringe Auflage, um eine Breitenwirkung entfalten zu können.

Der Unterschied zwischen Meinungsfreiheit und Informationsfreiheit bzw. der Institution der freien Presse (→ vgl. Kap. 2.3.1; S. 82–84) war in der Weimarer Republik kaum bewusst (in der Verfassung war auch nur die Meinungsfreiheit geschützt). Während sich in den USA schon im 19. Jahrhundert ein unparteilicher Recherche- und Informationsjournalismus ausbildete, genoss im deutschsprachigen Raum der Meinungsjournalismus weit höheres Ansehen als eine faktenorientierte Informationsvermittlung

(→ vgl. Kap. 5.2; S. 183–187): Wer unparteilich war, galt als »gesinnungslos«. Selbst die Reportage hatte von Anfang an eine starke Meinungsprägung. Egon Erwin Kisch (1885–1948) zum Beispiel – nach dem STERN-Gründer Henri Nannen 1977 einen Reportagepreis benannte – recherchierte und schrieb nicht unparteilich: Er machte aus seiner kommunistischen Haltung keinen Hehl, auch wenn er dies geschickt und innovativ mit Reporterinstinkt kombinierte und immer wieder darauf bestand, dass er der »Wahrheit« verpflichtet sei (vgl. Langenbucher 1992: 373–384).

Meisterwerke des Journalismus

Der bekannteste ist wohl Egon Erwin Kisch. Aber auch Karl Kraus, Joseph Roth und Marianne Pollak gehören dazu. Unter dem Titel »Sensationen des Alltags« hat der Wiener Journalistik-Professor Wolfgang R. Langenbucher im Jahr 1992 Meisterwerke des österreichischen Journalismus in einem Buch verlegt. Die gesammelten Texte stammen meist aus der ersten Hälfte des 20. Jahrhunderts und sollen »Mitarbeiter des Tagesschrifttums aus ihrer Anonymität« heben und einen Baustein zum Beleg der These liefern, dass Journalismus über die Jahrhunderte hinweg als Produkt, als Beruf und als gesellschaftliche Funktion eine »unerkannte Kulturmacht« geblieben ist. (Die Theorie dazu lieferte Hannes Haas mit seiner Habilitation »Empirischer Journalismus«, 1999).

Aus den Texten kann man heute noch viel lernen wie auch aus anderen Textsammlungen von Journalisten – ob sie schon gestorben (wie Kisch oder Herbert Riehl-Heyse) oder Zeitgenossen sind (wie Günter Wallraff, Jürgen Leinemann oder Nina Grunenberg). Lesenswert ist z.B. die von Walter Hömberg herausgegebene Reihe »Druck-Sache« (UVK), in der bislang fünf Bände erschienen sind.

»Das Gewissen ihrer Zeit« heißt eine Sammlung von 50 Porträts vorbildlicher Journalisten, die zuerst in der SÜDDEUTSCHEN ZEITUNG erschienen sind und von Medienredakteur Hans-Jürgen Jakobs und Wolfgang R. Langenbucher als Buch herausgegeben wurden (Verlag Picus/Süddeutsche Zeitung).

Reeducation

Die Bemühungen um *Reeducation* durch Briten und Amerikaner nach 1945 wollten mit der deutschen Tradition des parteilichen Gesinnungsjournalismus brechen (Esser 1998: 47–52). Presseoffiziere versuchten, den deutschen Journalisten die professionellen Grundsätze der Richtigkeit der Faktenübermittlung und der Trennung von Nachricht und Kommentar beizubringen (»Comment is free but facts are sacred.«). Nicht wenige Journalisten wehrten sich zunächst dagegen – letztlich hat sich die angloamerikanische Professionalität im Nachrichtenjournalismus der Bundesrepublik aber durchgesetzt. Sogar so stark, dass man davor warnen muss, den Trennungsgrundsatz überzubewerten (Pöttker 2005: 132–137): Denn Journalisten und Publikum sollten sich bewusst sein, dass eine völlig wertfreie Faktenwiedergabe gar nicht möglich ist, weil schon in der Auswahl eine Subjektivität steckt (→ vgl. Kap. 5.1; S. 175–178). Andere Berichterstattungsmuster – wie der Investigative Journalismus – wurden entwickelt, um die Defizite des »Objektiven« Journalismus zu kompensieren (→ vgl. Kap. 5.2; S. 183–187). Aktuelle Befragungen von Journalisten in Deutschland zeigen zudem, dass inzwischen nur noch eine Minderheit eine aktive Beeinflussung der politischen Agenda anstrebt und damit der Gesinnungsjournalismus nur noch eine Randbedeutung hat (→ vgl. Kap. 6.1; S. 210–213).

Zusammenfassung

Der Journalismus entwickelte sich im Laufe von vier Jahrhunderten aufgrund eines Zusammenspiels von technischen Erfindungen und Verbesserungen, kommunikationspolitischen und rechtlichen Regulierungen sowie aufgrund wirtschaftlichen, sozialen und kulturellen Wandels. Deutschland ist zwar das Geburtsland der Zeitung (1605) – im Vergleich zu anderen Ländern ist aber der lange Kampf um die Pressefreiheit eine wesentliche Traditionslinie der deutschen Presse. Der *Take-off* des Journalismus fand in den letzten Jahrzehnten des 19. Jahrhunderts statt: Erst ab ca. 1870 kann man von einem »redaktionellen Journalismus« sprechen, der in großbetrieblichen Unternehmen organisiert ist.

Übungsfragen zu den Kapiteln 2.1 und 2.2

1 Nennen und erklären Sie die fünf Ebenen, die den Journalismus prägen.
2 Wann wurden die Medien geboren: Presse, Hörfunk, Fernsehen, Internet? Wann entstanden die Nachrichtenagenturen?
3 Was sind die Unterschiede zwischen den Phasen des korrespondierenden, des schriftstellerischen und des redaktionellen Journalismus?
4 Nennen Sie die Faktoren, die den Wandel des Journalismus im 19. Jahrhundert prägen: von der scharfen Unterdrückung bis zum *Take off.*
5 Was sind die Gründe und Unterschiede zwischen der deutschen Tradition des kämpferischen Gesinnungsjournalismus und der angloamerikanischen Tradition der Konzeption von Presse als »Fourth Estate«?

6 Was sagt das Riepl'sche Gesetz und warum kann es kaum als Beruhigungspille dienen?

Literatur

Wer sich in die **Medien- und Kommunikationsgeschichte** vertiefen möchte, der ist mit den Überblickswerken von Jürgen Wilke und Rudolf Stöber gut bedient. Beide Bücher eignen sich auch als Nachschlagewerke im Verlauf des Studiums.

Kommunikationsfreiheit und Mediensysteme | 2.3

Journalismus ist in erster Linie geprägt durch die Gesellschaftsordnung und das politische System eines Landes. Verändert sich das Gesellschaftssystem – durch Demokratisierung oder die Machtübernahme von Diktatoren –, wandeln sich auch das Mediensystem eines Landes und damit die Arbeitsbedingungen der Journalisten. Zeitgeschichtliche Beispiele sind der Transformationsprozess in Mittel- und Osteuropa nach 1989/90 – oder umgekehrt die Machtübernahme durch die Nationalsozialisten in Deutschland 1933. Oft charakterisieren allerdings nicht radikale Einschnitte, sondern schleichende Prozesse den Wandel von Mediensystemen.

Definition

Mediensystem
Der Begriff »Mediensystem« beschreibt die Gesamtheit von Ordnungen oder Strukturen, die Medien in einem definierten Raum – zumeist einem Staat – charakterisieren (nach Kleinsteuber 2005: 275). Gemeint sind damit z.B. die Mediengesetze, die politische Einflussnahme auf Medien und Journalismus, die staatlichen Aufsichtsstrukturen über die Massenmedien Print, Rundfunk und Internet, die Besitzverhältnisse der Medien und die Mediennutzung.

2.3.1 | Kommunikationsfreiheit als Kennzeichen demokratischer Mediensysteme

Voraussetzungen der Kommunikationsfreiheit

In liberalen, durch Pluralität gekennzeichneten demokratischen Staaten ist ein freies und offenes Mediensystem Voraussetzung für die Bildung einer politischen Öffentlichkeit, an der sich alle Menschen auf rationale Weise am Prozess der Meinungs- und Willensbildung beteiligen können (→ vgl. Kap. 1.1.2; S. 14–16). Als Sammelname hat sich der Begriff der *Kommunikationsfreiheit* eingebürgert (Langenbucher 2003). Die Kommunikationsfreiheit hat rechtliche, politische und ökonomische Voraussetzungen:

Rechtliche Grundlagen

- Die *rechtlichen* Grundlagen finden sich in Deutschland in Artikel 5 des Grundgesetzes (GG) – als Abwehrrechte gegen staatliche Eingriffe: die individuelle *Meinungsfreiheit* (»Jeder hat das Recht, seine Meinung in Wort, Schrift und Bild frei zu äußern und zu verbreiten...«), die individuelle *Informationsfreiheit* (»...und sich aus allgemein zugänglichen Quellen ungehindert zu unterrichten.«) sowie die institutionelle *Freiheit der Massenmedien*, die auch als *Presse- und Rundfunkfreiheit* bezeichnet wird (»Die Pressefreiheit und die Freiheit der Berichterstattung durch Rundfunk und Film werden gewährleistet. Eine Zensur findet nicht statt.«). Daraus ergeben sich Sonderrechte der hauptberuflich tätigen Journalisten (Auskunftsanspruch gegen Behörden, Zeugnisverweigerungsrecht, Schutz des Redaktionsgeheimnisses durch Beschlagnahme- und Durchsuchungsverbote) – aber auch Pflichten und Grenzen (z. B. Schutz der Persönlichkeit und der persönlichen Ehre, Gegendarstellungsrecht, Jugendschutz, Grundsatz der Trennung von Redaktion und Werbung).

Politische Grundlagen

- Die durch die Verfassung geschützten Grundrechte bedürfen der konkreten Ausgestaltung durch die *Politik*: in der allgemeinen Gesetzgebung, in der täglichen Praxis der Regierungen, der Behörden und der Polizeigewalt und in den Entscheidungen der Gerichte. Einerseits können Grundrechte miteinander in Konflikt geraten und müssen gegeneinander abgewogen werden (z. B. Meinungsfreiheit versus Menschenwürde/Persönlichkeitsschutz). Andererseits tendieren Legislative und Exekutive mitunter dazu, das Verfassungsrecht bis an die Grenzen auszunutzen. Nicht selten hat in Deutschland das Bundesverfassungsgericht Politik und Behörden in die Schranken weisen müssen, indem es Artikel 5 GG konkreter definiert hat. Bekanntes Beispiel ist das Spiegel-Urteil, das auf die Spiegel-Affäre folgte (vgl. Kasten). Auch in jüngster Zeit hat es vereinzelt Redaktionsdurchsuchungen und Beschlagnahme von Recherchematerial in Deutschland gegeben (z. B. im Konflikt um Redakteure der Zeitschrift »Cicero« 2005). Allerdings wurde 2006 mit dem *Informationsfreiheitsgesetz* auch die Recherchemöglichkeit bei Bundesbehörden erweitert.

Spiegel-Affäre und Spiegel-Urteil

Der SPIEGEL berichtet im November 1962 über eine Nato-Übung mit der Schlussfolgerung, dass die Bundeswehr nur »bedingt abwehrbereit« sei. Verteidigungsminister Franz Josef Strauß und Bundeskanzler Konrad Adenauer sehen darin einen »Landesverrat«; der Generalbundesanwalt lässt in einer Nacht-und-Nebel-Aktion den Herausgeber Rudolf Augstein, die Chefredakteure und weitere Mitarbeiter verhaften und die SPIEGEL-Redaktions- und Archivräume durchsuchen und versiegeln. Die Journalisten müssen später mangels Beweisen und nach Demonstrationen der Bevölkerung frei gelassen werden. Drahtzieher Strauß verliert sein Amt.

Augsteins Verfassungsbeschwerde endet zwar mit einem Patt und damit einer Zurückweisung durch das Gericht – vier Verfassungsrichter halten die Aktion für grundgesetzwidrig, vier nicht – doch die Urteilsbegründung am 5. August 1966 setzt Maßstäbe für die Pressefreiheit und weist der Presse eine *»öffentliche Aufgabe«* und eine *Kontrollfunktion* zu:

»Eine freie, nicht von der öffentlichen Gewalt gelenkte, keiner Zensur unterworfene Presse ist ein Wesenselement des freiheitlichen Staates [...] In ihr artikuliert sich die öffentliche Meinung [...] In der repräsentativen Demokratie steht die Presse zugleich als ständiges Verbindungs- und Kontrollorgan zwischen dem Volk und seinen gewählten Vertretern in Parlament und Regierung. Sie fasst die in der Gesellschaft und ihren Gruppen unaufhörlich sich neu bildenden Meinungen und Forderungen kritisch zusammen, stellt sie zur Erörterung und trägt sie an die politisch handelnden Staatsorgane heran, die auf diese Weise ihre Entscheidungen auch in Einzelfragen der Tagespolitik ständig am Maßstab der im Volk tatsächlich vertretenen Auffassungen messen können.«

Die Richter äußern sich auch zur *Pressevielfalt*:

»So wichtig die damit der Presse zufallende ›öffentliche Aufgabe‹ ist, so wenig kann diese von der organisierten staatlichen Gewalt erfüllt werden. Presseunternehmen müssen sich im gesellschaftlichen Raum frei bilden können. Sie arbeiten nach privatwirtschaftlichen Grundsätzen und in privatrechtlichen Organisationsformen. Sie stehen miteinander in geistiger und wirtschaftlicher Konkurrenz, in die die öffentliche Gewalt grundsätzlich nicht eingreifen darf. [...] Der Staat ist – unabhängig von subjektiven Berechtigungen Einzelner – verpflichtet, in seiner Rechtsordnung überall, wo der Geltungsbereich einer Norm die Presse berührt, dem Postulat ihrer Freiheit Rechnung zu tragen. Freie Gründung von Presseorganen, freier Zugang zu den Presseberufen, Auskunftspflichten der öffentlichen Behörden sind prinzipielle Folgerungen daraus; doch ließe sich etwa auch an eine Pflicht des Staates denken, Gefahren abzuwehren, die einem freien Pressewesen aus der Bildung von Meinungsmonopolen erwachsen könnten.«

Der *Informantenschutz* wird ebenfalls erwähnt:
»Die in Art. 5 GG gesicherte Eigenständigkeit der Presse reicht von der Beschaffung der Information bis zur Verbreitung der Nachrichten und Meinungen [...] Deshalb gehört zur Pressefreiheit auch ein gewisser Schutz des Vertrauensverhältnisses zwischen Presse und privaten Informanten. Er ist unentbehrlich, da die Presse auf private Mitteilungen nicht verzichten kann, diese Informationsquelle aber nur dann ergiebig fließt, wenn sich der Informant grundsätzlich darauf verlassen kann, dass das ›Redaktionsgeheimnis‹ gewahrt bleibt.«
(Entscheidungen des Bundesverfassungsgerichts (BVerfGE) 20: 162–230; dokumentiert auf der Website des Instituts für öffentliches Recht an der Universität Bern: www.oefre.unibe.ch/law/dfr/bv020162.html)

Medienvielfalt

- Selbst wenn die Medien staatsunabhängig sind, ist die Kommunikationsfreiheit noch nicht gewährleistet: Die Medienlandschaft insgesamt muss möglichst *vielfältig* organisiert sein und darf deshalb nicht uneingeschränkt dem freien Markt überlassen werden. Alle gesellschaftlichen Gruppen und geistigen Richtungen müssen zu Wort kommen. Dies betrifft vor allem die Besitzverhältnisse: Liegen die Massenmedien in der Hand weniger Unternehmer oder Konzerne, besteht die Gefahr von Meinungsmonopolen. In Deutschland ist die Medienvielfalt durch ein Miteinander von privatwirtschaftlicher Presse, öffentlich-rechtlichem Rundfunk und privat-kommerziellem, aber öffentlich beaufsichtigtem Rundfunk gekennzeichnet (→ vgl. Kap. 4.2; S. 124–137). Im SPIEGEL-Urteil hat das Verfassungsgericht die Pflicht des Staates formuliert, »Gefahren abzuwehren, die einem freien Pressewesen aus der Bildung von Meinungsmonopolen erwachsen könnten« (vgl. Kasten). So dürfen sich in Deutschland zum Beispiel Presseverlage nur zu einem bestimmten Anteil an Radio- und Fernsehsendern beteiligen – dem Axel Springer-Verlag wurde 2006 die Fusion mit der Pro-SiebenSat.1 Media AG vom Bundeskartellamt untersagt. Ökonomischer Druck auf die Redaktionen kann auch durch den Einfluss großer Werbekunden ausgeübt werden – bis hin zur Schleichwerbung. Deshalb ist es wichtig, dass einerseits in Medienunternehmen Redaktion und Anzeigen-/Werbeabteilung getrennt sind und andererseits die Finanzierung des Mediensystems insgesamt nicht komplett über Werbung geschieht, sondern dass sich die Nutzer beteiligen (→ vgl. Kap. 4.2; S. 124–141).

Mediensysteme im Vergleich

2.3.2

Mediensysteme sind im nationalstaatlichen Kontext entstanden (Kleinsteuber 2005) und noch heute stark national geprägt – auch wenn immer mehr von transnationalen oder gar globalen Kommunikationsräumen gesprochen wird (etwa vom Kommunikationsraum Europa oder vom arabischen Kommunikationsraum).

Analyse von Mediensystemen

Die Analyse von Mediensystemen geschieht meist in vergleichender Perspektive:

- Die *diachrone* Analyse untersucht den Transformationsprozess eines Mediensystems, vergleicht also verschiedene Epochen. Wir sind ansatzweise in Kapitel 2.2.1 so vorgegangen.
- *Synchrone* Analyse: Die Spezifik des eigenen Systems – zum Beispiel in Deutschland – wird im Vergleich mit den Systemen anderer Länder klarer. Wer zum Beispiel den Journalismus in Deutschland, Österreich oder der Schweiz mit dem Journalismus in den USA, in Großbritannien, Russland oder China vergleicht, sollte die jeweiligen Mediensysteme als Rahmenbedingungen in die Analyse einbeziehen (vgl. z.B. Holtz-Bacha 2003; Kopper/Mancini 1997) – eine vergleichende Inhaltsanalyse oder eine vergleichende Befragung allein kämen zu kurz.

Klassifizierung von Mediensystemen

»Four Theories of the Press«

Das bekannteste Konzept zur weltweiten Klassifizierung von Mediensystemen ist schon 50 Jahre alt: Die US-amerikanischen Kommunikationsforscher Fred Siebert, Theodore Peterson und Wilbur Schramm (1956) werteten historische Entwicklungen und die Systeme ihrer Zeit aus und kamen auf vier Typen (»Four Theories of the Press«): Authoritarian, Libertarian, Communist und Social Resposibility. Diese Klassifizierung wurde oft zitiert (vgl. z.B. Weischenberg 2004: 86–92) und kritisiert (vgl. z.B. McQuail 1992: 65f.). Eine Kritik zielt darauf ab, dass das Modell zwar in den 50er Jahren signifikant war, in der Zwischenzeit aber überholt ist. So spiegelt die explizite Erwähnung kommunistischer Gesellschaftssysteme die Zeit des Kalten Kriegs wider, vernachlässigt aber andere totalitäre Systeme. Zudem argumentieren die Autoren stark US-zentriert.

Wir orientieren uns im folgenden Überblick zwar am bekannten Modell von Siebert/Peterson/Schramm (und an der Übersetzung von Weischenberg 2004), aktualisieren dieses aber – und klassifizieren nach den vier Typen wirtschaftsliberal, sozialverantwortlich, autoritär und totalitär (vgl. Abb. 2.6).

- Der *wirtschaftsliberale* Typ entstand als Grundmodell der westlichen Mediensysteme ideengeschichtlich in der Aufklärung und sieht Medien

Abb. 2.6

Typen von Mediensystemen im Vergleich

(Quelle: eigene Darstellung auf Basis von Siebert/Peterson/Schramm 1956 und Weischenberg 2004: 87)

	wirtschaftsliberal	sozialverantwortlich	autoritär	totalitär
Eigentumsverhältnisse	privatwirtschaftlich	privatwirtschaftlich oder öffentlich	staatlich, privatwirtschaftlich oder öffentlich	staatlich
Steuerung und Kontrolle der Medien	Markt und Selbstregulierung	gemeinschaftliche Medienaufsicht, unternehmerische und redaktionelle Selbstkontrolle	Staatsapparat	Staatspartei und Staatsapparat
Ziele und Erwartungen	Medien organisieren und kontrollieren sich selbst und sorgen dadurch für freien Zugang zur Öffentlichkeit	Aufklärung und Partizipation; Verpflichtung der Medien gegenüber der Gesellschaft (z. B. Qualität, Vielfalt)	Medien als Dienstleistung des Staates; sie sollen insgesamt die soziale Ordnung und die Regierung stabilisieren	Absicherung der Staatspartei mit ihren Herrschaftsinteressen
Nachteile und Gefahren	Medienmonopole, unkontrollierte Medienmacht; starke ökonomische Abhängigkeit	potentielle Einflussmöglichkeiten des Staates	kaum Vielfalt in den Medien	Medien präsentieren nur eine Sichtweise; Nachrichten werden unterdrückt; abweichende Meinungen verfolgt

nur im Privatbesitz vor. Sie konkurrieren in einem freien Markt ohne rechtliche und politische Schranken.

Verantwortung gegenüber der Gesellschaft

- Das Modell der *Sozialverantwortung* entstand aufgrund der Nachteile und Gefahren des Wirtschaftsliberalismus: Um Medienmonopole und Meinungsmacht zu verhindern, werden verschiedene Möglichkeiten einer gemeinschaftlichen Medienkontrolle eingeführt. Beispiel ist die Gründung der BBC (British Broadcasting Corporation) in den 20er Jahren als erstes öffentlich-rechtliches (»public service«) und damit nicht nur politisch, sondern auch ökonomisch weitgehend unabhängiges Angebot (→ vgl. zur öffentlichen Finanzierung und Kontrolle des öffentlich-rechtlichen Rundfunks Kap. 4.2; S. 125–127). Aber auch privatwirtschaftliche Medien lassen sich sozialverantwortlich führen, wenn sie nicht nur zur Gewinnmaximierung genutzt werden, sondern wenn die Eigentümer eine Verantwortung gegenüber der Gesellschaft freiwillig eingehen oder dazu gesetzlich verpflichtet werden. Problem dieses Modells sind potentielle Einfallstore für den Staat – zur Beschränkung privatwirtschaftlichen Medienagierens oder zur Reglementierung und Steuerung öffentlich-rechtlicher Rundfunkanstalten (etwa über die Besetzung der Aufsichtsgremien oder über die Entscheidungen zur Höhe der Rundfunkgebühren).

- Das *autoritäre* Modell bildete historisch die ersten Rahmenbedingungen der Medien: Die Presse sollte die etablierten Autoritäten und staatlichen Ordnungen stabilisieren. Es können durchaus Parallelen zu heutigen Transformationsprozessen gezogen werden: In restaurativen Phasen nach Revolutionen und Freiheitskämpfen setzten die Machthaber schon immer die Presse unter Druck. Allerdings konnte z.B. Metternich mit den Karlsbader Beschlüssen viel offensichtlicher vorgehen als in jüngster Zeit so manche Regierung der Nachwendezeit in Osteuropa. Auch wenn Präsident Putin noch immer behauptet, dass die Medien in Russland frei seien: In seiner Regierungszeit ist der Einfluss des Staates auf den Journalismus enorm gewachsen – beispielsweise durch das Medienimperium des staatlich kontrollierten Gas-Monopolisten Gazprom oder durch Schließungen von Verlagen, Durchsuchungen von Redaktionen und Verhaftungen und Ermordungen von Journalisten.
- Während in heutigen autoritären Systemen zumindest noch Feigenblätter geduldet werden, gehen *totalitäre* Regime noch radikaler gegen die Medienfreiheit vor: Die Medien befinden sich nahezu ausschließlich in Staatsbesitz; jegliche abweichenden Meinungen werden hart verfolgt.

Fließende Grenzen

Bei der Klassifizierung handelt es sich um vier Idealtypen, um den Blick auf Unterschiede und Gemeinsamkeiten zu schärfen. Die Grenzen sind jedoch fließend, was die Zuordnung von Ländern zu einzelnen Typen erschwert: Die USA haben eher ein wirtschaftsliberales Grundmodell, verschiedene Infrastrukturen der Medienkritik und der gemeinschaftlichen Medienkontrolle weisen jedoch auch Züge der Sozialverantwortung auf. In Großbritannien ist zwar der Public Service-Gedanke erfunden worden, für die Presse herrscht aber ein weitgehend wirtschaftsliberales Denken vor, das Tendenzen zu Monopolisierung und Meinungsmacht zulässt: Rupert Murdochs NEWS CORPORATION besitzt mehrere überregionale Tageszeitungen und Fernsehkanäle (www.newscorp.com).

Ringen um das richtige Mediensystem

Maßgeblich für die Medienordnung in Deutschland nach dem Zweiten Weltkrieg war eine Teilung der Medienmacht. In der Geschichte der

Bundesrepublik zeigt sich exemplarisch das Ringen um das richtige kommunikationspolitische System zwischen wirtschaftsliberal und sozialverantwortlich: Während die sozialliberale Politik der 70er Jahre stark auf das öffentlich-rechtliche Rundfunksystem fixiert war und für die Presse sogar ein Gesetz zur Stärkung der Freiheitsrechte der Journalisten gegenüber den Verlegern (»Innere Pressefreiheit«) überlegt wurde – ermöglichte die konservativ-liberale Regierungskoalition unter Helmut Kohl in den 80er Jahren die Einführung des privaten Rundfunks. Nicht wenige konservative Politiker beklagten dies nachher aber wieder, als sie merkten, dass zunehmend Sensationsjournalismus, Sex- und Gewaltdarstellungen ins Fernsehen Einzug hielten und bei den Besitzern der Privatkanäle kaum öffentliche Verantwortung spürbar war. Pluralistische westliche Demokratien bewegen sich mit ihren *offenen Mediensystemen* also zwischen den ersten beiden Typen der Klassifikation. Mehr Freiheit bedeutet auch mehr ethische Verantwortung (→ vgl. Kap. 7.2; S. 233–245).

Mehr oder weniger stark *geschlossene Mediensysteme* sind dagegen das Kennzeichen von autoritären und totalitären Gesellschaftssystemen. Während sich in Russland – wie erwähnt – viele Charakteristika eines autoritären Mediensystems finden, sind die Systeme zum Beispiel in China, Kuba, Nord-Korea, Weißrussland und Iran von totaler staatlicher Medienkontrolle geprägt.

Beispiel Italien

Italien ist ein Spezialfall, der zwischen offen und geschlossen schwankt: Die Entflechtung von Politik und Medien ist schon nach dem zweiten Weltkrieg kaum gelungen und erreichte ihren Höhepunkt, als der größte Medieneigentümer Silvio Berlusconi zunächst 1994 und später erneut (2001–2006) zum Regierungschef gewählt wurde – und dadurch einerseits sein Medienimperium durch eine wirtschaftsliberale Gesetzgebung erweitern und andererseits seinen Einfluss auf die öffentlich-rechtliche RAI ausbauen konnte.

Rankings der Medienfreiheit

Einen konkreten – wenn auch holzschnittartigen und wenig differenzierten – Ländervergleich ermöglichen die Rankings der Medienfreiheit, die seit 1980 von der New Yorker Stiftung *Freedom House* und seit 2002 von der Pariser Menschenrechtsorganisation *Reporter ohne Grenzen* veröffentlicht werden (vgl. www.freedomhouse.org; www.reporter-ohne-grenzen.de).

Basis sind die in Kapitel 2.3.1 genannten drei Grundlagen der Kommunikationsfreiheit: *Freedomhouse* urteilt nach »the *legal* environment in which media operate, *political* influences on reporting and access to information, and *economic* pressures on content and the dissemination of news« und vergibt die drei Prädikate »free« (maximal 30 Minuspunkte;

Rang	Land	Minus-Punkte	Status
1	Finnland	9	frei
	Island	9	frei
3	Dänemark	10	frei
	Norwegen	10	frei
	Schweden	10	frei
6	Belgien	11	frei
	Luxemburg	11	frei
	Niederlande	11	frei
	Schweiz	11	frei
...			
17	Deutschland	16	frei
	USA	16	frei
...			
31	Großbritannien	19	frei
...			
41	Österreich	21	frei
...			
79	Italien	35	teilweise frei
...			
158	Russland	72	nicht frei
...			
177	China	83	nicht frei
...			
190	Burma	96	nicht frei
	Kuba	96	nicht frei
	Libyen	96	nicht frei
	Turkmenistan	96	nicht frei
194	Nordkorea	97	nicht frei

Abb. 2.7

Freedomhouse-Ranking 2006

(Quelle: www.freedomhouse.org)

73 Länder), »partly free« (maximal 60 Minuspunkte; 54 Länder) und »not free« (61 bis 100 Minuspunkte; 67 Länder).

Zunehmende Restriktionen

Im Jahr 2006 leben demnach 17 Prozent der Weltbevölkerung ohne signifikante Restriktionen, 40 Prozent haben teilweise freie Medien und 43 Prozent müssen ohne Medienfreiheit auskommen. In den vergangenen Jahren nahm die Zahl der freien und unfreien Länder ab; es wuchs die Grauzone dazwischen. Kontinuierliche Abstiege gibt es in Süd- und Mittelamerika (von 23 auf 17 freie Länder zwischen 1991 und 2006) sowie in Mittel- und Osteuropa (von sieben auf zehn unfreie Länder zwischen 1996 und 2006). Russland zum Beispiel verschlechterte sich von 40 Punkten (1994) auf 72 und wird seit 2002 als unfrei klassifiziert.

Der Mittlere Osten und Nordafrika sind die Regionen mit den schlechtesten Bedingungen für Medienfreiheit. Mit Ausnahme von Israel gibt es hier kein einziges Land, das als frei eingestuft wird. Einzelne Länder konnten sich allerdings verbessern: Ägypten zum Beispiel von 79 (2002) auf 61 Punkte. Dies ist nach *Freedomhouse* vor allem der Verbreitung von Internet und Satellitenfernsehen zu verdanken sowie einzelnen mutigen Journalisten und Verlegern – und weniger einer toleranteren Politik.

Westliche Werte und Traditionen

Man darf nicht vergessen, dass die Normen, die derartigen Definitionen und Rankings von Medienfreiheit zugrunde liegen, ausschließlich der westlichen Wertsphäre und Menschenrechtstradition entnommen sind – und dass die Freiheit der Medien sehr hoch gewichtet wird gegenüber anderen Menschenrechten und Werten (so kritisiert *Freedomhouse* zum Beispiel, dass in Deutschland das Leugnen des Holocausts und Nazi-Propaganda verboten sind). Kritik kommt denn auch vor allem aus Asien, aber auch aus der arabischen Welt. In Asien zum Beispiel beruhen die traditionellen Werte auf einem anderen Verhältnis gegenüber der Gemeinschaft (vgl. z. B. Goonasekera/Chong Jin 2002). Pressefreiheit wird dort oftmals nicht als Lizenz für das Individuum verstanden – was in Entwicklungsländern einer Lizenz der Reichen gleichkäme –, sondern ist einer größeren Verantwortung gegenüber der Gemeinschaft und einem gegenseitigen Respekt verpflichtet. Man befürchtet ein Eindringen westlicher Medienimperien und Werte durch allzu freie Massenmedien: Konsummaterialismus, sexuelle Freizügigkeit, religiöse Gleichgültigkeit oder sozialen Unfrieden durch allzu offene Debatten. Damit werden auf Basis einer anderen Wertewelt bestimmte Eingriffsrechte des Staates in die Medienfreiheit begründet. Andererseits verstehen es moderne Despoten und Regime immer wieder, traditionelle Werte für Unterdrückung und Machtmissbrauch auszunutzen. Das eigene Machtinteresse wird durchgesetzt, abweichende Meinungen werden verfolgt und Journalisten inhaftiert – unter dem Vorwand der sozialen Sicherheit und Ordnung und des Schutzes der Werte.

Aus westlicher Sicht schwer zu verstehen sind zum Beispiel die Ergebnisse der Umfrage »Trust in the Media«, die BBC und Reuters im März 2006 in Auftrag gaben (Quelle: news.bbc.co.uk/2/shared/bsp/hi/pdfs/02_05_06mediatrust.pdf). In Nigeria und Indonesien vertrauen demnach 88 bzw. 86 Prozent der Menschen den Medien – im Freedomhouse-Ranking liegt Nigeria auf Platz 114 und Indonesien auf Platz 121. In Deutschland dagegen trauen nur 43 Prozent der Menschen den Medien. In Nigeria und Indonesien meinen wesentlich mehr Menschen als in Deutschland, Journalisten würden zu kritisch über die Regierung und über Wirtschaftsführer berichten (56 bzw. 68 Prozent gegenüber 24 Prozent in Deutschland) – obwohl dort freie Meinungsäußerung und Kritik nicht so umfangreich möglich sind wie in Deutschland.

Informations- und Meinungsfreiheit durch das Internet

Das Internet ist als generell offenes Medium weniger kontrollierbar und steuerbar als die traditionellen Massenmedien. Es bietet neue Möglichkeiten, aus staatlichen Restriktionen und Repressionen auszubrechen: in mehr Informationsfreiheit – durch die Nutzung anderer Quellen und Sichtweisen außerhalb der Staatsgrenzen – aber auch in mehr Meinungsfreiheit. So veröffentlichen z.B. die Warblogs von Laien in Kriegsregionen alternative Sichtweisen zur Propaganda der Kriegsparteien (berühmtes Beispiel war der Blogger *Salam Pax* während des Irakkriegs; www.dear_raed.blogspot.com). Allerdings bemühen sich totalitäre Regierungen immer mehr, auch das Internet zu kontrollieren. Über Firewalls werden die Seiten ausländischer kritischer Webserver gar nicht ins Land gelassen. Internet-Cafés werden beobachtet und kontrolliert. Nach Angaben von *Reporter ohne Grenzen* waren Anfang 2007 60 Online-Dissidenten inhaftiert – davon 50 allein in China.

Zusammenfassung

Mit dem Begriff »Mediensystem« ist die Gesamtheit von Ordnungen und Strukturen gemeint, die in einem definierten Raum – meist in einem Staat – die Medien charakterisieren. Politisches System, Wirtschaftssystem und Mediensystem hängen eng zusammen. Wir unterscheiden zwischen offenen Mediensystemen, die weitgehend Kommunikationsfreiheit in rechtlicher, politischer und ökonomischer Hinsicht gewährleisten, und geschlossenen Mediensystemen, welche Meinungs-, Informations- und Medienfreiheit autoritär beschränken oder totalitär kontrollieren. Mediensysteme pluralistischer Demokratien schwanken zwischen wirtschaftsliberal und sozialverantwortlich.

Übungsfragen zu Kapitel 2.3

1 Beschreiben Sie die drei Voraussetzungen für Kommunikationsfreiheit.
2 Was war die SPIEGEL-Affäre? Warum ist das SPIEGEL-Urteil des Bundesverfassungsgerichts so wichtig?
3 Wie kann man Mediensysteme klassifizieren? Nennen und unterscheiden Sie verschiedene Typen von Mediensystemen.
4 Nennen Sie Beispiele für Länder, in denen die Medien als besonders frei, teilweise frei und unfrei beurteilt werden.
5 Was spricht dafür, was dagegen, die Freiheit der Medien generell über alle anderen Werte, Grund- und Menschenrechte zu stellen?

Literatur

Das **Medienrecht** konnte in dieser Einführung nur bei den Grundrechten am Rande gestreift werden. Der Dortmunder Medienrechtler Udo Branahl hat eine umfassende Einführung für Journalisten geschrieben. Fundiert ist auch das Buch **Presserecht für Journalisten** von Dorothee Bölke, der ehemaligen SPIEGEL-Justiziarin und Geschäftsführerin des Presserats.

Wer intensiver in die politische Ausgestaltung der Kommunikationsfreiheit und das Mediensystem in Deutschland einsteigen will, kann sich das Buch **Kommunikationspolitik** von Jan Tonnemacher vornehmen. Über aktuelle medienpolitische Debatten und Entscheidungen informieren die Fachdienste epd medien (www.epd-medien.de) und Funkkorrespondenz (www.funkkorrespondenz.de).

Einen guten Überblick über die **Mediensysteme und Medienlandschaften** in mehr als 80 Ländern der Welt bietet das Internationale Handbuch Medien, welches das Hans-Bredow-Institut alle paar Jahre aktualisiert herausgibt.

Schließlich seien die Rankings des Freedomhouse und der Reporter ohne Grenzen zur vertiefenden Lektüre empfohlen – wenn man sich über die **Freiheit der Medien** in einzelnen Ländern und Weltregionen informieren möchte (www.freedomhouse.org und www.reporter-ohne-grenzen.de).

Journalismus und sein Publikum | 3

Inhalt

3.1 Publikumsforschung

3.2 Mediennutzung

3.3 Wirkung des Journalismus

Publikumsforschung | 3.1

»An die Leser denken«

»Und immer an die Leser denken.« Wohl kein Spruch eines Journalisten hat in den letzten Jahren weitere Kreise gezogen als diese Aufforderung von Helmut Markwort an seine Redaktion, die in zahllosen Werbespots und Anzeigen verbreitet wurde. Der Chefredakteur der 1993 gegründeten Zeitschrift Focus und seine Redaktion halten viel darauf, dass sie aus ihrer Erfahrung, aus dem Gefühl und aus dem Bauch heraus wissen, was das Publikum lesen will (Hohlfeld 2003: 14). Allerdings gründet der Erfolg von Focus nicht nur auf journalistischem Gespür, sondern auch auf intensiver Publikumsforschung: Mehrere Marktforschungsinstitute waren beteiligt, als es beim Burda-Verlag darum ging, Erfolgsaussichten einer Spiegel-Konkurrenz, mögliche Themen und Präsentationsformen sowie einen marktgängigen Namen zu finden (Filipp 1995).

Quellen des Publikumsbildes

Journalisten brauchen zur Orientierung eine – zumindest intuitive – Vorstellung davon, wer ihr Publikum ist. Quellen dieses Publikumsbildes können sein: Publikumspost (traditionell der Leserbrief, neuerdings die E-Mail oder der Eintrag in Foren, Chats oder Blogs), persönliche Begegnungen mit oder Anrufe von Lesern, Zuhörern, Zuschauern und Nutzern, Gespräche mit Kollegen – oder Ergebnisse der Publikumsforschung. Während das Publikumsbild von Printjournalisten (noch) stark über Leserpost und persönliche Begegnungen geprägt ist, verlassen sich Fernseh- und vor allem Radiojournalisten eher auf die Ergebnisse der angewandten Medienforschung (vgl. für Deutschland: Hohlfeld 2003: 257 – und für die

Schweiz: Marr u.a. 2001: 195). Zwar kommen 97 Prozent der deutschen Journalisten mit den Ergebnissen der Publikumsforschung in Kontakt (Hohlfeld 2003: 265), in der Regel haben Journalisten aber »nur unspezifische Kenntnisse über die Zusammensetzung und die Erwartungen ihres Publikums« (Weischenberg/Malik/Scholl 2006: 143).

Definition

Publikumsforschung

Die Publikumsforschung (englisch: audience research) untersucht die Nutzung der Massenmedien. Darin liegt das Hauptforschungsinteresse von Medienunternehmen. Verschiedene Begriffe, Methoden und Interessen haben sich etabliert – was auch zu einer Begriffsverwirrung führt:

(1) Die akademische Kommunikationswissenschaft spricht oft von »Nutzungsforschung« oder »Rezeptionsforschung«. Sie geht der grundlegenden Frage nach, was die *Menschen mit den Medien* machen, und entwickelt Theorien der Mediennutzung. Nicht selten hat dies auch mit der umgekehrten Frage zu tun, was die *Medien mit den Menschen* machen, die man durch die Wirkungsforschung zu beantworten versucht (→ vgl. Kap. 3.3; S. 111–120).

(2) In der Medienwirtschaft haben sich dagegen die Begriffe »Mediaforschung« und »angewandte Medienforschung« etabliert. Damit sind die Aktivitäten von hauseigenen Forschungsabteilungen in Rundfunkanstalten und Verlagen oder von freien Marktforschungsinstituten gemeint, die im Auftrag von Medienunternehmen tätig sind. Es geht einerseits darum, den Erfolg eines Mediums zu kontrollieren, insbesondere die Leistung als Werbeträger: »Mediaforschung« ist meist »Werbeträgerforschung« und dient Werbeagenturen dazu, die »Mediaplanung« zu optimieren und Anzeigen und Spots zielgruppengerecht zu platzieren. Andererseits stellt die »angewandte Medienforschung« mit der redaktionellen Publikumsforschung den Redaktionen Daten zur Verfügung, die zeigen, wie Journalisten ihr Publikum besser erreichen und bedienen können. In die Werbeträgerforschung wird wesentlich mehr investiert als in die redaktionelle Publikumsforschung.

Standarduntersuchungen

Reichweitenmessung

In keinen Forschungszweig stecken die Medienunternehmen mehr Geld als in die Reichweitenmessung. Die Suche nach dem Medienpublikum wurde im Laufe der vergangenen Jahrzehnte immer intensiver und methodisch ausgefeilter betrieben. Die wichtigsten Standarduntersuchungen und Methoden der angewandten Medienforschung im Überblick:

Leser- und Hörerzahlen

- In der *Arbeitsgemeinschaft Media Analyse* (AG.MA oder kurz: MA) haben sich etwa 240 große Unternehmen der Medien- und Werbewirtschaft zusammengeschlossen (www.agma-mmc.de). Auf Basis von Interviews mit zum Teil mehr als 50.000 Mediennutzern werden regelmäßig die Reichweiten und die Struktur des Publikums (z. B. Einkommen, Bildung) einzelner Medien erhoben. Die Interviewer der beauftragten Marktforschungsinstitute wollen wissen, welche Medienprodukte wann und wie lange in letzter Zeit genutzt wurden. Insbesondere die Radiosender verlassen sich auf die Ergebnisse der Befragung, berechnen damit ihre Werbepreise oder entscheiden über redaktionelle Änderungen – zum Beispiel über einen Moderatorenwechsel oder die Abschaffung einer Sendung. Der größte Einzelsender Deutschlands ist nach der »ma 2006 radio II« die privat-kommerzielle ANTENNE BAYERN mit durchschnittlich 1,14 Millionen Hörern pro Stunde (→ vgl. Kap. 4.3.3; S. 150–152). Auch die Zeitungen und Zeitschriften warten jedes Mal gespannt auf die MA-Ergebnisse: Zusätzlich zu den Auflagen- und Verkaufszahlen der Presse kann über die MA-Interviews die Reichweite herausgefunden werden – also wie viele Leser pro Ausgabe (LpA) ein Printprodukt erreicht. So hat zum Beispiel FOCUS zwar eine niedrigere Auflage (0,7 Mio.) als der SPIEGEL (1,0 Mio.), aber laut »MA 2006 II« mehr Leser (6,2 und 6,0 Mio.).
- Die *Allensbacher Markt- und Werbeträger-Analyse* (AWA) wird vom Institut für Demoskopie Allensbach durchgeführt und steht in Konkurrenz zur MA (www.awa-online.de). In den mehr als 21.000 Interviews pro Jahr wird nicht nur nach der Mediennutzung, sondern auch nach den Konsumgewohnheiten gefragt. In der AWA sind in der Regel mehr Zeitungen und Zeitschriften enthalten als in der MA. Obwohl beide Analysen angeben, repräsentativ und mit zuverlässigen Hochrechnungen zu arbeiten, kommen doch immer wieder unterschiedliche Ergebnisse zustande. Nach der AWA hatten zum Beispiel FOCUS und SPIEGEL 2006 Reichweiten von 5,1 und 6,0 Millionen (der SPIEGEL lag hier also vorne).

Einschaltquote

- Die Reichweiten der Fernsehprogramme und -sendungen werden von der Gesellschaft für Konsumforschung (GfK) in Auftrag der *Arbeitsgemeinschaft Fernsehforschung* (AGF) ermittelt (www.agf.de). Im Gegensatz zu MA und AWA ist man nicht auf das Gedächtnis befragter Mediennutzer angewiesen, sondern hat ein technisches Messverfahren aufgebaut: In 5640 Haushalten, in denen ca. 13.000 Menschen leben, steht jeweils ein Messgerät neben dem Fernseher, an dem sich die Bewohner per Fernbedienung an- und abmelden. Das Messgerät

Telecontrol XL speichert die gesehenen Programme und gibt die Daten nachts per Telefon an einen Zentralcomputer weiter. Spätestens um 8.30 Uhr am Tag nach der Ausstrahlung stehen die TV-Quoten der GfK-Fernsehforschung auf den Computern der Fernsehproduzenten zur Verfügung. In Planungen und Konferenzen werden dann »Beiträge und Themen [...] auf ihre Publikumstauglichkeit geprüft, das künftige Themendesign der Sendung darauf ausgerichtet« (Hohlfeld, 2003: 309). Insgesamt lag im Jahr 2006 im Schnitt die ARD (Das Erste) mit 14,2 Prozent Marktanteil vor dem ZDF (13,6) – gefolgt von den acht dritten Fernsehprogrammen der ARD (13,5) und RTL (12,8) (→ vgl. Kap. 4.3.3; S. 149–152).

Unique User

- Die *Arbeitsgemeinschaft Online-Forschung* (AGOF) wurde 2002 gegründet, um für einen einheitlichen Standard in der Online-Werbeträgerforschung zu sorgen (www.agof.de). Viermal pro Jahr werden die Reichweiten und Nutzerstrukturen von großen Online-Angeboten gemessen. Die Methode hat drei Elemente: technische Abrufzahlen einzelner Seiten (PageImpressions), Online-Befragungen von Nutzern und repräsentative Telefonbefragungen der Bevölkerung. Auf dieser Basis wird die Reichweite von Online-Angeboten berechnet – also die Zahl der Unique User, die eine Website in einem bestimmten Zeitraum (meist in einem Monat) hat. Nach den Berechnungen der AGOF hat zum Beispiel das Online-Angebot welt.de 1,23 Mio. Unique User (vgl. internet facts 2006-III vom März 2007) – und damit eine wesentlich größere Reichweite als die gedruckte Tageszeitung Die Welt (0,7 Mio. nach AWA 2006) (→ vgl. Kap. 4.3.4; S. 153–155).

Langzeitstudie Massenkommunikation

Neben diesen auf kommerziellen Interessen aufbauenden Standarduntersuchungen gibt es eine Reihe von Studien, die das Nutzungsverhalten der Menschen auf breiterer Basis untersuchen. Dazu gehört die *Langzeitstudie Massenkommunikation*, welche die Medienforschungsabteilungen von ARD und ZDF zwischen 1964 und 2005 neunmal in Auftrag gegeben haben (Reitze/Ridder 2006; vgl. die Hefte 9 und 10/2005 der Zeitschrift Media Perspektiven unter www.media-perspektiven.de). Mit der repräsentativen Befragung von jeweils 4500 Personen kann man vor allem feststellen, wie sich generell das Nutzungsverhalten und die Bewertung der Medien im Laufe der Jahrzehnte verändert haben (vgl. das folgende Kapitel 3.2). Ebenfalls von ARD und ZDF stammt die *Online-Studie*, die seit 1997 jedes Jahr auf Basis einer repräsentativen Befragung durchgeführt wird. Damit lässt sich nicht nur sagen, wie sich die Internet-Nutzung verändert, sondern auch ob und wie sich Innovationen durchsetzen und ob die Online-Medien traditionelle Medien bedrängen (die Ergebnisse werden jedes Jahr im August-Heft der Media Perspektiven veröffentlicht).

Reichweite	Zahl der Menschen, die von einem Medienprodukt maximal erreicht werden (Basis sind repräsentative Befragungen oder technische Messungen)
Leser pro Nummer (LpN) oder Leser pro Ausgabe (LpA)	alle Personen, die mit einer durchschnittlichen Ausgabe einer Zeitung oder Zeitschrift Kontakt haben
Leser pro Exemplar (LpE)	LpN dividiert durch die verkaufte Auflage eines Blattes
Marktanteil	Anteil einer Sendung am Zuschauermarkt in Prozent (bezogen auf alle Menschen, die zu diesem Zeitpunkt überhaupt das Gerät angeschaltet haben). Nachts oder am Vormittag kann man schon mit wenigen Zuschauern einen hohen Marktanteil erreichen – im Gegensatz zur Hauptsendezeit am Abend.
Einschaltquote	Durchschnittliche Sehbeteiligung der Zuschauer in Prozent (bezogen auf alle Menschen, die einen Fernseher besitzen). Die Sehbeteiligung gibt an, wie viele Personen während einer Sendung durchschnittlich ferngesehen haben. Jede Person wird mit dem Anteil gezählt, der ihrer Sehdauer im Verhältnis zur Dauer der Sendung entspricht. Der Begriff »Einschaltquote« ist nicht unproblematisch, weil er manchmal auch als Synonym für »Marktanteil« verwendet wird.
Page Impressions	Anzahl der Abrufe einzelner Seiten eines Webangebots
Visits	Anzahl der »Besuche« eines Webangebots (als zusammenhängender Nutzungsvorgang)
Unique User	Anzahl der Personen, die in einem bestimmten Zeitraum (z. B. in einem Monat) ein Webangebot besucht haben

Abb. 3.1

Begriffe der Publikumsforschung

(Quellen: www.agf.de, www.agof.de, www.mediasearch.ch)

Neue technische Verfahren der Reichweitenmessung

Wie beschrieben, ist die angewandte Medienforschung im Wesentlichen entweder auf die Erinnerungsleistung repräsentativ ausgewählter und befragter Mediennutzer angewiesen oder auf technische Messverfahren – oder auf eine Kombination aus beidem. Reine Befragungen sind methodisch problematisch (→ vgl. Kap. 1.3.1; S. 45): So hat die große Bedeutung der MA für die Radiosender dazu geführt, dass der Name des Senders möglichst oft im Programm und in Gewinnspielen erwähnt wird. Wichtig ist nicht, wie viele Hörer man tatsächlich erreicht, sondern dass sich möglichst viele Hörer an den Namen des Senders erinnern, wenn die Interviewer der MA anrufen.

Technische Reichweiten- und Akzeptanzmessungen sind aus diesem Grund im Kommen:

Radio-Reichweiten

- Seit 2001 befindet sich »Radiocontrol« in der Schweiz im Regel- und in anderen Ländern im Testbetrieb (vgl. www.radiocontrol.ch). Panelteilnehmer tragen das Messgerät, das Radiosignale aufnimmt, in Form einer Uhr mit sich, stellen es regelmäßig in eine Dockingstation, welche die Daten aus der Uhr ausliest und an ein Rechenzentrum sendet, das die Daten mit den Signalmustern der Sender vergleicht. Dadurch werden minütliche Reichweiten der Radioprogramme bei den 1002 Panelteilnehmern ermittelt und auf alle 5,8 Millionen potentiellen Hörer in der Schweiz hochgerechnet.

Lesequoten

- An das »Radiocontrol«-Messverfahren angelehnt entwickelte der Schweizer Carlo Imboden vor einigen Jahren die Methode »ReaderScan« zur Leserforschung für Printmedien – und traf damit den Nerv von Zeitungsredaktionen: Nach einem Pilotprojekt in den Jahren 2004/05 bei der Main Post in Würzburg und weiteren Studien zum Beispiel für Berliner Zeitung und Berliner Kurier war er gefragter Referent auf Medientagungen und wurde von immer mehr Zeitungsverlagen mit Leserstudien beauftragt. »ReaderScan« wird nicht laufend eingesetzt, sondern nur für einzelne Projekte. Eine relativ kleine Stichprobe von 100 bis 200 Lesern – je nach Budget des Verlagshauses – soll die Zielgruppe der Zeitung repräsentieren. Die Panelteilnehmer erhalten einen Mini-Scanner in Form eines Stifts, mit dem sie durch kurzes Antippen die Ein- und Ausstiegsstellen der gelesenen Texte scannen. Wie bei »Radiocontrol« übernimmt eine Dockingstation die Daten vom Stift und sendet sie an ein Rechenzentrum, das die Scan-Schnipsel mit dem Zeitungsinhalt vergleicht. Am Nachmittag liegen die ermittelten Lesequoten auf dem Tisch des Chefredakteurs. Das Messverfahren wird einige Wochen lang angewandt – und eventuell nach einigen Monaten wiederholt. Zwar ist das Verfahren methodisch umstritten (das Panel ist sehr klein; der Stift kann das Leseverhalten beeinflussen), aber Chefredakteure und »ReaderScan«-Erfinder Imboden stellen mehrere weit reichende Effekte in den Redaktionen fest: Einerseits orientiert sich die aktuelle Zeitungsproduktion am Leserverhalten der Panelteilnehmer, wenn zum Beispiel mit der Formulierung von Texten, Titeln und Bildunterschriften sowie mit der Platzierung von Themen in den folgenden Ausgaben experimentiert wird. Andererseits führen die Forschungsergebnisse mittelfristig zu kompletten Relaunches von Seiten, Sparten und Büchern – die dann wiederum in einer weiteren Untersuchungswelle auf Akzeptanz überprüft werden. Bei der Mainpost zum Beispiel hat sich die »Lesequote« zwischen der ersten und der zweiten Untersuchungswelle von

6,8 auf 8,5 Prozent, beim BERLINER KURIER von 12,7 auf 15,7 Prozent erhöht – was heißt, dass nach den redaktionellen Optimierungen ein Zeitungsbeitrag im Schnitt von 8,5 bzw. 15,7 Prozent der Panelteilnehmer gelesen wurde.

- Online-Redaktionen stehen die schnellsten und detailliertesten Akzeptanzdaten zur Verfügung: Die aktuellen Abrufzahlen (»Klicks«) werden auf Webservern gezählt und können von den Redakteuren nahezu zeitgleich eingesehen und zur Veränderung aktuell genutzter Inhalte verwendet werden. In Online-Redaktionen, die mit solchen Systemen arbeiten, spricht man von »Echtzeit-Quoten«. Studien in Online-Redaktionen zeigen eine Reihe von Aspekten, die bewusst und unbewusst einen Quoten-Druck auf Online-Journalisten ausüben können (Meier/Tüshaus 2006). Gleichzeitig werden die Klickzahlen aber als Instrumente des Qualitätsmanagements genutzt: Titel und Teaser können optimiert werden; wenig attraktive, aber als relevant eingeschätzte Themen können besser präsentiert und so ihre Reichweite gesteigert werden. Crossmedial organisierte Redaktionen lernen inzwischen, die Online-Quoten auch für ihre Print-Produkte einzusetzen: Themen, die heute online gut laufen, schaffen es eher auf die Titelseite der morgigen Zeitung oder werden in der Zeitung sogar zu Hintergrundseiten, Themenpaketen und Serien ausgebaut.

»Echtzeit-Quoten«

Beispiel für ein Projekt angewandter Medienforschung: Radio-Programm-Controlling

Kann die Publikumsforschung über Angaben zu Reichweite und Marktanteil hinaus Hinweise auf die Qualität eines journalistischen Produkts liefern? Dieser Frage ging ein Projekt nach, welches das Institut für Angewandte Medienforschung der Zürcher Hochschule zusammen mit einer Regionalredaktion des öffentlichen Senders SCHWEIZER RADIO DRS durchführte. Direkt nach bestimmten Radiosendungen wurden 20 Redakteure und 199 Hörer telefonisch befragt. Im Mittelpunkt stand eine Beurteilung nach verschiedenen Qualitätskriterien – zum Beispiel nach Verständlichkeit, Spannung oder Glaubwürdigkeit. Durch die Befragungen sollten Unterschiede in der Wahrnehmung der Qualität zwischen Journalisten und Publikum ermittelt und so die Kritik- und Feedback-Kultur in der Redaktion gefördert werden (vgl. zur Methode und den Ergebnissen Wyss 2006).

Zielgruppen

Zielgruppen-Konzepte und Omnibusmedien

Der Begriff der Zielgruppe stammt aus dem Marketing und bezeichnet die Gesamtheit der Personen, auf die sich eine bestimmte Maßnahme bezieht – zum Beispiel die Vermarktung eines Produkts. Der Journalismus hat sich traditionell wenig um Zielgruppen-Konzepte gekümmert: Journalistische Produkte waren als »Omnibusmedien« konzipiert und sollten alle Mediennutzer erreichen – wie heute noch die Tageszeitungen. Im modernen Zeitschriftenmarkt, im Fernsehen, im Hörfunk und im Internet ist die Ausrichtung auf Zielgruppen dagegen immer wichtiger geworden.

Im Kontext des Journalismus hat dies drei Aspekte: erstens die Ausrichtung eines journalistischen Produkts – einer Zeitschrift, einer Website, eines Programms oder einer Sendung – auf eine bestimmte Rezipientengruppe, zweitens die Vermarktung des Produkts in dieser Gruppe, drittens die Vermarktung des Produkts an Anzeigenkunden, die an dieser Zielgruppe interessiert sind. Der erste und dritte Aspekt hängen gerade bei der Neukonzipierung von werbefinanzierten Formaten eng zusammen: Journalistische Produkte können am Markt nur bestehen, wenn Werbeagenturen und werbende Unternehmen Interesse an der Zielgruppe haben; das redaktionelle und programmliche Umfeld der Werbung wird werbefreundlich gestaltet (→ vgl. Kap. 4.2.2; S. 127–128).

Die Einteilung der Mediennutzer in Zielgruppen folgt bestimmten Kriterien: Man kann Zielgruppen beispielsweise *geographisch* definieren, wie dies der Lokaljournalismus macht, oder *sozio-demographisch* (z.B. nach Alter, Geschlecht, Bildungsgrad, Beruf, Einkommen, Kaufverhalten) wie bei Special-Interest-Zeitschriften und Fachzeitschriften.

Lebenswelten

Eine komplexere Herangehensweise hat das Heidelberger Institut Sinus Sociovision entwickelt (www.sinus-sociovision.de): Es teilt die Gesellschaft in zehn verschiedene Lebenswelten ein, die auch Milieus genannt werden. Zu einem Milieu werden Menschen zusammengefasst, die sich in Lebensweise und Lebensauffassung ähneln, beispielsweise in der Einstellung gegenüber Werten oder im Lebensstil. Daraus ist die so genannte »Kartoffelgrafik« entstanden (österreichisch »Erdäpfel-Chart«), in der auf der vertikalen Achse die soziale Lage (die Schicht) eingetragen ist und in der horizontalen Achse die Werteorientierung (vgl. Abb. 3.2).

Milieus der Internet-Nutzer

Aufgrund von Befragungen kann man inzwischen sagen, welches Milieu welche Medienprodukte nutzt (dokumentiert zum Beispiel in der Langzeitstudie Massenkommunikation). Wer zum Beispiel eine Website im Internet konzipiert, kann sich auf ganz bestimmte Milieus konzentrieren. Das Internet ist zurzeit vor allem das Medium der Mittel- und Oberschicht sowie der Menschen, die in der Werteachse der Grundorientierung C und in Teilen B zugeordnet werden können. In der zweidimen-

Die Lebenswelten der Sinus-Milieus

Abb. 3.2

Die zehn Sinus-Milieus sehen in der zweidimensionalen Darstellung wie Kartoffeln aus. Von unten nach oben ist die soziale Lage in Schichten eingetragen, auf der Grundlage von Bildung, Beruf und Einkommen. Von links nach rechts ist die Grundorientierung verzeichnet, in einem Spannungsbogen von traditionell bis postmodern. (Quelle: www.sinus-sociovision.de)

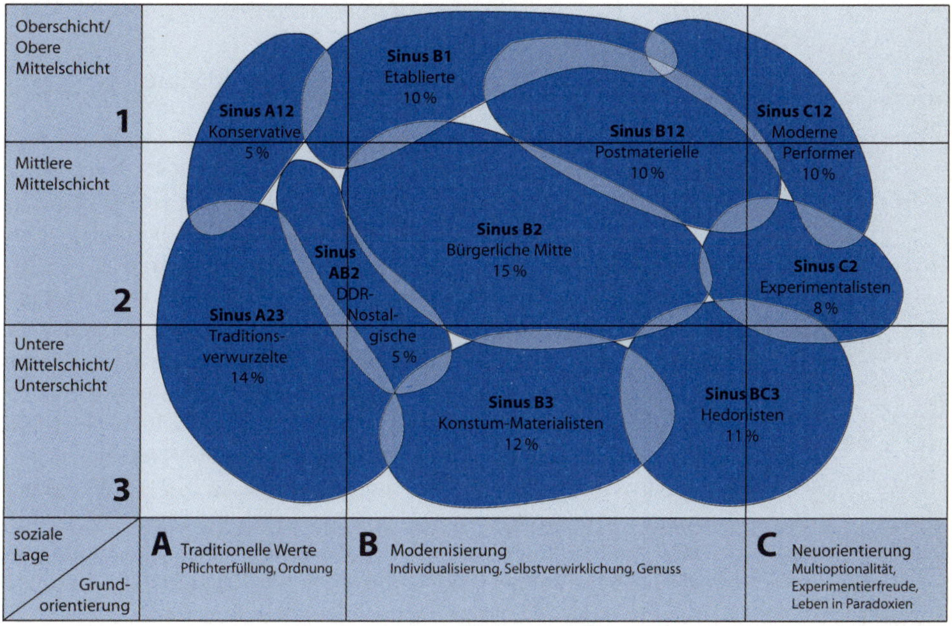

sionalen Verortung der Sinus-Milieus liegt der ganz große Teil der Internet-Nutzer demnach rechts oben – in Richtung links unten nehmen sie immer mehr ab. Nach der Studie e-milieu (vgl. www.sinus-sociovision.de) sind mehr als die Hälfte der Internet-Nutzer »Moderne Performer« oder »Postmaterielle«; knapp 20 Prozent sind »Experimentalisten«. Die restlichen 30 Prozent verteilen sich auf die anderen Milieus – wobei davon der Großteil in der »Bürgerlichen Mitte« und bei den »Etablierten« zu suchen ist (jeweils ca. neun Prozent). In den konservativen Milieus (»Traditionsverwurzelte«, »Konservative«, »DDR-Nostalgische«) sowie in den auf Modernisierung und Neuorientierung eingestellten Milieus der Unterschicht (»Konsum-Materialisten« und »Hedonisten«) findet sich generell eine sehr geringe Internet-Nutzung.

Andere Lebensstil-Modelle

Die Einteilung der Milieus durch Sinus Sociovision ist allerdings umstritten. So verwendet zum Beispiel die AWA ein Milieu-Modell, das mit der GfK entwickelt wurde und das von sieben Lebensstilen ausgeht: den Bodenständigen, den Schutzsuchenden, den Träumern, den Abenteurern, den Behaglichen, den Weltoffenen und den Kritischen. Das Modell der so genannten »MedienNutzerTypologie MNT 2.0« definiert dagegen zehn Lebensstile – zum Beispiel die Jungen Wilden, die Berufsorientierten, die Modernen Kulturorientierten oder die Zurückgezogenen (vgl. die Ausgabe 5/2007 der Zeitschrift Media Perspektiven).

Journalismus und Publikum: ein schwieriges Verhältnis

Der missachtete Leser

Das Verhältnis zwischen Journalismus und Publikum hat sich in den vergangenen Jahrzehnten stark gewandelt (Hohlfeld 2005). Noch bis in die 70er und 80er Jahre hinein galt es als verpönt, sich am Publikum zu orientieren: Journalisten gaben vor, genau zu wissen, was guten Journalismus ausmacht, und lehnten eine Publikumsorientierung als »Anpassungsjournalismus« oder als »korrumpierendes Element« ab. Man orientierte sich an den Maßstäben und Idealen der eigenen Zunft – und nicht selten an der Meinung der Kollegen. Die erste Brandschrift gegen eine solch abgehobene Einstellung veröffentlichten Peter Glotz und Wolfgang R. Langenbucher 1969 unter dem Titel »Der missachtete Leser« (erneut veröffentlicht 1993). Das Buch kritisierte zum Beispiel unverständliche Wirtschaftsteile oder »Rezensionsfriedhöfe« in den Feuilletons der Zeitungen.

Quotenjäger

In den Jahrzehnten danach stieg die Zahl der Medien – und damit die Konkurrenz auf dem Publikumsmarkt um das zunehmend knappe Gut Aufmerksamkeit. Privat-kommerzielle Rundfunksender erhoben die Unterhaltungsbedürfnisse der Menschen zur obersten Maxime des Programms, was sich in dem immer wieder zitierten Bonmot von Helmut Thoma, dem ehemaligen RTL-Geschäftsführer, ausdrückt: »Der Wurm muss dem Fisch schmecken und nicht dem Angler.« Wenn von »Quotennutte«, »Quotenjäger« oder »Quotentussi« die Rede ist, sind Fernsehproduzenten gemeint, die den Zuschauern jeden Wunsch erfüllen, um Reichweite und Marktanteil nach oben zu treiben.

Das Schielen nach der Quote ist vor allem ein Problem der unterhaltungsorientierten Fernsehwelt. Aber auch Zeitungsredaktionen, die in der verschärften Wettbewerbssituation überleben wollen, müssen zunehmend die Interessen und Wünsche ihrer Kunden wahrnehmen und sich danach richten: Der Begriff des »Redaktionellen Marketings« wurde aus der Leserforschung heraus geboren (vgl. Definition) und gehört inzwischen zum Standard des Managements von Redaktionen.

Definition

Redaktionelles Marketing
Marketing heißt in der allgemeinen Betriebswirtschaftslehre, ein Produkt oder eine Dienstleistung möglichst den Kundenwünschen entsprechend anzubieten. Redaktionelles Marketing fordert von Journalisten demnach, die Wünsche und Interessen der Zielgruppe(n) zu kennen, ernst zu nehmen und ihnen mit dem redaktionellen Teil eines Mediums zu entsprechen (Mast 2004: 576). Der Begriff tauchte in den 90er Jahren vor allem in der Zeitungsforschung vermehrt auf (z.B. Rager/Schaefer-Dieterle/Weber 1994) und kennzeichnet das Anliegen, dass Zeitungsredaktionen mit wissenschaftlichen Instrumentarien ihr Publikum besser kennenlernen und ihre Produkte systematischer planen und umsetzen sollen. Kritiker befürchten dagegen bei einer Übertreibung der Marketing-Aktionen einen Verlust der öffentlichen Verantwortung und der politischen Funktion des Journalismus, wenn nur noch Inhalte produziert werden, die leicht konsumierbar sind (»Marketing-Journalismus«).

Ein Drahtseilakt

Das Verhältnis zwischen Journalismus und Publikum schwankt also zwischen einerseits Publikumsmissachtung und andererseits einer starken Orientierung an Unterhaltungs- und Servicebedürfnissen des Publikums. Dabei kann die Unterstellung, das Publikum sei nur an leichter Kost interessiert, wieder als Publikumsverachtung oder zumindest als Unterforderung interpretiert werden. Der Drahtseilakt des Redaktionellen Marketings besteht darin, zwischen Informations-, Service- und Unterhaltungsbedürfnissen des Publikums zu vermitteln.

Zusammenfassung

(1) Leser, Hörer, Zuschauer und Nutzer sind die Kunden der Journalisten. Publikumsforschung kann dazu beitragen, die Interessen und Wünsche der Kunden genauer kennenzulernen. Im Redaktionellen Marketing werden Konzepte entwickelt, welche die Ergebnisse der Publikumsforschung umsetzen und zwischen Informations-, Service- und Unterhaltungsbedürfnissen des Publikums vermitteln.
(2) Die Standarduntersuchungen der Publikumsforschung dienen allerdings weniger redaktionellen Zielen als vielmehr der Mediaforschung, welche die Leistung der Medien als Werbeträger kontrolliert und

über regelmäßige repräsentative Befragungen und technische Messungen die Reichweiten und Marktanteile der Medien erhebt.

Übungsfragen zu Kapitel 3.1

1 Nennen Sie mögliche Quellen des Publikumsbildes von Journalisten.
2 Welche Standarduntersuchungen der Publikumsforschung gibt es? Wo liegen Stärken und Schwächen?
3 Erklären Sie das Modell der Sinus-Milieus als Grundlage für eine Zielgruppen-Strategie.
4 Was ist »Redaktionelles Marketing«?
5 Warum kann man das Verhältnis zwischen Journalismus und Publikum als »schwierig« bezeichnen?

Literatur

Eine übersichtliche Einführung in die Methoden und Ergebnisse der **Mediennutzungsforschung** hat Michael Meyen geschrieben. Viele allgemeine Ergebnisse der Publikumsforschung können im Internet aktuell recherchiert werden – vor allem die Zahlen zu **Reichweiten und Marktanteilen** (vgl. die Websites, die im Text jeweils angegeben sind). Spezielle Studien für einzelne Redaktionen werden jedoch meist unter Verschluss gehalten, weil die Konkurrenz davon nicht profitieren soll. Nach wie vor lesenswert ist die **Pressekritik** von Peter Glotz und Wolfgang R. Langenbucher unter dem Titel »Der missachtete Leser«. Ein frühes Plädoyer für **Redaktionelles Marketing** im Zeitungsjournalismus haben Günther Rager, Susanne Schaefer-Dieterle und Bernd Weber vorgelegt.

3.2 | Mediennutzung im Wandel

Medienkonsum nahezu verdoppelt

Das Zeitbudget der Menschen für die Nutzung von Medien scheint nahezu unbegrenzt erweiterbar: Zwischen 1980 und 2005 hat sich der Medienkonsum der Deutschen fast verdoppelt – von knapp sechs auf zehn Stunden im Schnitt pro Tag. Allein innerhalb von fünf Jahren nach der Jahrtausendwende wuchs das Mediennutzungsvolumen um mehr als anderthalb Stunden pro Tag. Zu diesem Ergebnis kommt die ARD/ZDF-

Langzeitstudie Massenkommunikation, die das Medienverhalten der Bevölkerung über Jahrzehnte hinweg regelmäßig erfragt (→ vgl. zur Methode Kap. 3.1; S. 96).

In dieser Einführung können nur ein paar Grunddaten der Mediennutzung als Überblick zusammengefasst werden: Zahlen, Trends und Zusammenhänge, die jeder Journalistik-Student und jeder Journalist kennen sollte. Quellen sind nicht nur die Langzeitstudie (Reitze/Ridder 2006; van Eimeren/Ridder 2005; Ridder/Engel 2005), sondern auch andere Erhebungen von Daten zur Mediennutzung.

Wandel zur Mediengesellschaft

Abbildung 3.3 zeigt, dass die Zeit für Medien in den letzten zehn Jahren geradezu explodiert ist: Bezogen auf einen 19-Stunden-Tag von 5.00 bis 24.00 Uhr verbrachten die Deutschen 1995 noch rund ein Drittel ihrer Zeit mit Medien, 2005 ist es schon mehr als die Hälfte. Diese Zahlen sind in der Summe zwar etwas unscharf – da 45 Minuten für die gleichzeitige Nutzung verschiedener Medien enthalten sind –, sie belegen alles in allem jedoch den Wandel zur Mediengesellschaft.

Die Budgets für Regeneration, Produktion und Freizeit haben sich nicht wesentlich verändert – seit einigen Jahren arbeiten die Deutschen allerdings wieder länger. Die überwiegende Mediennutzung geschieht zwar in der Freizeit, aber während Berufsarbeit, Schule und Studium stieg der Medienkonsum auf mittlerweile fast anderthalb Stunden. Etwa genauso lang nutzen wir Medien während der Mahlzeiten und der Körperpflege.

Folgende Trends lassen sich zusammenfassen:

Leitmedien TV und Radio

- Die Zeit, die Menschen mit Fernsehen und Radio verbringen, steigt kontinuierlich. Nach wie vor sind dies die beiden Leitmedien der Gesellschaft. Allerdings verliert die Kulturtechnik Lesen nicht an Bedeutung: 25 Minuten tägliche Buchlektüre markieren den höchsten Wert seit 1970 und ein Plus von zwei Dritteln zwischen 1995 und 2005.

Medienkonkurrenz

- Alle Wellen der Langzeitstudie seit 1964 bestätigen die These, dass kein neues Medium ein altes ersetzt (→ vgl. Kap. 2.2.1; S. 77). Allerdings sind funktionale Anpassungsprozesse erkennbar – zum Beispiel zwischen Fernsehen und Radio: Während noch in den 60er und 70er Jahren in den Abendstunden Radio gehört und Tageszeitung gelesen wurde, regiert inzwischen das Fernsehen den Abend. Radio gehört wird im Tagesverlauf aber noch immer etwas länger als ferngesehen: Der Hörfunk hat sich mit der Konkurrenz arrangiert und wurde zum erfolgreichen Begleitmedium über den Tag verteilt bis in den späten Nachmittag. Heute stellt sich vor allem die Frage, ob das Internet die Nutzung der traditionellen Medien beeinflusst. Häufige Internetnutzer, die mehrmals täglich online sind, sehen deutlich weniger fern, lesen etwas weniger Tageszeitung und Zeitschrift – und nutzen deutlich mehr CD- oder MP3-Player (Reitze/Ridder 2006: 55).

Abb. 3.3

Trends der Mediennutzung

Entwicklung der Mediennutzung in Deutschland (bis 1990 nur alte Bundesländer): täglicher Durchschnitt von 5.00 bis 24.00 Uhr in Minuten (brutto), Personen ab 14 Jahren.

(Quelle: van Eimeren/Ridder 2005: 501 f.)

	1980	1985	1990	1995	2000	2005
Fernsehen	125	121	135	158	185	220
Hörfunk	135	154	170	162	206	221
Tageszeitung	38	33	28	30	30	28
Zeitschriften	11	10	11	11	10	12
Bücher	22	17	18	15	18	25
CD/LP/MC/MP3	15	14	14	14	36	45
Video/DVD	–	2	4	3	4	5
Internet	–	–	–	–	13	44
Gesamt	346	351	380	393	502	600
Anteil Mediennutzung (bezogen auf 19 Stunden)	30%	31%	33%	34%	44%	53%
Allgemeine Tätigkeiten – Sammelkategorien (Summe 1140 Minuten = 19 Stunden)						
Regeneration	285	271	310	314	341	341
Produktion	385	389	351	345	329	355
Freizeit	449	458	497	495	470	444

Tageszeitung: Lesezeit im Schnitt stabil

- Die durchschnittliche Lesezeit der Tageszeitung ist in den 80er Jahren stark zurückgegangen, bleibt seit 15 Jahren aber stabil. Der durchschnittliche Wert übertüncht jedoch ein generelles Problem der Tageszeitung: Die Reichweite in der Gesamtbevölkerung und vor allem bei jungen Menschen nimmt kontinuierlich ab (vgl. Abb. 3.4), während die ältere zeitungsnahe Bevölkerung immer länger Zeitung liest und damit den Schnitt stabil hält. Die Zeitungsfans finden also immer mehr lesenswerten Stoff – allerdings werden immer weniger Menschen zum Zeitungsfan.

Durchschnittswerte und Streuung

Durchschnittswerte als arithmetisches Mittel verdichten große Datenmassen zu einer kompakten Zahl und sind besonders für Vergleiche hilfreich – wie in den Trendanalysen in diesem Kapitel. Man muss damit aber auch vorsichtig umgehen, weil sie nichts über die Streuung um das Mittel herum aussagen. Ein alter Statistiker-Witz, der Franz Josef Strauß zugeschrieben wird, nimmt dieses Problem aufs Korn (nach Krämer 1991: 48): »Zwei Männer sitzen im Wirtshaus, der eine verdrückt eine Kalbshaxe, der andere trinkt zwei Maß Bier. Statistisch gesehen ist das für jeden eine Maß Bier und eine halbe Haxe, aber der eine hat sich überfressen und der andere ist besoffen.«

In unserem Fall können wir mit dem Durchschnittswert des Fernseh- und Radiokonsums nichts aussagen über die Streuung von Wenig- und Vielsehern. Nicht jeder Deutsche sitzt dreieinhalb Stunden täglich vor dem Fernseher – es gibt viele, die gezielt wenige Sendungen einschalten, und viele, die das Gerät den ganzen Tag anhaben. Vor allem ältere und nicht berufstätige Menschen neigen zu exzessivem Fernsehkonsum.

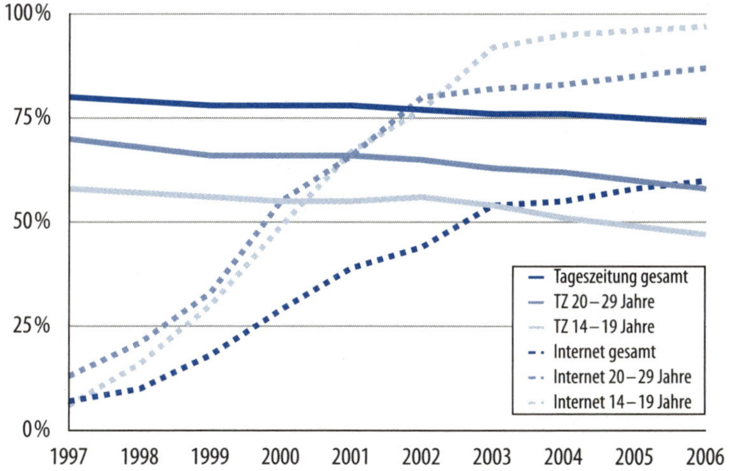

Abb. 3.4

Reichweiten von Tageszeitung und Internet: Die Tageszeitungen verlieren vor allem bei jungen Menschen an Reichweite – gleichzeitig verbreitet sich rasant das Internet.

(Quellen: BDZV und ARD/ZDF-Online-Studien)

- Seit dem Fernsehen hat es bislang kein neues Medium gegeben, das sich so rasant verbreitet hat wie das Internet (vgl. Abb. 3.4). Jugendliche zwischen 14 und 19 Jahren nutzen schon zu 97 Prozent zumindest gelegentlich das Internet. Nach der AGOF-Studie 2006-I bezeichnen sich 57 Prozent der Deutschen ab 14 Jahren als Internet-Nutzer; mindestens einmal pro Woche gehen 48 Prozent ins Internet. In der durchschnittlichen Nutzungszeit hat das Internet mit 44 Minuten täglich die aktuellen Printmedien Zeitung (28 Minuten) und Zeitschrift (12 Minuten) zusammen überholt. Man darf dabei aber nicht vergessen, dass das Internet ein Hybridmedium ist, das viele Kommunikationsarten vereint (vgl. Abb. 3.5): von der individuellen E-Mail über journalistische Angebote bis zu Geschäftsvorgängen und Transaktionen.

Abb. 3.5

Gründe für die Online-Nutzung

(Quelle: AGOF internet facts 2006-I)

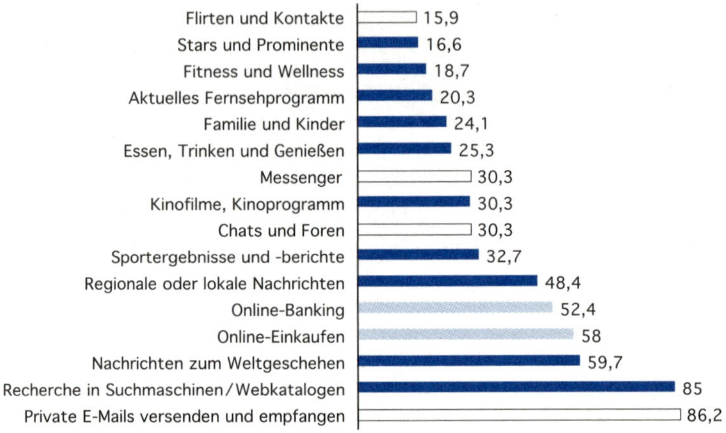

Hybridmedium Internet: Information (dunkelblau), Kommunikation (weiß) und Transaktion (hellblau) sind Gründe für die Internet-Nutzung. 86 Prozent der Onliner senden und empfangen private E-Mails. Informationsangebote werden unterschiedlich intensiv genutzt. Mehr als die Hälfte der Internet-Nutzer kauft online ein oder erledigt übers Internet die Bankgeschäfte.

Inselfrage

- Als Einflussfaktor der Mediennutzung gilt die Bindung der Menschen an die Medien. Sie wird auf zwei Arten ermittelt (vgl. Abb. 3.6): die Vermissensfrage (»Wie stark würde man ein Medium vermissen, wenn es längere Zeit nicht zur Verfügung stünde?«) und die Inselfrage (»Für welches Medium würde man sich entscheiden, wenn man nur noch eines behalten könnte?«). In der Vermissensfrage liegt das Internet mit 40 Prozent im Bevölkerungsschnitt zwar noch knapp an letzter Stelle, was kein Wunder ist, da ja erst 57 Prozent überhaupt das Internet nutzen. Doch auf eine einsame Insel würden mehr Menschen das Internet (16 Prozent) als die Tageszeitung (12 Prozent) mitnehmen. Während sich seit 1995 ein deutlicher Bindungsverlust an das Fernsehen feststellen lässt, ist die Bindung an den Hörfunk erstaunlich hoch: Trotz aller Kritik (»Dudelfunk«) würden heute 62 Prozent der Menschen das Radio sehr stark oder stark vermissen – mehr als je zuvor.

	1980	1985	1990	1995	2000	2005
Es würden sehr stark / stark vermissen …						
Fernsehen	47	42	51	54	44	45
Hörfunk	52	54	57	55	58	62
Tageszeitung	60	57	63	58	52	56
Internet	–	–	–	–	8	40
Es würden sich entscheiden für …						
Fernsehen	51	47	52	55	45	44
Hörfunk	29	31	26	27	32	26
Tageszeitung	18	20	20	17	16	12
Internet	–	–	–	–	6	16

Abb. 3.6

Bindung an die Medien: Vermissen und Entscheiden in einer simulierten Grenzsituation: Personen in Deutschland ab 14 Jahren in Prozent.

(Quelle: van Eimeren / Ridder 2005: 493)

Stärken und Schwächen der Medien

- Aus welchen Gründen nutzen Menschen die Medien? Die Langzeitstudie Massenkommunikation unterscheidet neun Nutzungsmotive, die man zu zwei Clustern gruppieren kann (vgl. Abb. 3.7): *Informationsmotive* (sich informieren, mitreden können, Denkanstöße bekommen, sich im Alltag zurecht finden) und *Unterhaltungs-/Eskapismusmotive* (Spaß, Entspannung, Gewohnheit, Alltag vergessen, sich nicht allein fühlen). Man kann aus den Nutzungsmotiven die Stärken und Schwächen der Medien ablesen: Die Stärken des Fernsehens und des Hörfunks liegen in der Unterhaltung, wobei das Fernsehen zugleich eine relativ hohe Informationsfunktion für die Nutzer besitzt. Die Tageszeitung ist ein eindeutiges Informationsmedium – der Spaßfaktor ist gering. Auch wenn die Tageszeitung hier die Führungsrolle knapp behält, ist der Rückgang der Informationsfunktion der Tageszeitung schon fast dramatisch: Die Zeitung war im Jahr 2000 noch für 44 Prozent das Informationsmedium Nummer eins – 2005 nur noch für 36 Prozent. Auch Denkanstöße bekommen nun weniger Menschen in erster Linie aus der Tageszeitung. Informationen, Denkanstöße und Alltagsorientierung kommen für immer mehr Menschen inzwischen aus dem Internet. Das Internet ist primär ein Informationsmedium – mit hohem Spaß-, aber geringem Entspannungsfaktor.

Abb. 3.7

Nutzungsmotive: »Auf welches Medium trifft das Statement am meisten zu?« Angaben in Prozent; Basis: Personen ab 14 Jahren; Befragte, die mindestens zwei Medien mehrmals im Monat nutzen; jeweils gewichtet.

(Quelle: Ridder/Engel 2005: 431)

	Fernsehen		Hörfunk		Tageszeitung		Internet	
	2000	2005	2000	2005	2000	2005	2000	2005
damit ich mitreden kann	41	43	14	13	38	33	6	11
weil ich Denkanstöße bekomme	39	39	17	15	36	28	8	18
weil ich mich informieren möchte	35	34	14	12	44	36	8	18
weil ich dabei entspannen kann	54	54	38	36	7	6	1	4
weil es Spaß macht	55	53	30	24	7	6	8	18
weil ich mich dann nicht allein fühle	52	51	36	35	6	5	3	8
weil ich damit den Alltag vergessen möchte	59	60	29	27	6	6	2	6
weil es aus Gewohnheit dazugehört	45	45	31	30	22	19	1	6
weil es mir hilft, mich im Alltag zurechtzufinden	35	33	19	19	38	32	6	16

Zusammenfassung

Zehn Stunden pro Tag verbringt die deutsche Bevölkerung ab 14 Jahren im Schnitt mit Massenmedien. Fernsehen und Hörfunk stehen mit jeweils knapp vier Stunden an der Spitze. Während die Tageszeitung an Reichweite leicht verliert, hat sich das Internet rasant verbreitet und wird inzwischen von fast allen jungen Menschen genutzt. Befragt nach einer fiktiven Grenzsituation würden 62 Prozent das Radio, 56 Prozent die Tageszeitung, 45 Prozent das Fernsehen und 40 Prozent das Internet vermissen. Auf eine einsame Insel würden allerdings mehr Menschen das Fernsehen mitnehmen als andere Medien. Die Stärken des Fernsehens und des Hörfunks liegen in der Unterhaltung. Informationsmedium Nummer eins ist nach wie vor die Tageszeitung, auch wenn sie deutlich an Informationsfunktion einbüßt. Das Internet ist vor allem ein Informationsmedium – mit hohem Spaßfaktor.

Übungsfragen zu Kapitel 3.2

1 Fassen Sie zentrale Haupttrends der Mediennutzung in den vergangenen 25 Jahren zusammen.
2 Nennen Sie die wichtigsten Gründe für die Online-Nutzung.
3 Wie hat sich die Bindung an Fernsehen, Hörfunk, Tageszeitung und Internet in letzter Zeit verändert?
4 Wo liegen die Stärken und Schwächen der Medien im Hinblick auf die Nutzungsmotive?

Literatur

Die ARD/ZDF-Studie Massenkommunikation ist eine weltweit einmalige Langzeitstudie, die Veränderungen und Konstanten der **Mediennutzung und -bewertung** über Jahrzehnte nachzeichnet. Die aktuellen Ergebnisse sind im Buch von Helmut Reitze und Christa-Maria Ridder ausführlich dargestellt. Zusammenfassungen zu zentralen Aspekten finden sich in den Heften 9 und 10/2005 der Zeitschrift MEDIA PERSPEKTIVEN (kostenlos unter www.media-perspektiven.de).

Wirkung des Journalismus | 3.3

Als das amerikanische Magazin NEWSWEEK im Mai 2005 berichtet, dass Wachmannschaften des US-Gefangenenlagers Guantánamo auf Kuba Ausgaben des Koran in die Toiletten geworfen und sogar eine Ausgabe hinuntergespült hätten, um muslimische Gefangene einzuschüchtern, geht eine Welle der Entrüstung durch die islamische Welt. In vielen Ländern kommt es zu Ausschreitungen, in Afghanistan werden dabei 16 Menschen getötet.

Als im August 1997 zwei Menschen bei einem Autounfall in Paris sterben, steigern sich Milliarden Menschen weltweit in eine kollektive Trauerbegeisterung hinein. Eine der Toten ist eine Medienikone: Prinzessin Diana.

Am 11. September 2001 haben Milliarden Menschen weltweit ein Hauptthema beim Abendessen: Sie sprechen über die Fernsehbilder des Tages, die dutzendfach gezeigt haben, wie zwei Passagierflugzeuge in die Türme des New Yorker World Trade Center rasen, sie zum Einsturz bringen und dabei 3000 Menschen töten.

Schock und Betroffenheit

Drei Medienereignisse – drei Wirkungen des Journalismus über Ländergrenzen und traditionelle Kommunikationsräume hinweg. Die Berichterstattung über diese Extremereignisse schockiert, löst Betroffenheit aus, die sich in Gesprächen in den und außerhalb der Medien fortsetzt.

In den seltensten Fällen sind Medienwirkungen allerdings so stark und eindeutig. Und: In der Regel verpuffen derart heftige Effekte rasch. Medienwirkung ist häufig alles andere als spektakulär, sondern so alltäglich wie die tägliche Nachrichtensendung, die Tageszeitung am Morgen oder der Spielfilm am Abend (vgl. Jäckel 2005: 87–100). Dass Journalismus und Medien im Allgemeinen Wirkungen auf Gesellschaft und Individuen haben, ist heute unumstritten. Die Frage ist indes, welche Wirkungen genau und in welchem Ausmaß.

Komplexe Zusammenhänge

Die alltäglichen Wirkungen des Journalismus sind schwer zu analysieren und theoretisch zu fassen – vor allem aus den folgenden drei Gründen:

Theoretisches Konstrukt

- Die Wirkung ist keine einzeln messbare Größe, sondern ein komplexes theoretisches Konstrukt. Es gibt zahlreiche Einflussfaktoren, die auch in Experimenten und anderen Studien nicht komplett kontrolliert werden können. Der Einfluss der Medien ist situationsabhängig. Die Standardfrage zum Beispiel, ob, wie viel und welcher Fernsehkonsum Kindern schadet, hängt auch vom sozialen Umfeld ab, in dem die Kinder aufwachsen.

Weit reichende Fragen

- Wie in Kapitel 2.1 schon kurz angedeutet, haben alle Ebenen des Journalismus – also alle Schalen der Zwiebel – Effekte auf Individuum und Gesellschaft. Die weit reichenden Fragen, die sich daraus ergeben, können auch durch umfangreiche Forschung nur ansatzweise beantwortet werden. Zum Beispiel: Wie wirkt sich die bloße Existenz von Massenmedien aus – beispielsweise die Existenz des Internet? Wie wirkt sich die Explosion von Medienangeboten und Nutzungszeiten aus? Wie wirken sich die Organisationsform und die ökonomische Ausrichtung von Medien aus – beispielsweise die zunehmende Kommerzialisierung des Journalismus und die Konzentration der Medienunternehmen? Wie wirken sich Ausbildung, Einstellungen und soziales Umfeld der Journalisten aus – beispielsweise die zunehmende Akademisierung dieses Berufs (können Journalisten z. B. Lebenswelten und Probleme anderer sozialer Schichten überhaupt adäquat erfassen)? Und schließlich: Wie wirken sich die in den Medien verbreiteten Inhalte aus? – Diese letzte Frage steht im Mittelpunkt der Wirkungsforschung in der Publizistik- und Kommunikationswissenschaft, weil man davon ausgeht, dass alle anderen Fragen sich letztlich in den Inhalten niederschlagen, und weil sich ein Kausalzusammenhang zwischen bestimmten Inhalten und Effekten noch am ehesten empirisch nachweisen lässt.

- In der Frage der Wirkung ist kaum zu unterscheiden zwischen Journalismus und anderen Medieninhalten – zum Beispiel zwischen Fakten und Fiktionen. Zuschauer beziehen Informationen über die Wirklichkeit auch aus rein unterhaltenden, erfundenen Formaten. Frühes Beispiel ist eine angebliche Massenpanik, die das Hörspiel von Orson Welles »War of the Worlds« am 30. Oktober 1938 in New York und New Jersey ausgelöst haben soll: Als Halloween-Scherz berichtete eine erfundene Radio-»Reportage« von der Landung der Marsmenschen und nutzte zur Erzeugung von Glaubwürdigkeit Stilelemente des Journalismus – Reporter, O-Töne von Augenzeugen, Atmo (nicht zu verwechseln mit dem gleichnamigen Spielberg-Film, der 2005 in die Kinos kam). Ein neueres Beispiel: Im März 2006 steckten sich in der ARD-Krankenhausserie »In aller Freundschaft« zuerst ein Papagei und dann der kleine Chefarztenkel Jonas mit Vogelgrippe an. Trotz der Proteste von Bundesärztekammer und Tierschutzbund wurde mit diesem hanebüchenen Szenario die Vogelgrippe-Hysterie in Deutschland geschürt. Nach der Sendung hatte ein Virologe der Universität Leipzig im Chat alle Mühe, die geweckten Ängste wieder zu zerstreuen. Ähnliche Erfahrungen liegen bei anderen fiktionalen Verarbeitungen von Risikothemen vor – zum Beispiel beim Seuchen-Thriller »Outbreak«. Dieses Problem betrifft aber nicht nur Radio und Fernsehen: Die katholische Kirche ist regelmäßig um ihr Image besorgt, wenn Romanautoren historische Fakten und Fiktionen vermischen – wie zum Beispiel Dan Brown mit »The Da Vinci Code«. Schon die alten Römer wussten: »semper aliquid haeret« – »etwas bleibt immer hängen«.

Wirkungen von Fiktionen

Die Medienwirkungsforschung versucht, der Komplexität der Wirklichkeit gerecht zu werden und hat im Laufe der vergangenen Jahrzehnte erhebliche methodische und theoretische Fortschritte gemacht. Zu Beginn des 20. Jahrhunderts ging das vorherrschende Stimulus-Response-Modell von einer starken, eindeutigen Medienwirkung aus. Weil sich das nur bei einigen auffälligen Ereignissen, nicht jedoch in der Breite empirisch nachweisen ließ, traute man den Medien in den 50er und 60er Jahren eher keine oder nur geringe Effekte zu. Seit den 70er Jahren geht die Forschung von selektiven Wirkungen aus. Die empirisch geprüften Theorien haben nurmehr geringe Reichweiten und konzentrieren sich auf die Frage, *unter welchen Bedingungen* seitens des Publikums, der Medien und externer Umstände es zu bestimmten Effekten kommen kann. Die vielen Einzelstudien und theoretischen Ansätze haben sich derart differenziert, dass sie nahezu unüberschaubar sind.

Methodische und theoretische Fortschritte

Bei allen Unterschieden in der theoretischen Zugangsweise gibt es hauptsächlich zwei Methoden der Wirkungsforschung (Brosius 2003: 128, Bonfadelli 1999: 36 f.):

Im Labor ...

- In *Laborexperimenten*, die an Versuchsanordnungen in der psychologischen und der medizinischen Forschung angelehnt sind, werden konkrete Kausalitäten nachgewiesen. Man teilt dann zum Beispiel die Probanden in zwei oder mehrere Gruppen und variiert die Medieninhalte, welche die Probanden unter Beobachtung rezipieren. Danach kann man beispielsweise beobachten oder fragen, ob die Gewaltbereitschaft oder auch das Wissen zugenommen hat. Problem der Laborexperimente ist, dass die künstlich hergestellte Situation nicht zwingend auf den Alltag übertragen werden kann.

... oder im Feld

- *Feldstudien* untersuchen dagegen den tatsächlichen Medienalltag. In Längsschnittanalysen werden Inhaltsanalysen der journalistischen Berichterstattung mit repräsentativen Befragungen des Publikums über einen längeren Zeitraum hinweg kombiniert. Man stellt dann zum Beispiel fest, ob journalistische Themenauswahl, -darstellung und -bewertung die Einstellung der Bevölkerung verändern. Zentrales Beispiel ist die Untersuchung des Politikjournalismus, speziell der Wahlkampfkommunikation: Wie beeinflusst die Berichterstattung über Kandidaten, Parteien und politische Sachthemen die Wahlabsichten der Wähler oder sogar die Wahlentscheidung? Das Problem der Feldstudien liegt darin, dass Einflussfaktoren, deren Ursache nicht in der Berichterstattung liegen, kaum ausgeschlossen werden können.

Definition

Medienwirkungsforschung

Unter Wirkungen der Massenmedien werden alle Veränderungen verstanden, die ganz, partiell oder in Wechselwirkung mit anderen Faktoren auf Medien bzw. deren Inhalte zurückgeführt werden können. Damit sind sowohl Phänomene auf der Mikro-Ebene (einzelne Rezipienten) als auch auf der Makro-Ebene (Gesellschaft oder Teile davon) gemeint. Die Wirkungsforschung untersucht langfristige und kurzfristige, direkte und vermittelte Wirkungen ebenso wie Wirkungen in Form von Veränderungen oder Stabilisierungen (nach Brosius 2003: 128).

Theorien der Medienwirkung

Im Folgenden werden exemplarisch einige Theorien der Medienwirkung skizziert, die sich vor allem auf die aktuelle journalistische Berichterstattung beziehen – und weniger auf Unterhaltung und Werbung (vgl. u.a. Bonfadelli 1999/2000, Brosius 2003, Jäckel 2005; Noelle-Neumann/Kepplinger 2003):

- Wichtiger Ansatz der neueren Wirkungsforschung ist das *Agenda Setting*. Demnach bestimmen Medien nicht so sehr, was die Menschen *meinen*, sondern *zu welchen Themen* sie sich Gedanken machen. Mitbegründer und wichtigster Vertreter ist Maxwell McCombs von der University of Texas in Austin. Die Theorie geht davon aus, dass die Themenagenda der Medien vom Publikum übernommen wird. Thematisiert der Journalismus zum Beispiel über Monate hinweg Arbeitslosigkeit und wirtschaftliche Lage – dann denken die Menschen, dass dies die drängendsten Probleme der Gesellschaft sind. Dominieren dagegen Umweltprobleme, Klimawandel, neue Krankheiten oder Bedrohung durch Terroristen das Themenranking der Medien, werden diese Problemfelder auch von der Bevölkerung als zentral erachtet. Weiterentwicklungen dieses Ansatzes gehen inzwischen davon aus, dass über die Themenauswahl der Medien auch Meinungen beeinflusst werden können – und zwar nicht direkt über Leitartikel oder Kommentare, sondern eher indirekt: Mit *Priming* ist in diesem Zusammenhang gemeint, dass die mediale Betonung eines bestimmten Themas, für die einem Politiker eine hohe Kompetenz zugeschrieben wird, dazu führt, dass dieser Politiker generell in der Bevölkerung positiver beurteilt wird. Berichten die Medien im Vorfeld von Wahlen zum Beispiel verstärkt über Wirtschaftsfragen, wird das eher Parteien nutzen, denen die Menschen eine höhere Kompetenz in der Lösung von Wirtschaftsproblemen zutrauen (also eher FDP und CDU). Treten dagegen in Wahlkampf-Zeiten Umweltprobleme zutage, wird eher eine Umweltpartei wie die Grünen einen positiven Schwung beim Wahlverhalten erhalten. Die PR-Strategen in den Parteizentralen nutzen die These der Priming-Effekte und versuchen die Themenagenda der journalistischen Berichterstattung zu beeinflussen. Agenda Setting
- Die Theorie der *Schweigespirale* wurde von Elisabeth Noelle-Neumann (Universität Mainz) in den 70er Jahren entwickelt und kritisiert eine angeblich große Macht des Fernsehens bei der Bildung der *öffentlichen Meinung*. Grundannahme ist, dass Menschen bei kontroversen Themen mit ihrer Meinung nicht zur Minderheit gehören wollen und sich vor sozialer Isolation fürchten. Sie beobachten deshalb ihre Umwelt und die Medienberichterstattung, um festzustellen, welche Mei- Schweigespirale

nung zurzeit verbreitet ist und was man deshalb öffentlich äußern darf, um sich nicht zu isolieren. Dann setzt die Spirale ein: Menschen, die glauben, zur Minderheit zu gehören, schweigen; die in den Medien verbreitete Meinung wächst an und etabliert sich zur tatsächlichen öffentlichen Meinung. Problematisch ist das weniger, wenn die Medienmeinung von vornherein der Mehrheitsmeinung (also der Realität) entspricht. Noelle-Neumann geht aber davon aus, dass die Berichterstattung verzerrt ist und eine faktische Minderheitenmeinung präsentiert, die sich dann aufgrund der Schweigespirale in der Öffentlichkeit durchsetzt (→ vgl. zum Verhältnis zwischen Medien und Realität Kap. 5.1; S. 173–175). Auf Grundlage dieser Theorie haben Noelle-Neumann und ihre Schüler immer wieder den Journalisten vorgeworfen, durch eine gewisse Linkslastigkeit Wahlen zu beeinflussen. Konkret wird zum Beispiel behauptet, das Fernsehen sei 1976 beim Sieg von SPD/FDP wahlentscheidend gewesen. Die Theorie der Schweigespirale ist bis heute umstritten, wird aber weiterhin empirisch untersucht. Eine ähnliche Wirkung auf die öffentliche Meinung hat der *Bandwagon-Effekt*: Während die Schweigespirale aus Isolationsfurcht in Gang gesetzt wird, winkt hier allerdings die Belohnung, wenn man sich bewusst auf die Seite der Mehrheit stellt. Die These besagt, die Menschen würden dem »Wagen mit der Musikkapelle« hinterherlaufen, weil sie auf der Seite der Sieger stehen wollen – auch als »Mitläufereffekt« bekannt oder neuerdings als: »Erfolg macht sexy«.

Wissenskluft

- Die These der *wachsenden Wissenskluft* (»Knowledge Gap«) wurde erstmals 1970 von einer Forschergruppe der Minnesota University formuliert (Tichenor/Donohue/Olien): Menschen mit höherer Bildung und höherem sozioökonomischen Status verfolgen die aktuelle Berichterstattung intensiver, eignen sich Informationen rascher an und behalten diese meist besser, weil sie über ein größeres Vorwissen verfügen, das die Speicherung von und Erinnerung an Informationen erleichtert. Diese These ist gesellschaftlich brisant, weil sie den Aufklärungsanspruch der Medien in Frage stellt: Medien verschärfen demnach eher die Kluft zwischen sozialen Schichten und können mangelnde (Schul-)Bildung nicht ausgleichen. Diese zunächst etwas holzschnittartige These wurde durch zahlreiche empirische Studien verfeinert. Inzwischen geht man davon aus, dass zur Entstehung von Wissensklüften nicht nur kognitive Faktoren (Bildung, Vorwissen), sondern auch die jeweiligen Motivationen der Mediennutzer beitragen: ob die Menschen von einem Thema besonders betroffen sind oder sich generell dafür interessieren. Unter dem Begriff *Digital Divide* wird zudem diskutiert, ob die Wissensklüfte in der Bevölkerung durch neue Medien wachsen: Wie in Kapitel 3.1 beschrieben, ist das Internet in Deutschland ein Medium der Mittel- und Oberschicht; weltweit haben vor allem Menschen aus Industrienationen Zugangsmöglichkeiten zu neuen Medien. Allerdings ist noch nicht hinreichend untersucht, ob der Zugang zum Internet auch tatsächlich einen Wissenszuwachs beim Nutzer zur Folge hat. Das ist mit Sicherheit auch situations- und interessenabhängig.

Risikokommunikation

- Reaktorunfälle, Naturkatastrophen, Chemieunfälle, Flugzeugabstürze, Rinderwahnsinn, Vogelgrippe, Gammelfleisch – dies sind Beispiele für die Thematisierung von gesellschaftlichen Risiken in den Massenmedien. Ging es früher hauptsächlich um Gefahren, die von Großtechnologien ausgehen, zählen heute auch Gesundheits- und Ernährungsgefahren zum Feld der so genannten *Risikokommunikation*. Die Wirkungsforschung geht davon aus, dass die Berichterstattung Einfluss auf die Wahrnehmung und Einschätzung von Risiken in der Bevölkerung hat. Als Indiz gilt die unterschiedliche Risiko-Einschätzung durch Experten und Laien: Laien stufen Risiken individueller Entscheidungen als eher gering ein, die Risiken gesellschaftlicher Entscheidungen, über die permanent berichtet wird, dagegen als hoch. So werden in Umfragen Risiken durch beispielsweise Umweltverschmutzung, Kernenergie oder genveränderte Lebensmittel meist höher eingeschätzt als Risiken durch Rauchen, wenig Bewegung, Alkohol oder fettes Essen. Letztere Punkte sind zwar tatsächlich wesentlich häufigere Todesursachen, aber die Medien berichten nicht so häufig und drastisch darüber: Über seltene Ereignisse wird häufig berichtet, über häufige selten (→ vgl. zu den Selektionskriterien des Journalismus Kap. 5.3; S. 191–197). Bei der Risikoeinschätzung gibt es indes viele Einflussfaktoren, weshalb eindeutige Schlussfolgerungen – wie die These, die Medien seien schuld an einer angeblichen Technikfeindlichkeit – hoch umstritten sind. Weiteres Beispiel ist die Berichterstattung über BSE, Sars, Vogelgrippe und Co.: Noch im November 2005 fühlten sich fünf Prozent der Deutschen durch Vogelgrippe persönlich gefährdet – drei Monate später waren es schon 20 Prozent. In der Hochphase der BSE-Berichterstattung Anfang 2001 fühlten sich 54 Prozent durch BSE persönlich gefährdet (Quelle: Allensbacher Archiv, IfD-Umfragen 7001, 7081 und 7087) – heute redet niemand mehr von BSE. Journalismus in pluralistischen Demokratien beschreitet nicht nur bei Risikothemen, sondern auch bei vielen politischen Themen eine Gratwanderung zwischen einerseits der Aufdeckung von Missständen und gesellschaftlichem Frühwarnsystem und andererseits einer Hysterisierung und übertriebenen Skandalierung.

Wirkung und Verantwortung

Die Tatsache, dass Wirkungen des Journalismus nicht immer und grundsätzlich eindeutig empirisch belegt werden können, kann keine Ausrede für verantwortungslosen Journalismus sein. Ethische Kriterien des Journalismus (→ vgl. Kap. 7.2; S. 233–245) gründen in der Regel auf vermuteten und bewiesenen Wirkungen des Journalismus. Schlechte Recherche oder überzogener Skandaljournalismus zum Beispiel kann das Leben von betroffenen Menschen zerstören, sensationeller Ratgeber-Journalismus kann nicht erfüllbare Hoffnungen wecken oder Hysterie schüren. So ist es zum Beispiel traurige Regel, dass nach »Krebs-Wundermittel«-Meldungen die Beratungstelefone im Deutschen Krebsforschungszentrum in Heidelberg nicht still stehen.

Auch an der Imagebildung sind Medien beteiligt: Bevölkerungsgruppen zum Beispiel werden in einer bestimmten Art und Weise durch Journalismus dargestellt – was ihr Prestige fördert oder senkt. Dies betrifft auch und vor allem den Journalismus selbst, denn Journalisten kennt man kaum persönlich, sondern aus den Medien (vgl. Abb. 3.8): In der Berufsprestige-Skala des Instituts für Demoskopie Allensbach hat sich die Wertschätzung von Journalisten zwischen 2001 und 2005 fast halbiert (Quelle: Allensbacher Archiv, IfD-Umfragen 7071 und 7007): Nur noch zehn Prozent der Deutschen haben hohe Achtung vor dem Beruf des Journalisten – im Vergleich mit anderen Berufen. Vier Jahre vorher waren es noch 18 Prozent.

Vertrauen

Weniger das Prestige, sondern vielmehr Vertrauen und Glaubwürdigkeit sind indes wesentliche Grundlagen des Journalismus (→ vgl. Kap. 1.1.1; S. 14). Doch auch damit ist es nicht weit her: Mehr als drei Viertel der Deutschen vertrauen Ärzten, Polizisten und Lehrern – Journalisten nur 31 Prozent (Quelle: GfK-Vertrauensindex 2006). Damit liegt Deutschland in Europa am Ende der Skala zusammen mit Italien und Großbritannien. Noch am ehesten vertrauen die Bürger den Journalisten in Rumänien, Polen und Spanien. Es ist allerdings ein grundsätzliches Phänomen, dass in Ländern mit wenig Kommunikationsfreiheit größeres Vertrauen in die Medien gesetzt wird als in freiheitlich-pluralistischen Demokratien (→ vgl. Kap. 2.3.2; S. 91).

Zusammenfassung

Starke Medienwirkungen können nur bei Extremereignissen beobachtet werden. Die alltägliche Wirkung des Journalismus ist komplex, hängt von vielen Faktoren ab und lässt sich nicht ohne weiteres von der Wirkung fiktionaler Unterhaltungsformate oder von Werbewirkung tren-

Arzt	71
Krankenschwester	56
Polizist	40
Hochschulprofessor	36
Pfarrer, Geistlicher	34
Lehrer	31
Rechtsanwalt	25
Ingenieur	24
Botschafter, Diplomat	23
Apotheker	22
Unternehmer	21
Atomphysiker	21
Spitzensportler	20
Informatiker, Programmierer	19
Schriftsteller	15
Manager in einem Großunternehmen	14
Offizier	10
Journalist	**10**
Buchhändler	7
Politiker	6
Fernsehmoderator	6
Gewerkschaftsführer	5

Abb. 3.8

Berufsprestige-Skala: Frage: »Hier sind einige Berufe aufgeschrieben. Könnten Sie bitte die fünf davon heraussuchen, die Sie am meisten schätzen, vor denen Sie am meisten Achtung haben?« (Bevölkerung in Prozent).

(Quelle: Allensbacher Archiv, IfD-Umfrage 7071, Mai/Juni 2005)

nen. Neuere empirisch geprüfte Theorien konzentrieren sich auf die Frage, unter welchen Bedingungen es zu bestimmten Effekten kommen kann. Man weiß inzwischen zum Beispiel, dass die Medien die *Themen* bestimmen, über die sich die Menschen unterhalten und zu denen sie sich Gedanken machen (Agenda Setting), oder dass die Medien die *Risiko-Einschätzung* beeinflussen und *Wissensklüfte* in der Gesellschaft verstärken. Der Prozess der *Meinungsbildung* ist allerdings schwieriger zu fassen: Er kann beispielsweise als Priming, als Schweigespirale oder als Bandwagon-Effekt theoretisch beschrieben werden.

Übungsfragen zu Kapitel 3.3

1. Warum sind die Wirkungen des Journalismus schwer zu analysieren?
2. Beschreiben Sie die zwei zentralen Methoden der empirischen Wirkungsforschung.
3. Welche Theorien sind mit Agenda Setting, Schweigespirale und Wissenskluft gemeint?
4. Diskutieren Sie mögliche Gründe, warum das Berufsprestige der Journalisten so schlecht ist.

Literatur

Es gibt mehrere Lehrbücher zur **Wirkungsforschung**. Empfehlenswert sind die Bücher von Michael Jäckel und Heinz Bonfadelli. Einen übersichtlichen Einstieg in die komplexen Zusammenhänge der Wirkungsforschung gibt Hans-Bernd Brosius im Aufsatz »Medienwirkung«. Zahlreiche Forschungen zur Wirkung des Journalismus hat der Mainzer Forscher Hans Mathias Kepplinger durchgeführt. Wenn man sich auf seine These einlässt, dass Journalismus die Wirklichkeit oft verzerrt wiedergibt, sind seine Bücher und Aufsätze über Technikfeindlichkeit und die Skandalierung und Demontage der Politik durch den Journalismus erhellend und lesenswert (z. B. »Die Mechanismen der Skandalierung«).

Medienorganisationen | 4

Inhalt

4.1 Medien und Massenkommunikation

4.2 Organisationsformen und Ökonomie der Massenmedien

4.3 Medienlandschaften: Basisdaten

4.4 Redaktionsorganisation

Medien und Massenkommunikation | 4.1

Der Begriff »Medien« leitet sich aus dem Lateinischen (medium = Mittel) ab und wird im Alltag als Sammelbegriff für die verschiedenen aktuellen Massenmedien verwendet. Die Kommunikations- und Medienwissenschaft tut sich allerdings mit einer eindeutigen Definition schwer, weil Medien sehr vielschichtig sind und sie sich aufgrund technischer Entwicklungen und sozialen Gebrauchs immer wieder wandeln. Die Journalistik unterscheidet grundsätzlich zwischen einem technischen und einem institutionellen Medienbegriff (vgl. z.B. Pürer 2003: 208–213; Neuberger 2003: 18–29; Burkart 2002):

Technischer Medienbegriff

- Technisch kann man Medien (Beispiele im Folgenden in Klammern) als *Print*medien (Zeitung, Zeitschrift, Buch) oder *Funk*medien (Hörfunk, Fernsehen) definieren oder die so genannten *neuen* Medien als *multimediale* Medien (Internet, CD-ROM, iPod). Auch der Begriff *audiovisuelle* Medien hat sich eingebürgert (für Radio, Fernsehen, Film, DVD). Man kann auch unterscheiden zwischen *Speicher*medien (Zeitung, Zeitschrift, Buch, DVD, Internet) und *flüchtigen* Medien (Radio, Fernsehen) oder zwischen *linearen* (Radio, Fernsehen) und *nicht-linearen* Medien (Internet, aber auch Zeitung, Zeitschrift, Buch). Technisch gesehen sind Medien Produktions- und Übertragungssysteme, die den Menschen helfen, die Grenzen der direkten Kommunikation zu überwinden: Ein Sender erreicht die Massen als Empfänger über Zeit und/oder Raum hinweg.

Institutioneller Medienbegriff

- Ein allein technisches Medienverständnis berücksichtigt indes nicht, dass Medien ohne Menschen und gesellschaftliche Rahmenbedingungen nicht möglich sind: Das technische Potenzial eines Mediums wird erst im sozialen Gebrauch genutzt. Die Kommunikationswissenschaft definiert deshalb Medien als Doppelnatur von technischen und institutionellen Systemen: Mit den institutionellen Systemen sind die Medienorganisationen gemeint, die Medieninhalte produzieren und vertreiben – und damit bestimmte gesellschaftliche Funktionen erfüllen (z.B. im Journalismus Information, Meinungsbildung, Kritik und Kontrolle). Sie unterliegen gesellschaftlichen, rechtlichen und wirtschaftlichen Regeln (→ vgl. zum Mediensystem Kap. 2.3; S. 81–92). Gedrucktes Papier wird zum Beispiel erst dadurch zum institutionellen Medium Zeitung, dass es regelmäßig und regelhaft produziert und gelesen wird und dass die Medienorganisationen, die dahinterstecken, ökonomische und redaktionelle Strategien verfolgen und damit Massenpublika erreichen.

Digitalisierung

Traditionell sind Medieninhalte an eine bestimmte Übermittlungsform gebunden: Ein Zeitungsbeitrag wird in einer bestimmten Ausgabe gedruckt, ein Fernsehbeitrag in einer Sendung gesendet (und das war's dann). Diese Bindung zwischen Inhalt und technischem Medium löst sich in der digitalen Medienwirtschaft zunehmend auf: Beiträge liegen digitalisiert vor, können mehrfach umgebaut und verwertet werden. Weil Medienorganisationen inzwischen häufig mehrere technische Medien zur Verbreitung der Inhalte einsetzen – und nicht mehr nur eine Zeitung drucken oder ein Fernsehprogramm senden – wird der technische Medienbegriff immer problematischer. Ist eine Zeitung zum Beispiel nur eine Zeitung, wenn sie gedruckt vorliegt (als news*paper*), oder auch, wenn ihre Inhalte (die *news*) als Website, als pdf zum selbst Ausdrucken, als e-paper oder als SMS auf Mobiltelefonen verbreitet werden?

Plattform oder Ausspielkanal

Aufgrund dieser Begriffsproblematik wurden neue Begriffe aus dem Englischen übernommen: *Plattform* (platform) oder *Ausspielkanal* (channel) meinen nun die jeweilige technische Grundlage, auf der Kommunikation stattfindet und auf der digitalisierte Inhalte verbreitet werden. Eine solche digitale Plattform ist zum Beispiel das Internet oder das Mobiltelefon. Dort können mehrere bislang getrennte Medienformen zusammengeführt werden (Text, Bild, Audio und Video) (→ vgl. zu Digitalisierung und Konvergenz Kap. 7.3; S. 251).

Journalismus nutzt die Medien der aktuellen Massenkommunikation, die sich öffentlich, indirekt und einseitig an ein disperses Publikum wendet (Maletzke 1963: 76). Mit Internet und mobilen Plattformen verschwimmen indes die Grenzen zwischen dieser institutionellen Massenkommunikation und einer Individualkommunikation. Im Internet findet neben der Massenkommunikation *(one to many)* auch nicht-öffentliche und zweiseitige Kommunikation zwischen Individuen statt *(one to one)* oder auch öffentliche und nicht-öffentliche Gruppenkommunikation *(many to many)* (→ vgl. zur Nutzung des Internet Kap. 3.2; S. 108).

User Generated Content

Im Internet können sich Nutzer zum einen einfacher an institutioneller Massenkommunikation – also z. B. an journalistischen Websites – beteiligen (z. B. mit Textkommentaren, Bewertungen von Beiträgen, eingesandten Fotos und Videos – allgemein gesagt: dem so genannten *User Generated Content UGC*). Zum anderen können sie selbst auf persönlichen Websites Text und Foto (Weblogs) oder Audio und Video (Podcasts) veröffentlichen. Diese Beiträge können dann über die Vernetzungsmöglichkeiten der »Blogosphäre« (RSS-Feeds, Ping und Trackback) ein Massenpublikum erreichen. So hat die Journalistin und Podcasterin Larissa Vassilian unter dem Pseudonym Annik Rubens Anfang 2007 nach eigenen Angaben pro Audio-Folge rund 10.000 Hörer (www.schlaflosinmuenchen.com). Eine andere neue Medienform ermöglicht die Nachrichtenaufbereitung durch Nutzer nach dem Prinzip der Wikipedia (Wiki-Prinzip): An www.readers-edition.de oder de.wikinews.org kann sich jeder beteiligen. Vorbild ist das südkoreanische Webportal ohmynews.com, das inzwischen Ableger und Nachahmer in aller Welt hat – und vor allem in Ländern mit eingeschränkter Pressefreiheit Erfolge feiert.

Citizen Journalism

Die neuen kollaborativen Kommunikationsformen im Internet werden mit dem Begriff *Social Software* zusammengefasst. Damit sind alle Anwendungen im Internet gemeint, die der sozialen Interaktion und menschlichen Zusammenarbeit in Netzwerken dienen. Wenn die auf diese Art zustande gekommenen Beiträge einen aktuellen Bezug zur Gesellschaft haben, spricht man auch von *Citizen Journalism* (»Bürgerjournalismus«). Umstritten ist, ob Blogs, Podcasts und Wikis auch als institutionelle Medien – oder generell auch als »Journalismus« – gelten können. Dies hängt davon ab, ob sie feste organisatorische Rahmenbedingungen haben, bestimmte gesellschaftliche Funktionen erfüllen und ein Massenpublikum erreichen (→ vgl. zum Kommunikationsmodell der Internetöffentlichkeit und zur Zukunft des Journalismus Kap. 7.3; S. 251–253).

Zusammenfassung

Die Journalistik definiert Medien als Doppelnatur von technischen und institutionellen Systemen. Medien sind nicht nur Übertragungskanal, sondern auch Organisationen mit gesellschaftlichen, rechtlichen und wirtschaftlichen Regeln. Durch die Digitalisierung löst sich die Verbindung von Medieninhalt und Übermittlungsform. Auf digitalen Plattformen wie dem Internet oder dem Mobiltelefon werden bislang getrennte Medienformen (Text, Bild, Audio, Video) zusammengeführt. Die alten Vorstellungen und Begriffe von Einzelmedien können diese Entwicklung nicht mehr erfassen. Die Grenzen zwischen Massen- und Individualkommunikation verschwimmen – ebenso die Grenzen zwischen Produzenten und Rezipienten.

Übungsfragen zu Kapitel 4.1

1 Erklären Sie die Doppelnatur von Medien als technische und institutionelle Systeme.
2 Fassen Sie die erwähnten Konsequenzen der Digitalisierung für Medieninhalte, Massen- und Individualkommunikation zusammen.
3 Diskutieren Sie, was Blogs, Podcasts und Wikis vom Journalismus unterscheidet und was sie gemeinsam haben.

Literatur

Grundlegende Überblicke über die Debatte zum **Medienbegriff** finden sich in Heinz Pürers Handbuch zur Publizistik- und Kommunikationswissenschaft (208 – 213) oder im Beitrag von Roland Burkart zu den Fragen Was ist Kommunikation? Was sind Medien? Wer sich über aktuelle Entwicklungen neuer **Kommunikationsformen im Internet** informieren will, kommt um eine gezielte Internet-Recherche nicht herum, weil dazu gedruckte Handbücher und Studien schnell veralten.

4.2 | Organisationsformen und Ökonomie der Massenmedien

Autonomie und Vielfalt

Wie bereits in Kapitel 2.3 beschrieben, sind in pluralistischen Demokratien die Mediensysteme durch ein Miteinander von privatwirtschaftlicher Presse, öffentlich-rechtlichem Rundfunk und privat-kommerziellem, aber öffentlich beaufsichtigtem Rundfunk gekennzeichnet. Die Autonomie und die Vielfalt der Medienanbieter und -inhalte sind entscheidend für einen demokratischen Informationsfluss und Meinungsbildungsprozess.

Privatwirtschaftlich und öffentlich-rechtlich | 4.2.1

Grundsätzlich können zwei Formen der Organisation von Massenmedien unterschieden werden (vgl. u. a. Pürer 2003: 228–229):

- *Privatwirtschaftliche Medienorganisationen* sind kommerziell geführte Unternehmen. Dazu gehören die Printmedien und der privatwirtschaftliche Rundfunk. Angebot und Nachfrage des freien Markts entscheiden über Erfolg und Misserfolg. Auf zwei Märkten werden Erlöse erzielt: dem Anzeigenmarkt und – wenn die Produkte nicht gratis vertrieben werden – dem Publikumsmarkt. Zeitungen und Zeitschriften sind häufig gemischt finanziert (mit Ausnahme von Anzeigenblättern und Gratiszeitungen), Radio und Fernsehen oft ausschließlich über Werbung (mit Ausnahme des Pay-TV). Wirtschaftlicher Erfolg ist eng mit hohen Reichweiten und Auflagen verbunden, weshalb vor allem bei privat-kommerziellem Radio und Fernsehen die Tendenz zur Massenorientierung besteht. Zeitungen und Zeitschriften agieren mit einer geringen gesellschaftlichen Kontrolle (jeder darf eine Zeitung oder Zeitschrift gründen und verbreiten). Privat-kommerzielle Radio- und Fernsehsender werden durch die Landesmedienanstalten zugelassen und kontrolliert (vgl. www.alm.de), weil sie nicht ausschließlich dem Markt überlassen werden sollen. Medienvielfalt in der Gesellschaft soll bei privatwirtschaftlichen Medienangeboten durch eine Vielzahl von Anbietern sichergestellt werden *(außenplurales Modell).* Außenpluralität
- *Öffentlich-rechtliche Medienorganisationen* sind vor allem Rundfunkanstalten, die Radio und Fernsehen sowie deren Multimedia-Ergänzungen auf digitalen Plattformen anbieten. Sie unterliegen einer gesellschaftlichen Kontrolle: Die Kontrollorgane – in der Regel die Rundfunk-, Fernseh- oder Medienräte – sind pluralistisch mit Vertretern gesellschaftlich relevanter Gruppen besetzt. Öffentlich-rechtliche Rundfunkanstalten sollen wirtschaftlich unabhängig sein, weshalb sie mit allgemeinen Gebühren und nur zu einem kleinen Teil über Werbung finanziert werden. Sie sind auf Grundlage der Rundfunkgesetze der Vielfalt, der Ausgewogenheit und einem Programmauftrag verpflichtet (Information, Bildung, Beratung, Unterhaltung). Das Ideal dieses *binnenpluralen Modells* sieht öffentlich-rechtliche Anstalten als Kollektivgut – als »unser aller Rundfunk«. Öffentlich-rechtliche Medienorganisationen laufen allerdings Gefahr, dass sie sich im Laufe der Jahrzehnte zu bürokratischen und unflexiblen Großorganisationen entwickeln, die sich mit Innovationen schwertun. Weil sie von allen Hörern und Zuschauern Gebühren erhalten, müssen sie sich über Einschaltquoten legitimieren und sich zumindest zu einem Teil am Massengeschmack orientieren. Zudem versuchen Regierungen und Parteien, über Betei- Binnenpluralität

ligungen an den Kontrollgremien und die Mitsprachemöglichkeiten bei der Festlegung der Gebührenhöhe die Programminhalte und die Besetzung von Leitungspositionen zu beeinflussen (vor allem von Intendanten und Chefredakteuren). Die Zusammensetzung der Rundfunkräte wird immer wieder diskutiert, weil sich die entsprechenden Gesetze an der Gesellschaft der 50er Jahre orientieren, als die öffentlich-rechtlichen Rundfunkanstalten gegründet wurden. So sitzen zum Beispiel im Rundfunkrat des Hessischen Rundfunks nur zwei Frauen und 28 Männer; Schüler und Studenten sind nicht vertreten – dagegen u. a. Vertreter der Vertriebenen, der Bauern, der Gewerkschaften, der Kirchen und des Landtags.

Abb. 4.1

Erlösstrukturen der öffentlich-rechtlichen Rundfunkanstalten

(Quelle: MEDIA PERSPEKTIVEN Basisdaten 2003, 2006)

	1995	2000	2005
Rundfunkgebühren gesamt	4.666	5.918	7.083
Rundfunkgebühren Hörfunk	1.789	2.225	2.642
Rundfunkgebühren Fernsehen	2.877	3.693	4.441
davon an die ARD	3.727	4.496	5.082
davon an das ZDF	846	1.303	1.681
davon an die Landesmedienanstalten (Index)	93	118	136
Werbeumsatz Hörfunk ARD (netto)	219	226	237
Werbeumsatz Fernsehen ARD (netto)	154	193	158
Werbeumsatz ZDF (netto)	176	179	102

Die öffentlich-rechtlichen Rundfunkanstalten finanzieren sich im Schnitt zu 93 Prozent aus Gebühren und zu sieben Prozent aus Werbung – wobei der Anteil der Gebührenfinanzierung kontinuierlich zunimmt. Ein Teil der Rundfunkgebühren fließt in die Landesmedienanstalten, die den privatwirtschaftlichen Rundfunk beaufsichtigen. Zu den in der Tabelle genannten Beträgen kommen noch Erlöse aus anderen Quellen, zum Beispiel aus dem Verkauf von Programmen ins Ausland (Summen in Millionen Euro).

Zeitungen und Zeitschriften sind in Deutschland privatwirtschaftlich und außenplural organisiert. Nach den ersten Verlagskonzentrationen (→ vgl. Kap. 4.2.3; S. 133–135) gab es in den 60er und 70er Jahren Vorschläge, sie einer stärkeren gesellschaftlichen Kontrolle und Mitbestimmung zu unterwerfen und damit eine gewisse Binnenpluralität in Verlagsstrukturen einzuziehen (z. B. mit »Zeitungsräten« oder »Landes-Presseausschüssen«, vgl. Glotz/Langenbucher 1993/1969: 192–212).

Duales Rundfunksystem

Doch die Verleger setzten sich durch und behielten nicht nur die Kontrolle über ihre Presseunternehmen – sie erhielten in den 80er Jahren sogar Beteiligungsmöglichkeiten am entstehenden privatwirtschaftlichen Rundfunk. Mit der Kabel- und Satellitentechnik war die Frequenzknappheit zu Ende und die Begründung für ein allein binnenplurales Modell im Rundfunk nicht mehr gegeben. Mit dem Start von SAT.1 im Januar 1984 begann das Nebeneinander von öffentlich-rechtlichen und privat-kommerziellen Programmen. Das so genannte *Duale Rundfunksystem* war geboren. Auch im Rundfunkbereich hielt nun die Zielsetzung Einzug, Gewinne am Markt zu erzielen. Allerdings spannte das Bundesverfassungsgericht in mehreren Rundfunk-Urteilen den rechtlichen Rahmen für eine möglichst große Autonomie und für eine Vielfaltssicherung auf (vgl. Ronneberger 1989): Die Öffentlich-Rechtlichen haben demnach eine »Grundversorgung« sicherzustellen – die privatwirtschaftlichen sind nicht so frei wie im Pressemarkt, sondern unterliegen bestimmten gesetzlichen Beschränkungen und gesellschaftlicher Kontrolle. Die Kontrollorgane der Landesmedienanstalten sind ähnlich wie die Rundfunkräte aus Vertretern gesellschaftlich relevanter Gruppen zusammengesetzt.

Der Doppelcharakter privatwirtschaftlicher Medienorganisationen | 4.2.2

Privat-kommerzielle Medienunternehmen betreiben also einerseits ein Geschäft: Ihr Ziel ist es, Profit in einem freien Wettbewerb um Publikum und Werbung zu erzielen. Andererseits sind sie ein Teil der »Infrastruktur der Öffentlichkeit (und der Demokratie)« (Altmeppen 2006: 181). Sie unterliegen publizistischen Normen (→ vgl. Kap. 7.1 und 7.2; S. 224–245) und den Vorstellungen von möglichst großer Vielfalt. Der Doppelcharakter von Privatbesitz und Gewinnstreben auf der einen Seite und öffentlicher Aufgabe auf der anderen führt zu einem Spannungsfeld, das schon lange diskutiert wird. Karl Bücher (1847–1930), Redakteur der Frankfurter Zeitung, später Professor für Nationalökonomie an der Universität Leipzig und Gründer des ersten Instituts für Zeitungskunde in Deutschland, geißelte in vielen Streitschriften die Zustände des Pressewesens in den ersten Jahrzehnten des 20. Jahrhunderts.

Zitat

»Der redaktionelle Teil ist bloßes Mittel zum Zweck. Dieser besteht allein in dem Verkauf von Anzeigenraum; nur um für dieses Geschäft möglichst viele Abnehmer zu gewinnen, wendet der Verleger auch dem redaktionellen Teile seine Aufmerksamkeit zu und sucht durch Ausgaben für ihn seine Beliebtheit zu vergrößern. Denn je mehr Abonnenten, um so mehr Inserenten. Sonst aber ist der redaktionelle Teil nur ein lästiges kostensteigerndes Element des Betriebes und wird nur deshalb mitgeführt, weil ohne ihn Abonnenten und in deren Gefolge Inserenten überhaupt nicht zu haben wären. ›Öffentliche Interessen‹ werden in der Zeitung nur gepflegt, soweit es den Erwerbsabsichten des Verlegers nicht hinderlich ist.« *(Quelle: Bücher 1921; erneut gedruckt in Bücher 1981: 219)*

Janusköpfigkeit

Die Kritik von Karl Bücher bringt die Janusköpfigkeit privat-kommerzieller Medien auf den Punkt – auch wenn ihm heute so mancher Verleger heftig widersprechen würde. Vor allem mittelständische Verleger und Verlage im Familienbesitz reklamieren für sich auch publizistische Ziele – und nicht nur ökonomische. Die Problematik verschärfte sich allerdings mit der Einführung privaten Rundfunks: Seit den 80er Jahren spricht man in der Bundesrepublik Deutschland von einer »Kommerzialisierung« der Medien – und mahnt an, dass Medien eigentlich »meritorische Güter« sind.

Definition

Kommerzialisierung

Der Begriff der »Kommerzialität« bedeutet ein auf Gewinn bedachtes Handeln eines Unternehmens – also selbstverständliche Kaufmannspflicht. In der Logik marktwirtschaftlicher Ordnung dient ein Kaufmann dem Wohle aller, wenn er möglichst marktfähige Produkte herstellt und damit im Eigeninteresse hohe Gewinne erzielt (Angebot und Nachfrage). Medien sind in diesem Sinne nichts anderes als Fischstäbchen oder Teigwaren. Medienmärkte unterscheiden sich aber grundsätzlich von anderen Märkten, weil Medien nicht nur Wirtschafts-, sondern auch Kulturgüter sind, die eine öffentliche Aufgabe erfüllen und eine gesellschaftlich-politische Funktion haben (z.B. Information, Meinungsbildung, Kritik und Kontrolle). Die Tendenz, dass die öffentliche Aufgabe dem Gewinnstreben – das Kultur- dem Wirtschaftsgut – untergeordnet wird, wird mit dem Begriff »Kommerzialisierung« bezeichnet. Konsequenzen der Kommerzialisierung sind eine billigere Produktion und eine Ausrichtung an den Wünschen des Massenpublikums (nach Kiefer 2001: 21–22; Sjurts 2004).

Definition

Meritorische Güter

Über den Marktmechanismus bereitgestellte Güter folgen ausschließlich den Bedürfnissen und Nutzenerwartungen der Komsumenten. Wenn diese Konsumentenpräferenzen »verzerrt« sind – zum Beispiel weil es sich um Vertrauensgüter handelt, die von vornherein nicht umfassend beurteilt werden können, oder um Kulturgüter, die nicht automatisch massenhaft nachgefragt werden – dann spricht man von »meritorischen Gütern« (englisch: »merit wants«): Sie sind grundsätzlich gesellschaftlich erwünscht, würden aber in einem freien Markt nur ungenügend produziert und konsumiert. Typische meritorische Güter sind Gesundheit, Bildung oder allgemein die Sozialversicherung – aber auch journalistische Medienprodukte werden als meritorische Güter angesehen (nach Kiefer 2001: 136–139).

Das Konzept der meritorischen Güter ist nicht unumstritten. Denn diese Theorie könnte auch von einem »wohlwollenden Diktator« missbraucht werden, der vorgeblich besser weiß, was den Menschen guttut. Das gesellschaftlich Wünschenswerte muss deshalb demokratisch entschieden und kontrolliert werden. Vor allem im Medienbereich sollte staatlicher Einfluss möglichst vermieden werden.

Staatliche Finanzierung

Mit dem Argument der Meritorik werden die (Zwangs-)Gebühren für den öffentlich-rechtlichen Rundfunk begründet – aber auch staatliche Finanzierungen von Medien in westlichen Demokratien ermöglicht: So wird zum Beispiel die *Deutsche Welle* aus Bundesmitteln finanziert, ist aber gesetzlich verankert kein Staatsrundfunk, sondern gehört mit eigenem Intendanten und Rundfunkrat zum öffentlich-rechtlichen Verbund der ARD. In Österreich unterstützt der Staat mit der Presseförderung die Zeitungsverlage, um die Vielfalt der Presse zu fördern (vgl. das Bundesgesetz über die Förderung der Presse). In den Jahren 2004/05 erhielten *Der Standard* und *Die Presse* die größten Anteile des Kuchens, der insgesamt rund neun Millionen Euro groß ist (vgl. www.statistik.at). In Frankreich betragen die direkten staatlichen Subventionen für die Presse sogar 280 Millionen Euro (vgl. Ollrog 2007). Der (politische und inhaltliche) Einfluss der Regierung und der Parteien auf die Medienlandschaft durch solche Finanzierungsmodelle wird immer wieder diskutiert – in Österreich wie in Deutschland. In Frankreich kommt hinzu, dass die Subventionen Verlage und Redaktionen von längst fälligen Innovationen abhalten.

Erlösmodelle privatwirtschaftlicher Medien

Die zwei grundsätzlichen Erlösmodelle privatwirtschaftlicher Medien haben wir schon kurz erwähnt. Neuerdings kommen neue Möglichkeiten hinzu – vor allem mit digitalen Plattformen wie dem Internet, der mobilen Kommunikation oder dem digitalen Fernsehen (vgl. z.B. Mohr/Thomas 2002). Im Wesentlichen können folgende Finanzierungsformen für Medien, die journalistische Inhalte produzieren, aggregieren und vertreiben, unterschieden werden:

Abo oder Einzelverkauf

- *Verkauf ans Publikum:* Zeitungen und Zeitschriften können im Abonnement oder im Einzelverkauf am Kiosk (Boulevard) vertrieben werden. Beim Bezahlfernsehen (Pay-TV) wird ein ganzes Programmpaket verkauft, ein einzelner Kanal (pay per channel) oder eine einzelne Sendung (pay per view). Diese zwei letztgenannten Formen wurden für den Verkauf journalistischer Produkte im Internet übernommen: das Abonnement einer ganzen Website oder der Kauf eines einzelnen aktuellen oder archivierten Beitrags (micro payment). Allerdings ist es schwierig, im Internet zahlendes Publikum für journalistische Inhalte zu bekommen, weil sich eine »Kostenloskultur« durchgesetzt hat: Gerade bei allgemeinen Informationen findet sich immer ein Anbieter, der die gleichen oder ähnliche Informationen umsonst zur Verfügung stellt. Auch das Bezahlfernsehen hat es in Ländern schwer, in denen viele Free TV-Kanäle angeboten werden wie in Deutschland.

Werbeflächen

- Der *Verkauf von Werbefläche* unterliegt schon immer stark konjunkturellen Schwankungen: Wenn es der Wirtschaft gut geht, gehen die Werbeeinnahmen nach oben – und umgekehrt. Nach dem Allzeithoch im Jahr 2000 sind die Werbeeinnahmen der aktuellen Massenmedien im Zuge der Krise der »New Economy« und einer allgemeinen Konjunkturschwäche stark zurückgegangen (vgl. Abb. 4.2). Vor allem die Tageszeitungen mussten erhebliche Einbußen in Kauf nehmen (von 6,5 Milliarden auf 4,4 Milliarden Euro in fünf Jahren) – sie liegen aber insgesamt noch knapp vor dem Fernsehen. Hauptgrund für die Verluste ist die Abwanderung der Anzeigenmärkte ins Internet (u.a. Auto-, Wohnungs- und Jobanzeigen). Enorme Wachstumspotentiale stecken im Internet: Im Jahr 2006 sind die Werbeeinnahmen im deutschen Internet nach Angaben des Zentralverbands der deutschen Werbewirtschaft (ZAW) auf 495 Millionen Euro gestiegen (plus 49 Prozent gegenüber dem Vorjahr). Bezahlte Medieninhalte müssen von redaktionellen Inhalten strikt getrennt und klar gekennzeichnet werden, wobei es immer wieder Versuche gibt, diese Trennungsnorm zu unterlaufen, was die Glaubwürdigkeit aufs Spiel setzt (Baerns 2004). Eine der Werbung verwandte Finanzierungsform ist das *Sponsoring*: Eine Sponsor unterstützt zum Beispiel eine Fernsehsendung und wird vorher und nachher kurz eingeblendet (Sportübertragungen im Fernsehen werden z.B. häufig von Brauereien gesponsert). Sponsoren dürfen genauso wie Anzeigenkunden keinen Einfluss auf die redaktionellen Inhalte nehmen.

Entwicklung der Werbeeinnahmen in Deutschland

Abb. 4.2

In der Tabelle sind bei Fernsehen und Hörfunk die Werbeeinnahmen von privatwirtschaftlichen und öffentlich-rechtlichen Sendern zusammengefasst. In der Gesamtsumme in der letzten Zeile sind weitere Werbeträger enthalten (z.B. Anzeigenblätter, Fachzeitschriften, Filmtheater). (Quelle: Jahrbücher des Zentralverbands der deutschen Werbewirtschaft (ZAW) 1996, 2004 und 2006)

Werbeträger	1995*	Veränderung gegenüber dem Vorjahr	2000*	Veränderung gegenüber dem Vorjahr	2005*	Veränderung gegenüber dem Vorjahr
Tageszeitungen	5.482	+3,4 %	6.557	+8,1 %	4.418	−1,9 %
Fernsehen	3.243	+12,6 %	4.709	+9,1 %	3.930	+1,8 %
Publikumszeitschriften	1.792	+6,0 %	2.247	+12,0 %	1.791	−2,6 %
Hörfunk	595	+2,5 %	733	+6,1 %	664	+7,4 %
Online-Angebote	–	–	153	+100 %	332	+22,5 %
Gesamt	18.597	+7,1 %	23.376	+7,1 %	19.775	+1,0 %

* Angaben in Millionen Euro

Shopping

- Die *Transaktion* als dritte Finanzierungsform von Massenmedien wurde mit den Shoppingkanälen des Fernsehens populär (z.B. HSE24 oder QVC). Während beim klassischen Fernsehen noch auf einen anderen Bestellkanal (in der Regel das Telefon) zurückgegriffen werden muss, ist bei digitalen Plattformen wie dem Internet die Transaktion auf der Plattform selbst möglich (E-Commerce). Dies kann zu neuen Trennungsunschärfen bei journalistischen Inhalten führen: Ist es legitim, wenn ein Medienunternehmen neben der Buch-, CD- oder DVD-Kritik gleich eine Bestellmöglichkeit anbietet – und beim Verkauf mitverdient? Eine enge Verbindung zwischen Information/Nachrichten und Shopping geht zum Beispiel T-ONLINE.DE ein – Kritiker sprechen von einer Versandplattform mit angeschlossener Nachrichtenproduktion. Aber auch außerhalb des Internet nutzen Medienunternehmen immer häufiger ihren Bekanntheitsgrad und ihre Glaubwürdigkeit für Transaktionen: Die SÜDDEUTSCHE ZEITUNG zum Beispiel verkauft Bücher, CDs, DVDs oder Wein – und wirbt im redaktionellen Teil dafür ganz ungeniert. In Krisenzeiten entwickeln Medienhäuser noch mehr Einnahmequellen: Nach dem Fall des Postmonopols setzen Zeitungsverlage ihre Austräger als Briefzusteller ein. Das Medienhaus Vorarlberg (Firmenimperium Russ) in Österreich bietet neben der Tageszeitung VORARLBERGER NACHRICHTEN, Anzeigenblättern und einem Radiosender auch Online- und Telefonanschluss, Strom oder Versicherungen an.

Content syndication

- Der *Verkauf von Medieninhalten* nicht direkt an das Publikum, sondern *an andere Medienhäuser* gehört auch zu den Möglichkeiten der Finanzierung journalistischer Redaktionen. Klassisch ist die Produktion eines Zeitungsmantels für kleine Verlage, also eines überregionalen Zeitungsteils, in den der jeweilige Lokalteil eingelegt werden kann. Weitere Möglichkeiten sind die Produktion eines Mantelprogramms für kleine Radiosender, der Verkauf von einmal gesendeten Programminhalten an andere Sender – oder das Geschäftsprinzip der Nachrichtenagenturen, die ihre Nachrichten an Redaktionen zum weiteren Gebrauch verkaufen. Neuerdings wird der Verkauf von digitalisierten Inhalten als *Content syndication* bezeichnet. Jedes Unternehmen kann zum Beispiel Nachrichten aus der Redaktion der FRANKFURTER ALLGEMEINEN ZEITUNG (www.faz.net) kaufen und automatisch in die eigene Website einfließen lassen.

Die wesentlichen Finanzierungsformen privatwirtschaftlicher Medien bleiben indes nach wie vor der Verkauf von Medienprodukten ans Publikum und der Verkauf von Werbefläche. Die Mischkalkulationen sind ganz unterschiedlich (vgl. Abb. 4.3). Zwei – sich auf den ersten Blick widersprechende – Trends sind zu beobachten:

Vertrieb:Anzeigen = 50:50

- Die klassischen Tageszeitungen werden immer mehr über den Vertrieb finanziert. Bis zum Jahr 2000 galt die Faustregel, wonach ein Drittel der Umsätze des Zeitungsgeschäfts über den Vertrieb und zwei Drittel über Anzeigen erzielt wurden. Inzwischen liegen die Zeitungsverlage bei 50:50.

Kostenlose Pendlerzeitungen

- Die Zahl der Medien, die sich (nahezu) ausschließlich über Werbung finanzieren, nimmt zu. Neben dem privatwirtschaftlichen Rundfunk und den wöchentlichen oder monatlichen Anzeigenblättern ist dies vor allem im Internet der Fall – und in immer mehr Ländern auch auf dem Markt der Tageszeitungen. So erreichen zum Beispiel kostenlose Pendlerzeitungen in Österreich (HEUTE) und in der Schweiz (20 MINUTEN) in den Großstädten höhere Reichweiten als die klassischen Tageszeitungen. International größter Anbieter ist das schwedische Unternehmen METRO, das im September 2006 in 21 Ländern 70 Ausgaben von Gratis-Pendlerzeitungen herausgab (Haas 2006: 511).

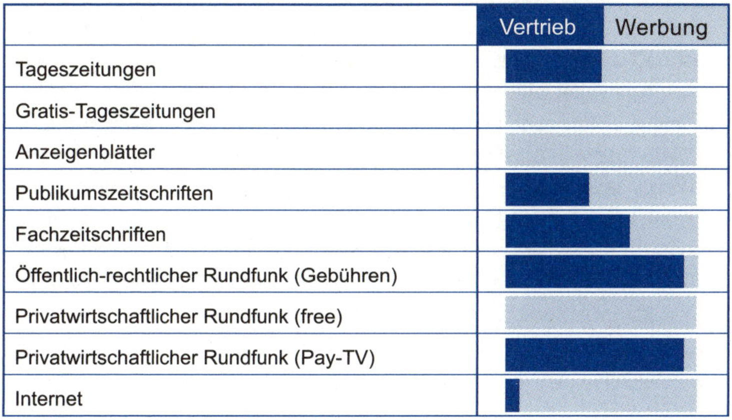

Abb. 4.3

Mischfinanzierung aus Vertrieb und Werbung

Die Balken geben das Verhältnis von Vertriebs- und Werbefinanzierung an. Es handelt sich um Schätzungen aufgrund von Angaben der Medienorganisationen und Verbände.

Medienkonzentration und Medienmultis | 4.2.3

Autonomie und Vielfalt als die Hauptkriterien für ein freies Mediensystem wurden bereits mehrfach in diesem Buch benannt (→ vgl. z. B. Kap. 2.3.1; S. 82–84). Die Gefahr einer Abnahme der Angebotsvielfalt und einer Machtballung liegt in einer unkontrollierten Wirtschaftskonzentration. Dementsprechend gibt es staatliche Regulierungen, die eine allzu große Medienkonzentration verhindern sollen – ob dies allerdings tatsächlich gelingt, wird immer wieder diskutiert.

Definition

Medienkonzentration

Konzentrationsprozesse sind ein Bestandteil des marktwirtschaftlichen Wettbewerbs: Weniger erfolgreiche Anbieter werden durch erfolgreichere vom Markt verdrängt oder aufgekauft. In der Konsequenz kommt es zu einer allmählichen Verringerung der Zahl der Anbieter. Im Wesentlichen gibt es drei Typen von Medienkonzentration (nach Dreier 2006):

(1) Von *horizontaler* Konzentration spricht man, wenn die beteiligten Unternehmen auf demselben Markt agieren. Wenn zum Beispiel ein Zeitungsverlag einen anderen Zeitungsverlag kauft, sinkt die Zahl der Anbieter und der Marktanteil des Käufers steigt.

(2) Mit *vertikaler* Konzentration ist gemeint, dass ein Medienunternehmen eine vor- oder nachgelagerte Produktionsstufe übernimmt. Wenn zum Beispiel ein Zeitungsverlag eine Druckerei kauft, ein Fernsehsender einen Rundfunksatelliten oder ein Kabelnetzbetreiber die

Ausstrahlungsrechte eines Sport-Großereignisses – dann steigt die Marktmacht des Unternehmens, da es leichter über die entsprechenden Ressourcen verfügen kann und eventuell sogar andere Anbieter behindern könnte.

(3) *Diagonale* Konzentration bezeichnet die Fusion oder Übernahme von Medienunternehmen, die auf unterschiedlichen Märkten agieren. Wenn sich zum Beispiel ein Fernsehsender an einer Zeitung oder Zeitschrift beteiligt oder ein regionaler Zeitungsverlag an einem Lokalradio, steigt insgesamt die Medienmacht dieses Unternehmens. Diese Konzentrationsform wird auch als *multimediale* oder *crossmediale* Konzentration oder als *Crossownership* bezeichnet.

Die horizontale Konzentration traf in der Geschichte der Bundesrepublik Deutschland vor allem den Markt der Tageszeitungen – und zwar in einer ersten Konzentrationswelle zwischen den 50er und 70er Jahren und einer zweiten nach der Wiedervereinigung in den 90er Jahren (vgl. Abb. 4.4). Die Daten der Zeitungsstatistik, welche diese Konzentrationsbewegungen belegen, wurden in mühsamer Kleinarbeit jahrzehntelang vom Zeitungsforscher Walter J. Schütz zusammengetragen (vgl. z. B. Schütz 2005).

Abb. 4.4

Konzentrationsprozesse auf dem Markt der Tageszeitungen

(Quelle: Media Perspektiven Basisdaten 2006; Schütz 2005)

Jahr	Publizistische Einheiten	Verlage als Herausgeber	Ausgaben	Einzeitungskreise
1954	225	624	1.500	15 %
1976	121	403	1.229	45 %
1989	119	358	1.344	49 %
1989 (DDR)	*37*	*38*	*291*	
1991	158	410	1.673	1993: 55 %
2006	137	353	1.529	2004: 58 %

Die Zahl der Publizistischen Einheiten und der Zeitungsverlage ging in den ersten Jahrzehnten der Bundesrepublik Deutschland stark zurück. Mit dem Kunstwort »Publizistische Einheit« sind alle Verlage und Ausgaben gemeint, die einen gemeinsamen Mantelteil haben. Im Jahr 2006 gab es in Deutschland demnach 137 Zeitungsmäntel (überregionale Teile).

Pressekonzentration in Österreich

Ähnliche Konzentrationsbewegungen gab es in Österreich (vgl. Melischek/Seethaler/Skodacsek 2005): Die Zahl der Publizistischen Einheiten sank von 34 im Jahr 1946 auf 20 im Jahr 1971 – und schließlich auf 13 im

Jahr 2004. Auffällig für den Markt der Tageszeitungen in Österreich ist die hohe ökonomische Konzentration auf wenige Großverlage, was besonders im Osten und Westen Österreichs dramatisch ist: In Wien und Niederösterreich beläuft sich der Marktanteil der Mediaprint, zu der die Kronen Zeitung (Boulevard) und der Kurier (Abo) gehören, auf 90 Prozent – im Burgenland hat sie ein Monopol. Ein Quasi-Monopol mit 96 Prozent Marktanteil hält in Vorarlberg das Firmenimperium Russ (Vorarlberger Nachrichten und Neue Vorarlberger Tageszeitung).

Vielfalt *in* der Zeitung

Wesentliche Auswirkung der Pressekonzentration in Deutschland ist die Reduzierung der Medienvielfalt im Lokalen: Die Zahl der Kreise und kreisfreien Städte, in denen es nur eine lokale Tageszeitung – also ein Zeitungsmonopol – gibt, ist auf 58 Prozent im Jahr 2004 gestiegen: In 256 von 439 Landkreisen gibt es nur eine Tageszeitung (Schütz 2005: 224). Allerdings ist umstritten, ob dies tatsächlich eine Einschränkung der inhaltlichen Zeitungsqualität bedeutet: Es gibt in Einzeitungskreisen zwar keine zweite täglich gedruckte öffentliche Plattform und damit keinen Konkurrenzdruck, aber größere Zeitungsverlage können in der Regel größere Redaktionen betreiben, während kleinere nur mühsam ihre Seiten füllen. Letztlich ist gerade im Lokaljournalismus die Vielfalt *in* den Medien genauso wichtig wie die Vielfalt *der* Medien – zumal die Menschen ja in der Regel nur eine Zeitung lesen. Dies ist allerdings wieder ein Argument für Binnenpluralität auch bei Tageszeitungen (→ vgl. Kap. 4.2.1; S. 125–126).

Medienmultis

Crossownership

Beispiele für diagonale Konzentration (Crossownership) findet man in Deutschland bei den Medienmultis, deren Beteiligungen regelmäßig das Dortmunder FORMATT-Institut recherchiert und veröffentlicht (vgl. z. B. Röper 2006a). Dazu zählen die folgenden Medienunternehmen (Beispiele für Beteiligungen in Deutschland jeweils in Klammern, mehr Beispiele in Kapitel 4.3):

- *Axel Springer Verlag* in Berlin: Zum Springer-Konzern gehören ein Dutzend Tages- und Sonntagszeitungen, mehr als 40 Zeitschriften und Beteiligungen an regionalen Radiosendern (Antenne Bayern, radio ffn) sowie zu zwölf Prozent an der ProSiebenSat.1 Media AG.
- Die *Bertelsmann AG* in Gütersloh ist an Tageszeitungen beteiligt (Financial Times Deutschland), vor allem aber über das Tochterunternehmen Gruner + Jahr (Hamburg) an mehr als 60 Zeitschriften. 90 Prozent Anteile besitzt die Bertelsmann AG an der RTL Gruppe (Köln), die Fernseh- und Radiosender (radio NRW, RTL radio, Radio Hamburg) betreibt und an Produktionsunternehmen (UFA Filmproduktion) beteiligt ist.

- Der Burda-Konzern in Offenburg/München trägt den offiziellen Namen *Hubert Burda Media* und ist bekannt für seine mehr als 40 Zeitschriften und Beteiligungen an regionalen Radio- (ARABELLA, GONG, FFH) und Fernsehsendern (MÜNCHEN.TV, TV AUGSBURG).
- Weitere deutsche Medienmultis sind der *WAZ*-Konzern Essen (vor allem regionale Tageszeitungen), der *Holtzbrinck*-Konzern Stuttgart (Tages- und Wochenzeitungen, Zeitschriften – wie HANDELSBLATT, TAGESSPIEGEL, DIE ZEIT oder SPEKTRUM DER WISSENSCHAFT) und der *Bauer*-Konzern Hamburg (vor allem 40 Zeitschriften).

Transnationale Verflechtungen

Alle diese Medienmultis haben vielfache Beteiligungen in anderen Ländern. Zur Bertelsmann AG gehören zum Beispiel 32 Zeitschriften in Frankreich, 37 in Spanien oder 15 in Polen sowie mit Random House (New York) die größte Buchverlagsgruppe der Welt. Der Springer-Konzern gibt weltweit mehr als 150 Zeitungen und Zeitschriften heraus. Ein weiteres globales Wachstum ist für die großen Medienunternehmen vorgezeichnet (vgl. Hachmeister/Rager 2005), während die Konzentrationsbestimmungen überwiegend auf nationale Märkte beschränkt sind. Klassisches Beispiel für transnationale Verflechtungen ist der österreichische Zeitungsmarkt, in dem ein Drittel von ausländischen Firmen kontrolliert wird – vor allem von deutschen, aber auch schwedischen und italienischen Unternehmen. Die KRONEN ZEITUNG und der KURIER gehören zum Beispiel zur Hälfte dem deutschen WAZ-Konzern; die den Zeitschriftenmarkt dominierende NEWS-Verlagsgruppe gehört zur Hälfte zu Gruner + Jahr (→ vgl. Kap. 4.3.5; S. 155–157).

Konzentrationskontrolle

Bundeskartellamt und KEK

Für die Konzentrationskontrolle im Medienbereich sind in Deutschland zwei Institutionen zuständig: das Bundeskartellamt und die Kommission zur Ermittlung der Konzentration im Medienbereich (KEK). Während das Bundeskartellamt der Wettbewerbshüter für alle Branchen ist und auch im Medienbereich auf den Schutz des *marktwirtschaftlichen* Wettbewerbs achtet, wurde die KEK von den Landesmedienanstalten als Expertengremium zur Sicherung der Meinungsvielfalt – also des *publizistischen* Wettbewerbs – eingesetzt. Die KEK wird nur gehört, wenn es um die Zulassung oder die Änderung der Beteiligungsverhältnisse von Fernsehveranstaltern geht – das Kartellamt übt auch eine Pressefusionskontrolle aus.

Beispiele für das Wirken der Konzentrationskontrolle:

Kampf um Berliner Zeitung

- In den Jahren 2002/03 hat das Bundeskartellamt den Erwerb des Berliner Verlags (BERLINER ZEITUNG, BERLINER KURIER, Stadtillustrierte TIP) durch den Holtzbrinck-Konzern, Stuttgart, (in Berlin: TAGESSPIEGEL,

Stadtillustrierte ZITTY) untersagt, weil der Zusammenschluss zur Entstehung einer marktbeherrschenden Stellung von Holtzbrinck auf dem Lesermarkt für regionale Abonnement-Tageszeitungen in Berlin und dem dortigen Lesermarkt für Stadtillustrierte geführt hätte (vgl. www.bundeskartellamt.de). In der Folge übernahm ein Konsortium aus ausländischen Investmentgesellschaften den Berliner Verlag, was die Branche sorgenvoll beobachtete, weil Investmentgesellschaften vor allem die Rendite im Auge haben – und weniger die publizistische öffentliche Aufgabe.

- Im Januar 2006 untersagte die KEK die Übernahme der ProSiebenSAT.1 Media AG durch den Axel Springer Verlag, weil man durch die Verbindung eines starken Fernsehunternehmens (Marktanteil 22 Prozent) und des größten deutschen Zeitungskonzerns (Marktanteil 23 Prozent) eine »vorherrschende Meinungsmacht« in zwei eng verwandten Medienmärkten befürchtete (diagonale Konzentration). Vor allem die Monopolstellung der Boulevardzeitung BILD könnte durch crossmediale Strategien gestärkt werden. Die KEK hat Alternativen vorgeschlagen, welche die Bedenken ausgeräumt hätten, die aber vom Springer Verlag nicht akzeptiert wurden: der Verzicht auf den Erwerb einer der Sender SAT.1 oder ProSieben oder die verbindliche binnenplurale Ausgestaltung eines dieser Sender (vgl. www.kek-online.de). Auch die ProSiebenSAT.1 Media AG wurde in der Folge von internationalen Investmentgesellschaften gekauft – mit dem Ziel, einen europaweit tätigen Fernsehkonzern zu gründen.

Kampf um ProSiebenSAT.1

Ökonomische Herausforderungen durch das Internet | 4.2.4

Die Barrieren für den Marktzutritt sind bei den klassischen Medien sehr hoch. Man muss schon viel Geld in die Hand nehmen, um eine Zeitung, eine Zeitschrift oder einen Sender zu gründen. Nur wenige Tageszeitungen schafften in der Bundesrepublik Deutschland eine überlebensfähige Neugründung – wie zum Beispiel die TAZ 1979 oder die FINANCIAL TIMES DEUTSCHLAND 2000.

Der Erfolg … … von Google

Im Internet ist die Schwelle, eine Website zu veröffentlichen, dagegen sehr niedrig. Allerdings schaffen es auch hier nur wenige, ein Massenpublikum zu erreichen – doch oft liegt dies nicht nur am Kapitaleinsatz, sondern an einer zündenden Idee. Prominentes Beispiel ist die Suchmaschine GOOGLE, die 1998 nicht von einem Medien- oder Software-Konzern gegründet wurde, sondern von den zwei Studenten Larry Page und Sergey Brin. GOOGLE ging 2004 an die Börse und setzte allein im Jahr 2005 mehr als sechs Milliarden US-Dollar – überwiegend durch Werbung – um.

... von MySpace und You Tube

Ähnliche Erfolgsgeschichten verzeichnen partizipative Websites, die auf das Mitteilungsbedürfnis der Nutzer setzen: Die Community MYSPACE wurde im Juli 2003 gegründet – und zwei Jahre später für 580 Millionen US-Dollar vom Medienmogul Rupert Murdoch gekauft, einem der weltweit größten Medienunternehmer (vgl. www.newscorp.com). Die Video-Community YOU TUBE startete im Februar 2005 ohne Marketingaufwand – und wurde im Oktober 2006 für 1,6 Milliarden US-Dollar von GOOGLE übernommen. In Deutschland hat die Verlagsgruppe Holtzbrinck im Januar 2007 die Community-Plattform STUDIVZ für 85 Millionen Euro gekauft.

Vier Phasen bis zum Web 2.0

Die kurze Zeit der Internet-Ökonomie kann in vier Phasen eingeteilt werden (vgl. u. a. Friedrichsen/Mühl-Benninghaus/Schweiger 2006: 9):

(1) Anfangs war das Internet Spielplatz für Amateure und ökonomisch weitgehend bedeutungslos.

»New Economy«

(2) In der zweiten Hälfte der 90er Jahre versuchten findige Geschäftsleute an den Ideen der Amateure zu partizipieren: Das Phänomen der »New Economy« schien die bisherigen ökonomischen Grundsätze aus den Angeln zu heben, ließ eine weltweite Blase an den Aktienmärkten entstehen – und so manche Online-Redaktion rasant wachsen. Den teilweise immensen Investitionen standen kaum Einnahmen gegenüber.

(3) Nach dem Zusammenbruch der »New Economy« und dem weltweiten Absturz der Aktienmärkte im Jahr 2000 wichen die ökonomischen Utopien und Allmachtsträume einer nüchternen Sichtweise. Viele Investoren zogen sich aus dem Internet zurück – Online-Redaktionen wurden ausgedünnt.

Web 2.0

(4) Seit dem Jahr 2006 ist wieder Zuversicht in die Potentiale des Internet spürbar – vor allem in die Interaktivität und Multimedialität. Der Begriff des Web 2.0 – vom Verleger Tim O'Reilly erfunden – ist zum Schlagwort für die vielen Möglichkeiten der Nutzerbeteiligung im Internet geworden. O'Reilly (2005) beschreibt die Grundlagen für die erwähnte Dynamik von Community-Plattformen wie MYSPACE, YOUTUBE oder STUDIVZ – und andere Formen der Nutzerintegration. Verbesserte Übertragungs- und Komprimierungstechniken sowie die Zunahme schneller Internetzugänge erweitern zudem die Multimedialität des Internet: Audio- und Videobeiträge werden populärer.

Verunsicherte Medienbranche

Die spektakulären Geschäfte und teuren Investitionen sind nur die Spitze des Eisbergs: Das Internet hat eine weltweite Wachstumsdynamik entwickelt, die in der klassischen Medienwelt ohne Vorbild ist – und welche die Medienorganisationen zunehmend verunsichert. Einerseits hat

Wikipedia	Internationales Online-Lexikon, an dem jeder mitschreiben kann	8,4 Mio. Nutzer in Deutschland*	nicht-kommerziell
YouTube	weltweites Portal, dessen Nutzer selbstgemachte Videos zeigen und ansehen	2,5 Mio. Nutzer in Deutschland*	gehört zu Google
MySpace	weltweit größtes Online-Netzwerk	1,1 Mio. Nutzer in Deutschland*	gehört zu News Corporation (Rupert Murdoch)
OpenBC/Xing	weltweites Netzwerk für Business-Kontakte	1,5 Mio. Nutzer in Deutschland*	Aktiengesellschaft
Blogger	weltweite Plattform für Weblogs	1,0 Mio. Nutzer in Deutschland*	gehört zu Google
StudiVZ	deutsches Online-Studenten-Netzwerk	> 1 Mio. aktive Mitglieder**	gehört zum Holtzbrinck-Konzern

* nach einer Umfrage der Unternehmensberatung Booz Allen Hamilton im Oktober 2006

** nach eigenen Angaben Anfang 2007

Abb. 4.5

Beispiele für populäre Web 2.0-Plattformen

das Internet das Potential einer zentralen Drehscheibe für Text, Bild, Audio und Video und kann sich zu einer ernsthaften Konkurrenz und Bedrohung der traditionellen Medien entwickeln. Andererseits sind die ökonomisch zentralen Fragen nach wie vor nicht klar beantwortet: Wie können Online-Medien mit journalistischen Inhalten Gewinne erwirtschaften – nur durch Werbung oder auch mit anderen Geschäftsmodellen? Entstehen neue Werbeformen? Wie verändern sich die Märkte und Produkte? Werden die öffentliche Aufgabe der Medien und die ökonomischen Interessen in der Waage bleiben?

Long Tail

Versuche, neue Geschäftsmodelle im Internet zu analysieren, gibt es viele. Ein Beispiel ist eine oft zitierte Analyse des Web 2.0-Geschäfts, die der Chefredakteur des US-Magazins Wired, Chris Anderson, 2004 in seiner Zeitschrift vorgestellt und später als Buch erweitert hat (2007). Unter dem Schlagwort »Long Tail« (»langer Schwanz«) beschreibt er die Strategie, nicht mit einem Massenprodukt, sondern mit einer großen Anzahl an Nischenprodukten langfristig im Internet Gewinne zu erzielen (vgl. sein Weblog unter www.longtail.com).

Zusammenfassung

Die eine und einzige ideale Organisationsform von aktuellen Massenmedien gibt es nicht. Weil jeder Typ Vor- und Nachteile hat, hat es sich in einer pluralistischen Demokratie bewährt, verschiedene Modelle zuzulassen und mehr oder weniger gesellschaftlich zu fördern und zu kontrollieren. Grundsätzlich kann zwischen öffentlich-rechtlichen und privatwirtschaftlichen Organisationsformen unterschieden werden. Öffentlich-rechtliche Rundfunkanstalten finanzieren sich überwiegend mit allgemeinen Gebühren. Sie sind der Vielfalt und einem Programmauftrag verpflichtet, laufen allerdings Gefahr, dass sie sich zu bürokratischen und unflexiblen Großorganisationen entwickeln. Privatwirtschaftliche Medienunternehmen leben in einem Spannungsfeld zwischen Gewinnstreben und öffentlicher Aufgabe. Ein ausgewogenes Verhältnis zwischen beidem kann mit zunehmender Kommerzialisierung und Medienkonzentration aus den Fugen geraten.

Übungsfragen zu Kapitel 4.2

1 Erklären Sie den Unterschied zwischen öffentlich-rechtlichen und privatwirtschaftlichen Medienorganisationen.

2 Was sind »meritorische Güter« – und warum können journalistische Medienprodukte als meritorische Güter bezeichnet werden?

3 Nennen und analysieren Sie die verschiedenen Erlösmodelle privatwirtschaftlicher Medien.

4 Welche Typen von Medienkonzentration können unterschieden werden?

5 Recherchieren Sie auf den Websites des Bundeskartellamts und der KEK Fallbeispiele für Entscheidungen der Konzentrationskontrolle im Medienbereich.

6 Inwiefern ist das Internet eine ökonomische und publizistische Herausforderung für alle klassischen Medienorganisationen?

Literatur

Zur **Medienökonomie** gibt es inzwischen viele Lehrbücher. Zu empfehlen sind zwei dicke Werke: die »Medienökonomik« von Marie Luise Kiefer, die sich eher an ökonomischen Theorien ausrichtet, und die »Medienökonomie« von Jürgen Heinrich, der in zwei Bänden detailliert alle mikro- und makro-ökonomischen Grundlagen des Mediensystems analysiert. Spannend zu lesen sind die **Porträts der 50 größten Medienkonzerne der Welt**, die Lutz Hachmeister und Günther Rager im Buch »Wer beherrscht die Medien?« zusammengetragen haben. Zur **Internet-Ökonomie** liegt ein grundlegendes, aber leider seit Jahren nicht mehr aktualisiertes Buch von Axel Zerdick u.a. vor. Ergänzend ist zur Entwicklung des Internet zum **Web 2.0** der Aufsatz von Tim O'Reilly lesenswert.

Medienlandschaft Deutschland: Basisdaten | 4.3

Vorgaben der Alliierten

Das vielfältige Medienangebot in Deutschland hat sich aus den Vorgaben der alliierten Siegermächte nach dem Zweiten Weltkrieg entwickelt (vgl. z.B. Dreier 2004, Wilke 1999). Viele der heute noch größten Zeitungen und Zeitschriften begannen zwischen 1945 und 1949 mit einer Lizenz der Alliierten – darunter z.B. SÜDDEUTSCHE ZEITUNG, FRANKFURTER RUNDSCHAU und DIE WELT oder STERN, SPIEGEL und DIE ZEIT. Die Struktur des öffentlich-rechtlichen Rundfunks ist durch das Vorbild der staatsfernen britischen BBC beeinflusst, wurde aber mit den Landesrundfunkanstalten noch stärker föderalisiert – nach den Erfahrungen mit einem zentralen Propaganda-Hörfunk der Nationalsozialisten.

Mediensystem in der DDR

In der DDR entwickelte sich dagegen mit der sowjetischen Besatzungspolitik ein zentralistisches Mediensystem unter Kontrolle der Sozialistischen Einheitspartei Deutschlands (SED). Nach der Wiedervereinigung im Jahr 1990 wurden die westdeutschen Rahmenbedingungen auf die neuen Bundesländer übertragen. Die ehemaligen Parteizeitungen sind heute überwiegend im Besitz westdeutscher Großverlage. Das Rundfunksystem wurde in die westdeutsche ARD integriert.

Literatur

Eine anschauliche und mit vielen Fotos bebilderte Übersicht über die **Mediengeschichte der Bundesrepublik Deutschland** von 1945 bis 1999 bietet ein Sammelband, den Jürgen Wilke herausgegeben hat. Die **Mediengeschichte der DDR** von 1945 bis 1990 wurde von Gunter Holzweißig gut lesbar analysiert. Die zentrale Steuerung und totale Kontrolle der **Medien im Nationalsozialismus** ist von Clemens Zimmermann im Vergleich von Deutschland, Italien und Spanien beschrieben.

4.3.1 | Nachrichtenagenturen

Die Nachrichtenagenturen sind die Grundlage des überregionalen (Informations-)Journalismus. Sie sammeln und selektieren aktuelle Meldungen und bereiten sie für ihre Kunden auf. Theoretisch kann jeder Agenturdienste beziehen; in der Regel werden die Meldungen aber von Zeitungen, Zeitschriften, Rundfunkanstalten und Online-Diensten zur weiteren Verarbeitung und Verbreitung an ein Massenpublikum gekauft.

Genossenschaft, Privat- oder Staatsbesitz

In westlichen Demokratien liegen die Agenturen meist in der Hand der Kunden: Zeitungsverleger haben sich zur Genossenschaft zusammengeschlossen – wie zum Beispiel bei der DEUTSCHEN PRESSE-AGENTUR (dpa), der AUSTRIA PRESSE AGENTUR (APA) und der SCHWEIZERISCHEN DEPESCHENAGENTUR (sda). Vorbild ist die US-amerikanische ASSOCIATED PRESS (AP), die 1848 in New York gegründet wurde (→ vgl. Kap. 2.2.1; S. 71–72). Es gibt aber auch Agenturen, die Aktiengesellschaften (z. B. REUTERS, London) oder die in staatlichem Besitz sind oder zumindest staatlich mitfinanziert werden (von der chinesischen Agentur XINHUA über die griechische ATHENS NEWS AGENCY ANA bis zur französischen AGENCE FRANCE PRESSE AFP). Weltweit sind die staatlichen Agenturen in der Mehrheit.

Hohe Konkurrenz in Deutschland

Heute existieren drei Weltagenturen: AP, REUTERS und AFP. Deutschland ist weltweit das Land mit den meisten Nachrichtenagenturen: Außer der dpa (Hamburg) haben AP, REUTERS und AFP eigene deutschsprachige Dienste. Daneben gibt es den DEUTSCHEN DEPESCHENDIENST (ddp), der als einziger neben dpa auch regionale Landesdienste anbietet, und spezialisierte Agenturen wie den EVANGELISCHEN PRESSEDIENST (epd), die KATHOLISCHE NACHRICHTEN-AGENTUR (KNA), den SPORT-INFORMATIONS-DIENST (sid) und die VEREINIGTEN WIRTSCHAFTSDIENSTE (vwd).

Die deutschen Tageszeitungen beziehen im Schnitt 2,5 Nachrichtenagenturen, wobei etwa ein Fünftel sich auf nur eine Agentur verlässt (Resing 2006). dpa wird mit einem Marktanteil von 96 Prozent fast flächendeckend abonniert, AP und AFP jeweils von knapp der Hälfte der Publizistischen Einheiten, Reuters und ddp jeweils zu einem Drittel.

Die Agenturen stehen in Konkurrenz zueinander, haben aber internationale Kooperationsverträge, welche die gegenseitige Übernahme von Meldungen aus dem Ausland ermöglichen. Die Kosten für ein Agentur-Abonnement richten sich für Medienorganisationen nach der Reichweite ihrer Produkte (also nach Auflage bzw. Hörer- und Seherzahl).

Literatur

Einen aktuellen Überblick über den **Markt der Nachrichtenagenturen** in Deutschland bieten regelmäßig die Jahrbücher des Bundesverbands der Zeitungsverleger – zum Beispiel der Beitrag von Christian Resing im Jahrbuch 2006. Ergänzend können Informationen auf den Websites der Agenturen recherchiert werden. Jürgen Wilke hat in den 90er Jahren mehrere Studien zur **Arbeitsweise von Agenturen** und zur Nachrichtenproduktion herausgegeben – der Abschlussband heißt »Von der Agentur zur Redaktion« und beschäftigt sich mit der dpa-Zentralredaktion ebenso wie mit der Verwendung der Meldungen bei Tageszeitungen. Ein praktisches Ratgeberbuch zum **Agenturjournalismus** liegt von Peter Zschunke vor.

Presselandschaft | 4.3.2

Die *Zeitungslandschaft* in Deutschland sieht mit 137 Publizistischen Einheiten, 353 Verlagen als Herausgebern und 1.529 Ausgaben auf den ersten Blick recht vielfältig aus. Bei genauerer Betrachtung fällt indes auf, dass BILD als einzige überregionale Boulevardzeitung eine Monopolstellung einnimmt und dass 41 Prozent der Auflage aller Zeitungen in der Hand der fünf größten Verlagsgruppen liegen (vgl. Abb. 4.6).

Die Tageszeitungen können nach Vertriebsform in vier Typen eingeteilt werden (vgl. Abb. 4.7). 128 Publizistische Einheiten werden überwiegend im Abonnement verkauft, neun im Einzelverkauf auf dem »Boulevard«. Die Vertriebsform hat eine große Auswirkung auf den Zeitungsinhalt: Boulevard-Zeitungen müssen sich immer wieder am Kiosk bewähren, weshalb sie stark reißerisch aufgemacht sind (vgl. Dulinski 2003). Überregionale Abo-Zeitungen legen einen Schwerpunkt auf bundesweit bedeutsame und internationale Themen.

Umstrittene Klassifizierung

Die Klassifizierung in regional/überregional ist umstritten: Die SÜDDEUTSCHE ZEITUNG zum Beispiel berichtet auch über München und Bayern, wird aber dennoch als überregional bedeutsam eingestuft, weil sie auch in anderen Bundesländern gelesen wird. Große Regionalzeitungen – wie zum Beispiel die WESTDEUTSCHE ALLGEMEINE ZEITUNG oder die RHEINISCHE POST – kämpfen ebenfalls um den Status einer überregionalen Bedeutung, werden aber über Nordrhein-Westfalen hinaus kaum wahrgenommen. Die FRANKFURTER RUNDSCHAU wurde nach dem Zweiten Weltkrieg als links-liberales Blatt mit überregionaler Stimme eingestuft – ob sie diesen Rang mit der inzwischen relativ geringen Auflage von 150.000 heute noch verdient hat, wäre zu diskutieren.

Abb. 4.6

Tageszeitungen: Marktanteile der fünf größten Verlagsgruppen

(Quelle: Röper 2006b)

Verlagsgruppe	zugehörige Zeitungstitel (Beispiele)	anteilige Auflage dieser Gruppe	Anteil am Zeitungsmarkt
Axel Springer AG	Bild, Welt, Hamburger Abendblatt, Leipziger Volkszeitung, B.Z.	4,76 Mio.	22,5 %
Verlagsgruppe WAZ	Westdeutsche Allgemeine Zeitung, Westfälische Rundschau, Neue Ruhr/Neue Rhein Zeitung, Westfalenpost, Thüringische Landeszeitung	1,18 Mio.	5,6 %
Verlagsgruppe Stuttgarter Zeitung / Die Rheinpfalz/ Südwestpresse	Stuttgarter Zeitung, Stuttgarter Nachrichten, Die Rheinpfalz, Südwest Presse, Freie Presse	1,10 Mio.	5,2 %
Ippen-Gruppe	Münchner Merkur, tz, Hessische / Niedersächsische Allgemeine, Offenbach Post	0,86 Mio.	4,1 %
Verlagsgruppe DuMont Schauberg	Kölner Stadt-Anzeiger, Kölnische Rundschau, Express, Mitteldeutsche Zeitung	0,83 Mio.	3,9 %
Gesamt		**8,73 Mio. (von 21,17 Mio.)**	**41,3 %**

Drei Problemzonen

Die Tageszeitungen haben drei Problemzonen, die miteinander in engem Zusammenhang stehen (vgl. Pürer 2006: 21 – 24):

- Die *Auflagen* der meisten Zeitungstitel gehen seit Jahren kontinuierlich nach unten (vgl. Abb. 4.7). Besonders dramatisch ist das zum Beispiel bei Bild mit einem Rückgang um 20 Prozent zwischen 2000 und 2006. Eine der wenigen Ausnahmen ist die Süddeutsche Zeitung, die im gleichen Zeitraum sechs Prozent zulegte. Mit den Auflagen sinken die *Reichweiten* – vor allem bei jungen Lesern (→ vgl. Kap. 3.2; S. 106 – 107).
- Die *Werbeeinnahmen* gingen ebenfalls massiv zurück: zwischen 2000 und 2005 um ein Drittel (→ vgl. Kap. 4.2.2; S. 131).
- Das *Internet* erweist sich als scharfe Konkurrenz – auf dem Werbemarkt (vor allem die Rubrikenanzeigen wanderten ab) und auf dem Lesermarkt (vor allem bei Jugendlichen und jungen Erwachsenen).

Vertriebsform	P. E.	Beispiele (mit den höchsten Auflagen)	Auflage 2000	Auflage 2006
Abonnement überregional	10	Süddeutsche Zeitung, München	419.000	445.000
		Frankfurter Allgemeine Zeitung	401.000	365.000
		Die Welt, Berlin	252.000	264.000**
		Frankfurter Rundschau	191.000	150.000
		Handelsblatt, Düsseldorf	170.000	142.000
Abonnement regional	118	Westdeutsche Allgemeine Zeitung, Essen	ca. 560.000*	ca. 475.000*
		Hannoversche Allgemeine Zeitung	ca. 420.000*	ca. 385.000*
		Rheinische Post, Düsseldorf	417.000	397.000
		Freie Presse, Chemnitz	413.000	319.000
		Augsburger Allgemeine	368.000	346.000
Boulevard überregional	1	Bild, Hamburg	4,3 Mio.	3,4 Mio.
Boulevard regional	8	Express, Köln	297.000	217.000
		Berliner Kurier/ Dresdner Morgenpost	286.000	236.000
		B.Z., Berlin	276.000	189.000
		Abendzeitung, München	185.000	148.000
		tz, München	151.000	151.000

* Für diese Zeitungstitel werden Auflagenzahlen nur im Verbund mit anderen Zeitungen gemeldet. Die Zahlen sind deshalb geschätzt.

** DIE WELT im Jahr 2006 inkl. WELT KOMPAKT.

Abb. 4.7

Tageszeitungen: Typen, Beispiele, Auflagenentwicklung

(Quellen: BDZV-Jahrbuch 2006; IVW 4/06; Röper 2006 b)

Tabloid

Den internationalen Trend zu kleinformatigen Zeitungen – den so genannten Tabloids – haben die deutschen Zeitungsverleger (noch) kaum mitgemacht. Bislang gibt es nur wenige Versuche, zum Beispiel mit der WELT KOMPAKT und der FRANKFURTER RUNDSCHAU. Zudem konnten die deutschen Zeitungsverleger die Gründung von Gratis-Tageszeitungen (Pendlerzeitungen) bislang verhindern (→ vgl. Kap. 4.2.2; S. 132).

Boom der Anzeigenblätter

Gut etabliert haben sich dagegen die kostenlos verteilten und rein durch Werbung finanzierten *Anzeigenblätter*, an denen die Zeitungsverleger oft mit beteiligt sind. Sie erscheinen meist wöchentlich und bedienen einen lokalen bis regionalen Markt. Anfang der 90er Jahre erlebten die Anzeigenblätter einen regelrechten Boom, weil sie – im Gegensatz zu den damaligen Tageszeitungen – viel Service und Nutzwert boten. Nach Angaben des Bundesverbands Deutscher Anzeigenblätter (www.bvda.de) erschienen 2006 1.350 Anzeigenblätter mit einer Auflage von 86 Millionen. 1990 waren es noch 1.034 Titel mit 54 Millionen Auflage.

Erfolgreiche Sonntagsausgaben

Der Markt der *Wochenzeitungen* teilt sich im Wesentlichen in die Donnerstags- und Sonntagsblätter: Donnerstags erscheinen DIE ZEIT (Auflage 487.000) und der RHEINISCHE MERKUR (82.000); sonntags BILD AM SONNTAG (1,8 Mio.), WELT AM SONNTAG (407.000) und FRANKFURTER ALLGEMEINE SONNTAGSZEITUNG (313.000). DIE ZEIT und die FRANKFURTER ALLGEMEINE SONNTAGSZEITUNG legten in den vergangenen Jahren an Auflage zu, weshalb immer mehr Zeitungsverlage überlegen, eine Sonntagsausgabe auf den Markt zu bringen. Neben diesen allgemeinen Titeln gibt es eine Reihe konfessioneller Wochenzeitungen (Bistumsblätter) und mehrere wöchentliche Branchenblätter, die meist von Verbänden herausgegeben werden und inhaltlich den Fachzeitschriften ähneln (von den VDI NACHRICHTEN für Ingenieure bis zum BAYERISCHEN LANDWIRTSCHAFTLICHEN WOCHENBLATT).

Differenzierter Zeitschriftenmarkt

Der Markt der *Zeitschriften* teilt sich in Publikumszeitschriften und Fachzeitschriften, wobei sich vor allem die Publikumszeitschriften in immer mehr Special-Interest-Titel ausdifferenziert haben, die sich zum Beispiel an Autofans und Motorradfreaks, Gartenfreunde, Computernutzer, Freizeitsportler oder Fitness-Fans wenden. Während Special-Interest-Zeitschriften in der Regel privat gelesen werden, wenden sich Fachzeitschriften an ein beruflich interessiertes Publikum – zum Beispiel an Krankenschwestern (DIE SCHWESTER DER PFLEGER), Mitarbeiter in chemischen Laboren (LABORPRAXIS), in der Verkehrsbranche (LOGISTIK HEUTE) oder an Journalisten (MEDIUM MAGAZIN, JOURNALIST und M – MENSCHEN MACHEN MEDIEN). Viele Zeitschriften – wie auch die beiden letztgenannten – werden von Verbänden und Vereinen als Mitgliedszeitschriften produziert und sind damit ähnlich wie Kunden- oder Mitarbeiterzeitschriften von Unternehmen interessengebunden. Sie müssen deshalb eher der Public Relations als dem Journalismus zugerechnet werden (→ vgl. Kap. 7.3; S. 250). Darunter auch die größte Zeitschrift in Deutschland, die ADAC MOTORWELT mit einer Auflage von 13,8 Millionen.

Die Zahl der Fachzeitschriften liegt in Deutschland im fünfstelligen Bereich. Einer der größten Verlage ist »Springer science + business« (nicht verbunden mit der Axel Springer AG), bei dem 1.450 Zeitschriften der

Themenfelder Wissenschaft, Medizin, Wirtschaft, Technik, Architektur, Bau und Verkehr erscheinen (z. B. die Ärzte Zeitung).

Die allgemeinen Publikumszeitschriften sind vor allem durch Flaggschiffe wie Spiegel, Stern, Bunte, Geo, Brigitte, Men's Health oder TV14 bekannt. Diese kleine Aufzählung zeigt schon, dass wir hier wieder typisieren können – zum Beispiel in Nachrichtenmagazine, Illustrierte, People-Magazine, Frauen-, Männer- oder Programmzeitschriften. Der Markt für Publikumszeitschriften ist mit insgesamt ca. 1.400 Titeln von hoher Konkurrenz geprägt. Spektakuläre Neugründungen – wie 1993, als der Burda-Konzern mit Focus einen erfolgreichen Konkurrenten gegenüber dem etablierten Spiegel lancieren konnte (Filipp 1995) – sind selten. Dennoch gab es zum Beispiel in den Jahren 2004/05 insgesamt 360 neue redaktionelle Titel an den Kiosken (vgl. Vogel 2006). Viele davon werden wieder eingestellt, einige überleben ein paar Monate, einige wenige erweisen sich dauerhaft als profitabel. Kriterium dafür ist, dass das redaktionelle Konzept auf dem Lesermarkt eine Zielgruppe anspricht, die von den Werbetreibenden als attraktiv wahrgenommen wird (→ vgl. Kap. 3.1; S. 100).

Wachstum bei Wissensmagazinen

Ein überraschendes Wachstum gab es in den vergangenen Jahren bei den populären Wissenschaftszeitschriften – mit erfolgreichen Neugründungen wie Gehirn & Geist, Zeit Wissen, SZ Wissen oder Technology Review (vgl. Meier/Feldmeier 2005: 206–207). Die meisten Neugründungen gelingen den vier großen Konzernen, die mit 63 Prozent den Markt dominieren: Der Markt der Publikumszeitschriften ist noch stärker konzentriert als jener der Tageszeitungen (vgl. Abb. 4.8).

Publikumszeitschriften: Marktanteile der vier größten Verlagsgruppen | **Abb. 4.8**

(Quelle: Vogel 2006)

Verlagsgruppe	**zugehörige Zeitschriftentitel (je fünf Beispiele; Auflagen 4/2006 in Tsd. in Klammern)**	**anteilige Auflage dieser Gruppe**	**Anteil am Markt der Publikumszeitschriften**
Bauer	TV14 (2.472), Bravo (460), Laura (316), Revue (235), Matador (167)	17,42 Mio.	20,7 %
Axel Springer	Hörzu (1.570), Bild der Frau (1.080), Computer Bild (655), Mädchen (136), Musikexpress (60)	13,55 Mio.	16,1 %
Burda	Focus (714), Bunte (708), SUPERillu (524), Chip (409), Playboy (291)	13,05 Mio.	15,5 %
Gruner + Jahr	Stern (1.007), Brigitte (785), Geo (494), Eltern (344), Spiegel (zu 25 % G+J; 1.026)	8,96 Mio.	10,6 %
Gesamt		**52,98 Mio. (von 84,16 Mio.)**	**62,9 %**

Literatur

Ein umfassendes Handbuch zur **Presse in Deutschland** liegt von Heinz Pürer und Johannes Raabe vor. Aktuelle Daten zum Zeitungs- und Zeitschriftenmarkt sowie zu den Konzentrationsverhältnissen publiziert regelmäßig die Fachzeitschrift MEDIA PERSPEKTIVEN, die kostenlos im Internet zu lesen ist (www.media-perspektiven.de). Die **aktuellen Auflagenzahlen und -entwicklungen** lassen sich in der Datenbank der Informationsgemeinschaft zur Feststellung der Verbreitung von Werbeträgern recherchieren (www.ivw.de).

Lehrbücher zum praktischen **Zeitungs- und Zeitschriftenjournalismus** gibt es immer mehr. Empfehlenswert sind »Die Zeitung: Ein Multimedium« von Joachim Blum und Hans-Jürgen Bucher sowie das »ABC des Zeitungs- und Zeitschriftenjournalismus« von Volker Wolff.

4.3.3 | Rundfunklandschaft

Radio und Fernsehen

Der Begriff »Rundfunk« wird im Alltagsgebrauch noch häufig gleichbedeutend mit »Hörfunk« verwendet. Dies liegt daran, dass sich das Fernsehen in den 50er Jahren in den ARD-Rundfunkanstalten entwickelte, die vorher ausschließlich Radio gesendet hatten (→ vgl. zur Geschichte Kap. 2.2.1; S. 72). Heute ist mit »Rundfunk« gleichermaßen Radio wie Fernsehen gemeint. In der juristischen Definition ist Rundfunk gemäß dem Rundfunkstaatsvertrag »die für die Allgemeinheit bestimmte Veranstaltung und Verbreitung von Darbietungen aller Art in Wort, in Ton und in Bild unter Benutzung elektromagnetischer Schwingungen ohne Verbindungsleitung oder längs oder mittels eines Leiters«.

Die Rundfunkgeschichte in der Bundesrepublik Deutschland teilt sich im Wesentlichen in drei Phasen:

ARD-Monopol

(1) Zwischen 1945 und 1961 bestand das Monopol der ARD-Anstalten, die größtenteils von den Alliierten als Militärradios gegründet und Ende der 40er Jahre Zug um Zug in deutsche Hände als öffentlich-rechtliche Organisationen übergeben wurden. Die selbständigen Landesrundfunkanstalten schlossen sich 1950 zur »Arbeitsgemeinschaft der öffentlich-rechtlichen Rundfunkanstalten in der Bundesrepublik Deutschland« (ARD) zusammen und starteten 1954 ein gemeinsames bundesweites Fernsehprogramm (nach ersten Fernsehversuchen ab 1952 beim NWDR in Hamburg).

ARD und ZDF

(2) Von 1961 bis Anfang der 80er Jahre gab es im bundesweiten Fernsehen die Konkurrenz zwischen ARD und ZDF. Das ZDF wurde 1963 offiziell als von der ARD unabhängige Anstalt gegründet, nachdem

die ARD bereits zwei Jahre lang provisorisch ein zweites Fernsehprogramm produziert hatte. In den 60er Jahren folgten dann die dritten Programme der ARD-Anstalten. Im Radiobereich hatten die ARD-Anstalten ein Monopol bis in die 80er Jahre.

(3) Mit dem Start privatwirtschaftlicher Radio- und Fernsehprogramme in der ersten Hälfte der 80er Jahre begann das Duale Rundfunksystem.

Duales Rundfunksystem

Öffentlich-rechtliches Radio und Fernsehen

Neun Landesrundfunkanstalten

Die ARD produziert mit einem Budget von rund 6,2 Milliarden Euro und 23.500 festen Mitarbeitern täglich ca. 1.400 Stunden Radio und 240 Stunden Fernsehen (Stand 2007) – und ist damit der weltweit größte nicht-kommerzielle Programmanbieter. Zur ARD gehören alle neun Landesrundfunkanstalten: BAYERISCHER RUNDFUNK (BR; Bayern), HESSISCHER RUNDFUNK (HR; Hessen), MITTELDEUTSCHER RUNDFUNK (MDR; Sachsen, Sachsen-Anhalt, Thüringen), NORDDEUTSCHER RUNDFUNK (NDR; Hamburg, Mecklenburg-Vorpommern, Niedersachsen, Schleswig-Holstein), RADIO BREMEN (RB; Bremen), RUNDFUNK BERLIN-BRANDENBURG (RBB; Berlin, Brandenburg), SAARLÄNDISCHER RUNDFUNK (SR; Saarland), SÜDWESTRUNDFUNK (SWR; Baden-Württemberg, Rheinland-Pfalz), WESTDEUTSCHER RUNDFUNK (WDR; Nordrhein-Westfalen). Hinzu kommt der Auslandsrundfunk (DEUTSCHE WELLE), der Radio in 30 Sprachen und Fernsehen in den Sprachen Deutsch, Englisch und Spanisch für alle Kontinente anbietet.

Die ARD strahlt 54 regionale Radioprogramme aus: jede Rundfunkanstalt zwischen drei und sieben. ARD und ZDF sind gemeinsam Träger des DEUTSCHLANDRADIO, das zwei bundesweite Programme ausstrahlt (Deutschlandfunk und Deutschlandradio Kultur).

Die Fernsehprogramme der ARD: Neben dem Gemeinschaftsprogramm DAS ERSTE produziert jede Landesrundfunkanstalt ein Drittes Programm (außer RB), der BAYERISCHE RUNDFUNK zusätzlich den Bildungskanal BR-ALPHA. Die Dritten sollen sich – noch stärker als DAS ERSTE – durch Kultur, Bildung und Information auszeichnen und sind meist über Kabel und Satellit auch in anderen Bundesländern zu empfangen. Gemeinsam mit dem ZDF veranstaltet die ARD den Kinderkanal KI.KA, den Ereignis- und Dokumentationskanal PHOENIX und zusammen mit einem französischen Partner das Europäische Kulturprogramm ARTE. 3SAT wird gemeinsam von ZDF, SRG, ORF und der ARD produziert. Digital strahlt die ARD die zusätzlichen Programme EINSEXTRA, EINSPLUS und EINSFESTIVAL aus.

Beim ZDF sind 3.600 Mitarbeiter fest angestellt, der Haushalt beläuft sich auf knapp zwei Milliarden Euro. Außer dem ZWEITEN DEUTSCHEN FERNSEHEN und den erwähnten Beteiligungen werden digital ein Info-, ein Doku- und ein Theaterkanal ausgestrahlt.

Privatwirtschaftliches Radio und Fernsehen

Bundesweit konzentriert, regional kleinteilig

Die Landschaft der kommerziellen Radio- und Fernsehsender ist in Deutschland bei den bundesweiten Fernsehprogrammen ziemlich konzentriert – bei den lokalen und regionalen Radio- und Fernsehprogrammen dagegen sehr kleinteilig. Die Zulassungspolitik der Landesmedienanstalten unterscheidet sich von Bundesland zu Bundesland.

Die Zahl der Radioprogramme ändert sich fast schon monatlich. Nach Angaben der Arbeitsgemeinschaft der Landesmedienanstalten (ALM) gab es 2004 zehn bundesweite, 49 landesweite und 149 lokale oder regionale Privatradioangebote. In Bayern ist die Lokalradio-Landschaft mit mehr als 60 Programmen am stärksten untergliedert (allein für München sind z. B. mehr als zehn Radiosender zugelassen), in Nordrhein-Westfalen gibt es 46 lokale Radiosender.

Zwei Konzerne

Die bundesweiten kommerziellen Fernsehsender gehören im Wesentlichen zu zwei Konzernen (→ vgl. Kap. 4.2.3; S. 133–137): der RTL-Gruppe (Bertelsmann AG) mit RTL, RTL II, SUPER RTL, VOX und N-TV sowie der ProSieben SAT.1 Media AG mit PRO SIEBEN, SAT.1, KABEL 1, N24 und NEUN LIVE. Hinzu kommen kleinere Sender wie das DEUTSCHE SPORTFERNSEHEN (DSF), DAS VIERTE oder die Musiksender MTV und VIVA.

Im Jahr 2006 gab es etwa 50 werbefinanzierte regionale Fernsehsender – die meisten senden in Bayern (9), Rheinland-Pfalz und Thüringen (jeweils 8). Hinzu kommen 37 regionale Anbieter, die in bundesweiten Vollprogrammen wie RTL oder SAT.1 ein tägliches Fenster von mindestens 30 Minuten füllen, sowie fast 200 Sub-Lokalsender, die ein kleines Programm in lokale Kabelnetze einspeisen (mehr als 60 davon in Sachsen).

Voll- und Spartenprogramme

Bei der Klassifizierung unterscheidet man grundsätzlich zwischen Vollprogrammen und Spartenprogrammen (vgl. Abb. 4.9): Ein Vollprogramm ist nach der Definition des Rundfunkstaatsvertrags »ein Rundfunkprogramm mit vielfältigen Inhalten, in welchem Information, Bildung, Beratung und Unterhaltung einen wesentlichen Teil des Gesamtprogramms bilden«. Ein Spartenprogramm sendet dagegen »im Wesentlichen gleichartige Inhalte«.

Zuhörer- und Zuschauermarkt

Formatradio

Die Hörgewohnheiten und die Nutzung des Radios haben sich im Laufe der Zeit gewandelt (→ vgl. Kap. 3.2; S. 105–111). Radio ist nicht mehr ein Einschaltmedium für einen bestimmten Sendeplatz, sondern Begleit- und Nebenbeimedium durch den ganzen Tag. Viele Radioprogramme haben deshalb das Schema der festen Spartensendungen (zum Beispiel für Wirtschaft, Kultur oder Wissenschaft) zu bestimmten Uhrzeiten aufge-

	Vollprogramme		Spartenprogramme	
	Anzahl	**Beispiele**	**Anzahl**	**Beispiele**
öffentlich-rechtliche	2	Das Erste, ZDF	5	3sat, Arte, KI.KA, Phoenix, BR-alpha
	8	Dritte Programme		
öffentlich-rechtliche digital			6	EinsExtra, EinsPlus, EinsFestival, ZDF-Info-, Doku-, Theaterkanal
privat-wirtschaftliche	6	RTL, RTL II, VOX, Pro-Sieben, SAT.1, Kabel 1	22	DAS VIERTE, DSF, Eurosport, Nick, MTFV, n-tv, N24, Super RTL, Tele 5, Viva
privat-wirtschaftliches Pay-TV (digital)			42	Discovery Channel, Disney Channel, Focus TV Gesundheit, Premiere (diverse Programme)
privatwirtschaftliche Shopping-Sender			8	HSE, QVC, RTL Shop, Sonnenklar TV

Abb. 4.9

Bundesweite Fernsehprogramme

(Quelle: ZAW-Jahrbuch 2006: 309, nach Angaben von KEK und ALM)

geben, um das Programm als Ganzes für eine breite Masse »durchhörbar« zu machen. Ein weit verbreiteter Begriff bei der Konzipierung von Programmen ist das »Formatradio«: Musikausrichtung, Programmstruktur und Moderation werden formatisiert, damit ein Programm durchgehend gleich bleibt und wiedererkannt wird.

Nach der Media Analyse 2007 Radio I (→ vgl. Kap. 3.1; S. 95) hören 52 Prozent der deutschen Erwachsenen werktäglich mindestens eines der öffentlich-rechtlichen Radioprogramme. Die privatwirtschaftlichen Radiosender kommen zusammen auf 44 Prozent. Das Programm mit den meisten Hörern ist die privatwirtschaftliche Antenne Bayern, die zwar überwiegend in Bayern gehört wird, aber eine bundesweite Sendelizenz hat (im Schnitt mehr als eine Million Hörer pro Stunde), gefolgt von den öffentlich-rechtlichen WDR 4 und SWR 3, die jeweils um die 900.000 liegen.

Programmexplosion durch Digitalisierung?

Beim Fernsehen sind seit Jahren mehrere Trends zu verzeichnen: Während die Vollprogramme um teure Übertragungsrechte von (Sport-) Großereignissen oder um Lizenzen für Kino-Blockbusters konkurrieren, werden Spartenprogramme bewusst auf bestimmte Zielgruppen zugeschnitten. Obwohl der Markt des Free-TV kontinuierlich gewachsen ist, hat er sich als endlich erwiesen: Die Verheißung von hunderten Programmen im digitalen Fernsehen wurde (noch) nicht verwirklicht. Die Hoffnung für die Anbieter von ganz speziellen Spartenprogrammen liegt im digitalen Pay-TV. Auch im Hörfunk ist der Übertragungsstandard der Zukunft digital: Das Digital Audio Broadcasting (DAB) ermöglicht ebenfalls eine Frequenzerweiterung – und Zusatzdienste wie Text, Bild und Grafik.

Bei den Fernseh-Marktanteilen insgesamt liegen die öffentlich-rechtlichen an der Spitze (insgesamt ca. 40 Prozent). Allerdings sprechen die kommerziellen Programme eher die angeblich besonders werberelevante Zielgruppe der 14 bis 49-Jährigen an, bei denen die Öffentlich-Rechtlichen zusammen nur auf 23 Prozent kommen (vgl. Abb. 4.10).

Abb. 4.10

Fernsehmarktanteile

(Quelle: ZAW-Jahrbuch 2006: 317; AGF; im Jahr 2006 sind die Marktanteile durch die Fußballweltmeisterschaft etwas zugunsten von ARD und ZDF verschoben)

Sender	Das Erste	ZDF	ARD-Dritte	RTL	SAT.1	Pro7	RTL II
2006 gesamt	14,2	13,6	13,5	12,8	9,8	6,6	3,8
2005 gesamt	13,5	13,5	13,6	13,2	10,9	6,7	4,2
2005: 14–49	8,1	7,3	7,6	16,0	12,3	11,7	6,5
2005: 50+	18,5	19,3	19,5	11,3	10,0	2,5	2,1

Angaben in Prozent.

Sonstige nicht-kommerzielle Rundfunkangebote

Je nach Landesrundfunkgesetz gibt es von Bundesland zu Bundesland unterschiedliche Konzepte für weitere nicht kommerziell geführte Sender. Das Spektrum reicht von offenen Kanälen, an denen sich jeder mit einer eigenproduzierten Sendung oder einem Beitrag beteiligen kann, über Ausbildungskanäle bis zu kirchlichen Sendern oder Sendern für Minderheiten (z. B. türkische Sender). Beispiele sind der Hamburger Bürger- und Ausbildungskanal TIDE (www.tidenet.de) oder die bayerischen Aus- und Fortbildungskanäle (www.afk.de).

Literatur

Ein zweibändiges Lehrbuch zum **Rundfunk in Deutschland** hat Heinz-Werner Stuiber geschrieben. Über die aktuellen Marktentwicklungen berichtet regelmäßig die Fachzeitschrift MEDIA PERSPEKTIVEN.

Lehrbücher zum praktischen **Radio- und Fernsehjournalismus** finden sich in der gelben Reihe »Journalistische Praxis« (z.B. zum Radiojournalismus von Walther von La Roche und Axel Buchholz) und in der Reihe »Praktischer Journalismus« bei UVK, Konstanz (z.B. zum »Fernsehjournalismus« von Martin Ordolff).

Perspektiven

| 4.3.4

Multioptionsmedium Internet

Das Internet ist die mediale Plattform mit den höchsten Wachstumsraten bei der Nutzung (→ vgl. Kap. 3.2; S. 106–111) und bei den Werbeeinnahmen (→ vgl. Kap. 4.2.2; S. 130–131). Es ist ein Spiegel der Multioptionsgesellschaft: Jeder Mensch, jede Organisation, jedes Unternehmen kann sich im Internet präsentieren, Marketing betreiben oder sich an Diskussionen oder an der Verbreitung von Informationen beteiligen. Die journalistischen Websites geraten deshalb auch in bislang nicht gekannte Konkurrenz, was die Frage nach der Zukunft des Journalismus verschärft (→ vgl. Kap. 7.3; S. 249–255).

Der Markt der journalistischen Online-Medien in Deutschland ist vielfältig, aber überschaubar: Im Wesentlichen handelt es sich um die Online-Auftritte der etablierten Zeitungs- und Zeitschriftenverlage sowie der Rundfunkanbieter. An der Nachrichtenverarbeitung und -präsentation beteiligen sich zudem die Online-Provider (vor allem T-ONLINE), Portale und E-Mail-Anbieter (z.B. WEB.DE, GMX) und Suchmaschinen (news.google.de). Hinter GOOGLE-NEWS steckt keine Redaktion, sondern ein Such-Algorithmus, der 700 Nachrichtenquellen durchkämmt, mehrfach genannte Themen als relevant herausfiltert und Teaser und Links zu diesen Quellen präsentiert.

Startjahr 1994

Als Startjahr des professionellen Online-Journalismus in Deutschland gilt der Launch von SPIEGEL ONLINE und des Online-Angebots der DEUTSCHE WELLE im Herbst 1994. Der SPIEGEL hat seine Führungsrolle bei den Nachrichtenangeboten klassischer Medienorganisationen behalten (vgl. Abb. 4.11). Allerdings werden bei der Reichweitenmessung der AGOF (→ vgl. Kap. 3.1; S. 96) und bei der Klickzahlmessung der IVW die öffentlich-rechtlichen Online-Angebote nicht berücksichtigt, weil sie keine Werbeträger sind. Für den Online-Journalismus sind neben den allgemeinen Programm- und Sendungswebsites vor allem die Nachrichten-Flaggschiffe TAGESSCHAU.DE und HEUTE.DE relevant.

Abb. 4.11

Reichweiten des Werbeträger-Onlinemarkts: Angaben für einen durchschnittlichen Monat im Untersuchungszeitraum Juli bis September 2006. Einzelne Zeilen wurden in dieser Tabelle aus Platzgründen gelöscht (siehe Rangplatz).

(Quelle: AGOF / internet facts 2006-III)

	Rang	Reichweite in Prozent (bezogen auf Internet-User der letzten drei Monate)	Netto-Reichweite in Mio. Unique User
T-Online	1	36,3	13,31
WEB.de	2	30,3	11,11
MSN.de	3	26,7	9,79
Yahoo! Deutschland	4	26,4	9,65
GMX	5	21,2	7,77
freenet	6	16,8	6,14
ProSieben.de	7	16,5	6,04
RTL.de	8	16,4	5,99
AOL	11	13,6	4,98
MeineStadt.de	12	11,6	4,25
SPIEGEL ONLINE	13	11,1	4,06
Bild.T-Online	16	9,6	3,51
FOCUS Online	17	8,3	3,06
CHIP Online	18	8,3	3,04
Sat1.de	20	7,0	2,56
Sport1.de	21	6,8	2,47
stern.de	22	6,0	2,20
Berlin.de	27	4,4	1,63
sueddeutsche.de	28	3,8	1,39
Chefkoch	29	3,8	1,38
FAZ.NET	30	3,7	1,37
ZEIT online	31	3,6	1,31
Welt.de	32	3,4	1,23

Zukunft: mobiles Fernsehen

Die neue Medienplattform, der zurzeit große Zukunftschancen eingeräumt werden, ist die mobile Kommunikation, wobei die Frage des Endgeräts offen ist: Konvergieren Telefon, Internet, Radio und Fernsehen auf einem einzigen Gerät – eine Art »Super-TV-Internet-Handy«? Ein Massenmarkt für mobiles Fernsehen ist zwar noch nicht in Sicht, aber die orts- und zeitsouveräne Nutzung von Fernsehinhalten spielt unter den Zukunftsvisionen, die für das Fernsehen entworfen werden, eine zentrale Rolle (vgl. ARD/ZDF-Projektgruppe Mobiles Fernsehen 2007).

Literatur

Der Markt der **Online-Medien** entwickelt sich rasant und dynamisch. Aktuelle Reichweiten- und andere Marktentwicklungen müssen im Internet recherchiert werden (vgl. z. B. www.agof.de oder www.ivw.de). Eine grundsätzliche Analyse des Verhältnisses von **Tageszeitungen und Internet** haben Christoph Neuberger und Jan Tonnemacher vorgelegt.

Zwei Lehrbücher behandeln die praktischen Herausforderungen des **Internet-Journalismus**: von Gabriele Hooffacker und Klaus Meier.

Exkurs: Österreich und die Schweiz | 4.3.5

Die Medienlandschaften in Österreich und der Schweiz können in dieser Einführung nur knapp beschrieben werden. Für Interessierte gibt es aber Literaturempfehlungen. Die Medienlandschaften in beiden Ländern sind dadurch geprägt, dass sie Kleinstaaten mit großen Nachbarländern sind. Vor allem in der Schweiz – mit einem kleinteiligen, in vier Sprachregionen separierten Markt – werden viele Zeitschriften und Fernsehsender aus Deutschland, Frankreich und Italien konsumiert.

Österreich

Marktführer Kronen Zeitung

Die Pressekonzentration auf dem Markt der Tageszeitungen nahm in Österreich einen ähnlichen Verlauf wie in Deutschland (→ vgl. Kap. 4.2.3; S. 134–135). Marktzutritte schafften 1988 der links-liberale STANDARD, der zu 49 Prozent dem Süddeutschen Verlag (München) gehört, sowie im Jahr 2006 die neue Tageszeitung ÖSTERREICH, die mit einem aggressiven Preis (50 Cent) den Einstieg auf dem Lesermarkt mit 162.000 verkaufter Auflage schaffte – aber etwa genau so viele Exemplare gratis verteilt. ÖSTERREICH gehört zum Medienimperium der NEWS-Verlagsgruppe. Unangefochtener Marktführer ist die Boulevardzeitung KRONEN ZEITUNG, die mit 847.000 fast die Hälfte der verkauften Auflage österreichischer Tageszeitungen ausmacht.

Der Markt der österreichischen Publikumszeitschriften liegt zu etwa 90 Prozent in der Hand der NEWS-Verlagsgruppe (www.newsmedia.at),

Abb. 4.12

Die größten Tageszeitungen in Österreich

(Quelle: ÖAK; VÖZ; Melischek/Seethaler/Skodacsek 2005)

	Verkaufte Auflage in 1.000		
	2002	**2004**	**2006**
Kronen Zeitung	852	931	847
Kleine Zeitung	250	268	269
Kurier	174	197	169
Österreich	–	–	162
Oberösterreichische Nachrichten	104	104	105
Tiroler Tageszeitung	91	91	89
Die Presse	76	75	80
Der Standard	69	67	74
Salzburger Nachrichten	75	70	69
Vorarlberger Nachrichten	66	65	65

die 14 Magazine herausgibt – darunter die beiden Nachrichtenmagazine PROFIL (Auflage 2006: 78.000) und FORMAT (62.000), die Illustrierte NEWS (240.000), die Programmzeitschrift TV-MEDIA (253.000) und die Frauenzeitschrift WOMAN (198.000). Deutsche Zeitschriften erreichen auch in Österreich eine relativ hohe Reichweite. So ist zum Beispiel GEO mit 580.000 Lesern das zweitstärkste Monatsmagazin in Österreich (vgl. www.media-analyse.at).

Starke Stellung des ORF

Österreich war das letzte Land in Europa, das privatwirtschaftlichen Rundfunk zugelassen hat: Erst ab 1995 gab es erste Radiosender, ab 2002 Fernsehsender. Entsprechend stark ist nach wie vor die Stellung des öffentlich-rechtlichen ÖSTERREICHISCHEN RUNDFUNKS (ORF). Er sendet drei bundesweite Radioprogramme (ÖSTERREICH 1, FM4 und HITRADIO Ö3) sowie neun Regionalradios in den Bundesländern, zwei Fernseh-Vollprogramme (ORF 1 und ORF 2), hat Beteiligungen an 3SAT, BR-ALPHA und ARTE sowie digitale Spartenprogramme (den Reise- und Wetterkanal TW1, das Sportprogramm ORF SPORT PLUS und das Auslandsprogramm ORF 2 EUROPE). Die Website www.orf.at gehört zu den größten österreichischen Online-Medien.

Es gibt etwa 50 regionale und lokale privatkommerzielle Radios. Am 1. Juni 2003 startete ATVPLUS – das erste bundesweit terrestrisch ausgestrahlte privatwirtschaftliche Fernsehen. Daneben gingen zwischen 2002 und 2004 Ballungsraumsender in Salzburg (SALZBURG TV), Linz (LT1) und Wien (PULS CITY TV) an den Start. Die großen deutschen privatwirtschaftlichen Sender begannen schon in den 90er Jahren via Satellit für Österreich eigene Werbefenster und kleine Programmangebote auszustrahlen (z. B. Nachrichten oder Fußball).

Schweiz

Marktführer Blick und 20 Minuten

Die Medienlandschaft in der Schweiz ist vor allem durch die Teilung in vier Sprachregionen geprägt, wobei in der Deutschschweiz die größten und meisten Medien erscheinen. Das Boulevard-Blatt BLICK hatte traditionell die höchste Auflage (vgl. Abb. 4.13), wurde inzwischen aber von der Gratiszeitung 20 MINUTEN (420.000) überholt (→ vgl. Kap. 4.2.2; S. 132). Überregional bekannt sind die NEUE ZÜRCHER ZEITUNG – eine der ältesten Zeitungen Europas (→ vgl. Kap. 2.2.1; S. 70) – und der TAGES-ANZEIGER, der als größte Abonnementzeitung der Schweiz ebenfalls in Zürich erscheint.

	Verkaufte Auflage in 1.000	
	2002	2006
Blick	292	255
Tages-Anzeiger	235	225
Mittelland Zeitung	194	210
Neue Zürcher Zeitung	166	147
Berner Zeitung	163	158
Die Südostschweiz	138	131
Neue Luzerner Zeitung	133	131
St. Galler Tagblatt	110	103
Basler Zeitung	104	99
24heures	89	95

Abb. 4.13

Die größten Tageszeitungen in der Schweiz

(Quelle: WEMF; Schweizer Presse; Meier, W. 2004)

Die vier größten Verlagsgruppen in der Schweiz sind Ringier (mit z. B. BLICK), Edipresse (24HEURE, TRIBUNE DE GENÈVE, FEMINA), Tamedia-Gruppe (TAGES-ANZEIGER, BERNER ZEITUNG, ANABELLE) und NZZ-Gruppe (NEUE ZÜRCHER ZEITUNG).

Zu den auflagenstärksten Publikumszeitschriften gehören der BEOBACHTER (Zürich, 315.000), die SCHWEIZER ILLUSTRIERTE (Zürich, 233.000), die TÉLÉ TOP MATIN (Lausanne, 214.000) und die FEMINA (Lausanne, 214.000). Es gibt zwei Nachrichtenmagazine: DIE WELTWOCHE (83.000) und die alternative WOCHENZEITUNG WOZ (14.000). Noch mehr als in Österreich werden in der Schweiz Zeitschriften der Nachbarländer gelesen.

Starke Stellung der SRG

Die Rundfunklandschaft wird dominiert von der Schweizerischen Radio- und Fernsehgesellschaft SRG SSR IDÉE SUISSE, die ähnlich wie die Öffentlich-Rechtlichen in Deutschland und Österreich überwiegend durch Gebühren finanziert wird und sich als »Service public«-Veranstalter versteht. Das Angebot der SRG SSR umfasst sieben Fernseh- und 16 Radioprogramme in den vier Landessprachen sowie ergänzende Websites in insgesamt zehn Sprachen. Das Unternehmen besteht aus den sieben Einheiten Schweizer Fernsehen (SF), Schweizer Radio DRS (SR DRS), Télévision Suisse Romande (TSR), Radio Suisse Romande (RSR), Radiotelevisione svizzera di lingua italiana (RTSI), Radio e Televisiun Rumantscha (RTR) und Swissinfo/Schweizer Radio International (SRI).

1983 wurden Lokalradios zugelassen, 1993 lokale Fernsehanbieter. Die ca. 45 privatwirtschaftlichen Radioanbieter senden noch heute lokal und regional. An den Radiostationen und vor allem auch an den regionalen Fernsehsendern sind die Presseunternehmen maßgeblich beteiligt. Die Crossownership auf den regionalen Medienmärkten ist deshalb in der Schweiz höher als in Deutschland und Österreich. So kontrollieren zum Beispiel die Tamedia TELEZÜRI und die Berner Tagblatt Medien AG TELEBÄRN.

Allerdings ist der Anteil der regionalen Fernsehsender am Publikumsmarkt relativ gering, weil die Schweizer neben den Programmen der SRG SSR überwiegend Programme aus den Nachbarländern konsumieren. »In keinem europäischen Land ist die Nutzungsdauer der einheimischen Fernsehsender so gering wie in der Schweiz.« (Blum 2003: 368)

Literatur

Eine detaillierte Übersicht über die **Medienlandschaft in Österreich** bieten Thomas Steinmaurer und Hans-Heinz Fabris. Das Handbuch »Praktischer Journalismus« von Heinz Pürer, Meinrad Rahofer und Claus Reitan ist ein handwerklicher und berufskundlicher Ratgeber aus überwiegend österreichischer Sicht.

Für die **Medienlandschaft Schweiz** liegen zwei detaillierte Übersichtsbeiträge von Werner A. Meier und von Roger Blum vor.

Übungsfragen zu Kapitel 4.3

1 Nennen Sie die wichtigsten Nachrichtenagenturen in Deutschland.
2 Wie heißen die fünf größten Zeitungsverlagsgruppen in Deutschland und welche Zeitungstitel geben sie zum Beispiel heraus?
3 In welche vier Typen kann die Zeitungslandschaft eingeteilt werden? Nennen Sie Beispiele für dazugehörige Zeitungstitel.
4 Wie kann man den Markt der Publikumszeitschriften typisieren? Nennen Sie Beispiele.
5 In welche drei Phasen teilt sich die Rundfunkgeschichte der Bundesrepublik Deutschland?
6 Nennen Sie Beispiele für bundesweite Vollprogramme und Spartenprogramme (öffentlich-rechtlich und privatwirtschaftlich). Wie verteilen sich im Wesentlichen die Zuschauermarktanteile?
7 Bringen Sie die folgenden Online-Medien in die richtige Reihenfolge – von der höchsten bis zur niedrigsten Reichweite: BILD.T-ONLINE, FAZ.NET, FOCUS ONLINE, PROSIEBEN.DE, SPIEGEL ONLINE, SUEDDEUTSCHE.DE, T-ONLINE.
8 Welches sind die fünf größten Tageszeitungen in Österreich und der Schweiz?
9 Vergleichen Sie die Medienlandschaften in Österreich und der Schweiz mit der Medienlandschaft in Deutschland. Welche Unterschiede fallen Ihnen auf?

4.4 Redaktionsorganisation

Autonomie der Redaktion

Medienorganisationen gliedern sich in verschiedene Abteilungen. Presseunternehmen zum Beispiel bestehen in der Regel aus einer Vertriebs- und einer Anzeigenabteilung, einem Druckzentrum und einer Redaktion. Um unabhängig von parteilichen und kommerziellen Interessen arbeiten zu können, sollte eine Redaktion weitgehend autonom von den anderen Abteilungen sein – wobei fallweise auch koordiniert werden muss. Wenn die Redaktion zum Beispiel eine aufwendige Serie oder ein Special (etwa zu einem Großereignis) plant, kann der Vertrieb spezielle Abonnentenwerbung machen, wenn er rechtzeitig davon weiß. Auch in der Entwicklung neuer journalistischer Produkte müssen Zielgruppenkonzepte zwischen Redaktion, Vertriebs- und Anzeigenabteilung abgestimmt werden (→ vgl. zum redaktionellen Marketing Kap. 3.1; S. 100–104).

Definition

Redaktion

Der Begriff »Redaktion« wird im deutschsprachigen Journalismus vielfältig verwendet. Definitorische Klarheit bringt eine Gegenüberstellung mit den entsprechenden englischen Bezeichnungen. Im Allgemeinen ist mit »Redaktion« diejenige Abteilung eines Medienunternehmens gemeint, welche die journalistischen Leistungen erbringt (»editorial department«). Mitunter wird die Gesamtheit aller journalistischen Mitarbeiter als »Redaktion« bezeichnet (»editorial staff«) oder die Räume bzw. die organisatorischen Strukturen, in denen sie arbeiten (»Newsroom«), oder auch die Tätigkeit der Redakteure: Sie erledigen die »Redaktion« eines publizistischen Werks (»editing«). Redakteure sind fest angestellte Journalisten (im Gegensatz zu den freien Mitarbeitern) – ein Begriff, der sich ebenfalls nicht treffend ins Englische übersetzen lässt, weil dort »editors« und »reporters« eine ganz bestimmte journalistische Rolle einnehmen und sich nicht durch die Art des Arbeitsverhältnisses definieren (nach Meier 2005).

Strenges organisatorisches Korsett

Die Organisation einer Redaktion richtet sich im Idealfall nach der publizistischen Strategie, den journalistischen Konzepten, Zielen und Zielgruppen. Ohne strenges organisatorisches Korsett könnten die journalistischen Produkte nicht die Wünsche der Leser, Hörer und Zuschauer befriedigen. Die Kunden der Journalisten müssen sich darauf verlassen können, dass die Zeitung oder die Sendung regelmäßig und pünktlich erscheint und dass das Spektrum an aktuellen Themen die Erwartungen erfüllt. Würde eine Morgenzeitung erst am Abend ausgeliefert, wäre das ebenso unbefriedigend wie eine Fernseh-Nachrichtensendung, die zufällig einmal nur über Politik und ein anderes Mal nur über Sport berichtet. Organisation, Struktur und Arbeitsweise einer Redaktion müssen sich auf diese thematischen und zeitlichen Erwartungen einstellen.

Das Themenspektrum, das eine Redaktion bearbeiten kann, wird in der horizontalen Gliederung der Redaktion fachlich verankert. Ein privatwirtschaftlicher Radiosender wird beispielsweise eher Musikredakteure und unterhaltsame Moderatoren einstellen und seine Redaktion nach den Bereichen Musik, Unterhaltung und Nachrichten gliedern. Darüber hinausgehende spezielle thematische Zuständigkeiten finden sich in den Redaktionen privatwirtschaftlicher Radiosender kaum – allenfalls ein Sport-, Kino- oder Lifestyle-Redakteur (vgl. Altmeppen/Donges/Engels 1999, S. 146 ff.). Ähnlich eingeschränkt definieren unterhaltungsorientierte Zeitschriften ihr Spektrum an Ressorts.

Wahrnehmungsstruktur

Informationsorientierte Medien mit universellem Themenanspruch teilen die Redaktion dagegen in die klassischen Ressorts ein, um die für den Journalismus wichtigen gesellschaftlichen Teilsysteme kontinuierlich beobachten zu können (→ vgl. Kap. 1.2.3; S. 28–35). Aber auch hier gibt es Unterschiede: Während Tageszeitungen in der Regel Themengebiete, die für eine kurzfristige aktuelle Berichterstattung zentral sind, fachlich verankern (Politik, Wirtschaft, Kultur, Sport und Lokales), bilden öffentlich-rechtliche Fernseh- und Hörfunksender zusätzlich Abteilungen für längerfristig aktuelle Themengebiete – wie für Wissenschaft und Bildung, für Religion oder für Kinder, Jugend und Familie. Das Themenspektrum eines öffentlich-rechtlichen Senders ist damit breiter als das eines Printmediums. Insgesamt gilt: Ressorts und thematische Zuständigkeiten von Journalisten sind die Wahrnehmungsstruktur des Journalismus (vgl. Meier 2002 a). Nur Themen, die in einer Redaktion strukturell verankert sind, werden wahrgenommen.

Aufbauorganisation: Tätigkeiten, Sparten und Macht

Aufgaben und Machtgefüge

Der Begriff »Aufbauorganisation« stammt aus der allgemeinen Managementlehre. Man unterscheidet grundsätzlich zwischen *horizontaler* und *vertikaler Abteilungsbildung*. Die horizontale Abteilungsbildung erfolgt nach dem Kriterium der *Aufgabenverteilung*, die vertikale beschreibt das *Machtgefüge* in einer Redaktion.

»reporters« und »editors«

Die Aufgaben in einer Redaktion können auf zwei verschiedene Arten verteilt werden: Einerseits können die Redakteure auf Objekte spezialisiert sein *(Spartenorganisation)* – sie sind für ganz bestimmte Sparten, Sendungen oder Themengebiete zuständig – andererseits nach ihrer Tätigkeit *(Funktionalorganisation)*. Ob die Redakteure auf Tätigkeiten spezialisiert sind, hängt größtenteils von der Journalismuskultur und -tradition ab: In deutschsprachigen Zeitungsredaktionen zum Beispiel erledigt der Redakteur überwiegend alle Tätigkeiten von Recherche, Texten und Redigieren bis zu Blattplanung und Seitenlayout; im angloamerikanischen Journalismus hat sich dagegen frühzeitig eine funktionale Spezialisierung in »reporters« und »editors« durchgesetzt (vgl. Esser 1998). Während die »reporters« recherchieren und schreiben, ist es die alleinige Aufgabe der »editors«, Texte zu redigieren, Schlagzeilen zu formulieren, die Seiten am Computer zu layouten und die Produktionsabläufe zu überwachen. Beide Organisationsformen haben Vor- und Nachteile. Der Trend in den USA geht in Richtung stärkerer Abstimmung zwischen »reporters« und »editors«, die traditionell wenig miteinander zu tun haben (vgl. Meier 2002 a: 244–248). Deutschsprachige Redaktionen spezialisieren dagegen immer mehr in Schreiber und Blattmacher, wobei man aber das angloamerikanische Modell nicht direkt übernimmt, sondern eigene Organisationsformen entwirft (vgl. Meier 2006, 2007).

In vielen Fernsehredaktionen ist eine ähnliche funktionale Spezialisierung üblich: Während die fest angestellten Redakteure für das Programm verantwortlich sind, in Konferenzen koordinieren, Themen planen, Beiträge in Auftrag geben und fertige Beiträge abnehmen, liefern Reporter, freie und feste freie Mitarbeiter Beiträge zu: Sie recherchieren, drehen vor Ort (in Zusammenarbeit mit dem Kamerateam), schneiden (zusammen mit der Cutterin) und texten.

Hierarchie Chefredaktion/ Ressortleiter/Redakteure

Kriterien der vertikalen Abteilungsbildung sind die Entscheidungskompetenz und die Machtverteilung innerhalb einer Organisation. Typische Organisationsweise der Redaktion ist die *Einlinienorganisation* mit dem klassischen Bild der Pyramide und dem Prinzip der Auftragserteilung. Die Hierarchie Chefredaktion/Ressortleiter/Redakteure ist sowohl in deutschen als auch in angloamerikanischen Redaktionen üblich (vgl. Abb. 4.14). Vorteile sind klare Zuständigkeiten und Verantwortlichkeiten. Die einfachen Kommunikations- und Kompetenzstrukturen fördern das Sicherheitsgefühl. Die Einzelprodukte – in Printmedien die Sparten, im Rundfunk die Sendungen – werden weitgehend autonom und unabhängig voneinander hergestellt.

Mangelnder Blick fürs Ganze

Die strikte Einlinienorganisation kann sich allerdings auf die redaktionelle Arbeit auch schädlich auswirken: Wer nur auf die eigene Sparte oder die eigene Sendung schaut, verliert den Blick fürs Ganze. Die Zeitung, die Zeitschrift, das Radio- oder das Fernsehprogramm werden nicht »aus einem Guss« produziert. Themen, die nicht zweifelsfrei einem Ressort oder einer Sendung zugeordnet werden können, fallen durchs Wahrnehmungsraster der Redaktion oder werden womöglich in zwei Abteilungen gleichzeitig behandelt (vgl. Ruß-Mohl 1995: 122) – es entstehen die so genannten Dubletten. Zudem können Ressourcen nicht übergreifend genutzt werden: Die Redakteure können ihre Sachkompetenz nur für die eigene Sparte umsetzen und sind nicht flexibel einsetzbar. Je nach Personal- und Themenlage ist an einem Tag das eine Ressort unterbesetzt, am anderen Tag ein anderes.

Alternative Modelle

Um diese Nachteile zu vermeiden, haben Redaktionsleiter Ideen aus anderen Managementmodellen übernommen (vgl. Meier 2002 a). Bei der *Stab-Linien-Organisation* koordiniert ein Redaktionsmanager die Themenabsprachen zwischen den Abteilungen, den Beitragsaustausch, die gegenseitige Zuarbeit und die Teamarbeit über Ressortgrenzen hinweg. Das Modell der *Mehrlinienorganisation* ist ausschließlich ressortübergreifend angelegt: Die Ressorts lösen sich auf; die Redakteure bleiben zwar fachlich spezialisiert, arbeiten aber in wechselnden Teams für verschiedene Ressortleiter. Das Modell sorgt für einen stärkeren Wissenstransfer.

Abb. 4.14

Grundmodelle der Redaktionsorganisation

(Quelle: Meier 2002 a: 102–105)

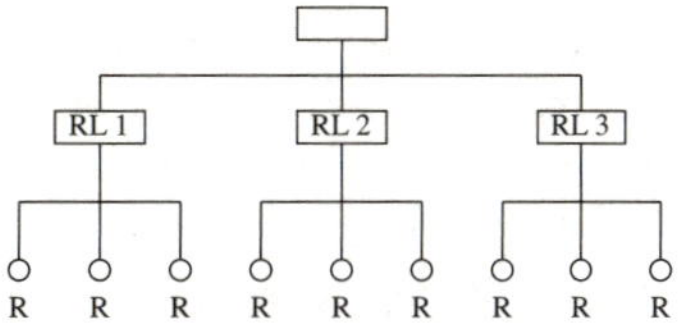

Einlinienorganisation I:

Die klassische Redaktionsorganisation im deutschsprachigen Raum: Die Redakteure (R) sind Ressortleitern (RL) unterstellt. Jeder übernimmt alle Aufgaben (Texten, Redigieren, Layout) – eine rein objektorientierte Spezialisierung.

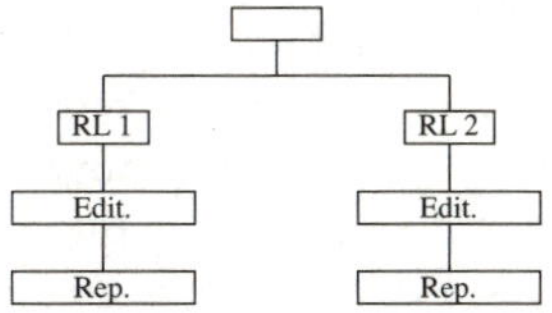

Einlinienorganisation II:

Die klassische Redaktionsorganisation im anglo-amerikanischen Journalismus: Die Journalisten sind zwar auch objektorientiert spezialisiert, aber nicht in so viele Ressorts wie in Deutschland. Prägender ist die funktionale Spezialisierung nach Tätigkeiten: Die Reporters recherchieren und schreiben. Sie arbeiten den Editors zu, die redigieren, das Blatt planen und gestalten.

Stab-Linien-Organisation:

Zur Einlinienorganisation kommt eine Stabsstelle hinzu, zum Beispiel ein Chef vom Dienst oder Redaktionsmanager. Er koordiniert Ressorts, Themen und Projektteams.

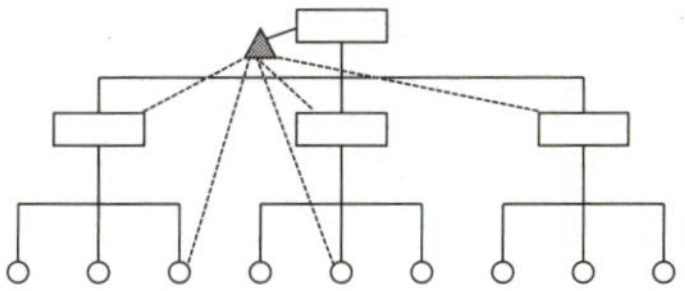

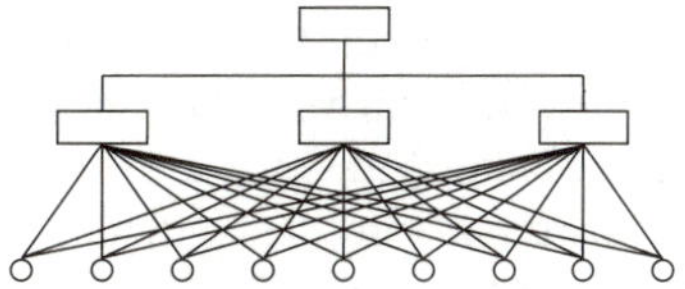

Mehrlinienorganisation:

Die fachlich spezialisierten Redakteure arbeiten für verschiedene Ressorts. Die Ressortleiter stellen sich themenorientiert immer wieder Teams zusammen.

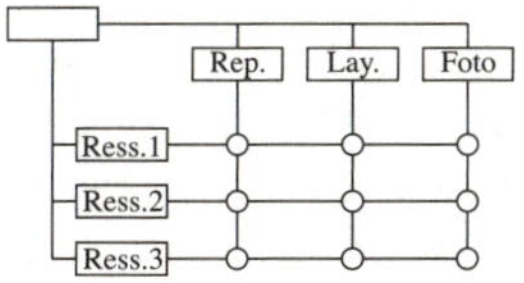

Matrix-Organisation:

Die Teams sind zum einen tätigkeitsorientiert (Reporter-, Layouter-, Fotografengruppe) mit je einem Leiter und zum anderen objektorientiert nach klassischen Ressorts eingeteilt. Die Reportergruppe zum Beispiel beliefert verschiedene Ressorts – je nach Thema.

Sachkompetenz wird ausgiebig und unterschiedlich genutzt: So schreibt zum Beispiel der auf Wirtschaftspolitik spezialisierte Redakteur zwar meist für die Politik, bei Bedarf aber auch für die Wirtschaftsseiten. Oder beim Radio produzieren die Wissenschaftsredakteure nicht nur die »eigene« Wissenschaftssendung, sondern liefern auch den aktuellen Magazinsendungen zu (vgl. Meier/Feldmeier 2005).

Die *Matrixorganisation* stellt eine Kombination aus funktionalen und objektorientierten Gruppen dar. In einigen Zeitungsredaktionen sind zum Beispiel zentrale Layouterpools oder Fotografengruppen eingerichtet – oder eine Reportergruppe, die ressortunabhängig verschiedenen

Ressorts zuliefert. In großen Fernsehredaktionen sind die Kameraleute und die Cutter eigenen Abteilungen unterstellt; die Journalisten müssen über eine zentrale Koordinationsstelle ein Team buchen, wenn sie einen Beitrag vor Ort drehen und anschließend schneiden wollen. Kameraleute und Cutter sind mal für diese, mal für jene Redaktion tätig.

Die vier Organisationsmodelle existieren selten in Reinform – nicht zuletzt, weil sie jeweils spezifische Nachteile mit sich bringen. Die Kunst des Redaktionsmanagements besteht darin, diejenigen Elemente zu kombinieren, mit denen die redaktionellen Konzepte und Ziele am besten umgesetzt werden können.

Ablauforganisation: Redaktioneller Workflow

Der Erscheinungsrhythmus eines Mediums bestimmt wesentlich die zeitlichen Strukturen und Arbeitsweisen einer Redaktion. Mit »Workflow« sind einerseits die Stationen gemeint, die ein Beitrag durchläuft, bis er gedruckt oder gesendet wird, und andererseits die grundsätzlichen, routinisierten Abläufe in einer Redaktion: von der Redaktionskonferenz und Themenplanung über die Beitragsproduktion bis zum Andruck, zur Sendung oder zur Aktualisierung eines Online-Magazins.

Unterschiedlicher Workflow

Während Nachrichtensendungen nahezu rund um die Uhr im Schichtbetrieb arbeiten und sich manche Tätigkeiten stündlich oder sogar viertelstündlich wiederholen, haben Zeitungsredaktionen einen am Tagesrhythmus orientierten Workflow: Am Vormittag wird das einlaufende Material sortiert, in Konferenzen werden Themen besprochen und vergeben, die ersten Recherchen laufen an. Erst am Nachmittag wird geschrieben und layoutet. Die letzten Beiträge werden kurz vor Redaktionsschluss am Abend fertig.

Ganz anders müssen Online-Redaktionen ihren Workflow organisieren: Sie haben weder Redaktionsschluss noch Sendetermin; die Nutzer erwarten eine permanente Aktualisierung der Nachrichten. Der redaktionelle Workflow muss so eingerichtet sein, dass ein Beitrag von einem Texter in die Hand eines anderen wandern kann: Eine neue Schicht übernimmt die Geschichte und schreibt sie aufgrund der aktuellen Lage um und weiter. Nachrichten zu zentralen Ereignissen werden meist mehr als ein Dutzend Mal umgeschrieben.

Redaktionstechnik steuert redaktionelle Abläufe

Technische Innovationen

Technische Innovationen verändern die Abläufe in den Redaktionen grundlegend. Beispiel Zeitungsredaktion: Während früher ein Text auf der Schreibmaschine geschrieben, per Redaktionsbote in den Satz gegeben und anschließend vom Setzer in die Seite eingefügt wurde, kann mit modernen Redaktionssystemen das Layout am Computer entworfen werden – und der Journalist schreibt seinen Text direkt ins Layout. Ändert sich die Nachrichtenlage dramatisch, können Seiten jederzeit umgebaut, Beiträge gelöscht, auf andere Seiten verschoben oder gekürzt, neue Beiträge in kurzer Zeit aufgenommen werden. Beispiel Radioredaktion: Früher lag ein O-Ton auf einem Tonband vor, das Band wurde geschnitten und geklebt. Es wurde immer mit dem Original gearbeitet, denn mit jeder Kopie hätten die Töne an Qualität verloren. Das Tonband musste materiell immer vorhanden sein, wenn der Beitrag gesendet wurde; danach wanderte das Band ins Archiv. Nach der Digitalisierung der Radiotechnik liegen O-Töne und Beiträge auf Servern, die für jeden Redakteur permanent übers Netzwerk erreichbar sind. Töne können beliebig oft kopiert werden. In kurzer Zeit können mehrere Versionen eines Beitrags für verschiedene Sendungen produziert werden. Auch das digitale Archiv ist schnell und einfach erreichbar.

Umbau der Abläufe

Während die Digitalisierung von Print- und Radioproduktion schon länger zurückliegt, befinden sich viele Fernsehredaktionen zurzeit in der Einführungsphase digitaler Technik und damit in einem radikalen Umbau der Abläufe in den Redaktionen (vgl. z. B. für die spanischen TV-Sender Tele 5 und Antena 3 García Avilés/León 2002). Mit analogem Bandmaterial hing der redaktionelle Ablauf am physischen Weg eines Bandes: Nach dem Dreh vor Ort kam das Band in den Schneideraum; der geschnittene Beitrag wanderte auf Band in die Redaktion zur Abnahme, in das Tonstudio zum Besprechen, ins Sendezentrum zum Ausspielen und anschließend ins Archiv. Jetzt wird das digitale Videomaterial nach dem Dreh auf einem Server gespeichert, ist für alle Redakteure erreichbar und kann beliebig oft verwendet oder kopiert werden. In kurzer Zeit können Beiträge an jedem Arbeitsplatz abgenommen, aktualisiert oder ausgetauscht werden. Im digitalen Videoarchiv kann in den Beiträgen über eine Schlüsselbild- oder Stichwortsuche recherchiert werden.

Redaktionssysteme

Redaktionssysteme bzw. Content Management Systeme für Print, Audio, Video und Internet strukturieren und steuern heute die redaktionellen Arbeitsabläufe bei allen Medien. Während früher aus technischen Gründen strikt lineare Abläufe vorgegeben waren, werden mit digitaler Technik Abläufe und Tätigkeiten vernetzt.

Moderne Redaktionstechnik ermöglicht es zudem, dass Reporter mit dem Laptop und einer Onlineverbindung ihre Texte, Fotos oder Videos vor Ort direkt ins Redaktionssystem einpflegen und veröffentlichen. Gelegentlich wurde auch schon von einer »Virtualisierung der Redaktion« gesprochen (vgl. Meier 2002 c: 208–209), weil die Redaktion als physischer Ort nicht mehr für alle an der Produktion beteiligten Journalisten die gleiche zentrale Bedeutung hat wie früher, als Manuskripte, Fotoabzüge oder Bänder dort abgegeben werden mussten.

Wissensmanagement

Neue Möglichkeiten des Wissensmanagements ergeben sich im redaktionellen Intranet durch den Einsatz von Web 2.0-Technologien und Social Software: An einem Wiki zum Beispiel – nach dem Vorbild der Wikipedia – können alle Redakteure mitschreiben. In einer solchen redaktionellen Wissensdatenbank können Themenideen und Recherchequellen gesammelt werden oder es kann gemeinsam an Styleguides, Ablaufplänen und redaktionellen Handbüchern gearbeitet werden.

Redaktionsforschung

Die Anfänge der Redaktionsforschung in den USA liegen in den so genannten Gatekeeper-Studien in den 1950er Jahren, die das Selektionsverhalten von Nachrichtenredaktionen mit sozialwissenschaftlichen Methoden untersuchten (→ vgl. Kap. 5.3; S. 191). In Deutschland beschäftigten sich zwar fast alle Nestoren der Zeitungswissenschaft von den 20er bis zu den 60er Jahren in Teilen ihrer Werke mit der Zeitungsredaktion, sie kamen dabei aber über vorempirische Beschreibungen nicht hinaus. Manfred Rühls (2. Aufl. 1979) Pionierstudie zur Zeitungsredaktion in der zweiten Hälfte der 60er Jahre beachtete erstmals die Interaktionsbeziehungen in einer Redaktion sowie den funktionalen Zusammenhang zwischen (redaktionsexterner) Umwelt und interner Differenzierung der Redaktion.

Neue Antriebe erhielt die Redaktionsforschung in den 1990er Jahren, als Aspekte des Redaktionsmanagements, des redaktionellen Marketings und des Qualitätsmanagements eine größere Rolle in Praxis und Wissenschaft spielten und sich der analytische Bezugsrahmen der Forschung nicht nur auf soziologische und publizistische Theorien bezog, sondern auch Aspekte der Managementlehre integrierte (vgl. u. a. Ruß-Mohl 1995, Meckel 1999, Meier 2002 a, Wyss 2002).

Neuere Theorie als Grundlage der Redaktionsforschung ist die Strukturationstheorie, die u. a. von Klaus-Dieter Altmeppen (2004) und Vinzenz Wyss (2004) unter Bezug auf den Soziologen Anthony Giddens für die Journalistik fruchtbar gemacht wurde. (Organisations-)Strukturen sind demnach nicht einfach als Zwang für die Journalisten zu betrachten, sondern »vielmehr als Ermöglichungsbedingungen, die im Handeln erzeugt, genutzt, stabilisiert, aber auch modifiziert werden« (Wyss 2004: 308). Die Strukturen einer Redaktion wandeln sich also immer wieder, wobei auch dieser Wandel bestimmten Regeln folgt und nicht beliebig vor sich gehen kann.

Neue Modelle der Redaktionsorganisation

Umstrukturierungen

Nicht nur technische Innovationen, auch neue gesellschaftliche oder ökonomische Rahmenbedingungen zwingen Redaktionen zu Umstrukturierungen. Wenn sich die Wünsche und Interessen des Publikums ändern, wenn sich die gesellschaftlichen Anforderungen an die Herangehensweise an Themen wandeln und dementsprechend die Inhalte eines Mediums modernisiert werden sollen, muss auch und vor allem die Redaktion umgebaut werden. Bereits in den 90er Jahren haben mehr als 80 Prozent der deutschen Zeitungschefredakteure ihre Redaktionen umgebaut, die meisten davon mit neuen Modellen, die bislang nicht in der Praxis erprobt waren (vgl. Meier 2002 a: 286). Dies war allerdings nur der Auftakt zu einer ganzen Reihe weiterer Umstrukturierungen nach der Jahrtausendwende, die vor allem auf einer veränderten Teamarbeit beruhen – über Ressortgrenzen und Medien hinweg (vgl. Meier 2007). Innovative Chefredakteure haben Ressorts neu geschnitten, auch architektonisch Wände eingerissen, Großressorts geschaffen, Themen- und Autorenteams eingerichtet, das redaktionelle Management gestärkt oder einen *Newsdesk* installiert:

Ressortübergreifend

- *Ressortübergreifende Teams* sollen den Nachteil der klassischen Redaktionsorganisation ausgleichen, dass im Ressort-Egoismus das Bewusstsein für die Zeitung oder das Programm als Ganzes abhanden kommt und die Redaktion nur Themen wahrnimmt, die ins Raster der Ressorts oder der Abteilungen passen (vgl. die erwähnten neuen Modelle). Gleichzeitig werden oft redaktionelle Abläufe optimiert, Strukturen flexibilisiert und Tätigkeiten professionalisiert, um mehr Freiräume für Recherche und Themenplanung zu bekommen.

Crossmedial

- *Crossmediale Teams* bedienen in einer Redaktion mehrere Ausspielkanäle (z.B. Print im »normalen Format«, Print als kompaktes Format für junge Zielgruppen; verschiedene Formate im Internet wie Text, Audio, Video; mobile Kommunikation etc.). In crossmedial organisierten Redaktionen werden die Ausspielkanäle zum Beispiel am Newsdesk zusammengeführt: Das digitalisierte redaktionelle »Material« soll mehrfach verwendet, Ressourcen sollen für verschiedene Produkte eingesetzt werden. Neue Redaktionsstrukturen sind die Bedingung dafür, dass neue Ausspielkanäle schnell besetzt und redaktionell integriert werden können.

Beide Konzepte von Teamarbeit werden in so genannten *Newsrooms* oder an *Newsdesks* kombiniert. Diese Anglizismen avancierten in den vergangenen Jahren im deutschsprachigen Raum zu Modewörtern in Sachen Redaktionsmanagement. Schätzungen gehen davon aus, dass ca. 60 bis 80 Redaktionen im deutschsprachigen Raum neue Strukturen eingeführt haben – und dafür im weitesten Sinne diese Begriffe verwenden (Meier 2006, 2007).

Definition

Newsdesk
Der »Newsdesk« ist eine Koordinations- und Produktionszentrale, in der alles zusammenläuft, was die Redaktion an Material zur Verfügung hat. In Zeitungsredaktionen werden dort die Seiten verschiedener Ressorts und/oder Lokalredaktionen gemeinsam koordiniert und produziert. Am Newsdesk können zudem crossmedial mehrere Plattformen abgestimmt und bedient werden.

Newsroom
Der »Newsroom« ist nicht einfach ein traditionelles Großraumbüro, sondern unterstützt architektonisch neue redaktionelle Konzepte des ressort- und medienübergreifenden Planens und Arbeitens. Die Wände zwischen Ressorts und Medien werden eingerissen; alle Journalisten sitzen in einem gemeinsamen Redaktionsraum und sollen sich so besser absprechen und koordinieren. Mit dem Begriff Newsroom ist indes gar nicht so sehr die Architektur, sondern eher das neuartige Organisationsmodell und die neue Art, journalistisch zu denken und zu handeln, gemeint. Oft ist Rede vom »Fall der Mauern im Kopf«.

Mitunter werden beide Konzepte verbunden: Der Newsdesk bildet dann das Zentrum eines Newsrooms.

Gemeinsame Ideen, aber im Detail unterschiedliche Konzepte

Manchmal wird am Newsdesk nur monomedial gearbeitet, oder es sitzen dort nur ein oder zwei Redaktionsmanager, die das Nachrichtenmaterial koordinieren (Beispiel Süddeutsche Zeitung). In anderen Medienhäusern ist mit »Newsdesk« oder »Newsroom« ein zentraler großer Arbeitsbereich gemeint, an dem mindestens ein halbes Dutzend Redakteure verschiedener Ressorts gemeinsam produzieren und verschiedene Medien bedienen (Beispiele Braunschweiger Zeitung, Mainpost und Rheinische Post). Wiederum ein anderes Konzept sieht einen gemeinsamen Newsdesk für mehrere Lokalredaktionen vor (Beispiele Mainpost und Südkurier). In anderen Redaktionen wurden dagegen kleinteilige Büros aufgelöst und ein großer gemeinsamer Newsroom geschaffen (Beispiele: Handelsblatt, Düsseldorf: 900 Quadratmeter für 70 Redakteure seit 2002; Austria Presse Agentur APA, Wien: 1.500 Quadratmeter für 100 Redakteure seit 2005; Welt/Welt am Sonntag/Morgenpost, Berlin: 400 Quadratmeter für 56 Arbeitsplätze). Manchmal versuchen die Redaktionen, die Anglizismen zu vermeiden, und verwenden dann Begriffe wie »Nachrichtenraum« (so bei der Welt), »Nachrichtentisch« (so beim Main-Echo in Aschaffenburg) oder »zentrale Produktionseinheit« (so bei der Hessischen/Niedersächsischen Allgemeinen in Kassel).

Größtes Newsroom-Projekt Europas

Das wohl größte Newsroom-Projekt Europas ist seit Ende 2006 in London zu besichtigen: Beim Daily Telegraph sitzen 450 »editors« und »reporters« in einem neuen Großraum, der mit 6.300 Quadratmetern etwas kleiner als ein Fußballfeld ist. Im Zentrum steht ein »Hub« an dem die verschiedenen Plattformen koordiniert werden: Neben einem permanent aktualisierten Text-/Bild-Online-Angebot gibt es mittags die Online-Video-News, am frühen Nachmittag Audio-Beiträge (Podcasts) und zum Feierabend den »Telegraphpm« – eine zehnseitige A4-pdf-Ausgabe als *click and carry*-Material zum Ausdrucken und Lesen in der U-Bahn. In der Nacht wird natürlich noch gedruckt und am nächsten Morgen das news*paper* geliefert. Der Daily Telegraph ist schließlich mit 900.000 Auflage die größte britische Qualitätszeitung.

Erfahrungen mit neuen Organisationsstrukturen

Bessere Qualität, aber höherer Arbeitsdruck

Welche Erfahrungen wurden allgemein mit diesen neuen Arbeitsstrukturen gemacht? Eine pauschale Antwort ist schwierig, weil jede Redaktion Arbeitsteilung und Arbeitsabläufe finden muss, die für sie optimal sind. Manchen gelingt das besser, anderen schlechter. Wissenschaftliche Studien (→ vgl. zur anwendungsorientierten Forschung Kap. 1.3.3; S. 62–63) zeigen (Meier 2007), dass durch *Newsdesk*-Modelle die journalistische Qualität steigen kann und auch die Arbeitszufriedenheit der Redakteure, wenn sie merken, dass sie eine gute Zeitung machen und zudem das Publikum über mehrere Wege erreichen. Andererseits kann aber auch der Arbeitsdruck größer werden: Die zeitlichen Freiräume werden enger, der persönliche Stress nimmt zu. In crossmedialen integrierten Newsrooms ist zudem Training und Coaching gefragt. Ein Print-Journalist kann nicht von heute auf morgen lernen, wie das Internet tickt oder wie ein Podcast oder ein Video-Beitrag produziert wird. Als journalistischer Nachwuchs werden zunehmend Journalisten gebraucht, die mit den neuen Formen und Formaten des Internet umgehen können, die aber die Denkweise der alten Medien nicht aus den Augen verlieren.

Erfolgreiche Redaktionen müssen sich immer wieder wandeln, um die neuen technischen Möglichkeiten, die veränderten Marktbedingungen und die sich ändernde Mediennutzung produktiv und kreativ nutzen zu können. Allerdings gilt auch: Der ökonomische Druck auf Redaktionen ist nicht beliebig steigerbar, sonst gerät die Qualität unter die Räder –

mit welchen Organisationsstrukturen auch immer (→ vgl. zur Zukunft des Journalismus Kap. 7.3; S. 249–255).

Zusammenfassung

Für die Organisation einer Redaktion sind Aufbau und Ablauf wichtig. Beim Aufbau werden die Aufgaben verteilt (zum Beispiel an »reporters« und »editors«) und das Entscheidungsgefüge wird festgelegt (zum Beispiel als Einlinienorganisation mit Chefredakteur, Ressortleitern und Redakteuren). Der Ablauf – der redaktionelle Workflow – hängt stark vom Erscheinungsrhythmus eines Mediums ab. Tageszeitungen haben zum Beispiel einen ganz anderen Workflow als Online-Redaktionen, was auch das crossmediale Arbeiten schwierig macht. Durch die Digitalisierung und den Einzug von Redaktionssystemen in alle Medienbereiche werden die früher strikt linearen Abläufe vernetzt. Neue Modelle der Redaktionsorganisation werden mit den Begriffen Newsdesk und Newsroom bezeichnet. Sie fördern ressortübergreifendes und crossmediales Arbeiten.

Übungsfragen zu Kapitel 4.4

1 Welche verschiedenen Wörter und Bedeutungen gibt es im Englischen für den Begriff »Redaktion«?
2 Beschreiben Sie die verschiedenen Möglichkeiten des Aufbaus einer Redaktion und diskutieren Sie Vor- und Nachteile.
3 Skizzieren Sie den Workflow in einer Zeitungs- und einer Online-Redaktion. Wie könnte ein crossmedialer Workflow aussehen?
4 Wie verändert die Digitalisierung die Abläufe einer Redaktion?
5 Beschreiben Sie neue Modelle der Redaktionsorganisation und überlegen Sie Vor- und Nachteile.

Literatur

Grundsätze und neue Modelle der **Redaktionsorganisation** werden in den Beiträgen von Klaus Meier (2002 a, 2006, 2007) beschrieben und analysiert. Zum Thema **crossmediale Redaktionen** ist www.newsplex.org eine gute Recherchequelle – eine Initiative des internationalen Zeitungsverbands IFRA. Dort ist auch ein multimediales Webdossier abrufbar, das Studierende der Hochschule Darmstadt recherchiert und produziert haben: Es beschreibt und analysiert anschaulich crossmedial arbeitende Redaktionen in Deutschland (www.ifra.com/newsplex_hda).

Ein allgemeines Lehrbuch zur Analyse des **Redaktionsmanagements** liegt von Miriam Meckel vor – eines mit praktischen Ratschlägen von Kurt Weichler.

5 | Journalistische Routinen

Inhalt

5.1 Journalismus, Realität und Objektivität

5.2 Darstellungsformen und Berichterstattungsmuster

5.3 Nachrichtenauswahl

5.4 Journalismus und Public Relations

5.1 | Journalismus, Realität und Objektivität

Als am 22. September 2006 ein Transrapid auf der Teststrecke im Emsland mit Tempo 170 in einen Werkstattwagen raste, starben 23 Menschen. Die Nachrichtenmedien berichteten intensiv über diese Katastrophe. – Etwa genau so viele Menschen sterben im Schnitt alle zwei Tage durch Verkehrsunfälle in Deutschland.

Beinahe täglich erreicht uns in den Jahren des terroristischen Wahnsinns die Meldung, dass im Irak wieder einmal dutzende Menschen durch einen Anschlag ums Leben gekommen sind. – Nach Angaben der Welthungerhilfe sterben täglich 24.000 Menschen weltweit an Hunger, darunter 13.700 Kinder. Das sind zehn Kinder pro Minute.

Das Erkenntnisinteresse des Journalismus richtet sich auf Einzelereignisse. Themen brauchen hervorstechende Ereignisse, um vom Journalismus wahrgenommen zu werden. Die Ereignisfixierung des Informationsjournalismus ist indes nur *ein* Baustein der Prozesse und Routinen, welche die Wirklichkeit der Medien konstruieren.

Zitat

»News and truth are not the same thing, and must be clearly distinguished.« *(Walter Lippmann 1922)*

Wie verhalten sich Medienrealität und Wirklichkeit zueinander? Mit dieser Frage beschäftigt sich die Massenkommunikationsforschung seit mehr als 100 Jahren. Es gibt dazu dutzende empirische Untersuchungen (vgl. z. B. Schulz 1989). Basis ist häufig ein Vergleich der Medieninhalte mit so genannten »Extra-Media-Daten« – also zum Beispiel mit Statistiken, Augenzeugenberichten oder Aussagen von Experten –, was zu dem allgemeinen Resümee führt, dass Journalismus die Wirklichkeit nicht repräsentiert. Doch die Schlussfolgerungen aus dieser Feststellung sind unterschiedlich. Es kommt auf die Einschätzung an, ob wir Realität an sich überhaupt erkennen können. Im Wesentlichen gibt es drei Positionen:

Medienrealität und Wirklichkeit?

- Die erste Position stimmt zunächst recht gut mit unserem Alltagsverständnis überein. Sie geht davon aus, dass es grundsätzlich Aufgabe des Journalismus ist, ein »möglichst getreues und genaues Abbild der Welt bereitzustellen« und damit »Spiegel der Wirklichkeit« zu sein (Schulz 1989: 140). Festzustellen sei indes immer wieder, dass Journalismus die Realität »verzerrt« und dass er zugleich das Potential habe, zu manipulieren und der Gesellschaft zu schaden. Die Konsequenz aus diesem Widerspruch ist eine massive Medienkritik und eine vermutete Manipulation der Gesellschaft durch Journalismus. Gefordert wird eine stärkere Kontrolle, wenn nicht gar Zensur. Wissenschaftliche Vertreter dieser Position verbinden die These der Realitätsverzerrung meist direkt mit Thesen der Medienwirkungsforschung (→ vgl. Kap. 3.3; S. 115–117) – um den Manipulationsverdacht zu erhärten. Oft haben Vertreter dieser Position starke eigene Interessen oder eine »Mission«: Sie fordern dann zum Beispiel, dass die politischen Inhalte ihrer Partei vom Journalismus besser transportiert werden sollen oder dass die Medien doch intensiver über den Hunger in aller Welt, über die Klimakatastrophe oder auch öfter über »good news« und weniger über »bad news« berichten sollten.

»Spiegel der Wirklichkeit«

- Die zweite Position begreift Journalismus nicht bloß als passiven Spiegel einer Wirklichkeit, die unabhängig von Massenkommunikation existiert. Journalismus ist stattdessen »aktives Element in einem sozialen Prozess [...], aus dem eine Vorstellung von Wirklichkeit erst hervorgeht« (ebd. 142). Journalismus ist zentraler Teil des kollektiven Bemühens, eine gemeinsame Realität zu konstruieren, die Basis für soziales Handeln ist. Eine selektive Wahrnehmung des Journalismus kann somit durchaus erwünscht sein, dient sie doch der Beseitigung von Unsicherheit: Über das Tagtägliche müssen wir nicht informiert werden, sondern über das Ungewöhnliche. Die Aufmerksamkeitsregeln des Journalismus stimmen hier weitgehend mit der allgemeinen menschlichen Aufmerksamkeit überein. Ob und inwieweit Journalismus die Realität verzerrt, ist allerdings recht schwer festzustellen,

Kollektives Bemühen um gemeinsame Realität

denn die Wahrnehmung von Realität ist nach diesem Verständnis immer ein soziales Konstrukt – ob das des Journalismus, der Statistik oder eines Beobachters, der »dabei war«. Welches Konstrukt »wahr«, welches »verzerrt« ist, bleibt letztlich ungeklärt. »In der Praxis kommt es darauf an, dass die Wirklichkeitskonstrukte als plausibel anerkannt werden und als Handlungsbasis taugen« (ebd. 143). Medienkritik zielt im Sinne dieser Position nicht auf die Durchsetzung partikularer Interessen oder Zensurmaßnahmen ab, sondern achtet auf die professionellen Standards, die in Kapitel 7.1 näher beschrieben werden. Vielfalt und Wettbewerb – die Konkurrenz verschiedener Wirklichkeitskonstruktionen – sollen »die bestmögliche Annäherung an die objektive Realität« (ebd. 146) ermöglichen.

Radikaler Konstruktivismus

- Die dritte Position greift die Argumente der zweiten auf, ist aber radikaler. Sie nennt sich »radikaler Konstruktivismus« und bezeichnet andere Positionen als »naiven Realismus« (Pörksen 2005 a: 177). Die Konstruktivisten gehen davon aus, dass Wirklichkeit an sich nicht erkennbar ist, sondern dass Erkenntnis »stets und unvermeidlich aus den viablen (das heißt: den nützlichen und brauchbaren) Konstruktionen eines Beobachters, eines Erkennenden« beruht (ebd. 177). Diese These basiert einerseits auf der Erkenntnis der Neurobiologie, dass das Gehirn operativ geschlossen ist und keinen direkten Umweltkontakt besitzt, und andererseits auf der Wissenssoziologie, die feststellt, dass »Realität im Gefüge der Gesellschaft und der jeweiligen Kultur entsteht« (ebd. 178). Kritiker einer konstruktivistischen Journalistik geißeln den Konstruktivismus als zu Willkür und Fälschung einladenden Subjektivismus. Dem halten Konstruktivisten entgegen, dass Konstruktionen nicht willkürlich oder beliebig sind, sondern »vielfältig bedingt durch Natur und Kultur, Geschichte, Sprache und insbesondere auch durch die Medien, die in modernen Gesellschaften als zentrale Sozialisationsinstanzen wirken« (ebd. 177). Die Konsequenz aus der Beobachterabhängigkeit allen menschlichen Erkennens ist eine »Ablehnung dogmatischer Wahrheitsansprüche« sowie die Forderung nach einer »Verantwortung für die eigene Wirklichkeitskonstruktion« und einer »Toleranz gegenüber anderen Wirklichkeiten« (ebd. 180). Der Konstruktivismus sensibilisiert damit für einen kritischen Umgang mit den professionellen Routinen des Journalismus und seinen handwerklichen Standards.

In der Journalistik gibt es Wissenschaftler, die sich bewusst als »radikale Konstruktivisten« bezeichnen, und Wissenschaftler, die bewusst gegen den Konstruktivismus argumentieren und zwischen den Positionen eins und zwei wandern. Andere Wissenschaftler vertreten eine Position, die zwischen zwei und drei navigiert: nicht ein »radikaler«, sondern ein mit dem Realismus vereinbarer »(moderater) sozialer Konstruktivismus« (Neuberger 2005 a: 328).

Lagerkampf und Medienschelte

In der Kommunikationspraxis fand die erste Position in der Bundesrepublik lebendigen Ausdruck in den Lagerkämpfen zwischen »rechts« und »links« in den 60er und 70er Jahren. Politiker und Interessengruppen klagten über eine »einseitige« Berichterstattung – und wurden von Wissenschaftlern unterstützt (→ vgl. die Ausführungen zur Schweigespirale in Kap. 3.3; S. 115–116): So hieß es in den 70er Jahren, eine angeblich »linke« Berichterstattung vor allem des damals rein öffentlich-rechtlichen Fernsehens habe der SPD/FDP zum Wahlsieg verholfen – was übrigens dann auch ein Argument für die CDU/CSU war, die Einführung des privatwirtschaftlichen Rundfunks zu unterstützen. In jüngster Zeit nutzen eher links orientierte Politiker genau die gleichen Argumente: nämlich, dass die Journalisten sich stärker an einer neoliberalen Ideologie orientierten als an dem, was für die Öffentlichkeit relevant sei – zum Beispiel die Politikwissenschaftlerin und SPD-Kandidatin für das Amt des Bundespräsidenten, Gesine Schwan, die die Wahl gegen Horst Köhler verlor und eine Mitschuld daran den Medien gab (vgl. Schwan 2005), oder der ehemalige Bundeskanzler Gerhard Schröder, der nach verlorener Wahl 2005 zu einer massiven Medienschelte ansetze.

Inszenierung und Themenmanagement

Doch in diese alten Muster verfallen Politiker inzwischen recht selten: Heute werden die Konstruktionsprozesse der Medien in den Public Relations intensiv analysiert und ihre Mechanismen für den Image-Gewinn von Parteien und Politikern, von Unternehmen und Organisationen genutzt – von der Inszenierung der Parteitage und des Wahlkampfs bis zum gezielten Themenmanagement (vgl. u. a. Donsbach/Jandura 2003) (→ vgl. Kap. 3.3; S. 115).

Das Problem der Objektivität

Ist »objektiver Journalismus« möglich?

Wenn man voraussetzt, dass Medienrealität durch die Konstruktionsprozesse des Journalismus – oder anders formuliert: durch kollektives Bemühen um eine gemeinsame soziale Wirklichkeit – entsteht, wie kann man dann die Frage nach Objektivität beantworten? Ist ein »objektiver Journalismus« überhaupt möglich? Kann man Realität »objektiv« beschreiben, wenn ihre Erkenntnis nur »subjektiv« möglich ist? Schließlich ist die Objektivität eine wichtige Norm im Journalismus, an der sich rechtliche Vorschriften, ethische Kodizes (→ vgl. Kap. 7.2; S. 241–244) und viele praktische Lehrbücher orientieren. In einer repräsentativen Befragung (→ vgl. Kap. 6.1; S. 203–215) gaben 89 Prozent der deutschen Journalisten an, »das Publikum möglichst neutral und präzise informieren« zu wollen und immerhin 74 Prozent waren sich des beschriebenen erkenntnistheoretischen Problems nicht bewusst, als sie sagten, sie wollten »Realität genauso abbilden, wie sie ist« (Weischenberg/Malik/Scholl 2006: 102).

Objektivität und Relevanz

Ein Vorschlag zur Lösung des Objektivitätsproblems liegt in einer grundsätzlichen Unterscheidung: Christoph Neuberger (1997, 2005 a) hat darauf aufmerksam gemacht, dass von der Frage nach möglicher Objektivität die Frage nach der Relevanz zu unterscheiden sei – die Frage »Was ist wirklich?« also von der Frage »Was ist wichtig?«. Ähnlich argumentiert das älteste noch aktualisierte Lehrbuch für praktischen Journalismus im deutschsprachigen Raum: Walther von La Roche (2006: 129–145) unterscheidet zwischen *äußerer* und *innerer* Objektivität.

»Intersubjektivität« statt Objektivität

Bei der Frage »Was ist wirklich?« (oder der *äußeren* Objektivität) geht es um die Übereinstimmung der journalistischen Berichterstattung mit Tatsachen, die grundsätzlich überprüfbar sind – also um die Richtigkeit. La Roche (2006: 130) sagt dazu: »Die Fakten müssen stimmen.« Und: »Wo sich der Redakteur keine Gewissheit über den Sachverhalt verschaffen konnte, führt das Bemühen um Richtigkeit dazu, in aller Offenheit auf diese Ungewissheit aufmerksam zu machen.« Neuberger (2005 a: 326) verweist darauf, dass hier die journalistischen Regeln für die Beobachtung von Ereignissen und die Prüfung von Nachrichten mit den wissenschaftlichen Grundprinzipien des Kritischen Rationalismus übereinstimmen (→ vgl. zur Wissenschaftstheorie des Kritischen Rationalismus Kap. 1.2.1; S. 25). Demnach sind vorläufige Aussagen über die Realität möglich, wenn eine Konsensbildung über die Erkenntnismethoden erfolgt, der Erkenntnisprozess transparent ist und die Erkenntnismethoden überprüfbar und kritisierbar sind. »Objektivität« kann nur durch »Intersubjektivität« erreicht werden. Für den (Nachrichten-)Journalismus heißt dies, dass von den in Kapitel 7.1 genannten Qualitätskriterien neben der Vielfalt (z. B. bei widersprüchlichen Behauptungen zu demselben Sachverhalt) vor allem der Transparenz und der Interaktivität eine besondere Bedeutung zukommt und dass die Infrastrukturen der Qualitätssicherung (z. B. Selbstkritik und Fremdkritik) funktionieren müssen, wenn sich der Journalismus dem Ideal der Objektivität – also der Richtigkeit – annähern will.

Das Auswahlproblem

Bei der Frage »Was ist wichtig?« (oder der *inneren* Objektivität) geht es dagegen um die Entscheidung des Journalisten bzw. der Redaktion, wenn Nachrichten nach ihrer Relevanz auswählt und gewichtet werden. Auch wenn man sich dabei an den W-Fragen und den Nachrichtenfaktoren (also den professionellen Selektionskriterien) orientiert, enthält die Entscheidung noch immer eine implizite Wertung – zum Beispiel die Beurteilung, welchen Nutzen die Nachricht für das Publikum bzw. die Zielgruppe hat. »Die Realität sagt nicht aus sich heraus, welche ihrer Aspekte relevant sind und welche nicht.« (Neuberger 1997: 313) »Kriterien für die Auswahl von Nachrichten und die Sortierung nach Wichtigkeit sind für jede Redaktion die Wünsche und das Vorwissen ihrer Zielgruppe.« (La Roche 2006: 143) Eine »objektive« Auswahl von Nachrichten oder eine »objektive« Gewichtung bei der Auswahl von Fakten ist demnach nicht möglich. »Man kann entsprechend den Übereinkünften einer ›gemeinsamen gesellschaftlichen Konstruktion der Wirklichkeit‹ berichten, aber eine Beschreibung der Wirklichkeit, innere Objektivität leistet man damit nicht.« (ebd. 144)

Neuberger und La Roche stimmen zwar in der Grundunterscheidung überein, im Detail gibt es aber Unterschiede: Während Neuberger nur die Richtigkeit als Objektivitätskriterium sieht und alle anderen Kriterien als Relevanzkriterien einstuft, die nur wertend und nicht »objektiv« zu lösen sind, kommen bei La Roche zur Objektivität noch die Vollständigkeit und Ausgewogenheit sowie die Trennung von Nachricht und Meinung hinzu. Streng wissenschaftlich argumentiert muss man Neuberger Recht geben, denn die Befolgung von Vollständigkeit, Ausgewogenheit und des Trennungsgrundsatzes verlangt immer auch implizit Wertungen – kann also letztlich nicht »objektiv« entschieden werden. Wer dennoch meint, »objektiv« ausgewogen oder vollständig oder rein nachrichtlich sein zu können, läuft Gefahr, sich der impliziten Wertung nicht bewusst zu sein, deshalb ideologisch zu argumentieren und journalistische Beiträge als »Wahrheit« zu bezeichnen, der sie sich aber letztlich nur annähern können (vgl. die Ausführungen zum »objective reporting« im folgenden Kapitel). Journalisten suchen also nicht nach der »Wahrheit«, sondern sie halten sich an professionelle Routinen und Standards, um nicht beliebig zu entscheiden, sondern so, wie es das Publikum (zu Recht) erwartet.

Es ist Aufgabe der Journalistik, Erkenntnis- und Objektivitätsproblem zu diskutieren – und dazu beizutragen, dass Journalisten (nicht nur in der Ausbildung) auch über implizite Wertungen kritisch reflektieren können. Dazu gehört eine Untersuchung der Relevanzkriterien und Schemata des Journalismus – verbunden mit dem Versuch, die Konstruktionsprozesse des Journalismus offenzulegen. Deshalb werden wir im Folgenden die Darstellungsformen, Berichterstattungsmuster und Spezialisierungen, die Nachrichtenauswahl und den Einfluss der Public Relations näher analysieren. Auch die Diskussion der Qualitätskriterien und ethische Fragestellungen sind ein Beitrag zur kritischen Reflexion journalistischer Produktion (→ vgl. Kap. 7.1 und 7.2; S. 224–245).

Zusammenfassung

Die Frage, wie sich Medienrealität und Wirklichkeit zueinander verhalten, beschäftigt schon Generationen von Forschern. Das Spektrum der theoretischen Positionen reicht von einem Realismus, der den Medien die Aufgabe zuschreibt, ein getreuer Spiegel der Wirklichkeit zu sein, bis zum radikalen Konstruktivismus, der grundsätzlich die Erkennbarkeit der Wirklichkeit an sich verneint und sagt, dass Realität im Gefüge von Gesellschaft und Kultur entsteht. Der Mainstream der Journalistik stimmt zwar nicht unbedingt der radikalen Variante des Konstruktivismus zu, geht inzwischen aber davon aus, dass der Journalismus eine Medienrealität konstruiert, die Basis für soziales Handeln ist (→ vgl. Kap. 1.1.1; S. 13–14). Aufgabe der Journalistik ist es, die Konstruktionsprozesse des Journalismus zu analysieren und damit eine kritische Reflexion zu ermöglichen. Ein erster Schritt dabei ist die Unterscheidung von Objektivität (»Was ist richtig?«) und Relevanz (»Was ist wichtig?«).

Übungsfragen zu Kapitel 5.1

1 Warum kann man nicht so einfach sagen, die Medien seien ein »getreuer Spiegel der Wirklichkeit«? – Beschreiben Sie die drei theoretischen Positionen, die das Verhältnis von Medienrealität und Wirklichkeit diskutieren.
2 Worin unterscheiden sich die beiden Fragen »Was ist wirklich?« und »Was ist wichtig?«. Warum kann die Frage »Was ist wichtig?« grundsätzlich nur wertend entschieden werden?

Literatur

Wer sich näher mit der Position des **radikalen Konstruktivismus** und seinem besonderen Ansatz der Journalistik und Journalistenausbildung beschäftigen möchte, dem sei »Die Beobachtung des Beobachters« von Bernhard Pörksen empfohlen. Wem das nicht ausreicht, der kann zu dem dicken Buch **Die Wirklichkeit der Medien** greifen, das von Klaus Merten, Siegfried J. Schmidt und Siegfried Weischenberg herausgegeben wurde. Einen unterhaltsamen Einblick in die **Inszenierung der Wirklichkeit** von und über Prominente bieten Jens Bergmann und Bernhard Pörksen in »Medienmenschen«.

Zum Problemkreis der **Objektivität** lesen Sie kritisch vergleichend die Beiträge von Christoph Neuberger (1997 und 2005 a) sowie den entsprechenden Abschnitt im Buch von Walther von La Roche (2006).

Darstellungsformen und Berichterstattungsmuster | 5.2

»News factory«

Journalistische Wirklichkeitskonstruktion läuft nicht beliebig ab, sondern folgt ganz bestimmten Routinen. Die Realität der »News« entsteht erst durch ein routinisiertes und institutionalisiertes Netz, das der Journalismus über die Welt legt, so die New Yorker Wissenschaftlerin Gaye Tuchman (1977, 1978), die sich jahrelang mit der Routine in Redaktionen beschäftigt hat. Sowohl das Erwartbare als auch das Unerwartete werden in der »news factory« routinisiert. »Eine Geschichte ist gut, wenn sie rund ist«, sagt zum Beispiel die Lokaljournalistin Ulrike Pfeil (2006: 146). Was rund ist, bestimmt die journalistische Routine: »Die Geschichte fügt sich wunderbar in die Vorstellungswelt, sie bestätigt, was man schon immer vermutet hat, oder sie widerlegt Patent-Vorurteile.«

Ein Aspekt der Nachrichtenroutine ist zum Beispiel die Zeit- und Platzeinteilung: Bis zum Redaktionsschluss muss genau eine Seite oder genau eine 15-Minuten-Sendung gefüllt sein. »[W]ork must be scheduled in time and space so that recognizable news events can be routinely encountered and processed.« (Tuchman 1977: 45)

Wie sehen die Routinen des Journalismus aus, die letztlich die Medienrealität konstruieren? – Darum geht es in diesem und im folgenden Kapitel 5.3.

Ordnung durch Schemata

Merkmale der journalistischen Wirklichkeitskonstruktion

Wesentliche Merkmale der journalistischen Wirklichkeitskonstruktion sind die Darstellungsformen (z. B. Nachricht, Kommentar oder Reportage) und die Berichterstattungsmuster (z. B. der »Objektive« Journalismus oder der Investigative Journalismus). Diese Merkmale sind nicht vom Himmel gefallen, sondern haben sich im Laufe der Geschichte des Journalismus in den jeweiligen Mediensystemen entwickelt – als intersubjektive Vereinbarungen (vgl. Weischenberg 1995: 111 – 124).

Man kann sie als »Schemata« bezeichnen, die Ordnung in die journalistische Kommunikation bringen (vgl. u. a. Rühl 1980: 303; Schmidt/Weischenberg 1994). Auf die Schemata können sich die Produzenten und Rezipienten verlassen; sie reduzieren Unsicherheit und steuern die (Erwartungs-)Erwartungen zwischen Anbietern und Nutzern. Wenn zum Beispiel die Frankfurter Allgemeine Zeitung die Kommentare auf der ersten Seite typografisch besonders absetzt, dann weiß der Leser, dass er in diesen Texten (konservative) Meinung bekommt. Hinweise auf Schemata können auch missbraucht werden – etwa im Fall von Schleichwerbung in redaktionellen Texten oder mit nicht gekennzeichneten fiktionalen Elementen in journalistischen Beiträgen (vgl. Pöttker 2005).

Wandel der Darstellungsformen

Schemata wandeln sich im Laufe der Zeit und passen sich dem ökonomischen, technischen und sozialen Wandel des Journalismus an. So hat Manfred Rühl (1980: 307–308) zum Beispiel darauf hingewiesen, dass die Reportage zu den Zeiten von Egon Erwin Kisch eine andere Funktion hatte als nach der Etablierung von Radio und Fernsehen (die beide eine Unterhaltungsfunktion übernommen haben und durch Live-Berichterstattung, O-Töne und bewegte Bilder einen starken Eindruck des »Dabeiseins« vermitteln, der in einer geschriebenen Reportage kaum erreicht werden kann). Auch die Darstellungsformen im Fernsehen haben sich vor allem nach Einführung des Dualen Systems gewandelt (z. B. »Infotainment« oder »Reality-TV«). Besonders beim Fernsehen – aber auch generell im Journalismus – trifft die Feststellung zu, dass die Schemata Strategien des Wirklichkeitsbezugs oder anders formuliert Strategien der »Inszenierung dieses Wirklichkeitsbezugs« sind (vgl. Weischenberg 1995: 111).

Schemata werden gelernt

Ohne Routinen und ohne standardisierte Schemata könnte einerseits die journalistische Produktion nicht arbeitsteilig organisiert und hochgradig aktuell erfolgen. Journalisten lernen die Schemata in ihrer Ausbildung und redaktionellen Sozialisation. Andererseits wäre das Publikum immer wieder überfordert, aus der Flut der Medienangebote sinnvoll und nutzbringend auszuwählen. Auch die Mediennutzer lernen die Schemata in der Sozialisation: von der Mediennutzung im Elternhaus über entsprechende Inhalte in der Schule bis zur außerschulischen Medienpädagogik.

Auch bei neuen Medien – wie dem Internet – schaffen Anbieter und Nutzer in einem sozialen Prozess Ordnung durch die Herausbildung von Schemata (vgl. Neuberger 2005b): Nach einer Phase der Imitation von Schemata alter Medien entstehen nach und nach eigenständige Formate, die den technischen Potentialen des Internet gerecht werden (vgl. z. B. Meier 2002c: 21–171). In der aktuellen Internetöffentlichkeit werden neue Formate zum Beispiel als Portale, Weblogs oder Social Software bezeichnet.

Zitat

»Without standardization, without stereotypes, without routine judgments, without a fairly ruthless disregard of subtlety, the editor would soon die of excitement.« *(Walter Lippmann 1922)*

Darstellungsformen

Wer allerdings erwartet, dass die Schemata eindeutig definiert sind und überall gleichbedeutend verwendet werden – der muss enttäuscht werden. Es liegt in der Natur der Sache, dass sich Schemata permanent wandeln, kreativ und innovativ vermischt oder neu entwickelt werden, um dem Wandel der Nutzungsgewohnheiten sowie der ökonomischen und technischen Rahmendingungen gerecht zu werden. Zudem hängen die Schemata im Einzelnen u.a. von der medialen Plattform und dem Themengebiet ab. Es lassen sich allerdings Idealtypen finden, die sich durch ganz spezifische Besonderheiten voneinander absetzen.

Darstellungsformen, Genres, Gattungen, Formate

Die journalistischen Darstellungsformen werden auch als »Genres« (Kurz 2000), als »Gattungen« (Roloff 1982) oder neuerdings als »Formate« (Meier 2002 c) bezeichnet. In einer ersten systematischen Zusammenstellung identifizierte Eckart Klaus Roloff (1982) 19 journalistische Textgattungen, die er in referierende, interpretierende und kommentierende Gattungen einteilte. Die Lehrbuchliteratur führt die Fülle der Darstellungsformen auch heute noch häufig auf zwei oder drei Grundformen zurück: Walther von La Roche (2006: 69–175) teilt in »informierende Darstellungsformen« (Nachricht, Bericht, Reportage, Feature, Interview und Umfrage, Korrespondentenbericht und analysierender Beitrag) und »meinungsäußernde Darstellungsformen« (Kommentar, Glosse, Rezension). Siegfried Weischenberg (2001 a: 49–67) nennt dagegen nur sechs allen Formen zugrunde liegende Darstellungsformen, die er in drei Typen klassifiziert: »Nachrichtendarstellungsformen« (Meldung und Bericht), »Meinungsdarstellungsformen« (Kommentar und Glosse) und »Unterhaltungsdarstellungsformen« (Reportage und Feature). Das Interview reicht Weischenberg als »zusätzlichen Typ« nach.

Entstehung der »inverted pyramid« als Form der Nachricht

Viele der heute noch gebräuchlichen Darstellungsformen im Journalismus sind im 19. Jahrhundert in den USA entstanden – so auch die Nachricht in der weit verbreiteten Form der »inverted pyramid« (»umgekehrte Pyramide«). Gemeint ist das Prinzip, wonach das Wichtigste an den Anfang gesetzt wird. Die weniger wichtigen Details der Nachricht folgen später und können im journalistischen Produktionsprozess gekürzt oder in der Rezeption ohne größere Verständnisschwierigkeiten weggelassen werden.

Wie ist dieser Aufbau entstanden? Gern erzählt wird der Mythos, wonach die »inverted pyramid« aufgrund technischer Probleme während des amerikanischen Bürgerkriegs (1861–1865) entstanden sei. So heißt es zum Beispiel im Fischer Lexikon Publizistik Massenkommunikation: »Wegen der noch großen Störanfälligkeit der Telegraphenverbindungen erreichte oft nur der Anfang eines Gefechtsberichts die Redaktionen. [...] Die Reporter gingen deshalb dazu über, [...] das Wichtigste im Nachrichtenkopf zusammenzufassen.« (Reumann 2003: 130)

Horst Pöttker (2003) dagegen hat in einer Inhaltsanalyse US-amerikanischer Zeitungen herausgefunden, dass sich die Pyramidenform erst in den 1880er Jahren als professioneller Standard durchgesetzt hat und ihre Einführung also nicht am Telegraphenproblem im Bürgerkrieg liegen konnte. Er vermutet, dass der Entstehungsgrund für diesen professionellen Standard in einer Qualitätsverbesserung lag: Die Zeitung sollte für das Publikum lesbarer und attraktiver gemacht werden. Die journalistische Innovation wurde also nicht durch technische Mängel verursacht, sondern aus den Redaktionen heraus bewusst entwickelt. Für diese These spricht, dass sich etwa zur gleichen Zeit auch in anderen Ländern der Journalismus professionalisierte – und zum Beispiel begann, die Zeitungen nach Sachgebieten und Sparten zu gliedern (vgl. Meier 2002 a: 110–134).

Ungeklärt bleibt allerdings, warum die amerikanischen Lehrbücher die Pyramide »umgekehrt« haben. Wenn das Wichtigste an der Spitze steht, wäre es genauso einleuchtend, einfach von der »Pyramide« zu sprechen.

Literatur

Zu Anwendung und Training der **journalistischen Darstellungsformen** gibt es inzwischen etliche Lehrbücher, die sich oft sogar auf eine einzige Darstellungsform konzentrieren wie die Nachricht, die Reportage oder den Kommentar. Als übergreifende Basisliteratur hat sich seit mehr als 30 Jahren die »Einführung in den praktischen Journalismus« bewährt, die von Walther von La Roche regelmäßig aktualisiert wird (seit 1999 zusammen mit Gabriele Hooffacker und Klaus Meier). Zu den sprachlichen Grundlagen des professionellen Textens sei zudem das Buch **Journalistisches Texten** von Jürg Häusermann empfohlen.

Medienlinguistik: Erforschung der Mediensprache und des journalistischen Schreibens

Es gibt Bereiche des Journalismus, die nicht im Zentrum der Journalistik stehen, weil diese Wissenschaft sich auf die sozialen Zusammenhänge des Journalismus konzentriert (→ vgl. Kap. 1.1; S. 17–23) – und zum Beispiel weniger auf die sprachlichen. Mit der Sprachanalyse beschäftigt sich die Linguistik, also eine Disziplin der Sprach- und Literaturwissenschaft. Sie setzt sich in großer Mehrheit zwar mit »hoher Literatur« und nicht mit den Besonderheiten massenmedialer Textproduktion auseinander, unternimmt in jüngster Zeit aber verstärkt Anstrengungen, die als »angewandte Medienlinguistik« bezeichnet werden.

Es ist erstaunlich, wie groß die Kluft zwischen Sozial- und Geisteswissenschaft an dieser Stelle klafft und wie wenige Forscher sich bislang interdisziplinär mit diesem für den Journalismus und die Journalistenausbildung so wichtigen Thema beschäftigt haben. Selbst in der akademischen Journalistenausbildung werden Übungen und Seminare oft mit Ratschlägen von Sprachkritikern wie Ludwig Reimers oder Wolf Schneider bestritten, die zwar anschaulich und scharfzüngig argumentieren, ihr Urteil aber nur selten auf wissenschaftlicher Analyse gründen.

Als fruchtbar haben sich zum Beispiel Forschungsprojekte erwiesen, welche den Schreibprozess – also die Entstehungsgeschichte hinter einem fertigen Text – untersuchen und daraus Anleitungen entwickeln, mit Schreibblockaden umzugehen, oder Strategien, wie Texte kreativer geplant, flüssiger zu Papier gebracht und effizienter überarbeitet werden können.

Zum Weiterlesen empfehle ich die beiden Lehrbücher von Daniel Perrin »Medienlinguistik« und »Schreiben ohne Reibungsverlust« sowie den Reader »Unter Druck« von Friederike Herrmann.

Berichterstattungsmuster

Die Journalisten orientieren sich in ihren Routinen nicht nur an den Darstellungsformen, sondern auch – bewusst oder unbewusst – an bestimmten Strategien, die in der Journalismusforschung als »Berichterstattungsmuster« (Weischenberg 1983, 1995: 111–119), »Typen von Informationsjournalismus« (Saxer 1992: 117–123) oder »Journalismus-Konzeptionen« (Wyss 2001: 274–275) bezeichnet werden (vgl. Abb. 5.1). Sie beschreiben Varianten von Rollenbildern und Berufsauffassungen, die zu einem Teil der persönlichen Einstellung der Journalisten, der redaktionellen Routinen und der allgemeinen Berufskultur geworden sind – und das Zustandekommen der Medienrealität mit prägen.

Dominanz des »Objektiven« Journalismus

Das Vorkommen dieser Strategien hängt vom Mediensystem ab: In pluralistischen Demokratien dominiert der *»Objektive« Journalismus*, was sich in repräsentativen Journalistenbefragungen etwa in Deutschland, der Schweiz und Österreich immer wieder bestätigt, wenn nach dem Rollenselbstbild gefragt wird (→ vgl. Kap. 6.1; S. 210–213). In Diktaturen nimmt der *Meinungsjournalismus* in Verbindung mit Parteigängertum und Parteiloyalität eine überragende Stellung ein (Saxer 1992: 119). Der Begriff »Meinungsjournalismus« sollte nicht mit den meinungsäußernden Darstellungsformen (Kommentar und Glosse) verwechselt werden, die auch zum »Objektiven« Journalismus gehören, dort aber von Nachricht und Bericht getrennt sind. »Meinungsjournalismus« bedeutet, dass der Trennungsgrundsatz bewusst ignoriert wird und eine bestimmte Meinung in allen verwendeten Darstellungsformen eine große Rolle spielt – und dass Themen unterdrückt werden, die nicht in die (eigene und/oder offizielle) Überzeugung passen. In offenen Gesellschaften findet sich Meinungsjournalismus in den Publikationen von Institutionen und Organisationen – wie beispielsweise Parteizeitungen oder Kirchenblättern – und ist eher der Public Relations zuzuordnen (→ vgl. Kap. 5.4; S. 198–202).

Kritik am »Objektiven« Journalismus

Das Konzept des *»Objektiven« Journalismus* steht in der Tradition des angloamerikanischen »objective reporting« (→ vgl. zu den Reeducation-Bemühungen der Alliierten nach dem Zweiten Weltkrieg Kap. 2.2.2; S. 79–80). Die journalistische Arbeit wird als neutral, unparteilich und passiv vermittelnd verstanden – und läuft damit Gefahr, die »Objektivität« zu ideologisieren und zur »Wahrheit« zu erheben (→ vgl. Kap. 5.1; S. 175–177). Die dominierende Praxis dieses »Objektiven« Journalismus wird deshalb in westlichen Ländern seit den 1960er Jahren kritisiert (vgl. Weischenberg 1983, Neuberger 2005 a, Wyss 2001): Er bevorzuge offizielle Standpunkte und Ereignisse, die von mächtigen Institutionen inszeniert und kontrolliert werden, sei also relativ offen für Einflüsse der Public Relations (z. B. über Pressemitteilungen und Pressekonferenzen → vgl. Kap. 5.4; S. 198–202) und tendiere zu Verlautbarungen. Auch wenn er Zitate und Gegenzitate »neutral« aneinanderfüge, vernachlässige er Hintergründe, Ursachen und Folgen. Durch die Ereignisfixierung würden langfristige Prozesse ausgeklammert. Zu den Schlagwörtern der Kritik gehörten schon in den 70er Jahren »Verlautbarungsjournalismus«, »Hofberichterstattung« und »Terminjournalismus« – gefordert wurde ein aktiver, recherchierender Journalismus (vgl. Langenbucher 1980).

Aufgrund der Schwächen des »Objektiven« Journalismus wurden andere Konzepte angeregt und entwickelt, die in Abb. 5.1 in einer Übersicht charakterisiert sind. Alle diese alternativen Konzepte achten weniger auf die strikte Trennung von Nachricht und Meinung – oft wird bewusst offengelegt, dass journalistisches Entscheiden Wertungen impliziert.

Berichterstattungsmuster: Typen des Informationsjournalismus

Abb. 5.1

(Quellen: Weischenberg 1983, 1995; Saxer 1992; Wyss 2001)

Journalismus-Konzeption	Rollenbild	Intention	Fakten-präsentation	Recherche
»Objektiver« Journalismus	Vermittler	»Realität« abbilden	neutrale Faktizität	Verlautbarung
Meinungs-journalismus	Parteigänger	Meinungsformung	persuasiv	Verlautbarung
Präzisions-journalismus	Forscher	wissenschaftlich erhärtet recherchieren	wissenschaftlich erhärtete Faktizität	sozialwissenschaftliche Methoden, Datenbankrecherche
Interpretativer Journalismus	Erklärer	Orientierung stiften	erläuterte Faktizität	Recherche von Interpretationshilfen (z. B. bei Experten)
Investigativer Journalismus	Wachhund	Kontrolle / Kritik / Machtmissbrauch aufdecken	beweisführend, zuspitzend	unorthodox (oft »Whistleblowers« als Informanten)
Literarischer (»Neuer«) Journalismus	Stilist / Unterhalter	Sensibilität ausdrücken, »Authentizität«	literarisch	subjektive Sensibilität, keine zwingende Faktentreue
Anwaltschaftlicher Journalismus	Anwalt	Verständnis, Solidarität schaffen	»Betroffenheits«-Faktizität, »Gegenöffentlichkeit«	inoffizielle Quellen
Public Journalism	Dialog-Organisator	Lösungen für lokale Probleme	interaktiv, forumsorientiert	Aktionen
Ratgeber-journalismus	Ratgeber, Helfer	Lebenshilfe	problemlösungsorientiert	bei Experten und Laien mit Problemlösungskompetenz

Die Bezeichnungen und Charakterisierungen von Berichterstattungsmustern (Journalismus-Konzeptionen) gehen in der Literatur im Detail auseinander. Für die Tabelle wurde ein übersichtlicher Kompromiss gesucht, der nicht vollständig ist, aber die wesentlichen Muster enthält. Ergänzt wurde das Muster des Ratgeberjournalismus, das in keiner der Quellen explizit erwähnt wird.

Der Journalist ist kein passiver Übermittler, sondern schlüpft in eine aktive und manchmal auch engagierte Rolle:

Missstände aufdecken

- Insbesondere für den *Investigativen Journalismus*, der sich als Wachhund der Demokratie versteht und Missstände und Machtmissbrauch aufdecken will, finden sich auch heute Befürworter (vgl. in Deutschland z.B. die Initiativen des Netzwerks Recherche). Er geht auf das amerikanische »investigative reporting« zurück, das in der Watergate-Affäre (1972–74) eine Initialzündung hatte. In Deutschland finden sich Beispiele vor allem bei den Nachrichtenmagazinen, den Politikmagazinen des öffentlich-rechtlichen Rundfunks und den überregionalen Tageszeitungen.

Präzise berichten

- Der *Präzisionsjournalismus* setzt inzwischen verstärkt auf den Einsatz von Datenbanken in der Recherche, die mit sozialwissenschaftlichen Methoden (z.B. mit Mitteln der Statistik) ausgewertet werden (»computer-assisted reporting«). Die Grenzen zum Investigativen Journalismus verschwimmen, wenn mit Hilfe von Datenbanken Missstände aufgespürt werden.

Interpretieren und einordnen

- Der *Interpretative Journalismus* plädiert dafür, die Fakten und Einzelereignisse des »Objektiven« Journalismus in Zusammenhänge zu stellen und erläuternd einzuordnen. Beispiele dafür sind die Storys der Nachrichtenmagazine und immer mehr Hintergrundstücke in den Tageszeitungen. Über den Bezugsrahmen und die Maßstäbe zur Einordnung fließt – explizit oder implizit – eine Wertung des Journalisten in die Beiträge ein.

Persönlich und subjektiv

- Der *»Neue« Journalismus* übernimmt literarische Stilmittel und geht sehr persönlich und subjektiv vor. Vorbilder sind u.a. die amerikanischen Schriftsteller Truman Capote und Tom Wolfe, die den Begriff »new journalism« mit prägten. Capote veröffentlichte zum Beispiel 1965 mit »In Cold Blood« (»Kaltblütig«) einen Tatsachenroman (zuerst in der Zeitschrift »The New Yorker«), für den er sechs Jahre lang den Mord an einer Familie in Kansas recherchiert hatte. Letztlich bleibt es indes schwierig, »new journalism« genau zu definieren, ja schon zu begründen, warum es sich um einen »neuen« Journalismus handeln soll. In Anlehnung an die Belletristik können die Grenzen zwischen Fakten und Fiktionen überschritten werden, weshalb umstritten ist, ob es sich überhaupt um Journalismus handelt. Aus Gründen der Transparenz und Glaubwürdigkeit sollte auf Fiktionalisierungen explizit hingewiesen werden (was nicht immer der Fall ist).

Stimme für Minderheiten

- Der *Anwaltschaftliche Journalismus* konzentriert sich auf Betroffene, Minderheiten oder »machtlose Mehrheiten« (z.B. Kinder, Alleinerziehende, Arbeiter, Kranke), deren Stimme kaum öffentlich wahrgenommen wird, weil sie keine Lobby haben. Anwaltschaftlicher Journalismus will diejenigen zu Wort kommen lassen, deren Interessen sonst kaum erwähnt werden – quasi als Gegenöffentlichkeit zur Institutionenhörigkeit des »Objektiven« Journalismus.

Sozial engagiert

- Der *Public Journalism* stammt aus den USA und wird auch als *Civic Journalism* oder *Community Journalism* bezeichnet. Er sollte nicht mit dem im Internet aufkommenden »Citizen Journalism« verwechselt werden,

der den Journalismus entprofessionalisiert und die Nutzer selbst zu Journalisten macht (→ vgl. Kap. 4.1; S. 123; Kap. 7.3; S. 251–255). Public Journalism bleibt dagegen in der Hand professioneller Journalisten, die sich jedoch viel stärker sozial engagieren als im herkömmlichen Journalismus. Kritisiert wird die Bürgerferne des traditionellen Lokaljournalismus: Über lokale soziale Probleme werde nur berichtet, aber nichts dagegen unternommen. Die mittel- bis langfristigen Projekte des Public Journalism organisieren zum Beispiel Diskussionsrunden und Selbsthilfegruppen zu Themen wie Armut, Gewalt in der Schule, Drogen oder Stadtentwicklung. Ziel ist es, »to re-engage people in public life« (Pew Center for Civic Journalism). Im Deutschen wird dieses Konzept mitunter als »Aktionsjournalismus« bezeichnet. Hier finden sich Formen zum Beispiel in von der Lokalzeitung organisierten Diskussionsforen zu Kommunalwahlen oder in Schlagzeilen wie »Zeitung XY kämpft für den Erhalt des Stadtparks«. Insgesamt ist expliziter Public Journalism aber in Deutschland kaum verbreitet (Lünenborg 2005 b: 155–156).
- Der *Ratgeberjournalismus* wird auch als Nutzwertjournalismus bezeichnet und will über abstrakte Fakten hinaus Lebenshilfe geben – von der Kindererziehung über Gesundheit und Partnerschaft bis zu Hausbau, Computer und Geldanlage. Nutzwert

Die alternativen Berichterstattungsmuster sind bislang nicht weit verbreitet und konnten sich kaum als Gegenentwürfe zum »objective reporting« profilieren (vielleicht mit Ausnahme des Ratgeberjournalismus). Meist werden die verschiedenen Konzeptionen komplementär in redaktionellen Strategien eingesetzt, um den Defiziten des »Objektiven« Journalismus begegnen zu können.

Literatur

Zum **Investigativen Journalismus** gibt es inzwischen eine Reihe von Lehrbüchern, zum Beispiel von Johannes Ludwig oder die vom Netzwerk Recherche herausgegebenen Bände (vgl. www.netzwerk-recherche.de). Zum **Nutzwertjournalismus** hat der Zeitschriftenjournalist Christoph Fasel ein Lehrbuch geschrieben. Licht ins Dunkel der verschiedenen Facetten des **New Journalism** bringt ein Sammelband, der von Joan Kristin Bleicher und Bernhard Pörksen herausgegeben wurde. Guter Einstiegspunkt für eine Recherche in Sachen **Präzisionsjournalismus** ist die Website des »National Institute for Computer-Assisted Reporting« (www.nicar.org) – und in Sachen **Public Journalism** die Site des »Pew Center for Civic Journalism« (www.pewcenter.org).

Die vier Dimensionen journalistischer Wahrnehmungsroutine

Mit den Darstellungsformen und Berichterstattungsmustern haben wir zwei Dimensionen der »journalistischen Wahrnehmung« (Schmidt/Weischenberg 1994: 235–236) kennengelernt. Als dritte Dimension kommen die Ressorts und thematischen Spezialisierungen hinzu, die wir bereits in Kapitel 1.2.3 (→ S. 35) und Kapitel 4.4 (→ S. 161) als »Wahrnehmungsstruktur« bezeichnet haben. Vierte Dimension sind die Medien(plattformen), die in Kapitel 4.3 als Strukturen der Medienlandschaften vorgestellt wurden.

Ressortierung und Spezialisierung

- Ressorts und thematische Spezialisierungen sind Kennzeichen der Ausdifferenzierung des Journalismus. Wie in Kapitel 1.2.3 ausführlich analysiert (→ S. 28–35), haben sich im tagesaktuellen Journalismus vor allem Politik-, Wirtschafts-, Kultur-, Sport- und Lokaljournalismus etabliert. Daneben sind Zeitungssparten und Sendeplätze für die Themengebiete Boulevard/Vermischtes, Wissenschaft und Medien entstanden. Für alle diese Themengebiete gibt es auch Wochen- oder Monatsmedien – in Form von Zeitschriften oder Rundfunksendungen. Daneben ist eine Vielzahl von Special-Interest-Zeitschriften, -Sendungen und -Websites gegründet worden (nicht nur für bestimmte Interessen, sondern auch für altersbedingte Zielgruppen wie Kinder, Jugendliche oder »Best Agers«). Diese Ressortierung ist die Wahrnehmungsstruktur einer Redaktion: Themen, die durchs Raster fallen, kommen nicht vor oder werden einseitig bearbeitet.

Produzieren fürs Lesen, Sehen, Hören

- Die Medien(plattformen) haben ganz bestimmte technische Potenziale, die beim institutionellen Gebrauch genutzt werden und die journalistische Präsentation einengen oder erweitern. Das Erzählen in Bildern beim Fernsehen unterscheidet sich radikal vom textorientierten Journalismus der Printmedien und vom »Produzieren fürs Hören« beim Radiojournalismus. Dies hat Auswirkungen auf die Medienrealität: Themen, die (spannende) Töne hergeben, werden im Radio intensiver und anschaulicher behandelt. Themen, die sich in (spektakulären) Bildern erzählen lassen, finden in den Fernsehprogrammen mehr Platz. Die Journalismusforschung fokussierte sich lange Zeit auf die Darstellungsformen und Berichterstattungsmuster der Printmedien und ging implizit davon aus, dass diese wohl auch für die anderen Medien gelten. Der Mainzer Journalistik-Professor Karl Nikolaus Renner hat jüngst kritisiert, dass sich die Journalistik noch zu sehr auf die Formen des Printjournalismus konzentriere. Er stellte für das journalistische Handeln und das Erzählen im Fernsehjournalismus eine eigene Theorie vor (Renner 2007). Auch die Journalistik-Wissenschaftlerin Margreth Lünenborg (2005 a) hat eine Genretheorie für die neuen Formate des Fernsehens entworfen, die mit der klassischen Theorie der Darstellungsformen nicht analysiert werden können – von der Live-Übertragung bis zur Talkshow.

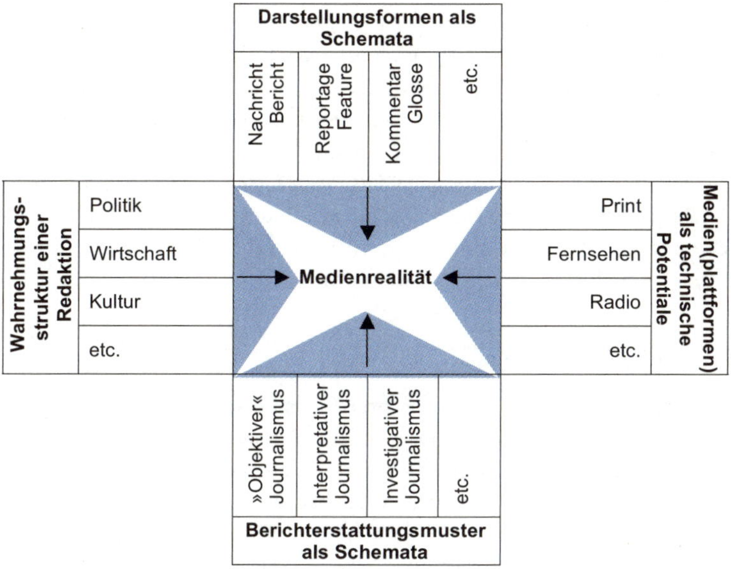

Abb. 5.2

Die vier Dimensionen journalistischer Wahrnehmungsroutine

Forschungslücke

Alle vier Dimensionen prägen die journalistische Wirklichkeitskonstruktion. Sie beeinflussen sich gegenseitig und hängen miteinander zusammen. Die Darstellungsformen im Fernsehen sehen im Detail anders aus als in der Tageszeitung – und im Sportjournalismus wiederum anders als im Wirtschaftsjournalismus. Ein interpretativer Kulturjournalismus wiederum anders als ein interpretativer Politikjournalismus. Ein investigativer Sportjournalismus ist bei Dopingskandalen gefordert, ein investigativer Wirtschaftsjournalismus bei Korruptionsfällen. Nachrichten für Kinder müssen anders aufbereitet werden als für Jugendliche oder für Erwachsene. Die komplexen Zusammenhänge der vierdimensionalen Wahrnehmungsstrukturen bei der Konstruktion der Medienrealität sind allerdings noch kaum erforscht.

Literatur

Zu den thematischen Spezialisierungen im Journalismus liegt eine Fülle von Lehrbüchern vor. Im Einzelnen werden empfohlen: **Wirtschaftsjournalistik** von Jürgen Heinrich/Christoph Moss, die beiden Bücher zum **Kulturjournalismus** von Gunter Reus und Dieter Heß, das etwas veraltete Buch zum **Sportjournalismus** von Josef Hackforth/Christoph Fischer, die beiden nur noch in Bibliotheken oder gebraucht erhältlichen Bände von Norbert Jonscher und dem Projektteam Lokaljournalisten zum **Lokaljournalismus**, die beiden Werke von Winfried Göpfert und Holger Hettwer/Markus Lehmkuhl/Holger Wormer/Franco Zotta zum **Wissenschaftsjournalismus** sowie **Medienjournalismus** von Michael Beuthner und Stephan Alexander Weichert. Vgl. zur vierten Dimension die Angaben zur Lehrbuchliteratur zum Produzieren für Printmedien, Radio, Fernsehen und Internet in Kapitel 4.3.

Zusammenfassung

Zu den Routinen der »news factory« Journalismus gehören Schemata. Sie bringen Ordnung in die journalistische Kommunikation. Produzenten und Rezipienten können sich darauf verlassen und wissen, was gegenseitig voneinander erwartet wird. Die Schemata des Journalismus bestehen aus Darstellungsformen und Berichterstattungsmustern. In den westlichen Ländern dominiert der »Objektive« Journalismus. Alternative Konzeptionen – wie der Investigative oder der Interpretative Journalismus – werden komplementär eingesetzt, um die Defizite des »objective reporting« auszugleichen. Neben den Schemata prägen noch zwei weitere Dimensionen die journalistische Wahrnehmung: die thematischen Spezialisierungen (Ressortierungen) und die beschränkten Möglichkeiten des Erzählens auf den einzelnen Medienplattformen.

Übungsfragen zu Kapitel 5.2

1 Wie lassen sich die traditionellen journalistischen Darstellungsformen klassifizieren? Gelten diese Genres auch für den Fernsehjournalismus?
2 Was ist mit der »inverted pyramid« gemeint – und wie ist sie entstanden?
3 Welche Defizite hat der »Objektive« Journalismus – und welche Möglichkeiten gibt es, diese auszugleichen?

Nachrichtenauswahl

5.3

Selektion und Gewichtung des Nachrichtenstoffes

Welche Ereignisse werden zur Berichterstattung ausgewählt, welche nicht? Über welche der ausgewählten Ereignisse wird groß berichtet, über welche weniger groß? Welche Ereignisse erscheinen als Aufmacher einer Sendung oder Zeitung – welche werden nach unten oder nach hinten geschoben? Die Entscheidung über die *Selektion* und die *Gewichtung* des Nachrichtenstoffes steht im Zentrum verschiedener theoretischer und empirischer Ansätze der Kommunikationsforschung. Die Studien lassen sich grob drei Forschungsfeldern zuordnen: der Gatekeeperforschung, die in den Kontext der Redaktionsforschung gehört (→ vgl. Kap. 4.4; S. 166), der Nachrichtenwertforschung, die mit Inhaltsanalysen arbeitet, und dem Framing-Ansatz, der einen sozial-psychologischen Hintergrund hat.

Gatekeeping

Nachrichtenredakteur »Mr. Gates«

Die Gatekeeper-Studien haben ihren Ursprung in den 1940er Jahren in den USA, als erstmals das Entscheidungsverhalten von Nachrichtenredakteuren in Zeitungsredaktionen erforscht wurde: Welche der Nachrichten, die aus dem Agenturticker kamen, warf »Mr. Gates« – wie er anonymisiert in einer Studie hieß – in den Papierkorb, welche nahm er ins Blatt? Und mit welcher Begründung tat er dies? Die Forschung ging später von diesen individualistischen Ansätzen zum organisatorischen Kontext über und untersuchte die komplexen Einflussbeziehungen auf die Nachrichtenauswahl innerhalb und außerhalb der Redaktionen (vgl. Robinson 1973).

Journalismus als Schleuse

Grundlegende These des Gatekeepings ist, dass der Journalismus eine Art Schleuse ist, welche die Flut der Informationen kanalisiert. Wer in das Licht der Öffentlichkeit will, muss durch diese Schleuse hindurch. Das Konzept wird wieder intensiver diskutiert, seit klar geworden ist, dass die Schleuse des Journalismus mit dem Internet und mit Aktivitäten der Public Relations außerhalb des klassischen Journalismus ihr Monopol verloren hat (→ vgl. Kap. 7.3; S. 250–253).

Fünf Ebenen des Gatekeepings

Der individuelle Journalist und die redaktionelle Linie sind nur einige der Einflussfaktoren auf das Gatekeeping. Pamela J. Shoemaker (1991) hat in einer Systematisierung der Forschungslage fünf Ebenen identifiziert:

- Auf der *individuellen* Ebene ist der Auswahlprozess von den Einstellungen – zum Beispiel dem Rollenselbstbild – und den Erfahrungen der Journalisten abhängig.
- Auf der Ebene der *Routinen* spielen professionelle Regeln des Journalismus zur Konstruktion der Medienrealität eine wichtige Rolle, wie sie in Kapitel 5.2 beschrieben wurden – zum Beispiel: der richtige Auf-

bau einer Meldung, die Bebilderungsmöglichkeiten (vor allem beim Fernsehen), die Platzbeschränkungen, der Aktualitätsdruck oder die Passung in die Ressortstrukturen einer Redaktion. Wichtig sind hier auch der Nachrichtenwert und die Passung in Frames (vgl. weiter unten).

- Auf der *organisatorischen* Ebene haben neben der redaktionellen Linie auch ökonomische Faktoren einen Effekt auf das Gatekeeping: Zahl und Platz der Korrespondenten zum Beispiel (wenn eine Redaktion einen Mitarbeiter in Brüssel unterhält, wird sie mehr aus Brüssel vermelden, um die Ausgaben zu rechtfertigen).
- Auf der »*Extramedia*«-Ebene beeinflussen Interessengruppen über Public Relations das Gatekeeping (→ vgl. Kap. 5.4; S. 198–202). Aber auch das Nutzungsverhalten des Publikums oder ein etwaiger Einfluss der Werbewirtschaft spielt hier eine Rolle. Vor allem im Online-Journalismus wirkt sich das Publikumsverhalten – ausgedrückt in der Klickzahl-Statistik – unmittelbar auf den Entscheidungsprozess aus (vgl. Meier/Tüshaus 2006).
- Auf der Ebene des *Sozialen Systems* beeinflusst ein weiter gefasster sozialer und kultureller Hintergrund die Nachrichtenauswahl: In Europa sind die Kriterien hierfür anders als zum Beispiel in den USA oder im Nahen Osten.

Bis auf einige Details entspricht diese Gatekeeping-Theorie von Shoemaker grob den Ebenen des Journalismus, die wir als Systematik für den Aufbau dieses Buchs verwendet haben (→ vgl. Kap. 2.1; S. 65–69). Diese umfassende Sichtweise des Gatekeeping-Prozesses kann generell auch als Theorie des Journalismus aufgefasst werden.

Nachrichtenwertforschung

Die Nachrichtenwertforschung richtet sich bei der Untersuchung des Auswahlprozesses nicht auf das Gatekeeping, sondern setzt viel früher an: bei den Ereignissen selbst (vgl. Definition). Die ersten skandinavischen Studien entstanden im Kontext der internationalen Konflikt- und Friedensforschung (vgl. Galtung/Ruge 1965) und wurden in den 1970er Jahren von Winfried Schulz auf Deutschland übertragen und theoretisch erweitert. Nachrichtenfaktoren werden durch Inhaltsanalysen identifiziert und können verschiedenen Dimensionen zugeordnet werden (vgl. Abb. 5.3).

Definition

Nachrichtenwert und Nachrichtenfaktoren

Nachrichtenfaktoren sind bestimmte Merkmale von Ereignissen, die deren Nachrichtenwert bestimmen. Je ausgeprägter diese Merkmale sind und je mehr Faktoren auf ein Ereignis zutreffen, desto größer ist dessen Chance, als Nachricht beachtet zu werden. *(nach Schulz 1997: 69)*

Abb.5.3

Nachrichtenfaktoren nach Winfried Schulz

(Quelle: Schulz 1997: 70–72)

Dimension	Faktor	Definition
Status	Elite-Nation	je mächtiger die beteiligte(n) Nation(en)
	Elite-Institution	je mächtiger die beteiligte(n) Institution(en) oder Organisation(en)
	Elite-Person	je mächtiger, einflussreicher, prominenter die beteiligten Akteure
Valenz	Aggression	je mehr offene Konflikte oder Gewalt vorkommen
	Kontroverse	je kontroverser das Ereignis oder Thema
	Werte	je stärker allgemein akzeptierte Werte oder Rechte bedroht sind
	Erfolg	je ausgeprägter der Erfolg oder Fortschritt
Relevanz	Tragweite	je größer die Tragweite des Ereignisses
	Betroffenheit	je mehr das Ereignis persönliche Lebensumstände oder Bedürfnisse einzelner berührt
Identifikation	Nähe	je näher das Geschehen in geografischer, politischer, kultureller Hinsicht
	Ethnozentrismus	je stärker die Beteiligung oder Betroffenheit von Angehörigen der eigenen Nation
	Emotionalisierung	je mehr emotionale, gefühlsbetonte Aspekte das Geschehen hat
Konsonanz	Thematisierung	je stärker die Affinität des Ereignisses zu den wichtigsten Themen der Zeit
	Stereotypie	je eindeutiger und überschaubarer der Ereignisablauf
	Vorhersehbarkeit	je mehr das Ereignis vorherigen Erwartungen entspricht
Dynamik	Frequenz	je mehr der Ereignisablauf der Erscheinungsperiodik der Medien entspricht
	Ungewissheit	je ungewisser, offener der Ereignisablauf
	Überraschung	je überraschender das Ereignis eintritt oder verläuft

Ein einfaches Beispiel: Je mächtiger eine beteiligte Nation (USA), je offener die Gewalt (Anschläge mit vielen Toten im Irak), je stärker allgemeine Werte bedroht sind (West gegen Ost, Christentum gegen Islam), je stärker Angehörige der eigenen Nation beteiligt sind (Entführungen von Deutschen im Irak), je stärker das Ereignis zu den wichtigsten Themen der Zeit passt (Kampf gegen den Terrorismus) – umso eher wird ein Ereignis zur Nachricht.

Prognose der Publikationschancen?

Hans Mathias Kepplinger (2006: 15–17) weist darauf hin, dass nicht alle Nachrichtenfaktoren in gleicher Weise die Berichterstattung beeinflussen, sondern dass dies im Einzelnen auch vom Medium und vom Thema abhängt (vgl. die Übersicht über die journalistischen Wahrnehmungsroutinen in Kapitel 5.2). Mal wirkt ein Faktor stärker, mal schwächer. Bislang wurden die Nachrichtenfaktoren vor allem im Politikjournalismus der Tageszeitungen und der Fernsehnachrichten untersucht. Für andere Ressorts, Themenfelder und Medien liegen noch kaum Studien vor – geschweige denn eine Theorie, die alle diese Bereiche ver-

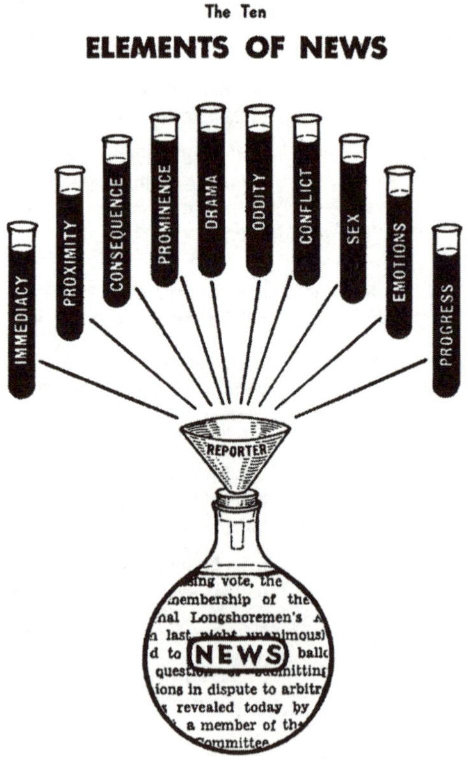

Abb. 5.4

Elemente der Nachricht nach Carl Warren (1934)

(Quelle: Warren 1934: 39)

gleicht. Kepplinger (2006: 31–32) vermisst zudem eine Theorie, welche die Publikationschancen von Ereignissen sowie deren Platzierung prognostizieren könnte.

Bei den Nachrichtenfaktoren handelt es sich um Kriterienkataloge, die im Rahmen von Inhaltsanalysen zusammengestellt wurden. Faktoren, die in Inhaltsanalysen nur schwer zu erfassen sind – etwa weil die Codierer die Ereignisse selbst oder die Materiallage in Redaktionen kennen müssten –, fanden keinen Eingang in die Kataloge. Stephan Ruß-Mohl (2003: 135–136) nennt zum Beispiel als weiteren Faktor die »Umsetzbarkeit in Bilder«.

Ein Kriterienkatalog wie in Abb. 5.3 ist also kein praktisches Regelwerk, das Journalisten bürokratisch abhaken. Dennoch fanden ähnliche Faktorenkataloge schon frühzeitig Eingang in praktische Journalismus-Lehrbücher – zum Beispiel in das Buch »Modern News Reporting« von Carl Warren (1934), das die Deutsche Journalistenschule in München 1959 unter dem Titel »ABC des Reporters« übersetzen ließ (vgl. Abb. 5.4). Befragungen von Journalisten zeigen, dass sie sich zumindest implizit an Nachrichtenfaktoren orientieren (vgl. z. B. Ruhrmann/Göbbel 2007).

Frames

Das Framing-Konzept wird zunehmend angewandt, um zu erklären, wie Nachrichten ausgewählt und wie sie vom Publikum rezipiert werden. Es verknüpft Theorien der Nachrichtenauswahl mit Theorien der Medienwirkung und ist in der psychologischen und soziologischen Fundierung ziemlich komplex (vgl. z. B. Scheufele 2003; Dahinden 2006). Auch wenn der Framing-Begriff nicht einheitlich verwendet wird, kann man im Großen und Ganzen folgende Definition verwenden:

Definition

Framing

Frames sind Produkte des Framing-Prozesses. Sie sind Interpretationsrahmen, die als kognitive Strukturen im Bewusstsein verankert sind – bei Journalisten wie beim Publikum. Erfahrungen werden gespeichert und als Rahmen benutzt, um spätere Erfahrungen sinnvoll und schnell interpretieren, einsortieren oder wieder vergessen zu können. Diese Bezugsrahmen strukturieren ein Thema und steuern damit die Informationsverarbeitung. Wesentliches Kennzeichen von Frames ist, dass sie Bewertungen enthalten. Sie können insofern auch als »Deutungsmuster« bezeichnet werden

Das David-Goliath-Frame

Als Beispiel nennt Urs Dahinden (2006: 14–20) das David-Goliath-Frame, das bei verschiedenen Themen als Deutungsmuster für bestimmte asymmetrische Konflikte zum Einsatz kommt. Ein Beispiel aus der internationalen Politik: Im Nahostkonflikt wurde der junge Staat Israel zunächst als unschuldiger David interpretiert, welcher sich erfolgreich gegen die Übermacht eingesessener arabischer Staaten zur Wehr setzt. Aufgrund der militärischen Übermacht wird Israel mehr und mehr als mächtiger Goliath wahrgenommen, der die schwach organisierten Palästinenser unterdrückt. Ähnliche Konflikte, über die gemäß dem David-Goliath-Frame berichtet wird, können wir beobachten beim Kampf von Greenpeace gegen multinationale Konzerne (z.B. Shell im Konflikt um die Ölplattform Brent Spar) oder bei der wirtschaftlichen Auseinandersetzung zwischen etablierten Großunternehmen und innovativen Kleinunternehmen (z.B. Apple gegen IBM, Linux gegen Microsoft). »Akteure, denen es gelingt, sich in der Davids-Rolle zu etablieren, können dabei auf größere Sympathie und moralische Unterstützung zählen.« (ebd. 19)

Initiative Nachrichtenaufklärung

Die Initiative Nachrichtenaufklärung will Themen herausfinden und bekanntmachen, die durch den Journalismus vernachlässigt werden, aber dennoch für einen Großteil der Bevölkerung relevant sind. Einmal im Jahr wird eine Rangliste veröffentlicht, über die eine Jury aus Journalisten und Wissenschaftlern entscheidet. Basis sind Vorschläge, die das ganze Jahr über von Journalisten, gesellschaftlichen, wissenschaftlichen und politischen Institutionen oder von Bürgerinnen und Bürgern eingereicht werden können. Gegründet wurde die Initiative 1997 an der Universität Siegen. Inzwischen arbeiten auch die Journalistik-Studiengänge der Universität Dortmund und der Hochschule Darmstadt mit.

An erster Stelle der vernachlässigten Themen des Jahres 2006 stehen »Fehlende Therapieplätze für Medikamentenabhängige«: »In der Regel wird nur über Therapien für Abhängige von Alkohol oder den so genannten harten Drogen berichtet. Gleichwohl sind in Deutschland schätzungsweise 1,4 Millionen Menschen medikamentabhängig«, so die Initiative. Auf Platz zwei der Rangliste landete das Thema »Über eine Million politische Gefangene in China – unmenschliche Haftbedingungen und Organhandel?« Bei Beiträgen über China werde das Thema Menschenrechtsverletzungen von Wirtschaftsmeldungen oder der Vorfreude auf die Olympischen Spiele 2008 in Peking verdrängt. Auf Platz 3 unter den Top Ten liegt »Stromfresser Internet« (vgl. www.nachrichtenaufklaerung.de).

Zusammenfassung

Drei Forschungsrichtungen untersuchen, warum Ereignisse für die Berichterstattung ausgewählt werden (Selektion) und warum sie eine bestimmte Platzierung in den Medien erhalten (Gewichtung).

(1) Der umfassende Gatekeeping-Ansatz sieht den Journalismus als Schleuse, welche die Flut der Informationen kanalisiert. Die Einflussfaktoren auf dieses Gatekeeping liegen auf den fünf Ebenen, nach denen auch dieses Buch gegliedert ist.

(2) Die Nachrichtenwertforschung identifiziert durch Inhaltsanalysen die Nachrichtenfaktoren: Je mehr davon und je stärker sie auf ein Ereignis zutreffen – desto größer ist die Publikationschance.

(3) Das Framing-Konzept stellt fest, dass Interpretationsrahmen (Deutungsmuster) als kognitive Strukturen im Bewusstsein die schnelle Einordnung und Bewertung von Themen ermöglichen. Beispiel ist das David-Goliath-Frame.

Übungsfragen zu Kapitel 5.3

1 Was ist die grundlegende These des Gatekeepings? Welche Einflüsse darauf sind festzustellen?

2 Wie hat die Forschung die Nachrichtenfaktoren herausgefunden?

3 Zählen Sie beispielhaft einige Nachrichtenfaktoren auf und suchen sie jeweils nach einem Beispiel aus der aktuellen Berichterstattung, auf das ein Faktor besonders zutrifft.

4 Erklären Sie das David-Goliath-Frame als Beispiel für einen Interpretationsrahmen, in den aktuelle Ereignisse eingeordnet werden.

5 Überlegen Sie, welche Themen Ihrer Beobachtung nach vom Journalismus vernachlässigt werden.

Literatur

Zur **Nachrichtenauswahl** kann ich kein spezielles Buch zur Vertiefung empfehlen, weil die Erklärungsansätze so verschieden sind und bislang nicht umfassend zusammengeführt wurden. Wenn Sie eines der drei besprochenen Forschungsgebiete vertiefen möchten, können Sie anhand der Quellenangaben im Text weiter recherchieren.

5.4 | Journalismus und Public Relations

Das Verhältnis zwischen Journalismus und Public Relations wird schon seit Jahrzehnten in Wissenschaft und Berufspraxis kontrovers und intensiv diskutiert. Eine der ersten folgenreichen Studien zu den Einflussbeziehungen zwischen Journalismus und Öffentlichkeitsarbeit publizierte Anfang der 1980er Jahre die Kommunikationswissenschaftlerin Barbara Baerns (2. Aufl. 1991). Sie belegte empirisch, dass die Öffentlichkeitsarbeit einen ausgeprägten Einfluss auf den Journalismus hat. Im Widerspruch zu journalistischen Selbsteinschätzungen stellte sie fest (ebd. 98), dass

»Themen unter Kontrolle«

- erstens Öffentlichkeitsarbeit »die *Themen* der Medienberichterstattung unter Kontrolle« hat. »Informationen zu platzieren, Nachrichten zu initiieren, Themen zu forcieren und publizierte Wirklichkeit so zu konstruieren, ist den belegten Proportionen zufolge überwiegend Informatoren, nicht Journalisten, zuzusprechen. Angesichts vorgegebener Themen zeigt sich journalistische Recherche als Nachrecherche.«

»Timing unter Kontrolle«

- zweitens Öffentlichkeitsarbeit »das *Timing* unter Kontrolle« hat. »Denn Pressemitteilungen und Pressekonferenzen lösen Medienberichterstattung unmittelbar aus.«

Basis dieser Feststellung ist eine Untersuchung der landespolitischen Berichterstattung in Nordrhein-Westfalen. Zwischen 59 und 64 Prozent der landespolitischen Beiträge in Nachrichtenagenturen, Tageszeitungen, Hörfunk und Fernsehen im Oktober und April 1978 gingen auf Pressemitteilungen und Pressekonferenzen zurück (ebd. 87). Dass die Journalisten einen Großteil des Materials gekürzt und umformuliert haben, ändert nichts an der Tatsache, dass die Öffentlichkeitsarbeit themenleitender Auslöser war. Die Studie belegt, dass der Informationsjournalismus mit seinem dominierenden Muster des »objective reporting« zum überwiegenden Teil auf Impulse der Öffentlichkeitsarbeit bloß reagiert und kaum selbst agiert (→ vgl. Kap. 5.2; S. 183–187). Die Leistung der Journalisten besteht zu einem Großteil darin, den Stoff, den die Öffentlichkeitsarbeit liefert, auszuwählen und schnell zu verarbeiten sowie zu interpretieren und einzuordnen.

Nachfolgende Forschungsprojekte bestätigten im Grunde genommen Baerns' Pionierstudie; die Befunde wurden aber noch weiter differenziert. Eine Inhaltsanalyse von Henrike Barth und Wolfgang Donsbach (1992) stellte zum Beispiel fest, dass Journalisten in Krisen- und Konfliktsituationen, die hohen Nachrichtenwert besitzen, aktiver sind und verstärkt Quellen außerhalb der Public Relations nutzen (es ging in den untersuchten Fällen um einen Unfall in einem Chemiewerk und um die Schließung eines Werkes eines anderen Chemieunternehmens). Liegt dagegen ein relativ niedriger Nachrichtenwert vor, betreiben die Journalisten keinen großen Aufwand und verhalten sich eher passiv (hier waren eine Veranstaltungsankündigung und eine Produkt-PR die Themen).

Determiniert PR den Journalismus?

Mit diesen und ähnlichen Inhaltsanalysen wurde in den 90er Jahren die These vertieft, die Öffentlichkeitsarbeit »determiniere« den Journalismus (vgl. Röttger 2005: 371–372; Raupp 2005). Die Debatte um diese »Determinierungshypothese« kann allerdings rasch in Schieflage geraten, wenn man sie normativ überhöht: PR-Wissenschaftler wie Ulrike Röttger (2005: 372) von der Universität Münster warnen davor, Public Relations zu »einer tendenziell manipulierenden, propagandistischen, alleine dem Erfolg verpflichteten und damit insgesamt gefährlichen Öffentlichkeitsarbeit« zu erklären, die einem »gesellschaftlich wertvollen, ethisch hochwertigen und selbstlosen Journalismus« gegenüberstehe. Eine derart einseitige Wertung trifft nicht die realen Verhältnisse, denn auch die Öffentlichkeitsarbeit kann nach ethischen Prinzipien erfolgen und hat eine wichtige gesellschaftliche Funktion – und umgekehrt kann Journalismus ethische Vorstellungen unterlaufen (→ vgl. Kap. 7.2; S. 233–245) und gerät zunehmend in ökonomische Abhängigkeiten, welche der öffentlichen Aufgabe zuwiderlaufen (→ vgl. Kap. 4.2; S. 124–140). Es sind also weder die einen die »Bösen« noch die anderen die »Guten«.

Wenn wir das Verhältnis von Journalismus und Public Relations theoretisch reflektieren und empirisch untersuchen, müssen wir von einer gegenseitigen Abhängigkeit und einem komplexen Beziehungsgeflecht ausgehen. Dass beide Seiten nicht ohne die jeweils andere Seite auskommen können und dass sie sich gegenseitig beeinflussen, stellte zum Beispiel Günter Bentele (2005) mit seinem so genannten »Intereffikationsmodell« fest. Abgeleitet vom lateinischen »efficare« (ermöglichen) differenziert Bentele die These, dass sich Journalismus und Public Relations wechselseitig »ermöglichen«.

Im Prinzip hat Barbara Baerns (1991: 2) schon darauf hingewiesen, dass es sich bei Öffentlichkeitsarbeit und Journalismus um »zwei Parameter des gesellschaftlichen Diskurses« handelt. Beide haben jedoch unterschiedliche Ziele und gesellschaftliche Funktionen:

Öffentlichkeitsarbeit: Selbstdarstellung

- Die Öffentlichkeitsarbeit dient der *Selbstdarstellung* und nützt in erster Linie den Interessen einer bestimmten Institution. Das kann gesamtgesellschaftlich notwendig und wertvoll sein, wenn wir wissen müssen, was Unternehmen, Parteien, Behörden oder Organisationen umtreibt und welche Ziele sie verfolgen. Journalisten brauchen Ansprechpartner oder schlicht Informationen darüber, was wann und wo stattfindet oder entschieden wurde. Mitarbeiter, Kunden und Geschäftspartner (oder Wähler) brauchen Informationen über neue Produkte und strategische Entscheidungen (oder über Parteiprogramme).

Journalismus: Fremddarstellung

- Beim Journalismus handelt es sich dagegen um eine *Fremddarstellung*, die eine verfassungsrechtlich geschützte öffentliche Aufgabe ist. Im Idealfall nützt Journalismus der Gesellschaft, zumindest dem Publikum bzw. der Zielgruppe. Dass ein unabhängiger Journalismus gesellschaftlich notwendig ist und zum Interessensausgleich und der Konsensfindung in der Demokratie beitragen muss, wird in diesem Buch mehrfach erwähnt. Eine wesentliche Aufgabe des Journalismus ist demnach, die Verlautbarungen der Public Relations zu hinterfragen und Themen zu recherchieren, die für die Öffentlichkeit relevant sind, aber von PR-Abteilungen nicht von sich aus kommuniziert oder sogar abgeblockt werden, (insbesondere durch investigativen Journalismus). Zudem muss Journalismus diejenigen zu Wort kommen lassen, die selbst keine PR betreiben (insbesondere durch anwaltschaftlichen Journalismus).

Journalisten und PR-Experten profitieren also einerseits voneinander – sind aber andererseits natürliche Kontrahenten, weil sie Aufgaben und Funktionen haben, die sich widersprechen. Aus demokratietheoretischer Sicht sollte das Verhältnis zwischen Journalismus und Public Relations ausgewogen sein; die Regeln des anderen Systems sollten beachtet werden und gegenüber dem Publikum sollte transparent gemacht werden, welche Interessen hinter redaktionellen Beiträgen stecken.

Problematisch: Schleichwerbung

Eine problematische Entwicklung ist zum Beispiel die Zunahme von Schleichwerbung im redaktionellen Teil. So hat eine Studie im Auftrag der nordrhein-westfälischen Landesmedienanstalt belegt, dass im privatwirtschaftlichen Radio immer mehr Audio-PR-Beiträge ausgestrahlt werden, die nicht journalistisch bearbeitet oder relativiert werden, sondern so gesendet werden, wie sie PR-Agenturen oder PR-Abteilungen von Unternehmen produzieren (vgl. Volpers 2007). Hier gehen Defizite auf beiden Seiten Hand in Hand: Die PR-Experten nutzen durch fertig produzierte Beiträge aus, dass die Sender kaum in Redaktionen investieren. Die Journalisten stehen unter Druck und füllen mit unredigiertem PR-Material die Sendeplätze, die sie eigenständig nicht bestücken können oder wollen. Weitere Indizien für einen wachsenden Einfluss der Public Relations auf die öffentliche Kommunikation werden in Kapitel 7.3 diskutiert (→ vgl. S. 250–253).

Definition

Public Relations

Public Relations (PR) ist die inzwischen gängige Bezeichnung für den früher üblichen Begriff Öffentlichkeitsarbeit. Wörtlich übersetzt kann man PR mit »Pflege öffentlicher Beziehungen« umschreiben. PR ist die geplante und strategische Kommunikation einer Organisation mit denjenigen Personen oder Gruppen, die ihr Handeln beeinflussen können – also mit den Bezugsgruppen einer Organisation (engl. »Stakeholder«). Bezugsgruppen sind extern zum Beispiel die Journalisten, die Kunden oder die Nachbarn eines Unternehmens und intern die Mitarbeiter. Die Interessen der Organisation sollen von diesen Bezugsgruppen nicht nur akzeptiert, sondern als legitim angesehen werden. Damit schafft PR die kommunikativen Voraussetzungen für den Organisationserfolg. *(nach Röttger 2005: 369)*

Abschließend sei darauf hingewiesen, dass PR noch andere Aufgaben hat als die Information und Beeinflussung des Journalismus. Man kann sogar feststellen, dass PR zunehmend versucht, eigene Wege in die Öffentlichkeit zu finden und den Journalismus als Gatekeeper zu umgehen – mit eigenen medialen Plattformen oder direkten Kontakten zu Bezugsgruppen (→ vgl. Kap. 7.3; S. 250–253). Die Arbeitsfelder der PR können in drei Bereiche eingeteilt werden (vgl. Röttger 2005):

- *Zentrale Bezugsgruppen:* von der internen PR (z.B. Mitarbeiterzeitschrift, Intranet) über die Community Relations (z.B. Nachbarschafts- und Standort-PR) bis zur Lobby-Arbeit in der Politik. Sind Journalisten die Bezugsgruppe, sprach man früher von »Pressearbeit« – heute von »Media Relations«.
- *Thematische Spezialisierungen:* Issues Management (z.B. Themenbeobachtung in den Medien), Krisen-PR, Non-Profit-PR (z.B. für soziale oder kirchliche Einrichtungen), Politik-PR, Kultur-PR, Healthcare-PR etc.
- *PR-Instrumente:* Online-PR (z.B. Website, Einsatz von Social Software für die PR), Sponsoring, Event-PR, Corporate Publishing (z.B. Kundenzeitschriften) etc.

Zusammenfassung

Journalismus und Public Relations sind natürliche Kontrahenten, weil sie Aufgaben und Funktionen haben, die sich widersprechen: *Fremddarstellung* versus *Selbstdarstellung*. Es sind aber weder die einen die »Guten« noch die anderen die »Bösen«, sondern beide Berufs- und Arbeitsfelder haben wichtige gesellschaftliche Funktionen und können qualitativ und ethisch gut oder schlecht ausgeübt werden. Die Leistung der Journalisten besteht im dominierenden Muster des »objective reporting« zu einem Großteil darin, den Stoff, den die Öffentlichkeitsarbeit liefert, auszuwählen und schnell zu verarbeiten sowie zu interpretieren und einzuordnen. Öffentlichkeitsarbeit hat hier *Themen* und *Timing* der Berichterstattung im Wesentlichen unter Kontrolle. Aus demokratietheoretischer Sicht ist es umso wichtiger, dass Journalisten durch komplementäre Berichterstattungsmuster die Verlautbarungen der PR interpretierend einordnen, dass sie – zum Beispiel in Krisenfällen oder in Fällen von Machtmissbrauch – investigativ recherchieren und dass sie grundsätzlich auch diejenigen zu Wort kommen lassen, die keine PR betreiben.

Übungsfragen zu Kapitel 5.4

1 Was ist und was macht Public Relations?
2 Inwiefern hat PR einen Einfluss auf journalistische Medieninhalte?
3 Skizzieren Sie die unterschiedlichen gesellschaftlichen Funktionen von Journalismus und PR.

Literatur

Zur **Public Relations** gibt es inzwischen etliche Handbücher, wissenschaftliche Studien und praktische Ratgeber. Als Überblick über den Stand der Wissenschaft ist der Sammelband »Handbuch der Public Relations« von Günter Bentele, Romy Fröhlich und Peter Szyszka zu empfehlen. Claudia Mast führt fundiert in das Gebiet der **Unternehmenskommunikation** ein.

Die Journalisten | 6

Inhalt

6.1 Journalismus als Beruf

6.2 Ausbildung und Kompetenzen

Journalismus als Beruf | 6.1

Repräsentative Journalistenbefragungen

Wie viele Journalisten gibt es? Wo und wie arbeiten sie? Welche Merkmale und Einstellungen haben sie? Es gibt hunderte von Forschungsprojekten, die diesen Fragen nachgegangen sind. Allein für den Zeitraum von 1945 bis 1990 hat Frank Böckelmann (1993) im Auftrag des Presse- und Informationsamts der Bundesregierung 716 Studien zum Forschungsgebiet »Journalismus als Beruf« zusammengetragen. Und dabei ist die Forschung in den vergangenen 15 bis 20 Jahren erst so richtig explodiert. Anfang der 90er Jahre entstanden in Deutschland die ersten repräsentativen Journalistenbefragungen (vgl. u. a. Schneider/Schönbach/Stürzebecher 1993; Scholl/Weischenberg 1998). In der Schweiz wurde erstmals Ende der 90er Jahre eine repräsentative Journalisten-Enquête durchgeführt (Marr/Wyss/Blum/Bonfadelli 2001) – und in Österreich erst in den Jahren 2005 bis 2007 (Medienhaus Wien 2007). In den USA liegen ähnliche Befragungen aus den Jahren 1971, 1982/83, 1992 und 2002 vor (Weaver u. a. 2007), die wir in diesem Kapitel zum internationalen Vergleich mit den deutschsprachigen Ländern heranziehen.

Wer ist überhaupt Journalist?

Das Problem dieser Studien beginnt schon bei der Definition, wer überhaupt Journalist ist. An die definitorischen Hinweise, die in diesem Buch im ersten Kapitel genannt sind, halten sich zwar die meisten Studien – Basis ist die »gesellschaftliche Funktion des Journalismus: der Öffentlichkeit aktuelle, tatsachenbezogene Themen zur Verfügung zu stellen« (Weischenberg/Malik/Scholl 2006: 34). Mit dieser Definition stoßen die Studien aber auf Widerspruch: Gewerkschaften gefällt nicht, dass Mitarbeiter der Public Relations ausgeschlossen werden (im Deutschen Journalistenverband DJV können zum Beispiel explizit Öffentlichkeitsarbeiter Mitglied werden). Laienreportern, ehrenamtlichen und nebenberuflichen Journalisten missfällt, dass nur hauptberufliche Journalisten qua Definition als »Journalisten« gelten. Und zudem ist die Unterscheidung, wer primär Unterhalter und wer Journalist ist, vor allem bei Fernsehformaten schwierig (ist z. B. Günther Jauch Journalist?).

Die im Folgenden zitierten Studien aus Deutschland, Österreich, der Schweiz und den USA haben sich bemüht, den Kern des Journalismus so eng wie nötig zu definieren. Sie sind deshalb im Wesentlichen miteinander vergleichbar. In Deutschland liegt zudem die Wiederholung einer Studie mit gleichen Definitionen und ähnlichen Fragestellungen vor, so dass ein Vergleich der Situation 1993 mit 2005 möglich ist (Weischenberg/Malik/Scholl 2006).

Abb. 6.1

Journalistendichte im Ländervergleich

(Quelle: Medienhaus Wien 2007: 3; Marr/Wyss/Blum/Bonfadelli 2001: 59; Weischenberg/Malik/Scholl 2006: 257–258; Weaver u. a. 2007: 2; Scholl/Weischenberg 1998: 222)

Land	Journalisten	Einwohner (in Mio.)	Journalisten je 100.000 Einwohner
Finnland	8.000	5,2	154
Schweiz	9.100	7,1	129
Ungarn	8.900	9,9	90
Österreich	7.100	8,2	87
Deutschland 1993	54.300	81,5	67
Deutschland 2005	48.400	82,5	59
Frankreich	26.600	57,7	46
USA	116.000	301,0	39
Großbritannien	15.200	58,2	26
Australien	4.200	17,8	24
Türkei	5.000	60,7	8

Die Zahlen stammen aus Studien zwischen Mitte der 90er Jahre und dem Jahr 2007 und verwenden nicht immer die gleiche Journalismusdefinition (so wurden in den USA nur Journalisten der »mainstream news media« befragt und nicht aus dem Special-Interest-Sektor – es wurden also nur wenige Zeitschriftenjournalisten berücksichtigt). Die Zahlen sind demnach nicht direkt vergleichbar, erlauben aber eine grobe Orientierung.

Die Journalistendichte weist von Land zu Land eine außerordentliche Bandbreite auf (vgl. Abb. 6.1): zwischen 154 Journalisten je 100.000 Einwohner in Finnland und acht Journalisten je 100.000 Einwohner in der Türkei. Im Vergleich der deutschsprachigen Länder gibt es in der Schweiz relativ viele Journalisten, was daran liegt, dass sich die Medienlandschaft an drei Sprachregionen orientieren muss (→ vgl. Kap. 4.3.5; S. 157–158).

Weniger freie Journalisten

In Deutschland nahm die Zahl der Journalisten zwischen 1993 und 2005 um 5.900 ab (elf Prozent), wobei die Zahl der fest Angestellten mit 36.200 konstant geblieben, aber die Zahl der freien Mitarbeiter von 18.000 auf 12.200 gesunken ist (Weischenberg/Malik/Scholl 2006: 258). Es gibt zwar offenbar noch genauso viele oder sogar mehr »freie Journalisten« (das zeigen die Mitgliederzahlen der Gewerkschaften), aber sie können immer weniger vom Journalismus im Hauptberuf leben. Sie verdienen mehr Einkommen oder verbringen mehr Arbeitszeit in der Öffentlichkeitsarbeit – oder in anderen Berufen – und fallen deshalb aus der Statistik. Die Wissenschaftler, die die Studien durchgeführt haben, sprechen von einer »partiellen Deprofessionalisierung« des Journalismus (ebd. 189–190).

In einzelnen Segmenten gibt es jedoch auch Zuwächse. Vor allem beim Fernsehen (von 4.500 auf 7.200), aber auch bei Hörfunk und Zeitschriften arbeiten 2005 mehr Journalisten als 1993. Bei Tages- und Wochenzeitungen hat die Zahl der hauptberuflichen Journalisten dagegen rapide abgenommen (von 24.900 auf 17.100). Dennoch sind in allen deutschsprachigen Ländern noch die meisten Journalisten für Printmedien tätig – zu jeweils etwa zwei Dritteln (vgl. Abb. 6.2).

Immer mehr Frauen im Journalismus

Hoher Frauenanteil in Österreich

Der Frauenanteil im Journalismus ist in Österreich mit 42 Prozent am höchsten. Für Deutschland ist es belegt und für viele andere Länder wird vermutet, dass der Anteil der Frauen zunimmt. Je jünger die Journalisten, desto mehr Frauen: Sowohl in Deutschland als auch in Österreich liegt der Frauenanteil bei den unter 30-jährigen weit über 50 Prozent. In Führungspositionen sind Frauen zwar nach wie vor unterrepräsentiert, aber der Anteil der Chefredakteurinnen und Ressortleiterinnen hat zwischen 1993 und 2005 zugenommen (von 19 auf 22 bzw. von 20 auf 29 Prozent). Anders ist die Situation in den USA: Dort stagniert der Frauenanteil im Journalismus zwischen 1982 und 2002 konstant bei einem Drittel (Weaver u.a. 2007: 8), obwohl auch in den USA die jungen Journalisten mehrheitlich weiblich sind. Offenbar steigen die amerikanischen Journalistinnen nach ein paar Jahren Berufserfahrung öfter aus dem Journalismus aus als ihre männlichen Kollegen.

Abb. 6.2 | *Journalisten nach Mediensparte*

(Quellen: für Deutschland (D) Weischenberg/Malik/Scholl 2006: 257–260; für die Schweiz (CH) Marr/Wyss/Blum/Bonfadelli 2001: 62, 92; für Österreich (A) Medienhaus Wien 2007: 4. Die leeren Felder werden in den Studien nicht explizit ausgewiesen)

	Verteilung nach Mediensparte (%)				Frauenanteil (%)			
	D 1993	D 2005	CH 1998	A 2005/7	D 1993	D 2005	CH 1998	A 2005/7
Zeitung	46	35	50	–	30	34	27	–
Zeitschrift	15	20	17	–	39	39	41	–
Print gesamt	72	61	67	67	30	36	–	40
TV	8	15	–	10	31	41	–	47
öffentlich-rechtl. TV	6	11	13	–	27	41	32	–
Radio	12	17	–	17	34	40	–	44
öffentlich-rechtl. Radio	8	11	11	–	34	38	37	–
priv. TV + Radio	6	10	5	–	35	42	23	–
Nachrichtenagentur und Mediendienste	8	3	5	3	37	38	27	30
Online	–	5	–	4	–	36	–	43
Gesamt	–	–	–	–	31	37	32	42

Alter und Einkommen

Das Durchschnittsalter der Journalisten in Deutschland, Österreich und der Schweiz liegt zwischen 40 und 41 Jahren, wobei es in Deutschland 1993 noch bei 37 Jahren gelegen hatte. 1993 waren noch mehr als die Hälfte der deutschen Journalisten höchstens 35 Jahre alt – inzwischen ist es nur noch ein Drittel. Ähnlich ist die Entwicklung in den USA, wo das Durchschnittsalter zwischen 1992 und 2002 von 36 auf 41 Jahre gestiegen ist (Weaver u. a. 2007: 7). In den vergangenen ein bis zwei Jahrzehnten wurden weniger junge Journalisten beschäftigt als vorher. Auch für das nächste Jahrzehnt besteht wenig Aussicht auf einen Generationswechsel: Nur acht Prozent der Journalisten in Deutschland sind älter als 55.

Im Schnitt 2.300 Euro

Die Einkommensspanne der Journalisten in Deutschland liegt im Kern zwischen 1.000 und 4.000 Euro netto im Monat (im Schnitt 2.300 Euro) – in der Schweiz zwischen 2.000 und 10.000 Franken (im Schnitt 6.300 CHF), wobei es in allen Ländern »Großjournalisten« gibt, die ein mindestens fünfstelliges Monatseinkommen haben, und ein »Proletariat«, das vom Journalismus kaum leben kann. Die deutsche Studie hat in dreifacher Hinsicht eine Kluft festgestellt (Weischenberg/Malik/Scholl 2006: 193):

- Frauen verdienen durchschnittlich 500 Euro weniger im Monat als Männer (auf derselben hierarchischen Position);
- das Netto-Einkommen von Fernsehredakteuren ist im Schnitt am höchsten, das der Online-Journalisten und der Mitarbeiter von Anzeigenblättern am niedrigsten;
- Mitarbeiter privatwirtschaftlicher Fernsehsender erhalten durchschnittlich 1.300 Euro weniger als ihre öffentlich-rechtlichen Kollegen.

Spiegel der Bevölkerung?

Diversity in the newsroom

Immer wieder gibt es Forderungen, die Journalisten sollten die Segmente und Milieus der Gesamtbevölkerung vielfältig repräsentieren, damit sie allen Positionen und Problemlagen nicht nur stellvertretend eine Stimme geben, sondern sie aus eigener Erfahrung kennen. In den USA wird dies unter dem Stichwort »diversity in the newsroom« diskutiert. So fordert die American Society of Newspaper Editors: »To cover communities fully, to carry out their role in a democracy, and to succeed in the marketplace, the nation's newsrooms must reflect the racial diversity of American society by 2025 or sooner. [...] The newsroom must be a place in which all employees contribute their full potential, regardless of race, ethnicity, color, age, gender, sexual orientation, physical ability or other defining characteristic.« (www.asne.org/index.cfm?id=1400)

Aus den Befragungen in Deutschland kennen wir zwar nicht alle diese sozialen Merkmale – Religion oder Migrationshintergrund werden hier z.B. im Gegensatz zu den US-Studien nicht erhoben. Aber nach allem, was wir wissen, unterscheiden sich die sozialen Merkmale der Journalisten erheblich vom Bevölkerungsdurchschnitt (vgl. im Folgenden Weischenberg/Malik/Scholl 2006: 69–72). Die meisten Journalisten rekrutieren sich aus der Mittelschicht: Väter und Mütter waren meist Angestellte (55 Prozent der Väter bzw. 43 Prozent der Mütter), Beamte (24/9) oder selbständig (18/7). Arbeiterkinder sind eine kleine Minderheit (9/3). Nur drei Prozent haben allerdings Väter oder Mütter, die selbst Journalisten sind.

Politische Einstellung

Die politische Einstellung der Journalisten in Deutschland ist traditionell eher links, was durch die aktuellen Befunde bestätigt wird: Bei der Befragung im Frühjahr 2005 verorteten sich die Journalisten auf einer Skala von 1 (für politisch links) bis 100 (für politisch rechts) im Schnitt bei 38. Die Parteipräferenzen haben sich zwischen 1993 und 2005 erheblich verschoben: 36 Prozent sehen sich 2005 in der Nähe von Bündnis 90/Die Grünen (gegenüber 19 Prozent 1993) und 26 Prozent in der Nähe der SPD (gegenüber 25 Prozent). CDU/CSU (12/9), FDP (9/6) und PDS (4/1) sind weit abgeschlagen. Nur noch 20 Prozent (gegenüber 30) sind ohne Partei-Neigung. Vor allem bei den Journalistinnen haben die Grünen Anhänger (43 Prozent). Die Autoren der Studie ziehen die Schlussfolgerung, dass viele Journalistinnen und Journalisten aus einem Milieu kommen, in dem die Grünen ihr Zuhause haben: Sie sind »relativ jung, überdurchschnittlich gebildet, treten für Umweltziele ein; sie denken liberal und pazifistisch, stammen aus höheren Gesellschaftsschichten und widmen sich in besonderem Maße der Gleichberechtigung von Frauen« (ebd. 71).

Mit weiteren Schlussfolgerungen aus diesen Befragungsergebnissen – vor allem im Hinblick auf die politische Wirkung des Journalismus – sollte man sehr vorsichtig sein. Schließlich wurden die Daten im Vorfeld einer Bundestagswahl erhoben, welche der rot-grünen Regierung eine Niederlage bescherte. Weder ist die Schlussfolgerung plausibel, die mehrheitlich links-orientierten Journalisten würden linke Regierungen stützen, noch der umgekehrte Vorwurf, so manche Journalisten hätten mit einer neoliberalen Ideologie den Machtwechsel herbeigeschrieben (→ vgl. Kap. 5.1; S. 175).

Journalisten als Freunde

Wenn sie schon nicht alle Bevölkerungssegmente repräsentieren – konfrontieren sich Journalisten dann in ihrem Privatleben mit anderen sozialen Milieus? – Mitnichten: Für 91 Prozent der Journalisten gehören wiederum Journalisten zum engeren Bekanntenkreis (ebd. 150–154). Allenfalls trifft man sich mit anderen Akademikern. Die Lebenswelt anderer sozialer Gruppen außerhalb der Mittelschicht – vom Hartz-IV-Empfänger bis zum Millionär – ist für Journalisten im Alltag schwer zugänglich.

Tätigkeiten: Schreiben, Recherchieren, Produzieren, Organisieren

45-Stunden-Woche

Die durchschnittliche Arbeitszeit der deutschen Journalisten ist zwischen 1993 und 2005 im Wochenschnitt von 46 auf 45 Stunden gesunken. In die Arbeitszeit wird indes eine Reihe neuer Tätigkeiten hineingepackt, die mit der Internet-Nutzung zu tun haben (Weischenberg/Malik/Scholl 2006: 79–82). Dies geht im Durchschnitt auf Kosten der Zeit für klassische Recherche, Textauswahl und Moderation in Hörfunk und Fernsehen (vgl. Abb. 6.3). Allerdings sind diese Zeitangaben mit Vorsicht zu interpretieren, weil es sich nicht um exakte Messungen der Tätigkeiten handelt, sondern um Schätzungen der Journalisten im Rahmen einer Befragung. Wer kann schon auf folgende Frage eine minutengenaue Antwort geben: »Sagen Sie mir bitte für jede Tätigkeit, wie viele Stunden bzw. Minuten Sie diese an einem durchschnittlichen Arbeitstag ausüben.« (ebd. 235) (→ vgl. Kap. 1.3.1; S. 45)

Dauer journalistischer Tätigkeiten

Abb. 6.3

(Quelle: Weischenberg/Malik/Scholl 2006: 80, 267, 268)

Tätigkeit (Durchschnitt in Minuten pro Tag)	1993	2005	2005 TV	2005 Radio	2005 Zeitung	2005 Zeitschrift	2005 Online
Recherche	140	117	117	109	102	119	106
Verfassen/Redigieren eigener Texte	118	120	85	111	131	129	118
Auswahl von Texten	49	33	25	45	31	26	42
Redigieren von Agentur- und Pressematerial	37	33	16	42	41	18	29
Redigieren der Texte von Kollegen/Mitarbeitern	39	55	34	32	68	61	51
Organisation und Verwaltung	69	78	110	83	64	84	66
Technik	50	84	155	103	70	46	100
Moderation (nur Rundfunkjournalisten)	46	28	8	47	–	–	–
Kontakt mit dem Publikum*	–	26	20	23	31	22	22
PR, Werbung, Marketing, kaufmännische Tätigkeiten	0	9	12	7	5	10	11
Internettätigkeiten allgemein*	–	122	137	147	73	148	262
davon Online-Recherche*	–	66	72	81	38	81	136
davon E-Mail-Kontakte*	–	44	50	50	30	54	77
davon Kommunikation mit dem Publikum*	–	9	7	8	9	11	19

* 1993 nicht abgefragt

Mehr oder weniger Zeit für Recherche?

Es ist zum Beispiel schwierig festzustellen, ob die deutschen Journalisten 2005 mehr oder weniger Zeit für Recherche aufwenden als 1993 (ebd. 79–81): Sie geben zwar an, kürzer zu recherchieren (117 statt 140 Minuten) – aber sie schätzen inzwischen den täglichen Aufwand für Online-Recherche auf 66 Minuten. Da Recherchezeit und Zeit für Internetnutzung in der Befragung nicht aufeinander bezogen wurden, wissen wir nicht, ob die Zeit für Recherche insgesamt tatsächlich gesunken oder in der Summe nicht sogar gestiegen ist.

Auffällig ist die Zunahme von organisatorischen und vor allem von technischen Tätigkeiten. Die Fernseh- und Radiojournalisten sind damit am stärksten belastet. Eine Ursache dieser Veränderung ist, dass Rundfunkjournalisten mit inzwischen meist digitaler Technik häufiger selbst drehen und schneiden.

Rollenselbstverständnis

Die Frage nach dem Rollenselbstverständnis der Journalisten hat in der journalistischen Berufsforschung eine lange Tradition (vgl. u.a. Wyss 2001: 279; Donsbach 2003: 116–117; Weischenberg/Malik/Scholl 2006: 98–119; Weaver u.a. 2007: 136–157). Welche Vorstellungen haben die Journalisten von ihrer eigenen Rolle? Welchen Idealen folgen sie und welche Ziele setzen sie sich in ihrer täglichen Arbeit? Sehen sie sich eher als passive Informationsvermittler oder als engagierte Kritiker, die sogar die politische Tagesordnung beeinflussen wollen? Oder wollen sie in erster Linie das Publikum unterhalten oder ihm als Ratgeber mit Service-Leistungen dienen?

Internationale Vergleiche

Zwar sind die durch repräsentative Befragungen erhobenen Absichtserklärungen der Journalisten umstritten, weil unklar ist, ob sie wirklich eine Bedeutung für die journalistische Arbeit haben, aber man kann damit zum Beispiel international vergleichend Unterschiede feststellen: im Berufsverständnis und in den Idealen, die im Verlauf der journalistischen Ausbildung und Sozialisation erworben werden. Und wir können den Wandel dieses Verständnisses beschreiben, wenn Befragungen systematisch wiederholt werden. Auf der individuellen Ebene der Journalisten lässt sich die Neigung zu verschiedenen aktiven oder passiven Berichterstattungsmustern einordnen, wie sie in Kapitel 5.2 (→ vgl. S. 183–187) beschrieben wurden.

»Missionarischer« Journalismus?

In den 80er und 90er Jahren haben Forscher der Mainzer Publizistik – vor allem Renate Köcher (vgl. z.B. 1986) und Wolfgang Donsbach (vgl. z.B. 2003) – in international vergleichenden Journalistenbefragungen festgestellt, dass die deutschen Journalisten stärker politisch aktiv mitwirken wollen und dass sie sich weniger als neutrale und passive Vermittler sehen als ihre Kollegen in Großbritannien und den USA. Die Vertreter dieser wissenschaftlichen Schule kritisierten den – wie sie es nannten – »missionarischen« Journalismus in Deutschland, den sie auf historische Entwicklungen zurückführten (→ vgl. Kap. 2.2.2; S. 78–80). Dieser Aspekt des Rollenselbstverständnisses diente auch als Baustein bestimmter Wirkungstheorien – wie zum Beispiel der Schweigespirale (→ vgl. Kap. 3.3; S. 115–116).

In erster Linie neutral und präzise informieren

Diese Studien und die wirkungstheoretischen Schlussfolgerungen daraus wurden früh kritisiert (vgl. u.a. Weischenberg 1989). In den jüngsten Befragungen zeigt sich nun deutlich, dass sich die Journalisten in ihrem Aufgabenverständnis international angleichen und dass man die deutschen Journalisten in einer breiten Mehrheit nicht als »missionarisch« bezeichnen kann, sondern dass sie in erster Linie neutral und präzise informieren wollen – wie ihre Kollegen in anderen westlichen Demokratien auch (vgl. Abb. 6.4). Im Gegensatz zu den Annahmen der Mainzer Studien kann das Berufsverständnis zudem mehrdimensional sein (Weischenberg/Malik/Scholl 2006: 100–101): Verschiedene Rollenbilder schließen sich nicht gegenseitig aus, sondern werden »fallweise nach individueller Relevanz gewichtet« (Marr/Wyss/Blum/Bonfadelli 2001: 123). Es muss kein Widerspruch sein, wenn ein Journalist neutral informieren und gleichermaßen Kritik an Missständen üben will. Die amerikanischen Forscher sprechen vom Phänomen des »pluralistic journalist«, der verschiedene sich eigentlich widersprechende Rollenkonzepte verfolgt (Weaver u.a. 2007: 145–146).

Tabelle 6.4 zeigt das Antwortverhalten in repräsentativen Befragungen in drei Ländern, wobei ein absoluter Vergleich nicht möglich ist, weil die Studien unterschiedliche Statements vorformulieren. Schon die Dimensionen des Rollenselbstverständnisses werden anders definiert: Während die deutschen Forscher drei Dimensionen ausmachen (Information, Kritik und Service/Unterhaltung), haben die Schweizer Forscher noch Indikatoren für eine vierte Dimension (Werbemarktorientierung) abgefragt, die in der folgenden Tabelle nicht wiedergegeben sind. In den USA spielt das Konzept des Public Journalism (→ vgl. Kap. 5.2; S. 185–187) eine größere Rolle als in Europa, weshalb ein Statement wie »motivate people to get involved«, das in Deutschland und der Schweiz gar nicht vorgelegt wurde, 39 Prozent Zustimmung bekam (Weaver u.a. 2007: 140).

In der Tabelle werden jeweils Formulierungen gewählt, die allen drei Länderstudien gerecht werden sollen. Wo dies nicht geht, werden Zeilen mit der amerikanischen Variante eingefügt. Der Vergleich wird allerdings dadurch zusätzlich erschwert, dass die Studien unterschiedliche Antwortskalen verwendeten (vier-, fünf- oder sechsstufig).

Internationale Unterschiede

In Deutschland und der Schweiz dominiert die Rolle des neutralen Vermittlers, der komplexe Sachverhalte analysiert und einordnet. Die Bedeutung der Kritik an Missständen ist in der Schweiz relativ hoch und hat in Deutschland etwas abgenommen. Der Ratgeberjournalismus fin-

Abb. 6.4

Rollenselbstverständnis im Vergleich D – USA – CH

(Quellen: Weischenberg/Malik/Scholl 2006: 98–119, 279; Weaver u. a. 2007: 139–140; Marr/Wyss/Blum/Bonfadelli 2001: 124)

Zustimmung zum Rollenselbstverständnis ... (in %)*	D 1993	D 2005	USA 1992	USA 2002	CH 1998
Information und Vermittlung					
möglichst neutral und präzise informieren	74	89			92
avoid stories with unverified content			49	52	
komplexe Sachverhalte nachprüfen / analysieren / erklären / vermitteln	74	79	48	51	85
möglichst schnell Informationen vermitteln	73	74	69	59	
sich auf ein möglichst breites Publikum konzentrieren	54	60	20	15	
Kritik, Kontrolle, Engagement					
Kritik an Missständen üben	63	58			82
investigate government claims			67	71	
Themen auf die politische Agenda setzen	19	14	5	3	
sich einsetzen für die Benachteiligten / Anwalt für die gesellschaftlich Schwachen	43	29			65
motivate people to get involved				39	
Service und Unterhaltung					
als Ratgeber helfen/Lebenshilfe bieten	36	44			78
Unterhaltung, Entspannung bieten	47	37	14	11	46

* Die deutsche Studie verwendete eine fünfstufige Skala zur Zustimmung oder Ablehnung. In der Tabelle sind alle Antworten summiert, die »trifft voll und ganz zu« oder »trifft überwiegend zu« angaben. Die US-Studie legte eine vierstufige Skala vor, wies im Ergebnisbericht jedoch nur die Extremposition »extremely important« aus, die auch in der Tabelle wiedergegeben ist. Die Schweizer Studie verwendete eine sechsstufige Skala von »sehr wichtig« bis »gar nicht wichtig«, wobei in der Tabelle die drei Antworten mit »wichtig« summiert sind.

det in Deutschland zunehmend Zustimmung. In den USA prägt indes die kritische Überprüfung von Regierungsaussagen das Rollenselbstverständnis – präzise Information und Analyse tritt dagegen etwas zurück. Überraschend ist, dass die amerikanischen Journalisten der Schnelligkeit ein abnehmendes Gewicht beimessen (trotz Internet) und dass sie sich immer weniger auf ein breites Publikum, sondern eher auf ganz bestimmte Zielgruppen konzentrieren.

Mit Hilfe der Daten lassen sich auch verschiedene Segmente des Journalismus vergleichend analysieren. So zeigt sich, dass in Deutschland die Sportjournalisten am stärksten unterhaltungsorientiert eingestellt sind, dass die Schnelligkeit im Hörfunk und im Internet die größte Rolle spielt und dass vor allem die Zeitungsjournalisten Kritik an Missständen üben wollen (Weischenberg/Malik/Scholl 2006: 280–284).

Bewertung umstrittener Recherchemethoden

Abnahme der Zustimmungswerte

Die Frage zur Bewertung umstrittener Recherchemethoden geht intensiv auf das Berichterstattungsmuster des Investigativen Journalismus ein (→ vgl. Kap. 5.2; S. 184–187): Nehmen sich die deutschen oder die amerikanischen Journalisten vor, hartnäckiger und skrupelloser zu recherchieren? In den Antworten lässt sich die Reflexion über einen journalistischen Grundkonflikt ablesen (vgl. Weaver u.a. 2007: 162–173; Weischenberg/Malik/Scholl 2006: 174–180): zwischen der Forderung nach ethisch gerechtfertigtem Handeln, zum Beispiel nicht zu betrügen und Vertrauen nicht zu missbrauchen, und der Forderung nach Erfüllung der journalistischen Kontrollfunktion, gesellschaftlich relevante Informationen auch gegen Widerstand zu recherchieren und öffentlich zu thematisieren. Während fast alle umstrittenen Methoden von deutschen Journalisten mehrheitlich abgelehnt werden – 2005 noch stärker als 1993 –, gibt es in den USA bei einigen Methoden mehrheitliche Zustimmung (vgl. Abb. 6.5). Allerdings gehen auch in den USA die Zustimmungswerte zurück.

US-Journalisten weniger skrupulös

Das Berichterstattungsmuster des Investigativen Journalismus ist traditionell in Deutschland nicht so sehr ausgeprägt wie in den USA, was unter anderem an der traditionellen US-amerikanischen Rollentrennung zwischen »reporters« und »editors« liegt (→ vgl. Kap. 4.4; S. 161). Die »reporters« sind auf Recherche angesetzt, während die deutschen Journalisten Recherche neben anderen Dingen erledigen. Allerdings nähern sich die US-amerikanischen und die deutschen Journalisten bei der Bewertung einiger Recherchemethoden an: etwa in der Benutzung vertraulicher Regierungsunterlagen oder im Einschleichen als Mitarbeiter in einen Betrieb oder eine Organisation. Andererseits gibt es erhebliche Unterschiede bei den »skrupellosen« Methoden (Weischenberg/Malik/Scholl: 176): Die deutschen Journalisten scheuen vor allem zurück, wenn Informanten nachhaltig geschädigt werden – etwa indem man sie unter Druck setzt oder ihre privaten Briefe und Fotos ohne Zustimmung veröffentlicht (jeweils ca. 90 Prozent Ablehnung). Die nordamerikanischen Journalisten geben sich hier nicht so skrupulös: 52 bzw. 42 Prozent meinen, diese Methoden können gerechtfertigt sein.

Abb. 6.5

Recherchemethoden im Vergleich Deutschland – USA

(Quellen: Weischenberg/Malik/Scholl 2006: 245, 301; Weaver u. a. 2007: 163)

Zustimmung zu journalistischen Recherchemethoden (in %)*	D 1993	D 2005	USA 1992	USA 2002
vertrauliche Regierungsunterlagen benutzen, ohne die Genehmigung zu haben / using confidential business or government documents without authorization	54	59	82	78
sich als Mitarbeiter in einem Betrieb/einer Organisation betätigen, um an interne Informationen zu gelangen / getting employed in a firm or organization to gain inside information	54	49	63	54
sich als eine andere Person ausgeben / claiming to be somebody else	45	32	22	14
Leuten für vertrauliche Informationen Geld bezahlen / paying people for confidential information	41	27	20	17
versteckte Mikrofone oder Kameras benutzen / using hidden microphones or cameras	31	28	60	60
unwillige Informanten unter Druck setzen, um Informationen zu bekommen / badgering unwilling informants to get a story	12	12	49	52
private Unterlagen (z. B. Briefe, Fotos) von jemandem ohne dessen Zustimmung verwenden / making use of personal documents such as letters and photographs without permission	11	8	48	41

* Die deutsche Studie verwendete eine fünfstufige Skala zur Zustimmung oder Ablehnung. In der Tabelle sind alle Antworten summiert, die »trifft voll und ganz zu«, »trifft überwiegend zu« oder »trifft teils/teils zu« angaben. Die US-Studie gab eine Dreierskala vor, wobei in der Tabelle Antworten mit »may be justified on occasion« aufgenommen sind.

Zusammenfassung

In Österreich gibt es etwa 7.100, in der Schweiz 9.100 und in Deutschland 48.400 Journalisten. Sie stammen in Deutschland mehrheitlich aus der Mittelschicht und verorten sich selbst politisch meist eher links. Zwischen 1993 und 2005 sind die hauptberuflichen Journalisten weniger, und im Schnitt sind sie älter geworden (41 Jahre). Der Frauenanteil liegt in

Österreich mit 42 Prozent relativ hoch und steigt auch in Deutschland. Für klassische Recherche bleibt 2005 weniger Zeit als 1993. Dafür nutzen die Journalisten im Schnitt zwei Stunden täglich das Internet, müssen mehr organisieren und digitale Technik bedienen. Das Rollenselbstverständnis gleicht sich international an, wobei das Ideal der neutralen Vermittlung dominiert. Auch in der Bewertung harter Recherchemethoden gleichen sich zunehmend die deutschen und US-amerikanischen Journalisten. Die amerikanischen Kollegen haben indes weniger Skrupel, Informanten unter Druck zu setzen oder persönliche Unterlagen ohne Zustimmung zu verwenden.

Übungsfragen zu Kapitel 6.1

1 Diskutieren Sie die Probleme von Journalistenbefragungen – von der adäquaten Journalismusdefinition bis zum internationalen Vergleich des Rollenselbstverständnisses.
2 Fassen Sie die sozialen Merkmale der Journalisten in Deutschland zusammen.
3 Nennen Sie die journalistischen Haupttätigkeiten. Welche haben zwischen 1993 und 2005 zu-, welche abgenommen?
4 Welche Unterschiede gibt es im Rollenselbstverständnis zwischen deutschen, schweizerischen und US-amerikanischen Journalisten?

Literatur

Zur weiterführenden Lektüre werden die vier in diesem Kapitel mehrfach zitierten Bücher mit Ergebnissen von **Journalisten-Befragungen** empfohlen: Zu den Journalisten in **Deutschland** von Siegfried Weischenberg, Maja Malik und Armin Scholl, in der **Schweiz** von Mirko Marr, Vinzenz Wyss, Roger Blum und Heinz Bonfadelli sowie in den **USA** von David H. Weaver u.a. Das Buch zu den Journalisten in **Österreich** lag bei Drucklegung dieser Einführung noch nicht vor, ist aber vom Medienhaus Wien und den Autoren Matthias Karmasin, Andy Kaltenbrunner, Daniela Kraus und Astrid Zimmermann angekündigt.

6.2 | Ausbildung und Kompetenzen

Joseph Pulitzers Kampf

Die Debatten um eine sinnvolle Ausbildung von Journalisten scheinen sich von Land zu Land, von Jahrhundert zu Jahrhundert zu wiederholen. Als der erfolgreiche Journalist und Verleger Joseph Pulitzer in den Jahren 1903/04 in seinem Testament zwei Millionen Dollar der Columbia University in New York vermachte und damit das Fundament für die Gründung eines Journalistik-Studiengangs und eines Journalistenpreises legte, musste er gegen vielerlei Widerstände kämpfen. Die Argumente gegen eine akademische Journalistenausbildung waren damals wie heute ähnlich: Journalisten könnten nicht ausgebildet werden, sie müssten vielmehr Talent mitbringen, das sich nur in praktischer Tätigkeit in einer Redaktion entfalten könne. In seiner Erwiderung verglich Pulitzer den Journalismus mit der Medizin:

Zitat

»Before the century closes schools of journalism will be generally accepted as a feature of specialized higher education, like schools of law or of medicine. [...]

Must a journalist be ›born‹?

[...] The only position that occurs to me which a man in our Republic can successfully fill by the simple fact of birth is that of an idiot. [...]

Must journalism be learned in the office?

[...] In journalism at present the newspaper offices are the hospitals, but the students come to them knowing nothing of principles or theories. The newspaper hospital is extremely accommodating. It furnishes the patients for its young men to practise on, puts dissecting-knives into the hands of beginners who do not know an artery from a vermiform appendix, and pays them for the blunders by which they gradually teach themselves their profession.« *(Joseph Pulitzer 1904: 20–26)*

Die Visionen Pulitzers wurden in den USA zunehmend verwirklicht: Gut die Hälfte der amerikanischen Journalisten hat »journalism« oder »communications« studiert. Inzwischen ist ein Abschluss in Journalistik oder Kommunikationswissenschaft nahezu die Bedingung für den Einstieg in den Journalismus: Mehr als drei Viertel der Anfänger in den 1990er Jahren hatten diesen Abschluss (Weaver u.a. 2007: 43). Volontariate oder verlagseigene Journalistenschulen sind in den USA nicht denkbar.

Anders in Europa

In Europa ist die Situation fast umgekehrt. Nur ein Drittel der österreichischen Journalisten hat überhaupt einen Studienabschluss. In der Schweiz sind es gut die Hälfte, in Deutschland zwei Drittel (vgl. Abb. 6.6). Obwohl die Journalistik-Studiengänge hierzulande noch recht jung sind und es bei weitem weniger gibt als in den USA, hat schon ein Drittel der deutschen Journalisten entweder Journalistik oder Publizistik, Kommunikations- oder Medienwissenschaft studiert.

In Deutschland sind die am weitesten verbreiteten journalistischen Ausbildungsformen nach wie vor das Praktikum und das Volontariat in Redaktionen. Allerdings wurden die verschiedenen Ausbildungsformen in Deutschland im Laufe der Jahrzehnte optimiert. Das Volontariat in Zeitungsverlagen erhielt 1990 einen Tarifvertrag, der reines »training by doing« versucht auszuschließen und bestimmte Ausbildungsinhalte vorschreibt. Ob und inwiefern sich die Verlage allerdings daran halten, wird nicht systematisch überprüft.

Kompetenzen selbst zusammenbasteln

In Deutschland führen alles in allem viele Wege in den Journalismus, was einerseits ein Beitrag zur »diversity in the newsroom« sein kann (→ vgl. Kap. 6.1; S. 207), andererseits aber auch Ausdruck einer noch nicht erreichten Professionalisierung (vgl. Pätzold 2005). Im Gegensatz zu anderen Professionen, wie der Medizin, der Justiz oder den Lehrberufen, ist für den Journalismus der freie Zugang durch das Grundgesetz garantiert – nach den bitteren Erfahrungen des reglementierten Berufszugangs im Nationalsozialismus (und dann auch in der DDR). Junge Journalisten kombinieren heute oft verschiedene Ausbildungsformen und basteln sich so die Kompetenzen selbst zusammen, die sie für einen Berufseinstieg benötigen. Schon 1993 haben nur noch 20 Prozent der deutschen Journalisten allein ein Volontariat als Ausbildungsform durchlaufen, was Siegfried Weischenberg (1995: 519) zum Kommentar veranlasste, dass das Volontariat »längst nur noch aufgrund ›künstlicher Beatmung‹ durch andere Formen der Vor- und Ausbildung überlebensfähig ist«.

Integration von Theorie und Praxis

Das Studiengangmodell Journalistik begann in Deutschland in den 70er Jahren mit einigen wenigen Standorten als Antwort auf allenthalben kritisierte Missstände der Journalistenausbildung (→ vgl. Kap. 1.1.3; S. 17–20). Nach mehr als drei Jahrzehnten Erfahrung mit der Journalistik muss man bilanzieren, dass das ursprüngliche Ziel, die Hochschulausbildung als Regelzugang zum Journalismus ähnlich wie in den USA zu etablieren, (bislang) nicht verwirklicht wurde. Es wurden allerdings verschiedene Studiengangmodelle und viele unterschiedliche didaktische Konzepte der Integration von Theorie und Praxis entwickelt (vgl. z. B. Altmeppen/Hömberg 2002) – zum Beispiel das Modell der Lehrredaktion mit der Produktion von periodischen Campusmedien (vgl. z. B. Blöbaum 2000) oder mit innovativen Einzelprodukten, die marktfähig sind und

Abb. 6.6

Studium und Ausbildung im Vergleich

(Quellen: Weischenberg/Malik/Scholl 2006: 65–69; Marr/Wyss/Blum/Bonfadelli 2001: 83, 87; Medienhaus Wien 2007: 4; Weaver u. a. 2007: 44)

Angabe in Prozent	D 2005	CH 1998	A 2007	USA 2002
Studium (Universität / Fachhochschule / university / college)				
abgeschlossen	69	54	34	89
nicht abgeschlossen	15	18		9
Hauptfächer*				
Journalistik, Kommunikationswissenschaft etc.	17			58
Geisteswissenschaften (Literatur, Sprache, Geschichte etc.)	38			24
Sozialwissenschaften (z. B. Politik)	15			11
Naturwissenschaften, Mathematik	10			3
Wirtschaftswissenschaft	8			2
Jura	4			0,3
andere Fächer	5			2
Journalistische Ausbildung**				
Studium Journalistik (auch als Nebenfach)	14			36
Studium Publizistik, Kommunikations-, Medienwissenschaft (auch als Nebenfach)	17			17
Praktikum	69	34		
Volontariat	62	50		
Journalistenschule	14	26		

* Die Prozentzahlen für Deutschland beziehen sich auf alle Journalisten, die studiert haben (auch ohne Abschluss), für die USA nur auf Abschlüsse im Hauptfach.

** Die Prozentzahlen der journalistischen Ausbildung beziehen sich auf alle befragten Journalisten.

zum Teil mit Partnern aus der Medienwirtschaft realisiert werden (vgl. z. B. Bergmann/Pörksen 2007).

Kreativität statt Routine

Nicht zu vernachlässigen ist der Aspekt, dass Journalistenausbildung an Hochschulen nicht dem ökonomischen und zeitlichen Druck der redaktionellen Routine und den Verwertungsinteressen der Medienindustrie unterworfen ist, sondern Nachdenken und Reflexion fördert und Freiraum zum Experimentieren lässt: Es kann kreativ gespielt und getestet werden, neue Formen und Formate können überlegt und verbessert werden (vgl. z. B. Meier 2002 d). Schon Pulitzer (1904: 33) hatte betont: »The School of Journalism is to be, in my conception, not only not commercial, but anti-commercial.«

Was müssen Journalisten können?

Die Frage nach den Dimensionen journalistischer Kompetenz wird meist dann gestellt, wenn über die Journalistenausbildung diskutiert wird. Im Hinblick auf die sich dynamisch wandelnden Medienmärkte, -techniken und -produkte ist ein ständiger Abgleich der Lehrinhalte mit den neuen Berufsanforderungen nötig. Das, was Journalisten können müssen, kann theoretisch modelliert (vgl. z.B. Donsbach 1978) und empirisch über Befragungen erhoben werden (vgl. z.B. Weischenberg/Altmeppen/Löffelholz 1994: 207–222). Allerdings gibt es keine übereinstimmenden Vorstellungen vom Begriff der journalistischen Kompetenz (vgl. Weischenberg 1990: 21 f.): Da viele Wege und Ausbildungsmöglichkeiten in den Beruf führen, wird die eine oder andere Kompetenzdimension je nach Ausbildungskonzept hervorgehoben oder ignoriert. Eine Interessenskollision liegt in einer pluralistisch-demokratischen Gesellschaft in der Natur der Sache. Zwei Beispiele: Verlagsvertreter betonen die handwerklichen Fähigkeiten, die im Volontariat trainiert werden, Journalistik-Professoren eher das Reflexionswissen. Journalisten selbst empfehlen meist den Ausbildungsweg, den sie selbst beschritten haben (vgl. z.B. Pörksen 2005 c).

Die Einteilung der Kompetenzdimensionen orientiert sich – Siegfried Weischenberg (1990) folgend – an der Fach- und der Sachkompetenz, wobei zwischen beidem Vermittlungskompetenz und soziale Orientierung liegen. Diese vier Grunddimensionen sind in Abbildung 6.7 dunkelblau markiert. In den vergangenen Jahren (Weischenberg/Altmeppen/Löffelholz 1994; Dörmann/Pätzold 1998; Meier 2002 d) kamen verstärkt die beiden Dimensionen der Technik- und Gestaltungskompetenz sowie der Organisations- und Konzeptionskompetenz hinzu (hellblau markiert), was beides früher nicht explizit erwähnt oder nur als kleiner Teil der Fachkompetenz gesehen wurde. Alles in allem muss betont werden, dass sich die Dimensionen nur analytisch trennen lassen und de facto in starkem Zusammenhang stehen oder ineinander übergehen.

Das eigene Fach

- *Fachkompetenz:* Journalisten müssen – wie alle akademischen Berufe – ihr eigenes Fachgebiet gut kennen. Dazu gehören das »Handwerk« (Recherche, Themenauswahl, Redigieren, Berichterstattungsmuster), aber auch ein grundsätzliches Fachwissen als »Kopfwerk«: Das »Handwerk« braucht nicht nur eine solide wissenschaftliche Basis, um durchschaut, reflektiert und fortentwickelt werden zu können, sondern Journalisten müssen sich sicher im Medienumfeld bewegen, was nur mit Grundkenntnissen des Mediensystems sowie der wirtschaftlichen, politischen und rechtlichen Grundlagen des Journalismus möglich ist. Kenntnisse der Medienentwicklung schließen his-

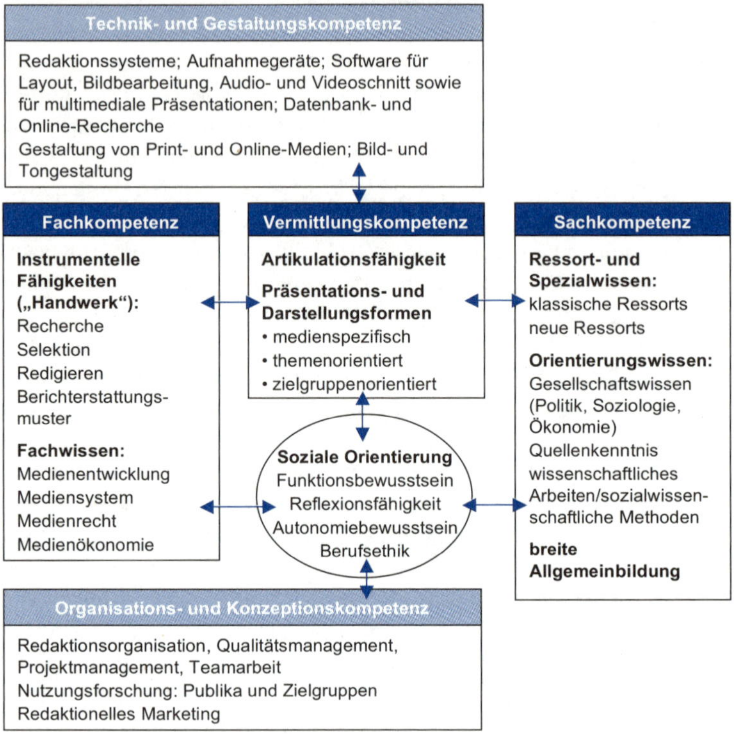

Abb. 6.7

Dimensionen journalistischer Kompetenz

(Quelle: erweiterte Darstellung auf Grundlage von Weischenberg 1990: 22–26; Weischenberg/Altmeppen/Löffelholz 1994: 207–222; Dörmann/Pätzold 1998: 61–67; Meier 2002d: 146–154)

torisches und prognostisches Wissen mit ein, das die Kommunikationswissenschaft ebenfalls zur Verfügung stellt.

Die Sache, über die man berichtet

- *Sachkompetenz:* Journalisten müssen über die Sache, über das Themengebiet Bescheid wissen, über das sie berichten. Wie tief oder breit das Sachwissen (vor der Recherche eines Einzelthemas) sein sollte, hängt vom Medium und der Zielgruppe ab. Spezialisierte Fachzeitschriften haben hier tiefer gehende Ansprüche für genau ein Fachgebiet. Da Wissen schnell veraltet, ist ein Zugangswissen zu Quellen allerdings wichtiger als Details eines bestimmten Gebiets. Und: Weil Journalisten grundsätzlich nicht fachorientiert vorgehen, sondern problemorientiert, ist ein interdisziplinär angelegter wissenschaftlicher Hintergrund in Kombination mit sozialwissenschaftlichem Orientierungswissen wichtiger als ein festes Spezialgebiet. Dies gilt sogar für den Wissenschaftsjournalismus, wie Befragungen von leitenden Wissenschaftsjournalisten zeigen (vgl. Meier/Feldmeier 2005: 221–222).

- Die *Vermittlungskompetenz* liegt in der Mitte zwischen Fach- und Sachkompetenz – als »Schnittmenge« von beidem (Weischenberg 1990: 23). Es geht um das Beherrschen einer zielgruppenorientierten Darstellung von Themen, die je nach Medium anders aussieht (→ vgl. Kap. 5.2; S. 188–189). Dabei stehen das Training und die Weiterentwicklung der Darstellungsformen (des »Story-Tellings«) im Mittelpunkt.

Vermittlung und Darstellung

- Eng damit verknüpft ist die *Technik- und Gestaltungskompetenz*, die ebenfalls medienspezifisch ist. Journalisten arbeiten zunehmend selbst mit digitaler Technik – oder sie müssen in Teams mit (Informations-)Designern, Technikern, Fotografen und Kameraleuten kooperieren und wissen, vor welchen Problemen diese stehen und welche Lösungsmöglichkeiten es gibt. Eine angemessene Themendarstellung hängt zunehmend von einer gelungenen gestalterischen und technischen Umsetzung ab – und nicht nur vom optimalen Gebrauch der journalistischen Darstellungsformen.

Technik und Gestaltung

- *Organisations- und Konzeptionskompetenz*: Es stärkt die Innovationsfähigkeit des Journalisten, wenn er weiß, wie Medien genutzt werden und mit welchen Konzepten man die Zielgruppen auch durch Qualitätsjournalismus optimal erreicht. Vom journalistischen Konzept hängen die optimale Organisation der Redaktion (→ vgl. Kap. 4.4; S. 159–171) und das Qualitätsmanagement ab (→ vgl. Kap. 7.1; S. 231–232).

Organisation und Konzeption

- *Soziale Orientierung*: Journalisten tragen Verantwortung; sie sollten sich ihrer Rolle in der demokratischen Gesellschaft bewusst sein und die ethischen Grenzen ihres Berufs reflektieren (→ vgl. Kap. 7.2; S. 233–245).

Verantwortung

Es wäre ein Missverständnis, das Kompetenzraster in Abbildung 6.7 als Curriculum für die Journalistenausbildung zu begreifen. Denn nicht alle Journalisten brauchen alle Kompetenzen gleichermaßen. Fachjournalisten müssen in ihre Berichterstattungsfelder tiefer einsteigen als allgemeine Nachrichtenjournalisten. Redakteure mit Leitungsfunktion und Entwicklungsredakteure (z. B. für neue Plattformen wie das Internet) brauchen Konzeptions- und Organisationswissen. Bei stärkerer redaktioneller Arbeitsteilung (→ vgl. Kap. 4.4; S. 161–162) müssen »editors« sich eher in Fragen der Technik und Gestaltung auskennen, »reporters« dagegen eher in Recherche und Quellenwissen.

Verschiedene Ausbildungsformen konzentrieren sich auf einzelne Kompetenzdimensionen: Praktika, Volontariate und Journalistenschulen zum Beispiel trainieren die Vermittlungskompetenz und ausgewählte Aspekte der Fachkompetenz.

Journalistik: integrative Vermittlung

Traditionelles Ziel des Studiengangmodells »Journalistik« ist die integrative Vermittlung der journalistischen Kompetenzen in allen Dimensionen. Vorbilder waren in den 70er und 80er Jahren die Modelle an den Universitäten in Dortmund, München und Eichstätt. Mit zunehmender

Differenzierung und Spezialisierung des Journalismus musste man sich indes davon verabschieden, allen Studierenden alles tiefgehend beizubringen: Entweder die Studierenden wählen selbst einen Schwerpunkt – etwa durch die Wahl eines Zweitfachs oder eines Mediums in Lehrredaktionen und Übungen – oder die Studiengänge geben das Profil vor. Im Wesentlichen gibt es drei Spezialisierungen:

- Profilierung nach medientypischer Fach-, Vermittlungs-, Gestaltungs- und Technikkompetenz: z.B. Online-Journalismus an den Fachhochschulen in Darmstadt und Köln, Fernseh-Journalistik an der HTWK Leipzig oder der Masterstudiengang Hörfunk an der Universität Leipzig;
- Profilierung nach Themengebiet, also der Sachkompetenz: z.B. an den Fachhochschulen Iserlohn (Business Journalism), Darmstadt (Wissenschaftsjournalismus), Bonn-Rhein-Sieg (Technikjournalismus) und Bremen (Fachjournalistik) oder an den Universitäten Dortmund (Wissenschaftsjournalismus) und Berlin (UdK, Kulturjournalismus) oder Sportjournalismus im Nebenfach an verschiedenen Instituten (DSHS Köln, TU München und Universität Hamburg);
- Profilierung durch einen bewussten Bezug zwischen Journalismus und Medienmanagement/Medienwirtschaft: z.B. an den Fachhochschulen Magdeburg-Stendal, Oldenburg-Ostfriesland-Wilhelmshaven und Würzburg-Schweinfurt.

Weil sich die Medienbranche in einem dynamischen Wandel befindet (→ vgl. Kap. 7.3; S. 249–259), sind Journalisten grundsätzlich nie fertig gebildet: Der Weiterbildung kommt in den nächsten Jahren eine besondere Bedeutung zu.

Zusammenfassung

In pluralistisch-demokratischen Gesellschaften liegt es in der Natur der Sache, dass über die Ausbildung von Journalisten und journalistische Kompetenzen kein Konsens besteht. Im deutschsprachigen Raum führen viele Wege in den Journalismus, wobei die Akademisierung zwar fortschreitet, aber im Vergleich zu den USA noch gering ist. In Österreich hat nur ein Drittel der Journalisten einen Studienabschluss, in der Schweiz gut die Hälfte und in Deutschland zwei Drittel. In diesen Ländern sind das Praktikum und das Volontariat die am weitesten verbreiteten Ausbildungsformen; junge Journalisten basteln sich ihre Kompetenzen meist eigenständig zusammen. Die Dimensionen journalistischer Kompetenz können zusammen nur in integrierenden Journalistik-Studiengängen erworben werden: Zur klassischen Einteilung in Fach- und Sachkompetenz, Vermittlungskompetenz und soziale Orientierung sind in den vergangenen Jahren die Dimensionen der Technik- und Gestaltungskompetenz sowie der Organisations- und Konzeptionskompetenz hinzugekommen.

Übungsfragen zu Kapitel 6.2

1 Wer war Joseph Pulitzer – und was hat er zur Journalistenausbildung beigetragen?
2 Welches Studium und welche journalistische Ausbildung haben die Journalisten in Deutschland und in den USA durchlaufen?
3 Erklären Sie die Dimensionen journalistischer Kompetenz.

Literatur

Einen umfangreichen Studienführer über alle **Studiengänge im deutschsprachigen Raum**, die auf Journalismus, Medien- und Kommunikationsberufe vorbereiten, haben Walter Hömberg und Renate Hackel-de Latour herausgegeben. Eine knappe, aber umfassende Übersicht bietet die Einführung in den praktischen Journalismus von Walther von La Roche.

7 | Aktuelle Debatten der Journalistik

Inhalt

7.1 Qualität und Qualitätsmanagement

7.2 Ethik

7.3 Die Zukunft des Journalismus

7.1 | Qualität und Qualitätsmanagement

Die Debatte um Qualität boomt in der Journalistik und im Journalismus. Es gibt Tagungen, Qualitätsinitiativen und -vereine, Beiträge auf Medienseiten, Forschungsprojekte, wissenschaftliche Publikationen – und jede Menge Wettbewerbe und Preise für herausragenden Journalismus. Im Herbst 2006 machte zum Beispiel die Hamburger Akademie für Publizistik mit einem Wettbewerb auf sich aufmerksam: 37 Essays wurden zur Preisfrage »Was ist heute guter Journalismus?« eingesandt. Gewonnen hat Philipp Cueni – Präsident des schweizerischen Vereins für Qualität im Journalismus – mit einem Beitrag, der die Überschrift trägt: »Anmerkungen zu einer Frage, die nie abschließend beantwortet sein darf«.

Warum ist die Qualität im Journalismus eigentlich so umstritten?

Öffentliche Aufgabe und Geschäftsmodell

In den ersten beiden Buchkapiteln haben wir bereits erklärt, warum ein qualitativ hochwertiger Journalismus konstitutiv für die Demokratie ist, im vierten Kapitel, wie man mit Journalismus Geld verdienen kann. Journalismus erfüllt eine öffentliche Aufgabe – und ist gleichzeitig ein Geschäftsmodell. Beides passt nicht immer und nicht ideal zusammen. Wenn das Geschäft eine zu große Rolle spielt, nur noch auf die Rendite des Medienunternehmens geachtet wird, Redaktionen ausgedünnt und freie Mitarbeiter schlecht bezahlt werden, dann gerät die Qualität des Journalismus in Gefahr – und mit ihr die Erfüllung der öffentlichen Aufgabe. Das ist ein Aspekt der Debatte um journalistische Qualität, den vor allem die Gewerkschaften immer wieder betonen. Verleger, Geschäftsführer und Vorstände von Medienunternehmen halten dagegen, dass journalistische Qualität bezahlbar sein und sich in erster Linie nach der Akzeptanz beim Publikum richten muss: Erreicht man die Zielgruppe (auch: egal mit welchen Mitteln), stimmt die Qualität – und auch das Geschäft.

Einen Pudding an die Wand nageln

Die journalistische Qualität hängt indes nicht nur von ökonomischen, sondern von vielen Faktoren ab – und sie ist nicht einfach zu definieren. Vom Definitionsproblem handelt denn auch der am meisten zitierte Satz der Qualitätsdebatte: »Qualität im Journalismus definieren zu wollen, gleicht dem Versuch, einen Pudding an die Wand zu nageln.« Der Journalistik-Professor Stephan Ruß-Mohl (1992: 85) hat das Anfang der 90er Jahre geschrieben, sich gleichzeitig aber auch um eine Systematisierung möglicher Lösungen des Problems gekümmert. Seine Feststellung, dass es sich bei der journalistischen Qualität um einen multidimensionalen Begriff handelt, der nicht absolut und statisch ist, hat die Qualitätsdebatte in der Journalistik und in der journalistischen Praxis beeinflusst. Qualität ist demnach unter anderem abhängig vom journalistischen Selbstverständnis, dem Medientyp, der Zielgruppe, dem Genre, der Quellenlage, dem Aktualitätsverständnis und Erscheinungsrhythmus eines Mediums. Es gibt zwar allgemeine Grundsätze, aber im Detail kann man die Qualitätsmaßstäbe zum Beispiel von SÜDDEUTSCHER ZEITUNG und BILD-Zeitung oder von TAGESSCHAU, HALLO DEUTSCHLAND und RTL EXPLOSIV nicht vergleichen. Auch im Laufe der Zeiten ändern sich die Qualitätsvorstellungen: Vom »guten Journalismus« hatte man in der Weimarer Republik eine andere Vorstellung als nach dem Zweiten Weltkrieg und wiederum heutzutage (→ vgl. Kap. 2.2; S. 78–80).

Qualitätskriterien

Magisches Vieleck

Ruß-Mohl (1992: 86; 1994: 96) hat vorgeschlagen, die Qualitätsmaßstäbe und die Kriterien der Qualitätsbewertung als »Magisches Vieleck« zu sehen, in dem sich Ziele überlappen, gegeneinander konkurrieren und sich nicht alle gleichzeitig erreichen lassen. Wer zum Beispiel schnell informieren will, kann dies meist nicht hintergründig tun und sich kaum Zeit für Recherche nehmen. Der Informationsgehalt und die Komplexität eines Beitrags können auf Kosten der Verständlichkeit gehen. Wer sich als investigativer Kontrolleur versteht, der Missstände aufdeckt, wird der Unparteilichkeit und Ausgewogenheit nicht immer ein hohes Gewicht beimessen (→ vgl. Kap. 5.2; S. 183–186).

Das »Magische Vieleck« von Ruß-Mohl orientiert sich genauso wie andere Kriterienkataloge – allgemein (Rager 1994) oder zum Beispiel auf den Online-Journalismus bezogen (Meier 2003) – an den Handwerksregeln und Berufsnormen des Journalismus, kurzum: den Standards der journalistischen Professionalität. Im Kern geht es dabei fast ausschließlich um die Kriterien des Informationsjournalismus; Formen der Unterhaltung werden nur am Rande gestreift. Abbildung 7.1 fasst oft genannte Kriterien in einer Liste zusammen und unterscheidet zwischen der Ebene des journalistischen Handelns und des Produkts, wobei diese Ebenen nur analytisch getrennt und viele Kriterien nur schwerpunktmäßig einer Ebene zugeordnet werden können. Natürlich schlägt sich journalistisches Handeln im Produkt nieder. Die Richtigkeit zum Beispiel wird in der so genannten Accuracy-Forschung auf Produktebene überprüft (Wie präzise ist ein journalistischer Beitrag?), es erscheint jedoch sinnvoll, die Richtigkeit in erster Linie auf das journalistische Handeln zu beziehen, nämlich auf die Qualität des Recherche- und Prüfprozesses.

Grundsätzlich sei nochmals darauf verwiesen, dass nur das Qualitätskriterium der Richtigkeit »objektiv« sein kann und alle anderen Kriterien immer implizite Wertungen enthalten – aus erkenntnistheoretischen Gründen, die in Kapitel 5.1 ausgeführt werden (→ vgl. S. 175–177) (z.B. Wertungen des Journalisten, der Medienorganisation, der professionellen Standards des Berufs etc.).

Qualität des Herstellungsprozesses

Die Unterscheidung der beiden Qualitätsebenen soll ein Grundprinzip des Journalismus veranschaulichen (Meier 2003): Der Wert und die Qualität von Information stehen und fallen mit der Qualität des Herstellungsprozesses. Wenn Unabhängigkeit, Recherche, Aktualität und Relevanz nicht garantiert sind, verliert Journalismus seine Aufgaben und Funktionen – und damit seinen Sinn und Wert für das Publikum (→ vgl. Kap. 1.1; S. 13–16). Produktspezifische Kriterien dagegen wie Verständlichkeit, Anschaulichkeit, Nutzwert oder Sinnlichkeit sind grundsätzlich auf andere Publikationsformen wie Public Relations, Werbung oder die Veröffentlichungen von jedermann – etwa in Weblogs – anwendbar. Während produktspezifische Qualitäten von den Nutzern meist ad hoc oder zumindest mittelfristig beurteilt werden können und zum Beispiel schlecht gestaltete oder formulierte Medienprodukte nicht mehr gekauft, geklickt oder eingeschaltet werden, beruht die Einschätzung des Herstellungsprozesses und des institutionellen Rahmens, in dem Information entstanden ist, auf langfristiger Erfahrung und Vertrauen (Neuberger 2002: 37). Eine Konsequenz der geringen Qualitätstransparenz ist der Image- und Markentransfer von Qualitätsmedien, die das Publikum aus Print-, Hörfunk oder Fernsehjournalismus kennt, auf das Internet. Neue journalistische Anbieter im Internet – wie zum Beispiel NETZEITUNG.DE – haben es erheblich schwerer als die Online-Produkte etablierter journalistischer Marken.

Weitere Medienqualitäten

Es gibt weitere Medienqualitäten, auf die die Journalisten in der Regel keinen Einfluss haben, die aber aus Publikumssicht den Wert journalistischer Produkte mindern oder steigern können. Zwei Beispiele:

Abb. 7.1

Qualitätskriterien des (Informations-) Journalismus

Auf journalistisches Handeln bezogene Dimensionen	
Unabhängigkeit	Die Unabhängigkeit ist letztlich für die Glaubwürdigkeit des Journalismus verantwortlich. Medienunternehmen und Redaktionen sollen jegliche Versuche, die Redaktion zu beeinflussen, abwehren und bezahlte Inhalte (Werbung) klar von redaktioneller Berichterstattung trennen.
Richtigkeit	Faktentreue
Fairness	Qualität des Rechercheprozesses (z. B. Prinzip des »audiatur et altera pars«)
Aktualität	Neuigkeit, Gegenwartsbezug, Schnelligkeit
Relevanz	Themenauswahl nach Wichtigkeit/Bedeutsamkeit; Orientierung an professionellen Selektionskriterien (keine beliebige Auswahl)
Originalität	Eigenrecherche, Exklusivität, Themenfindung, intellektueller Anspruch (hier ist nicht »originell« im Sinne von »komisch«, »humorig« gemeint, sondern »original« im Sinne von »einzigartig«, »schöpferisch«)
Interaktivität	Dialogfähigkeit einer Redaktion; auf »Augenhöhe des Publikums«; Mitwirkungsmöglichkeiten des Publikums an Themenfindung und Medieninhalten
Transparenz	Offenlegen der Berichterstattungsbedingungen; Quellenangaben und Quellenkritik; Eingeständnis von Fehlern (z. B. in einer »Correction Corner«)
Auf das Produkt bezogene Dimensionen	
Vielfalt	von der Vielfalt des redaktionellen Gesamtangebots (Themenspektrum) bis zur Vielfalt in einem einzelnen Beitrag (verschiedene Perspektiven und Quellen)
Unparteilichkeit	Ausgewogenheit (als Gegenteil von Einseitigkeit); Unvoreingenommenheit und Distanz zum Berichterstattungsgegenstand; Trennung von Nachricht und Kommentar
Verständlichkeit	sachgerechte Sprache, anschaulicher und prägnanter Stil, klarer Aufbau; weiter gefasst auch: funktionale Mediengestaltung (z. B. im Online-Journalismus: Usability)
Sinnlichkeit	Spannungsbogen, Dramaturgie eines Beitrags, einer Sendung oder eines Hefts; Zusammenspiel von Text und Bild, von Sprecher, O-Ton und Atmo
Attraktivität	Herstellung von Aufmerksamkeit; zielgruppengerechte Ansprache des Publikums; passende Genrewahl; packende Titel, Teaser, Trailer etc.
Nutzwert	Anwendbarkeit im Alltag des Publikums – als Orientierung, Rat und Entscheidungshilfe

- Der Zeitungsvertrieb muss dafür sorgen, dass die Tageszeitung jeden Morgen pünktlich im Briefkasten steckt (was mit der journalistischen Aktualität konfligieren kann).
- Im Internet hat sich der Begriff *Accessibility* – zu Deutsch: *Barrierefreiheit* – eingebürgert: Damit ist gemeint, dass Websites von allen Menschen uneingeschränkt nutzbar sein sollen, egal, ob sie beispielsweise Behinderungen, Seh- oder Hörschwächen haben. Dies betrifft zwar die Verständlichkeit journalistischer Produkte, mehr jedoch technische und gestalterische Aspekte der Online-Produktion.

Qualitätsforschung und Qualitätssicherung

Die Qualitätskriterien des Journalismus sind also nicht absolut und statisch, sondern sie unterliegen einem historischen Wandel, sind flexibel einsetzbar, werden multiperspektivisch diskutiert – und laufen damit Gefahr, subjektiv und beliebig zu sein: Jeder definiert sich seine Qualität. Die Qualitätsforschung der Journalistik will dazu beitragen, dass die Debatte nicht einer subjektiven Beliebigkeit ausgeliefert ist, sondern die unterschiedlichen Interessen und Perspektiven transparent gemacht, die Kriterien systematisiert und reflektiert werden. Wer bestimmt über journalistische Qualität? Die Journalisten, die Medienorganisationen, das Publikum, das Gesellschaftssystem? – Es kommt nicht von ungefähr, dass diese Fragen die Ebenen des Journalismus aufgreifen, die in Kapitel 2.1 mit der Zwiebelmetapher beschrieben wurden: Alle Ebenen haben unterschiedliche Ansprüche an den Journalismus (Fabris 2004).

Qualitätsforschung

Empirische Studien der Qualitätsforschung können durch Inhaltsanalysen überprüfen, inwiefern die Qualitätskriterien in den journalistischen Produkten umgesetzt sind (vgl. z. B. Hagen 1995 sowie die Benchmarking-Studien von Michael Haller → vgl. Kap. 1.3.2; S. 55), und machen durch Befragungen die Blickwinkel der verschiedenen Anspruchsgruppen transparent. Drei Beispiele:

- Befragungen von *Journalisten* können eruieren, ob sich die Berufsnormen verändert haben, nach denen sich Journalisten richten (vgl. z. B. Rager 1994). Eine besondere Rolle beim Entstehen und der Veränderung dieser Normen können Journalistenpreise spielen. Eine Befragung von *Juroren* ergab, dass vor allem die gründliche Recherche und die Bedeutung des Themas für die Demokratie als wichtig erachtet werden – dann erst kommen Verständlichkeit, Stil und Dramaturgie (Wilke 1998: 139).
- Durch die Auswertung von Nutzungsdaten und durch Publikumsbefragungen kann erforscht werden, welche Qualitätsmaßstäbe die *Rezipienten* wünschen. Der Hamburger Kommunikationsforscher Uwe

Hasebrink (1997) hat zum Beispiel darauf hingewiesen, dass Fernsehzuschauer sehr wohl in der Lage sind, Qualität zu beurteilen, und dass zwischen Qualität und Quote kein Missverhältnis bestehen muss (→ vgl. Kap. 3.1; S. 102–104). Ein Vergleich der Qualitätseinschätzungen der Journalisten und der Rezipienten kann zur Qualitätssicherung in einer Redaktion beitragen – wie dies zum Beispiel ein Schweizer Forschungsprojekt zum Radio-Programm-Controlling vorgeführt hat (→ vgl. Kap. 3.1; S. 99).

- Die Accuracy-Forschung legt journalistische Beiträge den darin zitierten *Quellen* oder unabhängigen *Experten* zur Überprüfung vor: Sie sollen feststellen, ob die Beiträge aus ihrer Sicht Fehler aufweisen. Der Anspruch ist, dass Journalismus der Genauigkeit der Fachwissenschaft entspricht – weshalb solche Studien vor allem im Wissenschaftsjournalismus gemacht werden, zum Beispiel zur Berichterstattung über den Reaktorunfall von Tschernobyl (vgl. z.B. Meier 1997: 79–82; Haller 1987).

Weitere Anspruchsgruppen mit jeweils eigenen Qualitätsvorstellungen können sein: die Kapitalgeber von Medienunternehmen, die Mediengesetzgebung oder die Werbewirtschaft.

Pluralistischer Prozess

Die Qualitätsforschung macht uns darauf aufmerksam, dass journalistische Qualität nicht allein auf den Schultern einzelner Journalisten oder Redaktionen lastet, sondern dass eine Vielzahl von Initiativen und Institutionen in einem pluralistischen Prozess zusammenspielen muss, um Qualität im Journalismus zu stärken. Stephan Ruß-Mohl (1994, 1997) hat dies den »I-Faktor« der Qualitätssicherung genannt – den »Infrastruktur-Faktor«. Abbildung 7.2 zeigt diese Infrastrukturen der Qualitätssicherung als ein Netzwerk innerredaktioneller und außerredaktioneller Initiativen, die präventiv, produktionsbegleitend und als Korrektiv nach der Veröffentlichung wirken können.

Professionalisierung des Journalismus

Die außerredaktionellen Institutionen und Initiativen sind in die journalistische Produktion zwar nicht direkt involviert, sie tragen aber zur Qualitätssicherung bei, indem sie den Diskurs über Journalismus in Gang halten, für Kritik, Selbstkritik und Transparenz sorgen sowie die Professionalisierung des Journalismus vorantreiben. Die Journalistik zum Beispiel hat einerseits das Ziel, gute Journalisten auszubilden, die sich ihrer gesellschaftlichen Verantwortung bewusst sind *(präventiv)*. Andererseits kann sie durch Forschungs- und Beratungsprojekte – teilweise in Kooperation mit Redaktionen und Medienunternehmen – auf kritische Punkte des Journalismus aufmerksam machen und Alternativen aufzeigen, die in der täglichen Produktionsroutine oft untergehen *(korrektiv)*. Mitunter ist die Wissenschaft (außenstehender) Kritiker, mitunter (involvierter) Impulsgeber (→ vgl. Kap. 1.3.3; S. 57–63). Ein Beispiel für

Abb. 7.2 | *Infrastrukturen der Qualitätssicherung*
(Quelle: zusammenfassende Darstellung nach Ruß-Mohl 1997: 221 und Hermes 2006)

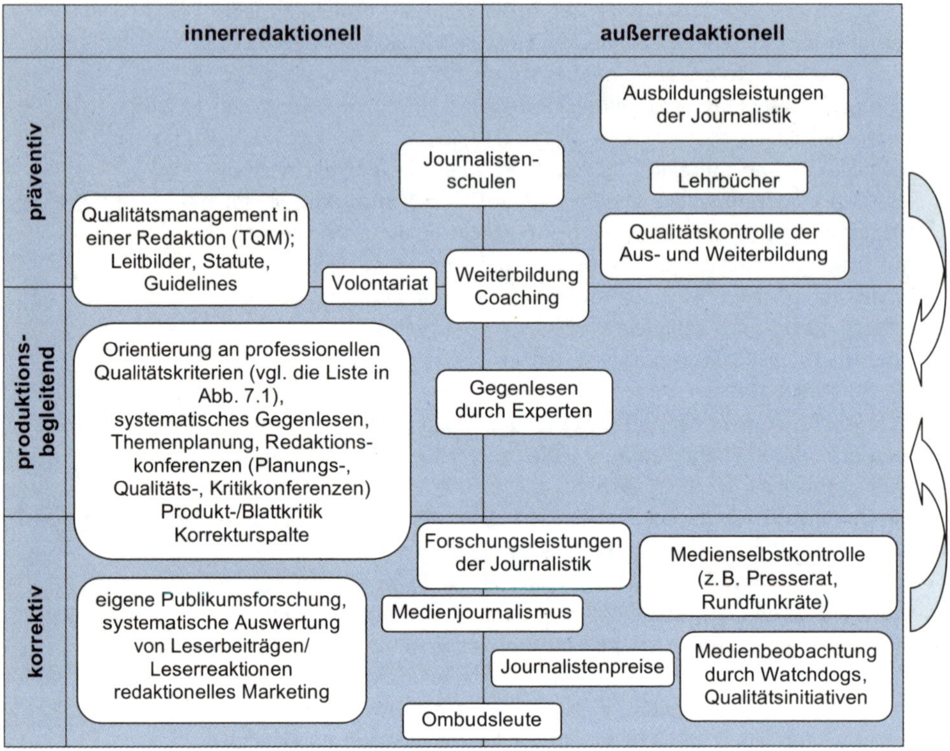

eine kritische Begleitung des österreichischen Journalismus ist das Qualitätsmonitoring, das die Journalistik an der Universität Salzburg unter dem Titel »Berichte zur Lage des Journalismus in Österreich« jahrelang betrieben hat.

Weitere Beispiele für außerredaktionelle Infrastrukturen sind die Vereine und Initiativen für Qualität im Journalismus, die in der Schweiz (im Jahr 1999; www.quajou.ch), in Österreich (2000; www.iq-journalismus.at) und in Deutschland (2000; www.initiative-qualitaet.de) in den letzten Jahren gegründet wurden. Dass sich die Debatte nicht auf den deutschsprachigen Journalismus beschränkt, zeigen Initiativen in anderen Ländern oder globale Aktionen, die von der International Federation of Journalists ausgehen (www.ifj.org/default.asp?Issue=QUALITY).

Qualitätsmanagement

Total Quality Management (TQM)

Mit dem Begriff »Qualitätsmanagement« ist die innerredaktionelle Qualitätssicherung gemeint. Wer dies systematisch und ganzheitlich angeht, richtet sich nach den Prinzipien des Total Quality Managements (TQM), das aus der Wirtschaftswissenschaft stammt und in vielen Branchen angewandt wird. Der Journalismus blieb davon lange Zeit unberührt: Qualitätsmanagement war in den meisten Redaktionen dem Zufall oder einzelnen isolierten Maßnahmen überlassen. Zwei innovative journalistik-wissenschaftliche Dissertationen – für die Schweiz von Vinzenz Wyss (2002) und darauf aufbauend für Deutschland von Sandra Hermes (2006) – haben untersucht, welche Voraussetzungen und Vorteile TQM in der journalistischen Praxis hat.

Ausgangspunkt ist die Definition von Qualität als Prozess: Die Redaktion formuliert selbst Qualitätsziele und -kriterien (z.B. in einem Leitbild, einem Kodex oder in Styleguides) und nähert sich diesen Zielen in einem fortlaufenden Prozess an, überprüft sie und misst, ob man sie erreicht hat oder wo es Defizite gibt. Qualität ist auch hier nicht ein für alle Mal festgelegt, sondern hängt von den Erwartungen und Anforderungen ab: Wenn sich die Ziele verändert haben, muss man die redaktionellen Regeln aktualisieren.

Sandra Hermes (2006: 238–317) hat in einer Befragung von deutschen Nachrichtenredaktionen festgestellt, dass erst fünf Prozent eine TQM-Initiative haben, dass aber 31 Prozent andere Qualitätsmanagementstrategien einsetzen. 54 Prozent geben an, dass ihre Redaktion spezielle Qualitätsziele für ihr Medienprodukt schriftlich formuliert hat. Instanz zur Überprüfung und Aktualisierung der Ziele ist für viele die Redaktionskonferenz, fast ein Drittel hat eigene Qualitätskonferenzen. Insgesamt wird das Qualitätsmanagement in öffentlich-rechtlichen Redaktionen am umfangreichsten umgesetzt. Großes Manko ist in den Nachrichtenredaktionen durchweg eine mangelnde Orientierung an den Mitarbeitern: Instrumente der Mitarbeitermotivation werden kaum genutzt. So wird das Potential verschenkt, dass motivierte Mitarbeiter auch bessere Produkte abliefern.

Abbildung 7.3 gibt einen Überblick über mögliche Instrumente nach einem Ideenkatalog, den Sandra Hermes zusammengestellt hat. Sie orientiert sich allerdings nur an den Routinen – und nicht an den Strukturen der Redaktionsorganisation, die qualitätshemmend oder -fördernd sein können. Die Optimierung von Workflows oder die Einführung flacher Hierarchien – zum Beispiel mit Newsdesks und in crossmedialen Newsrooms – kann grundsätzlich auch als Element des Qualitätsmanagements betrachtet werden (Meier 2006, 2007) (→ vgl. Kap. 4.4; S. 167–170). In der Übersicht ist dies in Zeile fünf ergänzt.

Abb. 7.3 | *Instrumente des redaktionellen Qualitätsmanagements*

(Darstellung nach Hermes 2006: 318–335 und Meier 2007)

Prozesshaftigkeit	schriftliche Definition der gewünschten Qualitätsziele (z. B. Qualitätskatalog, Leitbild, Redaktionsstatut, Styleguide, Zielvereinbarungen); regelmäßige Überprüfung der Ziele
Kundenorientierung	Definition von Zielgruppen; Auswertung von Publikumsforschung und Publikumsreaktionen; redaktionelles Marketing
Mitarbeiterorientierung	aktive Förderung der persönlichen Kompetenzen der Mitarbeiter (Weiterbildung, Coaching); finanzielle Anerkennung guter Leistungen; persönliche Zielvereinbarungen; Feedback durch Mitarbeiterbefragungen
Kontrollmöglichkeiten	systematisches Gegenlesen; Korrektorat / Dokumentation; Produkt- und Blattkritik (nicht beliebig, sondern orientiert an den Qualitätszielen); Optimierung der Recherchemittel; systematische Themenplanung; Konkurrenzbeobachtung
Optimierung von Workflows und Hierarchien	regelmäßige Überprüfung der Redaktionsstrukturen; Arbeitsgruppe(n) zur Verbesserung der Organisation; bei Bedarf: Einführung neuer Modelle (z. B. Newsdesk-Prinzip)
Ganzheitlichkeit	Qualitätsinitiativen in allen Bereichen eines Unternehmens (z. B. nicht nur in der Redaktion)
Gesellschaftsorientierung	redaktionelle Ziele veröffentlichen; Zusammenarbeit mit Selbstkontroll-Gremien (z. B. Presserat), Ausbildungs- und Forschungseinrichtungen (z. B. Hochschulen)

Zusammenfassung

Journalistische Qualität ist nicht absolut und statisch zu definieren, sondern hängt von verschiedenen Faktoren ab – beispielsweise vom Medientyp und der Zielgruppe. Die Qualitätskriterien des Informationsjournalismus beziehen sich auf das journalistische Handeln (z. B. Unabhängigkeit, Richtigkeit, Aktualität, Relevanz, Transparenz) oder auf das Produkt (z. B. Vielfalt, Unparteilichkeit, Verständlichkeit, Attraktivität). Sie können miteinander konkurrieren (z. B. Schnelligkeit mit Recherchequalität). Die Qualität lastet nicht nur auf den Schultern einzelner Journalisten oder Redaktionen, sondern eine Vielzahl von Initiativen und Institutionen müssen in einem pluralistischen Prozess zusammenspielen, um Qualität im Journalismus zu stärken.

Übungsfragen zu Kapitel 7.1

1 Versuchen Sie nun die eingangs gestellte Frage zu beantworten: Warum ist die Qualität im Journalismus eigentlich so umstritten?
2 Nennen Sie die gängigen Qualitätskriterien des Journalismus und diskutieren Sie, wo sie sich ergänzen, sich überlappen und wo sie miteinander konkurrieren.
3 Was sind »Infrastrukturen der Qualitätssicherung«?
4 Nennen Sie Instrumente des Qualitätsmanagements in Redaktionen.

Literatur

Das grundlegende Buch zu den Infrastrukturen der **Qualitätssicherung** hat Stephan Ruß-Mohl geschrieben (Der I-Faktor). Umfassend und praxisnah ist die Studie von Sandra Hermes zum Qualitätsmanagement in Nachrichtenredaktionen, die auf eine Schweizer Studie von Vinzenz Wyss aufbaut. Es ist lohnend, die Websites der erwähnten Qualitätsinitiativen in der Schweiz, in Österreich und Deutschland zu studieren – und als vorbildliches Beispiel das redaktionelle Leitbild der britischen BBC unter www.bbc.co.uk/guidelines. Eine Übersicht über **Journalistenpreise** findet sich zum Beispiel unter www.newsroom.de/journalistenpreise.

Ethik

| 7.2

Ethik und Qualität

Die Debatte über journalistische Ethik hat viel mit der beschriebenen Diskussion um journalistische Qualität zu tun. Die Ethik als Teilbereich der Philosophie stellt grundsätzlich die Frage nach richtigem Handeln, gutem Leben und vernünftigem Entscheiden. Es geht also bei beidem um »guten Journalismus«. Ähnlich wie bei den Qualitätskriterien können auch ethische Werte konfligieren und müssen in der täglichen Praxis des Journalismus abgewogen werden. Dennoch gibt es Unterschiede – Ethik und Qualität sind zwar oft, aber nicht immer deckungsgleich:

- Nicht alles, was die Qualität steigert, ist ethisch geboten: Die Forderung nach einem verständlichen Stil, einer spannenden, alle Sinne ansprechenden Reportage oder einer attraktiven Aufmachung kann man kaum aus ethischen Prinzipien ableiten.
- Qualitätsansprüche können sogar ethischen Idealvorstellungen widersprechen: Eine möglichst schnelle Berichterstattung kann die ethi-

sche Forderung nach Wahrhaftigkeit und einer gründlichen und fairen Recherche unterlaufen. Generell können ökonomisch motivierte Qualitäten – beispielsweise eine stark affektive Aufmachung – vor allem des Boulevard-Journalismus ethischen Prinzipien zuwiderlaufen (Achtung der Privat- und Intimsphäre, keine sensationelle Darstellung von Gewalt, → vgl. Kasten; S. 235).

Ethik und Gesetz

Deckungsgleich sind Qualität und Ethik aber zum Beispiel bei der Forderung nach Unabhängigkeit oder Transparenz. Noch stärker als bei der Qualität sind bei der Debatte um journalistische Ethik die Verantwortung des Journalismus gegenüber der Gesellschaft und die Rolle des Journalismus in einer freiheitlichen, pluralistischen Demokratie gefragt. Je weiter die Kommunikationsfreiheit gefasst ist (→ vgl. Kap. 2.3.1; S. 82–84), umso größer die Verantwortung aller Beteiligten. Das Medien- und Presserecht stellt einen weiten Rahmen dar (»Was *darf* Journalismus?«); das Gesetz ist gewissermaßen das ethische Minimum. Nicht alles, was rechtlich erlaubt ist, ist ethisch zu rechtfertigen und zu verantworten – im Journalismus wie in allen Bereichen des Lebens. Die Ethik stellt demnach die Frage: Was *soll* Journalismus? Soll Journalismus tatsächlich alles, was nicht verboten ist?

Bevor wir den Vergleich zwischen Dürfen und Sollen, zwischen Gesetz und Ethik verlassen, sei der Hinweis gestattet, dass auch Gesetze mit ethischen Maßstäben in Konflikt geraten können – nicht nur in Diktaturen, sondern auch in freiheitlichen Demokratien. In den USA wurden zum Beispiel in den vergangenen Jahren immer wieder Journalisten in Beugehaft genommen, weil sie ihre Quellen nicht verraten wollten. Es gehört zu den ethischen Maßstäben, dass Journalisten ihren Informanten Vertraulichkeit zusichern, wenn diese schlimme Folgen zu befürchten haben, weil sie durch die Preisgabe von Interna zwar Missstände aufdecken, sich aber strafbar machen, wenn sie Staats-, Betriebs- oder Geschäftsgeheimnisse verraten. Investigativer Journalismus ist auf solche Informanten – die so genannten »Wistleblowers« – angewiesen (vgl. z. B. Woodward 2006). In Deutschland sind der Informantenschutz und das Redaktionsgeheimnis mit dem Zeugnisverweigerungsrecht für Journalisten, mit Beschlagnahme- und Durchsuchungsverboten in der Strafprozess- und der Zivilprozessordnung verankert. Es gibt indes auch hierzulande Eingriffe der Ermittlungsbehörden (Polizei und Staatsanwaltschaft), die dieses Recht bedrohen – zum Beispiel mit Redaktionsdurchsuchungen.

Ethik und BILD

»Stellen wir uns einmal ganz dumm. Rufen wir uns den ersten Artikel des Grundgesetzes in Erinnerung: ›Die Würde des Menschen ist unantastbar. Sie zu achten und zu schützen, ist Verpflichtung aller staatlichen Gewalt.‹ Das Nähere wird von Bundesgesetzen geregelt, die es Kai Diekmann, dem Herausgeber und Chefredakteur der BILD-Zeitung, erstaunlicherweise gestatten, auf der ersten Seite der größten europäischen Tageszeitung die Aussage eines Zeugen in einem Gerichtsverfahren, in dem geklärt werden sollte, ob eine Frau vergewaltigt worden sei oder nicht, in 5,5 Zentimeter hohen Balkenbuchstaben als »Neue SEX-Enthüllung« anzukrähen und eine Schreibkraft fortfahren zu lassen: »Hat Katharina B., das angebliche Vergewaltigungsopfer von TV-Moderator Andreas Türck, schon wenige Tage danach Sex mit einem flüchtigen Bekannten gehabt? Ein neuer Zeuge sagte gestern gegen Katharina B. aus. Was eine Gutachterin über die Psyche der jungen Frau verriet – Seite 4.« Garniert worden waren diese Worte in BILD am 26. August 2005 mit Porträtfotos des angeblichen Vergewaltigers und seines angeblichen Opfers, das weiter nichts verbrochen hatte, als nach eigener Aussage vergewaltigt worden zu sein, und dessen Liebesleben, nach menschlichem Ermessen, weder den Herrn Diekmann noch die Öffentlichkeit etwas angeht. Wie ist es nun aber möglich, dass BILD die grundgesetzlich verbürgte Unantastbarkeit der Menschenwürde eines angeblichen Vergewaltigungsopfers zerstampfen und in dessen Intimsphäre tollhäuslerisch wüten darf, aus dem niederen Beweggrund, finanziell von einem Skandalprozess um eine angebliche Vergewaltigung zu profitieren?«

(Quelle: Gerhard Henschel: Gossenreport. Betriebsgeheimnisse der Bild-Zeitung. Berlin 2006: 7)

An den ethischen Grenzgängen und Entgleisungen der BILD-Zeitung haben sich schon viele Autoren abgearbeitet. Die neueste Entrüstung des Schriftstellers Gerhard Henschel verweist auf die alten Probleme des Extrem-Boulevards, die schon der Schriftsteller und Journalist Günter Wallraff 1977 anprangerte: Als »Hans Esser« schlich er sich drei Monate lang in die BILD-Redaktion Hannover ein und deckte die Mechanismen und Zwänge des Systems BILD auf. Sein Buch ging auf Betreiben des Axel Springer Verlags durch alle juristischen Instanzen, wurde aber immer wieder nachgedruckt und neu aufgelegt, z.B. zum 20. Jubiläum: *Günter Wallraff: Der Aufmacher. Der Mann, der bei Bild Hans Esser war. Köln 1997.*

Moderne Formen der BILD-Kritik nutzen das Internet als offenes und kollaboratives Medium: *www.bildblog.de*.

Die moralische Pflicht und die Folgen des Handelns

Ethik als Reflexion

Doch was ist Ethik überhaupt? – Der Begriff leitet sich vom altgriechischen Wort *ethos* ab, das sowohl Gewohnheit, Sitte, Brauch meint, als auch den Charakter, also die Tugend bezeichnet. Die Wissenschaft unterscheidet von der Ethik die Moral: Während Moral eine Bezeichnung für die gesellschaftlich anerzogenen, akzeptierten und eingehaltenen sittlichen Normen ist, meint Ethik als philosophische Disziplin (= »Praktische Philosophie«) seit Aristoteles die wissenschaftliche Beschäftigung mit moralischen Vorstellungen, Werten und Normen. Die Ethik reflektiert also die journalistische Praxis: *Deskriptiv* und *empirisch* erklären Forschungen zur Ethik die vielfältigen Ausprägungen, die Ursachen und Folgen von Moral im Journalismus – *normativ* und *analytisch* werden Prinzipien des richtigen journalistischen Handelns begründet und überprüft.

Immanuel Kant

Wer der Praktischen Philosophie auf den Grund gehen will, kommt um den deutschen Philosophen Immanuel Kant (1724–1804) nicht herum, der mit seiner »Grundlegung zur Metaphysik der Sitten« (1785) und der »Kritik der praktischen Vernunft« (1788) eine heute noch maßgebliche Theorie der Moral – ein moralisches Grundgesetz – formuliert hat. Auf der Suche nach einer allgemein gültigen Antwort auf die philosophische Grundfrage »Was soll ich tun?« formulierte er den kategorischen Imperativ: »Handle nur nach derjenigen Maxime, durch die du zugleich wollen kannst, dass sie ein allgemeines Gesetz werde« (Kant 1986: 68). Ethik ist demnach nicht eine Frage des äußeren oder inneren Zwangs, sondern freier, reflektierter Entscheidungen auf Grundlage der Vernunft und des eigenen Gewissens. Und: Moralisch akzeptable Handlungen sind nicht situationsabhängig beliebig, sondern orientieren sich an Werten, die immer gelten, weil sie *an sich* gut sind.

Zu dieser *Pflichtenethik* gesellt sich philosophiegeschichtlich die *utilitaristische Ethik*, welche die beabsichtigten und unbeabsichtigten Folgen einer Handlung in den Mittelpunkt der Entscheidung stellt. Ähnlich unterscheidet Max Weber zwischen *Gesinnungs-* und *Verantwortungsethik* (die Begriffe sind missverständlich: denn auch die Gesinnungsethik ist »verantwortlich«). Der Unterschied liegt darin, dass ich in Konfliktsituationen bei der einen Theorie nach einem moralischen Grundgesetz entscheide (egal, welche Folgen mein Handeln hat) – und bei der anderen Theorie nach den vermutlichen Folgen (egal, ob ich damit gegen ein moralisches Gesetz verstoße). Klassisches Beispiel ist die Frage, ob man einen Diktator umbringen darf: nein, weil Töten moralisch verwerflich ist; ja, weil damit vermutlich das Leben von tausenden Menschen gerettet werden kann.

Spannungsverhältnis

In den seltensten Fällen allerdings ist die Unterscheidung zwischen beiden Polen einfach. Der Journalistik-Wissenschaftler Heinz Pürer (1992:

312 f.) verweist darauf, dass Journalisten nicht selten in das Spannungsverhältnis zwischen beiden Positionen geraten können: einerseits die (alleinige) Pflicht zur wahrheitsgetreuen Berichterstattung – andererseits die Berücksichtigung der Folgen. Wer sich zum Beispiel nur an der Wahrheit orientiert, darf berichten, dass ein Politiker ernsthaft krank ist (wenn es stimmt) oder dass ein Angehöriger einer bestimmten ethnischen Gruppe eine Gewalttat verübt hat. Wer sich an den Folgen orientiert, könnte beides unterlassen, weil er im einen Fall dem Politiker unter Umständen die Wiederwahl vernichten und im anderen Fall Vorurteile schüren könnte.

Auch in ganz kleinen alltäglichen redaktionellen Entscheidungen, können beide Positionen konfligieren. In einem weniger dramatischen Konflikt standen zum Beispiel die Redaktionen, als im Juli 2005 dpa ein Foto von Angela Merkel über den Ticker schickte, in dem ein deutlicher Schweißfleck unter der Achsel zu sehen war (vgl. Abbildung 7.4). Sollte man der Wahrheitspflicht folgen und das Bild unverändert veröffentlichen – oder ist eine leichte Bildbearbeitung geboten, um die Abgebildete vor einer peinlichen Situation und dem hämischen Grinsen des Publikums zu bewahren?

Abb. 7.4

Wahrheit oder Folgen? Im Dilemma zwischen der Wahrheit an sich und Folgen der Berichterstattung befand sich 2005 die Online-Redaktion des Bayerischen Rundfunks: Man entschied sich für die Vermeidung der Folgen, retuschierte den Schweißfleck am Kleid von Angela Merkel – und erntete in den Tagen danach Kritik und Häme der Branche: Die Redaktion musste »Bildmanipulation« zugeben.

Maßstab für das alltägliche Entscheiden wird immer die Verhältnismäßigkeit sein, denn ein rein gesinnungsethisch orientierter Journalismus schert sich nicht um die Folgen und ein ausschließlich der Verantwortungsethik verpflichteter Journalismus läuft Gefahr, »in einen Gefälligkeitsjournalismus abzudriften« (Pürer 1992: 313). In unserem – zugegeben sehr einfachen Beispiel – wäre durch die Wahl eines anderen Fotos das Dilemma umgangen worden. Der Gefahr des Gefälligkeitsjournalismus sind Journalisten indes immer wieder ausgesetzt – etwa wenn Politiker fordern: »Bitte schreiben Sie nicht, dass ... denn das könnte die und die Folgen haben.« Im Zweifel sollte die Maxime der Öffentlichkeit Vorrang haben, die der Gesellschaft auch unangenehme Themen und Diskurse nicht ersparen darf.

Fünf Ebenen verantwortlichen Medienhandelns

So wie bei der Debatte um journalistische Qualität kommen auch bei der Ethik die fünf prägenden Ebenen des Journalismus ins Spiel, die wir in Kapitel 2.1 beschrieben haben und nach denen sich dieses Buch in den Kapiteln 2 bis 6 gliedert. Es geht um die Frage der jeweils Verantwortlichen, aber auch um die Reflexion der Zwänge, die moralisch bewerteten Entscheidungen zu Grunde liegen – um die Möglichkeiten und Bedingungen verantwortlichen Medienhandelns. In der Journalistik und Kommunikationswissenschaft werden einzelne Ebenen mal mehr, mal weniger stark betont (vgl. als Übersicht Pürer 1992: 310–317; Pörksen 2005 b): Eine lange Tradition hat die *Individualethik*, welche die Verantwortung allein auf die Schultern der Journalisten lädt. Demgegenüber verwiesen Systemtheoretiker wie Manfred Rühl und Ulrich Saxer in den 80er Jahren auf die *Zwänge des Gesamtsystems*, in denen der einzelne Journalist weitgehend ohnmächtig ist.

Neue Ansätze verknüpfen diese Positionen, sprechen vom »Konzept einer gestuften Verantwortung« (Pürer 1992: 319) und berücksichtigen alle fünf am Kommunikationsprozess beteiligten Gruppen:

Politik und Wirtschaft

- Den *Normenkontext* der Gesetze als ethisches Minimum für alle Beteiligten haben wir schon erwähnt. Neben dem Gesetzgeber, der aufgrund des Gebots der Pressefreiheit nicht zu stark in die journalistischen Freiheiten einwirken sollte (auch wenn diese missbraucht werden), haben allgemein *Politik und Wirtschaft* eine Verantwortung: Zu nennen wären beispielsweise die gesellschaftliche Kontrolle von Medienmacht und das Schaffen von Rahmenbedingungen für ein möglichst vielfältiges Medienangebot oder auch ein verantwortlicher Umgang mit Macht auf Seiten großer Unternehmen, die keinen Druck auf Redaktionen ausüben sollten (beispielsweise mit der Drohung von Anzeigenentzug). Wer redaktionelle Leistung gering schätzt, versucht zu beeinflussen oder gar zu manipulieren, handelt unmoralisch – und setzt das ganze System unter Druck.

Publikum

- Die Verantwortung des *Publikums* ist schwer zu fassen, denn einzelne Leser, Zuhörer und Zuschauer haben zwar für sich selbst die Verantwortung, sich kritisch und reflektiert mit dem Medienangebot auseinanderzusetzen und zum Beispiel auf zweifelhafte Angebote des Boulevards in Zeitung, Zeitschrift oder Fernsehen zu verzichten – doch bewirken können Einzelne mit einem solchen Boykott nichts. Es bräuchte schon einen kollektiven Widerstand gegen minderwertigen Journalismus und widerwärtige Medienangebote. Ansätze für ein derartig breites Agieren gibt es im Bemühen der Medienpädagogik, das Publikum von Kindesbeinen an aufzuklären und zu emanzipieren, oder in Initiativen, welche einzelne Medien kritisch begleiten (vgl. z.B. Watchblogs wie www.bildblog.de oder www.krone-blog.at oder als Einstieg in die US-amerikanische Szene mediabloggers.org).

Medienunternehmen

- Eine *Wirtschaftsethik von Medienunternehmen* sucht nach einem Ausgleich zwischen kommerzieller Ausrichtung und Sozialverantwortung. Grundproblem ist, wie im Konfliktfall zwischen Gewinnorientierung und moralisch korrektem Verhalten entschieden werden kann. Eine Befragung österreichischer Journalisten im Jahr 2004 belegte, dass ethische Normen immer wieder mit ökonomischen Realitäten in Konflikt geraten können (Karmasin 2005: 186). Pürer (1992: 315) verweist darauf, dass es auch innerhalb eines Medienbetriebs eine gestufte Verantwortung mit hierarchisch festgelegten Kompetenzen gibt: von Medienbesitzern, Herausgebern und Intendanten über Chefredakteure und Ressortleiter bis zu fest angestellten und freien Journalisten. Wird »von oben« Druck aufgebaut, kann sich der einzelne Journalist »unten« kaum wehren. Umso nötiger ist es, über verschiedene Management-Instrumente ethische Grundlagen zu legen, auf die sich der Einzelne dann auch verlassen kann (vgl. z.B. Funiok 2006): Ethisch begründete Normen können zum Beispiel in die Qualitätsdiskurse einfließen; so sollte der Umgang mit Anzeigenkunden, mit Informanten, mit der Privatsphäre, mit »Berichterstattungs-Opfern«, mit der Berichtigung von Fehlern (vgl. z.B. www.regrettheerror.com) und generell mit Extremsituationen in Leitbildern und Kodizes formuliert werden. Förderlich ist auch eine aktive Beteiligung von Medienunternehmen an der publizistischen Selbstkontrolle (vgl. die Ausführungen zum Presserat weiter unten), die Einrichtung von Ombuds-Stellen als Ansprechpartner für Leser und von der Berichterstattung Betroffene (»Leseranwälte«) oder die Ermöglichung eines offenen und transparenten Medienjournalismus – also einer Berichterstattung über die eigene Branche. Vorbildlich und spannend ist zum Beispiel der Meckerblog, den die Online-Redaktion der ZEIT eingerichtet hat: Ein Journalist (»Onkel Brumm«) wird dafür entlohnt, dass er von außen die Arbeit der Redaktion beobachtet und öffentlich im Blog kritisiert – es entstehen dadurch Debatten über Ethik und Qualität, an denen sich in den Kommentaren nicht nur die Nutzer, sondern auch die Redakteure beteiligen (vgl. blog.zeit.de/meckern). Diese Transparenz ist nicht nur ethisch geboten, sondern sorgt letztlich für mehr Glaubwürdigkeit (eine ähnliche Initiative der öffentlichen Blattkritik betreiben der Trierische Volksfreund unter blattkritik.blog.volksfreund.de und die Tagesschau unter blog.tagesschau.de).

Quellen und Public Relations

- Bei der Beitragsproduktion sind Journalisten von der Informationslage und den *Quellen* abhängig. Es ist legitim, dass Quellen ein Eigeninteresse verfolgen und in der Öffentlichkeit ein positives Image aufbauen wollen. Unternehmen, Organisationen, Parteien, Verbände oder Privatpersonen wollen nicht alles öffentlich machen, was die Öffentlichkeit tangiert – zum Beispiel Fehler und Missstände nicht aktiv nach außen tragen. Dass die Verantwortlichen für Public Relations deshalb natürliche Gegenspieler des Recherchejournalismus sind, ist nicht das Problem (→ vgl. Kap. 5.4; S. 198–202). Problematisch sind dagegen bewusst irreführende Presseinformationen oder unmoralische Angebote, zum Beispiel mit Schleichwerbung die redaktionelle Unabhängigkeit zu untergraben (was z. B. die Arbeitgeber-Initiative »Neue Soziale Marktwirtschaft« 2002 mit der ARD gemacht hat), oder Strafaktionen gegen kritische Journalisten (Entzug von Pressemitteilungen und Einladungen zu Pressekonferenzen). PR-Fachleute sollten die Rolle der Journalisten und ihre Pflicht zur unabhängigen Berichterstattung respektieren. Auch für die Public Relations gibt es ein Organ der Selbstkontrolle: Der Deutsche Rat für Public Relations orientiert sich in seiner Spruchpraxis an verschiedenen Verhaltenskodizes (www.drpr-online.de), die zum Beispiel fordern, dass PR-Fachleute »nach bestem Wissen und Gewissen« informieren und »wahrhaftig« sind.

Journalisten

- Im Mittelpunkt medienethischer Überlegungen stehen meist die *Journalistinnen und Journalisten*, denn trotz der erwähnten Zwänge und Rahmenbedingungen bleiben ihnen Spielräume freien Entscheidens. Sie sollen verantwortlich mit ihrer Macht umgehen, sich an Qualitäts- und Ethikmaßstäben orientieren und sich schon in der Aus- und Weiterbildung mit möglichen Konfliktsituationen beschäftigen. Die Reflexion der Werte, Zwänge und Folgen des Journalismus ist wesentliches Element der *Individualethik*. Darüber hinaus legt eine *Professionsethik* allgemein verbindliche Maßstäbe der Berufsgruppe fest (vgl. den Pressekodex, der weiter unten beschrieben wird).

Professionsethik

Im Sinne einer umfassenden Medien- und Kommunikationsethik sind also alle fünf Ebenen des Journalismus gefordert. Wenn wir von »journalistischer Ethik« im engeren Sinne sprechen, dann stehen allerdings zwei Ebenen eindeutig im Mittelpunkt: einerseits die Wirtschaftsethik der Medieninstitutionen und andererseits die Individualethik der Journalisten. Diese beiden Ebenen werden in der *Professionsethik* angesprochen: Sie vermittelt die Standards und Regeln der Branche in der gesamten Berufsgruppe der Journalisten – vertreten durch die Berufsverbände und Gewerkschaften – und auch unter den Medienunternehmen – vertreten durch Unternehmerverbände (wie den Zeitungsverlegerverband, den Zeitschriftenverlegerverband oder den Verband privater Rundfunk und Telekommunikation).

Kodizes und Selbstkontrolle

Mehr als 200 »Codes of Ethics«

Auf die Professionsethik beziehen sich die international verbreiteten *Kodizes*, die entweder von Gewerkschaften und Journalistenverbänden, von Medienunternehmen oder von Presseräten als Organen der Selbstkontrolle erarbeitet wurden. Das International Journalists' Network listet auf seiner Website mehr als 200 »Codes of Ethics« für Journalisten und Medienunternehmen auf, wobei die Liste sicher nicht vollständig ist: www.ijnet.org/Director.aspx?P=Ethics.

Freiwillige Vereinbarungen

Diese Kodizes sind freiwillige Vereinbarungen und Grundsatzpapiere, an denen sich Journalisten in der Ausbildung und bei ihrer Arbeit orientieren sollen. Der Pressekodex des Deutschen Presserats zum Beispiel wurde 1973 als »Regelwerk für die tägliche Arbeit des Journalisten« entworfen und betont in seiner aktuellen Fassung vom 1. Januar 2007 vor allem die folgenden Werte (vgl. www.presserat.de/Pressekodex.8.0.html):

- Achtung vor der Wahrheit und Wahrung der Menschenwürde
- gründliche und faire Recherche
- klare Trennung von redaktionellem Text und Anzeigen
- Achtung von Privatleben und Intimsphäre
- Vermeidung unangemessen sensationeller Darstellung von Gewalt und Brutalität

Deutscher Presserat

Der Deutsche Presserat wurde 1956 von Journalisten- und Verlegerverbänden nach dem Vorbild des 1953 gegründeten British Press Council ins Leben gerufen. Hauptmotiv war damals die Abwehr einer drohenden Einschränkung der Pressefreiheit durch den Gesetzgeber nach den ersten publizistischen Skandalen der jungen Bundesrepublik (der damalige Innenminister plante ein Bundespressegesetz, das staatliche Aufsichtsinstanzen für die Presse vorsah): Die Branche versprach, sich selbst zu kontrollieren und Fehlleistungen selbst zu sanktionieren. Noch heute verfolgt der Deutsche Presserat zwei Ziele: die Lobbyarbeit für die Pressefreiheit in Deutschland und die Bearbeitung von Beschwerden aus der Leserschaft.

In Österreich gescheitert

Ähnlich arbeiten viele Presseräte in modernen Demokratien, zum Beispiel der 1977 gegründete Schweizer Presserat (presserat.ch), in dem im Gegensatz zum deutschen Presserat sogar Publikumsvertreter mitwirken.

Der 1961 in Österreich gegründete Presserat scheiterte 2002 mit dem Austritt der Zeitungsverleger. Seitdem gibt es immer wieder Initiativen, den Österreichischen Presserat neu zu beleben – bislang jedoch erfolglos. Auf Initiative des Medienhauses Wien haben die Kommunikationsforscher Franziska Gottwald, Andy Kaltenbrunner und Matthias Karmasin (2006) eine Studie vorgelegt, welche die international erprobten Möglichkeiten der journalistischen Selbstkontrolle aufgrund von Case Studies analysiert und darauf basierend ein neues österreichisches Modell vorschlägt.

Zitat

»Wesentlicher Kern« der Arbeit des Deutschen Presserats ist laut einer Rede von Bundespräsident Horst Köhler zum 50. Jubiläum am 20. November 2006 »die Einsicht, dass in der freien Presse niemand die Wahrheit für sich gepachtet hat. Und dass jeder für eigene Fehler im Ernstfall auch öffentlich geradestehen muss. Und auch: dass freiwillige Kontrolle allemal besser ist als unfreiwillige Kontrolle – etwa durch den Gesetzgeber.« *(Quelle: www.bundespraesident.de/Anlage/original_634096/Freiheit_-die-sich-bindet.pdf)*

»Zahnloser Tiger«?

Hauptvorwurf an die Presseräte ist ein mangelndes Durchsetzungsvermögen – man spricht vom »zahnlosen Tiger«: Das Sanktions- und Druckpotential ist gering; die Verlage können nicht gezwungen werden, auch wenn von einer »Abdruckverpflichtung« die Rede ist. Wie geht der Deutsche Presserat im Einzelnen vor? Er wird nur tätig, wenn Beschwerden von Leserinnen und Lesern eingehen. Der Beschwerdeausschuss bittet die betreffende Redaktion um eine Stellungnahme, prüft den Fall anhand des Pressekodex und wählt im Fall einer »Verurteilung« eine von vier möglichen Sanktionen: Die schärfsten Sanktionen sind die öffentliche Rüge (mit »Abdruckverpflichtung«) und die nicht-öffentliche Rüge (auf Abdruck wird verzichtet, zum Beispiel aus Gründen des Opferschutzes), gefolgt von der Missbilligung und dem Hinweis. Im Jahr 2005 mündeten 746 Beschwerden in 25 öffentliche, vier nicht-öffentliche, 67 Missbilligungen und 46 Hinweise. Die meisten Beschwerden weist der Presserat demnach zurück.

Schwerpunkt Trennungsgrundsatz

In den letzten Jahren lag der Schwerpunkt der Beschwerdearbeit im Bereich der Ziffer 7 des Pressekodex, der eine klare Trennung von Redaktion und Werbung fordert. Im September 2006 beispielsweise wurden der Tagesspiegel, der Maintal Tagesanzeiger und die Zeitschrift TV Spielfilm wegen Schleichwerbung öffentlich gerügt. Gleich dreimal wurde im gleichen Monat die Bild-Zeitung gerügt – wegen Persönlichkeitsverletzungen und Diskriminierung (vgl. www.presserat.de). Manche Zeitungen und

Zeitschriften können nur mit Mühe (oder gar nicht) zum Abdruck von Rügen bewegt werden, andere Medien drucken sogar Missbilligungen und Hinweise ab, was die Transparenz und Glaubwürdigkeit des Journalismus letztlich fördert.

Ethische Zweifelsfälle – Beispielfragen

Mit folgenden Fragen muss sich der Deutsche Presserat beschäftigen:

Vor der Veröffentlichung:

- Muss sich ein Journalist immer ausweisen? Ist verdeckte Recherche gerechtfertigt?
- Wie weit geht die Recherchefreiheit bei laufenden Gewalttaten (z.B. Geiselnahme, Erpressung)?

Bei der Veröffentlichung:

- Wie weit dürfen plakative Zuspitzungen und Verallgemeinerungen in Überschriften gehen?
- Wie extrem darf Meinung sein?
- Wo ist die Grenze zwischen nutzwertiger (Wirtschafts-)Information und Schleichwerbung?
- In welchen Fällen darf über die Erkrankung von Politikern berichtet werden?
- Inwiefern dürfen bei der Berichterstattung über Gewalttaten Namen und Fotos von Opfern und Tätern veröffentlicht werden?
- Wo ist die Grenze zwischen Voyeurismus und Dokumentation?
- Wo ist die Grenze zwischen berechtigter Religionskritik und nicht gerechtfertigter Verletzung religiösen Empfindens?

Nach der Veröffentlichung:

- Wie werden Falschmeldungen richtig korrigiert?

(Diese und andere Fälle sind im Handbuch »Ethik im Redaktionsalltag« ausführlich mit Lösungen beschrieben; herausgegeben vom Institut zur Förderung publizistischen Nachwuchses/Deutscher Presserat 2005.)

Weitere Organe der Selbstkontrolle

Der Deutsche Presserat ist nicht das einzige Organ der Medienselbstkontrolle in Deutschland (Baum/Langenbucher/Pöttker/Schicha 2005): Schon 1949 wurde die Freiwillige Selbstkontrolle der Filmwirtschaft gegründet (www.fsk-online.de). Die öffentlich-rechtlichen Rundfunkanstalten haben Rundfunkräte (ARD) oder einen Fernsehrat (ZDF), die ähnliche Funktionen erfüllen. Für die Kontrolle des privaten Rundfunks sind unter anderem die pluralistisch zusammengesetzten Landesmedienanstalten zuständig. Für Werbung (www.werberat.de) und Public Relations (www.drpr-online.de) gibt es ebenfalls Räte. Um das Thema »Jugendschutz und Internet« – allerdings kaum um sonstige Belange des Online-Journalismus – kümmert sich die Freiwillige Selbstkontrolle Multimedia Diensteanbieter (www.fsm.de).

Die Medienselbstkontrolle wird in den vergangenen Jahren wieder stärker in der Öffentlichkeit wahrgenommen, wobei der Bekanntheitsgrad insgesamt noch sehr gering ist. 2004 gründeten Journalistik-Wissenschaftler den »Verein zur Förderung der publizistischen Selbstkontrolle« (www.publizistische-selbstkontrolle.de), der sich zum Ziel gesetzt hat, einen kritischen öffentlichen Diskurs über die Selbstkontrolle zu führen.

Zusammenfassung

Die Ethik stellt die Frage nach richtigem Handeln und beschäftigt sich als philosophische Disziplin mit moralischen Vorstellungen, Werten und Normen. Wer die Möglichkeiten und Bedingungen verantwortlichen Medienhandelns beschreiben, analysieren und begründen will, muss zwar die fünf Ebenen des Journalismus berücksichtigen, die journalistische Ethik im engeren Sinne beschäftigt sich aber mit der Verantwortung der Journalisten und der Medienunternehmen. Organe der Medienselbstkontrolle (zum Beispiel der Presserat mit dem Pressekodex) wollen einen verantwortlichen Umgang mit Kommunikationsfreiheit bestärken und tragen damit letztlich zur Sicherung der Pressefreiheit bei.

Übungsfragen zu Kapitel 7.2

1 Wo sehen Sie Gemeinsamkeiten, wo Unterschiede zwischen journalistischer Qualität und ethischer Verantwortung?
2 Warum braucht es eine publizistische Selbstkontrolle? Reichen die Gesetze nicht aus?
3 Erklären Sie den Unterschied zwischen Gesinnungs- und Verantwortungsethik.
4 Was besagt das Konzept der gestuften Verantwortung?
5 Lesen Sie sich im Internet die aktuelle Fassung des Pressekodex, die Richtlinien und Fallbeispiele durch und überlegen Sie, wo Sie selbst in Ihrer journalistischen Tätigkeit schon mit dem Kodex in Berührung gekommen sind.

Literatur

Einen nach wie vor lesenswerten Überblicksbeitrag über die Debatte zur **Ethik in der Journalistik** hat Heinz Pürer 1992 unter dem Titel »Ethik in Journalismus und Massenkommunikation« geschrieben. Das Buch »Ethik im Redaktionsalltag«, welches das Institut zur Förderung publizistischen Nachwuchses und der Deutsche Presserat herausgegeben haben, bietet auf Grundlage des Pressekodex eine Fülle von didaktisch gut aufbereiteten Fallbeispielen aus der redaktionellen Praxis mit Lösungen. Wer sich in die Praktiken und Probleme der **Selbstkontrolle** vertiefen möchte, kann auf das gut gegliederte »Handbuch Medienselbstkontrolle« von Achim Baum, Wolfgang R. Langenbucher, Horst Pöttker und Christian Schicha zurückgreifen. Im Internet gibt es eine Reihe einschlägiger Websites: Neben den Räten (www.presserat.de; www.presserat.ch; www.drpr-online.de) sind auch die Seiten www.publizistische-selbstkontrolle.de und www.netzwerk-medienethik.de empfehlenswert.

7.3 Die Zukunft des Journalismus

»Prognosemüll«

Der Eichstätter Journalistik-Professor Walter Hömberg (2006: 382) hat wiederholt darauf hingewiesen, dass der Blick in die Zukunft des Journalismus schwierig ist: Berge von prognostischer Literatur hätten »häufig nichts anderes als Prognosemüll« produziert. Daraus könnte man schließen, dass der Blick in die Zukunft nicht Aufgabe einer seriösen Wissenschaft sein kann, sondern denen überlassen werden sollte, die in die Glaskugel schauen oder im Kaffeesatz lesen. Das Erfassen von Trends und die visionäre Verlängerung von aktuellen Entwicklungen in die Zukunft gehören dennoch zu den zentralen Aufgaben der Journalistik – schon allein aufgrund des Ausbildungsauftrags. Wer im Jahr 2008 Studierende aufnimmt, entlässt sie nicht im gleichen Jahr, sondern bildet sie für den Arbeitsmarkt der Jahre 2011 bis 2013 aus. Damit sie sich dort bewähren, sollten sie darüber hinaus im Studium zumindest eine Ahnung davon bekommen, wie sich Journalismus und Medien bis 2015 oder gar 2020 entwickeln könnten. Zudem kann die Wissenschaft den Redaktionen und Medienunternehmen systematisch überprüfte und verlässliche Grundlagen für strategische Entscheidungen zur Verfügung stellen, die immer in die Zukunft gerichtet sein müssen. Und schließlich sollte die Journalistik sich auch an der gesellschaftlichen Debatte beteiligen, wie ein qualitätsvoller Journalismus überleben und ausgebaut werden kann.

Wenn die Journalistik wissenschaftlich fundiert in die Zukunft blickt, werden neben der Entwicklung des Mediennutzungsverhaltens sinnvollerweise technische, organisatorische, ökonomische, rechtliche, (medien-) politische und kulturelle Faktoren einbezogen. So sollte man zum Beispiel nicht nur berücksichtigen, dass das Internet von immer mehr Menschen genutzt wird, sondern auch, dass sich die Wertewelten verändern oder dass die Bevölkerung älter wird.

Drei gängige empirische Verfahren

Solide Prognosen können nur »begründete Vermutungen auf der Basis vorhandenen Vergangenheits- und Gegenwartswissens sein« (Gerhards/Klingler 2006: 75). Im Wesentlichen gibt es dafür drei gängige empirische Verfahren: die Auswertung von Datenreihen, die Befragung von Experten und die Wiederholung repräsentativer Journalistenbefragungen.

Empirische Methode I: Auswertung von Datenreihen

Nutzungsforschung

In der Nutzungsforschung (→ vgl. z.B. Kap. 3; S. 93–111) werden qualitative und quantitative Befunde und Datenreihen der vergangenen Jahre ausgewertet, um daraus Hypothesen für die nächsten Jahre abzuleiten. Maria Gerhards und Walter Klingler von der SWR-Medienforschung haben dies schon mehrfach für die Zeitschrift Media Perspektiven getan (vgl. z.B. Gerhards/Klingler 2006). Grundlage für derartige Prognosen sind die wesentlichen Trends der Mediennutzung, die in Kapitel 3.2 zusammengefasst wurden. Man kann daraus zum Beispiel schließen, dass auch ältere Menschen mehr und mehr das Internet nutzen werden, dass Zeitungen insgesamt (noch) weniger gelesen werden oder der Wettbewerb um das Zeitbudget der Menschen (noch) schärfer werden wird und dass bi- oder trimediale Strategien für Medienunternehmen und Redaktionen an Bedeutung gewinnen, weil sie das Publikum über mehrere Plattformen erreichen müssen.

Trendsetter

Ein besonderes Augenmerk bei derartigen Nutzungsprognosen gilt den Trendsettern und innovativen Zielgruppen (vgl. Reitze/Ridder 2006: 178–191): 58 Prozent von ihnen würden schon heute am liebsten das Internet behalten, wenn sie nur noch ein Medium zur Verfügung hätten – gefolgt von Fernsehen (27), Radio (11) und Tageszeitung (5). Dem Internet kommt bei den Trendsettern insgesamt eine »Schlüsselrolle in der Mediennutzung zu« (Reitze/Ridder 2006: 186). Sie nutzen weniger traditionelle Fernseh- und Radioprogramme, sondern häufig nicht-lineare und mobile Audio- und Videoplayer (z.B. den iPod), die sich via Internet speisen lassen. Zeitungen und Zeitschriften werden in dieser Bevölkerungsgruppe deutlich seltener und kürzer gelesen.

Empirische Methode II: Die Delphi-Studie

Expertenbefragung

Ein besonderes Verfahren der Expertenbefragung trägt den schönen Namen »Delphi-Methode«, der an die antiken Orakel-Priesterinnen in Delphi erinnert. Experten haben zwar in der Regel keine hellseherischen Fähigkeiten, aber sie beobachten Gesellschafts- und Branchentrends und sie gestalten die Zukunft durch ihre eigenen strategischen Entscheidungen mit. Für Studien, die sich mit der Zukunft des Journalismus beschäftigen, werden sowohl leitende Journalisten und Medienmanager als auch Journalistik-Wissenschaftler, Vertreter von anderen Ausbildungsinstitutionen oder von Verbänden befragt.

Mehrere Befragungswellen

Es gibt zwar im Detail verschiedene Varianten der Delphi-Methode, doch allen ist gemeinsam, dass die Experten mehrfach befragt werden, was sich über mehrere Monate oder sogar Jahre erstrecken kann. Die erste Befragungswelle arbeitet – auf Basis einer theoretischen Analyse – am sinnvollsten mit eher offenen Fragen, um die Einschätzungen der Experten in breiter Fülle erfassen zu können. Für die zweite Welle wird daraus ein schriftlicher Fragebogen mit weitgehend geschlossenen Fragen formuliert. Ab der zweiten Welle werden die Experten mit den Ergebnissen der vorhergehenden Runde konfrontiert (in Form statistischer Mittelwerte). Nach drei oder vier Wellen soll dadurch ein gewisser Konsens entstehen: Die Experten sollen Schätzungen, bei denen sie unsicher waren, vor dem Hintergrund der Mehrheitsmeinungen korrigieren, sichere Schätzungen dagegen reproduzieren. Mit dieser Methode arbeiteten zum Beispiel Studien zur Zukunft des Journalismus zwischen 1988 und 1990 (vgl. Weischenberg/Altmeppen/Löffelholz 1994), zur Entwicklung von Print- und Online-Medien zwischen 2002 und 2003 (vgl. Glotz/Meyer-Lucht 2004) sowie Studien ebenfalls zur Zukunft des Journalismus einer Leipziger Forschergruppe um Michael Haller von 2003 bis 2007 (vgl. www.uni-leipzig.de/~zdj).

Komplexe Einflüsse

Die Ergebnisse der Delphi-Studien sind manchmal enttäuschend – etwa wenn zentrale Innovationen aufgrund gemeinsamen Nichtwissens oder kollektiver Ignoranz nicht erkannt werden können (wie z. B. Anfang der 90er Jahre der Siegeszug des Internet, der ab 1995 begann). Oft ergeben sie aber auch wertvolle Hinweise auf Trends. Der Wert solcher Studien liegt weniger darin, dass sie sich nach zehn Jahren als exakt zutreffend erwiesen haben, sondern dass sie zum Zeitpunkt des Erscheinens eine Basis für die richtigen Entscheidungen legen – die dann vielleicht sogar dazu beitragen, Trends zu beschleunigen, zu verlangsamen oder umzukehren und die ursprüngliche Studie als übertrieben oder nicht (mehr) zutreffend erscheinen lassen. Doch die Einflüsse auf Medien und Journalismus sind komplex, Randbedingungen können sich rasch und unvorhersehbar ändern (vgl. Neuberger 2004b). Vor allem muss eine wissenschaftliche Prüfung von Entwicklungen aufpassen, nicht aus wenigen Einzelbeobachtungen gleich einen Trend zu konstruieren.

Manche Passagen aus früheren Delphi-Studien lesen sich dennoch wie eine Gegenwartsbeschreibung. So muss die Aussage von Herbert Kolbe, Chefredakteur der EMDER ZEITUNG, aus dem Jahr 1988 schon als visionär eingestuft werden, weil sie die Situation des Web 2.0 (→ vgl. z. B. Kap. 4.1; S. 123) zwei Jahrzehnte später beschreibt: »Manchmal glaube ich, dass eine ganz neue Art von Journalismus auf uns zukommen wird. In dieser Gesellschaft machen wir folgende Beobachtung: Alles wird selber gemacht; man tapeziert selber – und bald macht jede Straße ihren eigenen Fernsehbericht. Ich glaube, dass diese Philosophie des Alles-Selber-Machens auch in den Journalismus einbrechen wird. Der Journalismus wird seine Faszination des Exklusiven verlieren. Das Zeitungmachen, das Zeitungproduzieren ist heute schon durch die Elektronik derart einfach geworden, davon macht man sich keine Vorstellung.« (zitiert nach Weischenberg/Altmeppen/Löffelholz 1994: 13)

Empirische Methode III: Wiederholung repräsentativer Journalistenbefragungen

Die repräsentative Befragung von Journalisten durch eine Forschergruppe um Siegfried Weischenberg wurde in dieser Einführung bereits mehrfach erwähnt (→ vgl. z. B. zur Methode Kap. 1.3.3; S. 58–59). Durch einen diachronen Vergleich der Befragungswellen 1993 und 2005 lässt sich der Wandel des Journalismus erfassen – und auf dieser Basis eine vorsichtige Prognose erarbeiten (vgl. Weischenberg/Malik/Scholl 2006: 181–205). Die wichtigsten Trends der Journalistenbefragungen haben wir bereits in Kapitel 6.1 zusammengefasst (→ vgl. S. 203–215).

Zitat

»Ob der Journalismus, der in seiner heutigen Form im 19. Jahrhundert entstand und im 20. Jahrhundert seine Blütezeit erlebte, unter den neuen technischen und ökonomischen Bedingungen angemessene Lösungen für Kommunikationsprobleme des 21. Jahrhunderts anbieten kann, lässt sich in genereller Form nur schwer prognostizieren. Sicher ist jedoch, dass sich Medien und Journalismus im Online-Zeitalter erheblich wandeln (müssen). Und dies bedeutet auch eine große Herausforderung für alle, die mit der Vor- und Ausbildung für Kommunikationsberufe befasst sind.« *(Weischenberg/Malik/Scholl 2006: 202)*

Trends und Prognosen

Wohin treiben Medien und Journalismus seit der Jahrtausendwende? Was sind die großen Trends – abseits der kurzlebigen »Hypes«, die schnell wieder verschwinden? Wichtige aktuelle Entwicklungen wurden in diesem Buch an mehreren Stellen beschrieben: zum Beispiel zum Publikumsverhalten in Kapitel 3.2, zur Entwicklung der Massenmedien, der Finanzierung von Medienunternehmen und der redaktionellen Organisation – beispielsweise vor dem Hintergrund der raschen Verbreitung des Internet – in Kapitel 4, zum Wandel von Darstellungsformen und Berichterstattungsmustern in Kapitel 5 sowie zu Tätigkeiten und Einstellungen von Journalisten in Kapitel 6.1. Zusammenfassend und im Überblick werden wichtige Wandlungsprozesse des Journalismus zu Beginn des 21. Jahrhunderts im Folgenden kurz skizziert:

Ökonomischer Druck auf Redaktionen

- *Kommerzialisierung und Ökonomisierung*: Die Konzentrationsbewegungen in den Medien, die Übernahmen kleiner Zeitungen durch internationale Konzerne oder Finanzinvestoren, die steigende Bedeutung der Renditemaximierung in journalistisch tätigen Unternehmen – all dies sind Anzeichen dafür, dass sich das Verhältnis zwischen Profit und öffentlicher Aufgabe in Richtung Profit bewegt. Dass der wirtschaftliche Druck auf die Redaktionen wächst, belegt auch der steigende Anteil von Schleichwerbung im redaktionellen Teil (vgl. Baerns 2004; Volpers 2007). Bei zunehmenden Verstößen gegen die Regel, dass redaktioneller Teil und Werbung strikt getrennt werden, ist die Glaubwürdigkeit des Journalismus in Gefahr. Der ökonomische Druck auf Redaktionen kann auch zu schlechter Bezahlung, zu Überstunden, zu psychischer Belastung und einem steigenden Burnout-Risiko bei Journalisten führen (vgl. Pfeuffer 2006).

Kostenloskultur

- Hinter der *Finanzierung des Journalismus* steht ein großes Fragezeichen, wenn man in die Zukunft blickt. Was schon mit privat-kommerziellem Fernsehen und Radio in den 80er Jahren begonnen hat, findet seine Fortsetzung in der Kostenloskultur des Internet und im Erfolg von Gratiszeitungen in vielen europäischen Ländern (z. B. in der Schweiz, in Österreich oder in Skandinavien). Kernfrage ist, ob sich das Publikum aus der direkten Finanzierung des Journalismus noch weiter zurückzieht. Aus demokratie-theoretischer Sicht braucht unabhängiger und vielfältiger Journalismus eine finanzielle Beteiligung des Publikums (→ vgl. Kap. 2.3.1; S. 82–84; Kap. 4.2; S. 124–141). Können das Gebühren-Modell des öffentlich-rechtlichen Rundfunks und das Abonnement-Modell der Printmedien im Medienmarkt der Zukunft überleben und auf die digitalen Plattformen übertragen werden? Oder finden sich andere funktional-äquivalente Finanzierungsformen, welche den Journalismus nicht gänzlich dem Kommerz, der Werbe- oder Staatsfinanzierung ausliefern?

Einfluss der Public Relations

- *Wachsender Einfluss der Public Relations:* Immer weniger freie Journalisten können von den kargen Honoraren des Journalismus allein leben: Sie verdienen ihren Lebensunterhalt in der Öffentlichkeitsarbeit (vgl. Weischenberg/Malik/Scholl 2006: 189 f.). Wenn Journalismus teilweise nicht mehr als eigenständige Profession ausgeübt wird, kann der Beruf »deprofessionalisiert« werden und die journalistische Unabhängigkeit ist in Gefahr. Theorien und empirische Untersuchungen verweisen zwar darauf, dass Journalismus und Public Relations voneinander abhängig sind (→ vgl. Kap. 5.4; S. 198–202) – doch es gibt eine Reihe von Indizien dafür, dass der Einfluss der PR auf die öffentliche Kommunikation zunimmt und der des genuin unabhängigen Journalismus sinkt. Unternehmen stecken mehr Geld in Public Relations, weil sie ihre Zielgruppen direkt und ohne Umweg über die traditionellen Gatekeeper – die Journalisten – erreichen wollen. Aus Sicht des Journalismus besteht die Gefahr, dass langfristig die Budgets für Anzeigen und Werbung, von denen der Journalismus zu einem Teil lebt, umgeschichtet werden in konzerneigene Medien: von Internetauftritten, Corporate Weblogs und Unternehmens-TV (z. B. Bahn-TV) bis zu Kundenzeitschriften – was alles zusammen als »Corporate Publishing« bezeichnet wird. Public Relations imitieren Darstellungs- und Erscheinungsformen des Journalismus, weil sie sich dadurch Glaubwürdigkeit und Imagegewinn erhoffen. Das geht bis zur teilweisen Finanzierung von Kundenzeitschriften über Fremdanzeigen und den Verkauf am Kiosk. Nach Angaben des »Forums Corporate Publishing« sind in Deutschland, Österreich und der Schweiz 3.500 Kundenmagazine auf dem Markt – darunter zum Beispiel so auflagenstarke Zeitschriften wie »Bleib gesund« von der Krankenkasse AOK (6,2 Mio. Auflage), »ADAC Motorwelt« (13,8 Mio.), »Apotheken-Umschau« (4,3 Mio.), »DB Mobil« der Deutschen Bahn (500.000), »Lufthansa Magazin« (630.000) oder »IKEA Family Live« (500.000).

Technisierung

- Die *Technisierung der journalistischen Arbeit* reicht bis in die 70er Jahre zurück, als der Fotosatz und die ersten Computer den Bleisatz der Zeitungen und Zeitschriften verdrängten und sich zunehmend Journalisten mit Layout und Seitenproduktion beschäftigen mussten. Inzwischen ist es nicht nur selbstverständlich, dass Zeitungsjournalisten die Seiten selbst am Bildschirm bauen (eventuell unterstützt von Mediengestaltern), sondern auch dass Radio und Fernsehjournalisten selbst den Schnitt am Computer ausführen. Dies kann bei fehlendem Training und steigendem Zeitdruck zu sinkender Qualität führen, kann aber auch ein kreatives Potential im journalistischen

Produktionsprozess freisetzen. Die Qualität der Zeitungsgestaltung zum Beispiel wurde seit den 90er Jahren erheblich verbessert – in gelungener Teamarbeit zwischen Grafikern und Journalisten, in der die Journalisten nicht nur Texte abliefern, sondern vielfältige Möglichkeiten der Informationsgestaltung, der Infografik, des Layouts und der Typografie überlegen, selbst umsetzen oder anregen (vgl. Blum/Bucher 1998).

- Alle Medieninhalte werden bald digital auf Servern vorliegen. Die *Digitalisierung* ändert nicht nur die Produktions- und Arbeitsweise in Redaktionen (→ vgl. Kap. 4.4; S. 164–166), sondern auch die Möglichkeit, journalistische Produkte schnell über verschiedene Plattformen an das Publikum zu vertreiben. Dabei entwickelt sich das Internet zur universellen Drehscheibe für Texte, Fotos, Audios und Videos.

Digitalisierung

- Mit dem Begriff der *Konvergenz* ist gemeint, dass die medialen Plattformen aufgrund dieser Digitalisierung zusammenwachsen – und zwar nicht nur auf Seiten der Produktion (Print-, Audio- und Video-Produktion auf einem einzigen leistungsfähigen Computer bzw. in einem Computer-Netzwerk) und der Organisation (crossmediale Redaktionen, die mehrere Plattformen bedienen), sondern auch auf Seiten der Mediennutzung: Es gibt mehr Geräte, die nicht nur für ein »Medium« genutzt werden, sondern die mehrere Formen integrieren (zum Beispiel mobile Geräte, mit denen man telefonieren, Fotos und Videos machen und versenden, Internet, SMS, MMS, Audio-Dateien und Video-Dateien abrufen, speichern und weitergeben kann). Diese Konvergenz ist eine der größten Herausforderungen für Medienhäuser, der nur mit crossmedialen Strategien und großer Innovationsfähigkeit begegnet werden kann (vgl. z. B. Quinn/Filak 2005). Das Kerngeschäft von Zeitungs- und Zeitschriftenverlagen zum Beispiel wird nicht mehr allein das Bedrucken von Papier sein, sondern ein Journalismus, der unterschiedliche Wege zum Publikum beschreitet.

Konvergenz und crossmediale Strategien

- Das Internet ist nicht nur eine Plattform, die alle traditionellen Ausspielkanäle vereint, sondern bietet gleichzeitig immens große *Beteiligungsmöglichkeiten des Publikums*. Im »Web 2.0« kann jeder publizieren – und zwar nicht nur für sich allein, sondern kollaborativ und vernetzt mit tausenden anderen Nutzern. Das geht weit über den Journalismus hinaus, ermöglicht aber auch eine kollaborative Form der Nachrichtenproduktion und -kommentierung durch Amateure in Blogs, Wikis und Communities (→ vgl. Kap. 4.1; S. 123). Wenn professioneller Journalismus diese Möglichkeiten im Sinne eines »Citizen Journalism« oder eines partizipativen Journalismus nutzen möchte, muss er das Publikum respektvoll als aktiv beteiligte Bürger einbeziehen. Journalisten sind dann die Moderatoren des Diskurses; sie hören zu,

Beteiligung des Publikums

was das Publikum zu sagen hat, beschäftigen sich mit den Themen, welche die Menschen bewegen, – und behandeln Leser nicht nur als »Leser-Reporter«, die bloße Zuträger, Informanten oder Lieferanten von Fotos und Videos sind (vgl. Outing 2005, Neuberger 2007a).

Konkurrenzdruck

- Der *wachsende Konkurrenzdruck* – der Wettbewerb um Aufmerksamkeit und Zeitbudget des Publikums – erhöht den Druck auf Redaktionen, einen Wettbewerbsvorteil zu erzielen: zum Beispiel durch exklusive Geschichten und Bilder (→ vgl. Kap. 1.2.3; S. 30–32). Selbst die Mainstream-Themen erhalten immer wieder durch den »eigenen Dreh« einer Geschichte einen exklusiven Anstrich. Um aus der Masse herauszustechen, reicht es nicht aus zu melden, was alle melden. Dies kann zu mehr journalistischer Qualität führen, zum Beispiel wenn sich mehr Regional- und Lokalredaktionen die Frage stellen, welche Bedeutung eine abstrakte politische Entscheidung für die Region und den einzelnen Leser hat (statt einfach die dpa-Meldung weiterzureichen). Es kann aber auch die Folge haben, dass immer mehr Redaktionen meinen, besonders provozierend, überraschend, bunt oder sexy sein zu müssen, was dann zu einer wachsenden *Boulevardisierung* des Journalismus führt.

Journalistisches Monopol wankt

Alles in allem lässt sich feststellen, dass das journalistische Monopol der Selbstbeobachtung und Synchronisation der Gesellschaft zu wanken beginnt und dass es schwieriger geworden ist, journalistische Produkte von anderem »Content« zu unterscheiden. Bei all diesen zentralen Trends stellt sich die Frage, ob und – wenn ja – wie Journalismus überlebensfähig sein kann. Wie in den Kapiteln 1.1.2 und 2.3 ausführlich begründet, ist die offene, freie und pluralistische Gesellschaft auf funktionierenden Journalismus angewiesen. Eine durch neutrale Beobachter moderierte öffentliche Diskussion ist Grundlage des demokratischen Zusammenlebens – oder um es in Anlehnung an die Definition zu Beginn dieses Buchs zu sagen: Nur eine nach den Regeln des hochwertigen Journalismus konstruierte Wirklichkeit kann verlässliche und glaubwürdige Orientierung in einer komplexen Welt bieten. Journalismus muss sich deshalb deutlich von anderem »Content« unterscheiden (vor allem durch die in den Kapiteln 7.1 und 7.2 genannten Faktoren der Qualität und Ethik), um nicht seinen Sinn und Wert für das Publikum und damit die Funktion der Selbstbeobachtung und Synchronisation der Gesellschaft zu verlieren. Wenn Journalismus verschwindet oder zurückgedrängt wird, orientiert sich die Gesellschaft mehr an einer interessengeleiteten, nicht-faktischen Wirklichkeitskonstruktion (vgl. Abb. 7.5).

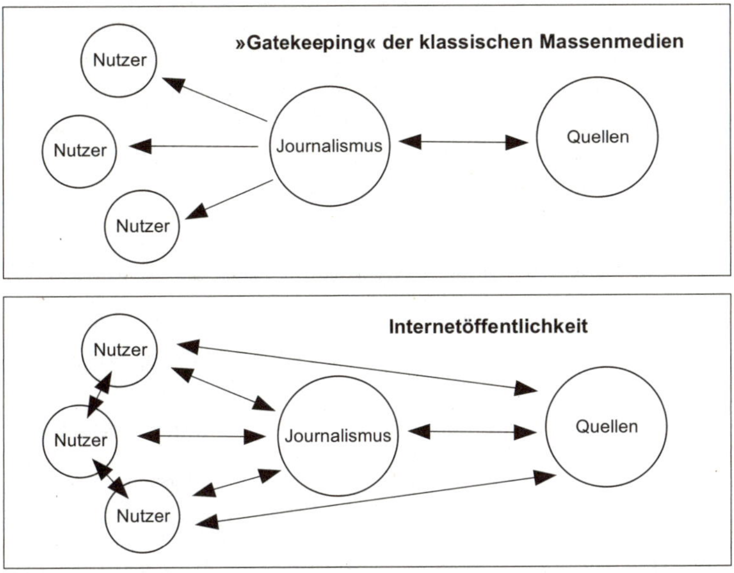

Abb. 7.5

Kommunikationsmodell der Internetöffentlichkeit

(Quelle: Darstellung nach Neuberger 2007 b)

In der klassischen Massenkommunikation ist der Journalismus der »Gatekeeper« (→ vgl. Kap. 5.3; S. 191–192) *des Informationsflusses zwischen Quellen und Nutzern. In der Internetöffentlichkeit kommunizieren die Nutzer zudem untereinander und erreichen dabei zum Teil auch ein Massenpublikum. Sie geben dem Journalismus verstärkt Rückmeldungen – und sie informieren sich direkt bei den Quellen, was die Möglichkeiten für Public Relations aus Sicht der Quellen erhöht (unter Umgehung des klassischen »Gatekeepers«). Auch außerhalb des Internet versucht Public Relations zunehmend, den Journalismus zu umgehen.*

Die These der »Entgrenzung« des Journalismus

»Journalismus verliert an Konturen«

Die Motive für den Journalismuswandel liegen zurzeit also in den rapiden technischen Innovationen (Digitalisierung und Internet) sowie in den sich ändernden ökonomischen und gesellschaftlichen Rahmenbedingungen. Eine Hamburger Forschergruppe hat einzelne Phänomene des derzeitigen Journalismuswandels unter dem Begriff »Entgrenzung« des Journalismus zusammengefasst (vgl. Weischenberg 2001 b; Loosen 2005; Weischenberg/Malik/Scholl 2006). »Journalismus verliert als fest umrissener, identifizierbarer Sinn- und Handlungszusammenhang deutlich an Konturen; er ist deshalb als Einheit kaum noch beschreib- und beobachtbar« (Weischenberg 2001 b: 77). Gemeint sind zum Beispiel (vgl. Loosen 2007: 63) die professionelle »Entgrenzung« gegenüber Public Relations, die Auflösung der Autonomie gegenüber der Werbung oder die inhaltliche »Entgrenzung« gegenüber der Unterhaltung (Infotainment).

Tabelle 7.6 listet mögliche »Entgrenzungen« des Journalismus auf – in funktionaler wie struktureller Hinsicht. Dabei ist, in Anlehnung an Christoph Neuberger (2004 b), die Grenze jeweils durch ein Begriffspaar markiert, das zwei entgegengesetzte Pole markiert (Journalismus und Nicht-Journalismus). Bei den funktionalen »Entgrenzungen« steht die Funktion des Journalismus in Frage; bei der Aufhebung von strukturellen Grenzen wandelt sich der Journalismus intern.

Abb. 7.6

Dimensionen der »Entgrenzung« des Journalismus

(Diese Darstellung ergänzt die Tabelle von Neuberger 2004 b – auf der Basis von Loosen 2005, Weischenberg / Malik / Scholl 2006 und Meier 2007.)

Externe (funktionale) Grenzen gegenüber anderen Kommunikationsformen		
Dimension	**Journalismus**	**Nicht-Journalismus**
Funktion	Fremdbeobachtung	interessengeleitete Kommunikation
Profession	hauptberufliche Journalisten	andere Kommunikationsberufe (z. B. PR-Fachleute) und Amateure / Laien
Autonomie	redaktioneller Teil	Werbung
Leistungen	Information	Unterhaltung
Verhältnis zu Berichterstattungsobjekten	neutrale Beobachtung	Inszenierung
Realitätsbezug	faktisch	fiktional
Verhältnis zu Nutzern	Massenkommunikation	Individualkommunikation
Zeit	zeitliche Aktualität	Archivierung
Interne (strukturelle) Grenzen zwischen journalistischen Subsystemen		
Dimension	**Differenzierung**	**Integration**
Medien	Einzelmedien	crossmediale Konvergenz und Kooperation
Themen	Separierung / Spezialisierung in Sparten/Ressorts	ressortübergreifendes / integrierendes redaktionelles Arbeiten
Raum	nationale Journalismen	Globalisierung

Zwei Beispiele für »Entgrenzungsphänomene« (vgl. Neuberger 2004 b):

Infotainisierung

- Die Verwischung zwischen *Information* und *Unterhaltung*, die Infotainisierung journalistischer Inhalte, wird schon länger diskutiert. Die »Entgrenzungsthese« besagt, dass »soft news« zunehmend »hard news« verdrängen: Sport, Prominenz, Kriminalität, Kurioses gewinnen auf

Kosten von Politik und Wirtschaft. Spektakuläre und emotionale Bilder bestimmen zusehends die Berichterstattung im Fernsehen, aber auch in den Printmedien und im Internet. Natürlich konnte man vor allem aus Rezipientensicht Information noch nie scharf von Unterhaltung trennen. Aber im klassischen (Informations-)Journalismus orientiert sich die Darstellung zuerst auf den Informationsgehalt; Unterhaltsamkeit und Attraktivität sind zwar Stilmittel, stehen aber nicht im Mittelpunkt. Die These besagt, dass sich dies nun ändert.

Globaler Journalismus?

- Die These, ob sich *nationale Journalismen* zunehmend auflösen und der Journalismus *globalisiert* wird, ist umstritten. Noch am ehesten trifft dies für gemeinsame Sprachräume zu: Internet-Publikationen aus Großbritannien (wie www.guardian.co.uk, www.telegraph.co.uk oder www.bbc.co.uk) haben auch in den USA ein großes Publikum, das aus der engen nationalen Perpektive der US-Medien ausbrechen will. Die BBC-Website wird in vielen Ländern auf allen Kontinenten nachgefragt. Aber nach wie vor hat der Nachrichtenfaktor »Nähe« eine große Bedeutung im Journalismus, was sich meist nur im nationalen Kontext umsetzen lässt. Zu diskutieren ist indes zudem, ob sich nationale Journalismuskulturen mit unterschiedlichen Traditionen global angleichen (z.B. die Einstellungen der Journalisten oder die Redaktionsstrukturen).

Mit der These der »Entgrenzung« des Journalismus wird unterstellt, dass die vielfältigen Wandlungsprozesse des Journalismus einer gemeinsamen Entwicklungsrichtung folgen, was nicht unumstritten ist (vgl. Neuberger 2004b). Wer von »Grenzen« des Journalismus spricht, muss außerdem erst einmal definieren, wo diese liegen – und da wären wir wieder bei der eingangs gestellten Frage nach der Definition des Journalismus: Wo hört Journalismus auf, wo fangen andere gesellschaftliche Funktionssysteme und andere Kommunikationsformen an? Ist Journalismus nur Informationsjournalismus, mit dem klaren Auftrag der Information, Meinungsbildung, Kritik und Kontrolle? Oder ist Medienunterhaltung grundsätzlich auch Journalismus? Und schließlich auch: Können Public Relations oder von Nutzern (Laien, Amateuren) produzierte Medieninhalte funktional-äquivalent – zumindest partiell – den Journalismus ersetzen? (vgl. Abb. 7.5)

Zitat

»The pace of change has accelerated. In the last year, the trends reshaping journalism didn't just quicken, they seemed to be nearing a pivot point.«
(Project for Excellence in Journalism: The State of the News Media 2007. An Annual Report on American Journalism. www.stateofthenewsmedia.org/2007)

Künftige Aufgaben der Journalistik

Im derzeitigen dynamischen Wandel der Medienmärkte, -techniken und -produkte ist die Innovationsfähigkeit von Redaktionen und Medienunternehmen gefragt. Die Journalistik kann die Medienpraxis durch anwendungsorientierte Forschungs- und Kooperationsprojekte dabei unterstützen – mit dem Ziel der Sicherung und Weiterentwicklung des Qualitätsjournalismus (vgl. z.B. Meier 2002b; Hohlfeld/Meier/Neuberger 2002; Rager/Graf-Szczuka/Hassemer/Süper 2006). Wie können neue technische Möglichkeiten, veränderte Marktbedingungen und die sich wandelnde Mediennutzung für journalistische Angebote produktiv und kreativ genutzt werden? – Vier Beispiele aus einem insgesamt weiten Feld:

Beitrag zur Qualitätssicherung

- *Qualitätsmonitoring:* Insgesamt bleibt es zentrale (Dauer-)Aufgabe der Journalistik, auf die öffentliche Aufgabe des Journalismus zu verweisen und damit die Qualitätsdebatte zu bereichern und einen Beitrag zur Qualitätssicherung zu leisten (→ vgl. Kap. 7.1; S. 228–230). In den deutschsprachigen Ländern gibt es zwar eine Vielzahl außerredaktioneller Qualitätsinitiativen, aber es fehlt eine regelmäßige wissenschaftliche Beobachtung und Trend-Dokumentation der Journalismus-Branche. Was sind die wichtigsten Trends? Wo liegen Gefahren, wo Chancen für die journalistische Qualität? Ein Beispiel für eine kritische Begleitung des österreichischen Journalismus war das Qualitätsmonitoring, das die Journalistik an der Universität Salzburg unter dem Titel »Berichte zur Lage des Journalismus in Österreich« zwischen 1996 und 2000 betrieben hat (www.sbg.ac.at/ipk/abteilungen/aak/projekte.htm). Vorbild könnte auch das amerikanische »Project for Excellence in Journalism« sein, das von der Stiftung des Pew Research Center finanziert wird und seit 2004 jedes Jahr einen umfangreichen, unabhängigen Bericht im Web veröffentlicht (www.stateofthenewsmedia.org). Die Journalistik in Deutschland könnte ein ähnliches Projekt aber nur leisten, wenn ein Finanzier gefunden wird, der langfristig Verantwortung übernimmt.

Publikumsforschung und »Qualitätsquoten«

- *Redaktionelles Marketing:* Mit Ausnahme einzelner großer Medienunternehmen, die selbst Publikumsforschung betreiben, besteht generell im Journalismus ein Bedarf, das Publikum, seine Wünsche und Interessen besser kennenzulernen (→ vgl. Kap. 3; S. 93–111). Die Journalistik kann durch eine gezielte redaktionelle Publikumsforschung dazu beitragen, dass Redaktionen alte Zielgruppen besser bedienen und neue Zielgruppen erschließen (Hohlfeld 2002). Dies könnte auch dazu führen, dass das Publikum weniger unterschätzt und unterfordert wird, und mit dem Vorurteil aufräumen, dass Auflage und Quote nur mit Boulevard und Infotainment erhöht werden können (vgl. z.B. Glotz/Langenbucher 1969/1993). Neue Instrumente der Qualitätsmessung (vgl. z.B. Wyss 2006) können mit Unterstützung anwendungsorientierter Forschung und Beratung im Qualitätsmanagement eingesetzt werden. Sie könnten die Fixierung auf rein quantitative Einschaltmessungen durch eine Stärkung von »Qualitätsquoten« aufweichen (vgl. z.B. Hohlfeld 1999b).

Neue Formate entwickeln und testen

- *Formatentwicklung:* Die Herausforderungen durch Digitalisierung, Konvergenz und neue Formate in Internet und mobiler Kommunikation stellt Anforderungen an den Journalismus, auf die dieser traditionell nicht eingestellt ist. Journalisten lieben die Routine: Einmal bewährte Arbeitsabläufe, Produktionsformen und inhaltliche Formate werden nicht verändert. Mit der Formatentwicklung in speziellen, ausgelagerten Entwicklungsredaktionen beschäftigten sich bislang hauptsächlich große Zeitschriftenverlage, Unterhaltungsabteilungen der Fernsehsender oder einige wenige Online-Redaktionen. Die neuen crossmedialen, multimedialen und interaktiven Formen des Story-Tellings betreffen früher oder später indes alle Redaktionen im Kern – und sie sind noch lange nicht erfunden (vgl. z.B. Meier 2002c; Rusch 2006). Auch für traditionelle Plattformen kann die Journalistik neue Darstellungsformen entwickeln und testen (so wurde zum Beispiel gezeigt, dass mit narrativen Fernsehnachrichten die Behaltens- und Verstehensleistung beim Zuschauer gesteigert werden kann; vgl. Machill/Köhler/Waldhauser 2006). Die Integration von Forschung und Lehre an Hochschulen verlangt nicht nur das Training von journalistischem Regelwissen, sondern auch kreatives und forschungsbegleitetes Testen neuer Formen und Formate. In Forschungs- und Lehrprojekten sowie in Abschlussarbeiten können in Kooperation mit Redaktionen neue Formate entwickelt und auf Tauglichkeit überprüft werden. Gerade die Hochschulen bieten hierfür kreative Freiräume, die Medienunternehmen unter permanentem Produktions- und Renditedruck nicht bieten können. Die Ergebnisse dieser anwendungsorientierten Forschung und Entwicklung können wiederum über Lehrbücher, Trainings und Coachings in die Redaktionen eingebracht werden (vgl. z.B. zum Schreibcoaching Perrin 1999; Herrmann 2006).

Angewandte Forschung als Beratung

- *Redaktionsorganisation und Qualitätsmanagement:* Stephan Ruß-Mohl (1998: 289) hat zu Recht darauf hingewiesen, dass Redakteure und Redaktionsleiter auf strategische Entscheidungen kaum vorbereitet sind, weil sie zu sehr mit dem schieren Tagesgeschäft der Nachrichtenselektion und -bewertung, der Recherche und Präsentation befasst sind. Er empfiehlt, dass die Journalistik in Sachen Organisationsstrukturen und -abläufe oder zur Personalentwicklung beratend tätig sein sollte. Verkrustete und bürokratische Redaktionsstrukturen verhindern zum Beispiel nicht selten ein flexibles Agieren, ein innovatives Angehen von Themen oder eine Integration neuer Plattformen. Stichworte für Innovationen sind hier: ressortübergreifende Themensetzung und -profilierung, Raum für Recherchejournalismus, Professionalisierung von Tätigkeiten (z.B. »reporters« und »editors«), crossmediale Newsdesks und integrierte Newsrooms (→ vgl. Kap. 4.4; S. 167–170) oder diverse Instrumente des Qualitätsmanagements (→ vgl. Kap. 7.1; S. 231–232). Die Journalistik kann Chefredakteure und Redakteure ermutigen, neue Strukturen und Formen des Qualitätsmanagements zu finden, und diese durch empirische Begleitforschung überprüfen. Am Innovationsprozess der Austria Presse Agentur (APA) in Wien 2004 bis 2006 ließ sich zum Beispiel zeigen, dass moderne Redaktionsstrukturen und Newsrooms die Schnelligkeit der Redaktion und die journalistische Qualität steigern können (vgl. Meier 2007).

Auf einen dauerhaften Transfer von wissenschaftlichem Wissen in den Journalismus sind beide Seiten allerdings noch nicht optimal vorbereitet (Hohlfeld 2006). Die Journalistik braucht eine stärkere strukturelle Ausrichtung auf Anwendungswissen und Transfer – nicht nur in Forschungs- und Kooperationsprojekten und in Abschlussarbeiten, sondern auch in den Formen des wissenschaftlichen Outputs (Coachings, Workshops, Beratungen) (→ vgl. Kap. 1.3.3; S. 60–63). Der Journalismus muss so manche Scheuklappen ablegen, sich gegenüber wissenschaftlichem Anwendungswissen öffnen – am Ende aber auch akzeptieren, dass die Journalistik der sozialwissenschaftlichen Neutralität verpflichtet ist und nicht einfach für redaktionelle Zwecke instrumentalisiert werden kann (vgl. Wyss 2006; Saxer 2006).

Zusammenfassung

(1) Solide Prognosen zur Zukunft des Journalismus beruhen auf einer Analyse zentraler Trends der vergangenen Jahre bis zur Gegenwart. Empirische Methoden sind die Auswertung von Datenreihen in der Nutzungsforschung und die wiederholte Befragung von Experten und Journalisten – zum Beispiel mit der Delphi-Methode.

(2) Motive für den dynamischen Journalismuswandel liegen derzeit in technischen Innovationen (Digitalisierung, Internet) und sich ändernden ökonomischen und gesellschaftlichen Rahmenbedingungen (Kommerzialisierung, Einfluss der Public Relations, Beteiligung des Publikums). Die Grenzziehung zwischen Journalismus (öffentliche Aufgabe, Fremdbeobachtung) und anderem »Content« (Interessenvertretung, Unterhaltung) wird zunehmend schwierig.

(3) Die Journalistik als anwendungsorientierte Forschung und Lehre ist gefordert, die Innovationsfähigkeit von Redaktionen zu stärken – zum Beispiel durch Qualitätsmonitoring, Publikumsforschung, Formatentwicklung oder in der Optimierung von Organisationsstrukturen und Qualitätsmanagement.

Übungsfragen zu Kapitel 7.3

1 Erklären Sie die Vor- und Nachteile der genannten empirischen Prognosemethoden.
2 Beschreiben Sie anhand des Begriffs der »Entgrenzung« zentrale Aspekte des gegenwärtigen Journalismuswandels.
3 Blättern Sie dieses Buch noch einmal durch und achten Sie dabei besonders auf Passagen, die Entwicklungen der letzten Jahre bis zur Gegenwart wiedergeben. Welche Prognosen können Sie daraus ableiten und wie lassen sich diese Prognosen begründen?
4 Lesen Sie noch einmal die Kapitel zu Journalistik und Journalismusforschung (1.1.3 und 1.3) und geben Sie nun in einer Zusammenschau mit dem Ausblick in diesem Kapitel eine Antwort auf die Frage: Was ist und zu welchem Zweck betreiben wir Journalistik?

Literatur

Ein US-amerikanisch geprägtes, aber spannendes und streitbares Lehrbuch zum Thema **Convergent Journalism** haben Stephen Quinn und Vincent Filak herausgegeben: »Learn how to deliver news in any and all media« – so das Credo. Die elf Thesen zum **Citizen Journalism** von Steve Outing bringen die Herausforderungen durch Nutzerbeteiligung auf den Punkt. Mit den **Grenzen und »Entgrenzungen« des Journalismus** hat sich Christoph Neuberger in einem übersichtlichen Beitrag befasst, der auch im Internet abrufbar ist.

Literaturempfehlungen

Zur Grundausstattung eines Studiums der Journalistik gehören ...
... eine Anleitung zum wissenschaftlichen Arbeiten:

Dahinden, Urs/Sturzenegger, Sabina/Neuroni, Alessia C. (2006): **Wissenschaftliches Arbeiten in der Kommunikationswissenschaft.** Bern/Stuttgart/Wien.

Eco, Umberto (2005): **Wie man eine wissenschaftliche Abschlussarbeit schreibt.** Heidelberg (11. Aufl.).

... ein Handbuch bzw. Nachschlagewerk oder Lexikon:

Weischenberg, Siegfried/Kleinsteuber, Hans J./Pörksen, Bernhard (Hg.) (2005): **Handbuch Journalismus und Medien.** Konstanz.

Hans-Bredow-Institut (Hg.) (2006): **Medien von A bis Z.** Wiesbaden.

Bentele, Günter/Brosius, Hans-Bernd/Jarren, Otfried (Hg.) (2006): **Lexikon Kommunikations- und Medienwissenschaft.** Wiesbaden.

... Ratgeber- und Trainingsbücher zum praktischen Journalismus:

La Roche, Walther von (2006): **Einführung in den praktischen Journalismus.** Mit genauer Beschreibung aller Ausbildungswege. Berlin (17. Aufl.).

Mast, Claudia (Hg.) (2004): **ABC des Journalismus.** Ein Handbuch. Konstanz (10. Aufl.).

Ruß-Mohl, Stephan (2003): **Journalismus.** Das Hand- und Lehrbuch. Frankfurt.

... bei Interesse für den angloamerikanischen Journalismus und die dortige Journalismusforschung (z. B. zur Vorbereitung eines Auslandsstudiums):

Harcup, Tony (2004): **Journalism.** Principles and Practice. London/Thousand Oaks/New Delhi.

Franklin, Bob/Hamer, Martin/Hanna, Mark/Kinsey, Marie/Richardson, John E. (2005): **Key Concepts in Journalism Studies.** London/Thousand Oaks/New Delhi.

Folgende Fachzeitschriften sind für das Journalistik-Studium und für das Berufsfeld Journalismus relevant:

Die beiden Berufsverbände für Journalisten geben die Zeitschriften JOURNALIST (DJV) und M – MENSCHEN MACHEN MEDIEN heraus (dju/verdi). Zwei unabhängige Zeitschriften zum Berufsfeld sind das MEDIUM MAGAZIN und MESSAGE, wobei MESSAGE eher längere Beiträge und auch Forschungserkenntnisse der Wissenschaft präsentiert.

Wissenschaftliche Fachzeitschriften speziell zum Fachgebiet Journalistik gibt es seit ein paar Jahren auf dem internationalen, aber nicht auf dem deutschsprachigen Markt: JOURNALISM (seit 2000; jou.sagepub.com) und JOURNALISM STUDIES (seit 2000; www.informaworld.com/rjos) widmen sich eher der Grundlagenforschung; stärker anwendungsorientiert ist JOURNALISM PRACTICE (seit 2007; www.informaworld.com/rjop).

Deutschsprachige Veröffentlichungen zur Journalistik erscheinen häufig in den Zeitschriften PUBLIZISTIK (www.publizistik-digital.de), MEDIEN & KOMMUNIKATIONSWISSENSCHAFT (www.m-und-k.info) sowie MEDIA PERSPEKTIVEN (www.media-perspektiven.de).

Literaturverzeichnis

Die mit [*] gekennzeichneten Aufsätze und Bücher werden in diesem Buch am Ende der Kapitel zur weiterführenden Lektüre empfohlen.

Altmeppen, Klaus-Dieter (2004): **Entscheidungen und Koordinationen.** Theorien zur Analyse von Basiskategorien journalistischen Handelns. In: Martin Löffelholz (Hg.): Theorien des Journalismus. Ein diskursives Handbuch. Wiesbaden (2. Aufl.), 419–433.

Altmeppen, Klaus-Dieter (2006): **Medienökonomie.** In: Günter Bentele/Hans-Bernd Brosius/Otfried Jarren (Hg.): Lexikon Kommunikations- und Medienwissenschaft. Wiesbaden, 180–181.

Altmeppen, Klaus-Dieter/Donges, Patrick/Engels, Kerstin (1999): **Transformation im Journalismus.** Journalistische Qualifikationen im privaten Rundfunk am Beispiel norddeutscher Sender. Berlin.

Altmeppen, Klaus-Dieter/Hömberg, Walter (Hg.) (2002): **Journalistenausbildung für eine veränderte Medienwelt.** Diagnosen, Institutionen, Projekte. Wiesbaden.

Anderson, Chris (2007): **The Long Tail – der lange Schwanz.** Nischenprodukte statt Massenmarkt. Das Geschäft der Zukunft. München.

ARD/ZDF-Projektgruppe Mobiles Fernsehen (2007): **Mobiles Fernsehen: Interessen, potenzielle Nutzungskontexte und Einstellungen der Bevölkerung.** Ergebnisse einer repräsentativen Studie der ARD/ZDF-Medienkommission. In: Media Perspektiven, Heft 1, 11–19.

Baerns, Barbara (1991): **Öffentlichkeitsarbeit oder Journalismus?** Zum Einfluss im Mediensystem. Köln (2. Aufl.).

Baerns, Barbara (Hg.) (2004): **Leitbilder von gestern?** Zur Trennung von Werbung und Programm. Wiesbaden.

Barth, Henrike/Donsbach, Wolfgang (1992): **Aktivität und Passivität von Journalisten gegenüber Public Relations.** Fallstudie am Beispiel von Pressekonferenzen zu Umweltthemen. In: Publizistik, Heft 2, 151–165.

Baum, Achim/Langenbucher, Wolfgang R./Pöttker, Horst/Schicha, Christian (Hg.) (2005): **Handbuch Medienselbstkontrolle.** Wiesbaden.

Baumert, Dieter Paul (1928): **Die Entstehung des deutschen Journalismus.** Eine sozialgeschichtliche Studie. München/Leipzig.

Bausinger, Hermann (1984): **Alltag, Technik, Medien.** In: Sprache im technischen Zeitalter, Heft 89 vom 15. März, 60–70.

Bentele, Günter (2005): **Intereffikationsmodell.** In: Günter Bentele/Romy Fröhlich/Peter Szyszka (Hg.): Handbuch der Public Relations. Wissenschaftliche Grundlagen und berufliches Handeln. Wiesbaden, 209–222.

Bentele, Günter/Fröhlich, Romy/Szyszka, Peter (Hg.) (2005): **Handbuch der Public Relations.** Wissenschaftliche Grundlagen und berufliches Handeln. Wiesbaden. [*]

Bergmann, Jens/Pörksen, Bernhard (Hg.) (2007): **Medienmenschen.** Wie man Wirklichkeit inszeniert. Münster. [*]

Beuthner, Michael/Weichert, Stephan Alexander (2005): **Die Selbstbeobachtungsfalle.** Grenzen und Grenzgänge des Medienjournalismus. Wiesbaden. [*]

Bleicher, Joan Kristin/Pörksen, Bernhard (Hg.) (2004): **Grenzgänger.** Formen des New Journalism. Wiesbaden. [*]

Blöbaum, Bernd (1994): **Journalismus als soziales System.** Geschichte, Ausdifferenzierung und Verselbständigung. Opladen.

Blöbaum, Bernd (2000): **Zwischen Redaktion und Reflexion.** Integration von Theorie und Praxis in der Journalistenausbildung. Münster.

Blöbaum, Bernd (2004): **Organisationen, Programme und Rollen.** Die Struktur des Journalismus in systemtheoretischer Perspektive. In: Martin Löffelholz (Hg.): Theorien des Journalismus. Ein diskursives Handbuch. Wiesbaden (2. Aufl.), 201–215.

Blum, Joachim/Bucher Hans-Jürgen (1998): **Die Zeitung: Ein Multimedium.** Textdesign – ein Gestaltungskonzept für Text, Bild und Grafik. Konstanz. [*]

Blum, Roger (2003): **Medienstrukturen der Schweiz.** In: Günter Bentele/Hans-Bernd Brosius/Otfried Jarren (Hg.): Öffentliche Kommunikation. Handbuch Kommunikations- und Medienwissenschaft. Wiesbaden, 366–381. [*]

Böckelmann, Frank (1993): **Journalismus als Beruf.** Bilanz der Kommunikatorforschung im deutschsprachigen Raum von 1945 bis 1990. Konstanz.

Bölke, Dorothee (2004): **Presserecht für Journalisten.** Freiheit und Grenzen der Wort- und Bildberichterstattung. München. [*]

Bonfadelli, Heinz (1999/2000): **Medienwirkungsforschung.** 2 Bände. Konstanz. [*]

Branahl, Udo (2006). **Medienrecht.** Eine Einführung. Wiesbaden (5. Aufl.). [*]

Brosius, Hans-Bernd (2003): **Medienwirkung.** In: Günter Bentele/Hans-Bernd Brosius/Otfried Jarren (Hg.): Öffentliche Kommunikation. Handbuch Kommunikations- und Medienwissenschaft. Wiesbaden, 128–148. [*]

Brosius, Hans-Bernd/Koschel, Friederike (2003): **Methoden der empirischen Kommunikationsforschung.** Wiesbaden (2. Aufl.). [*]

Bücher, Karl (1981): **Auswahl der publizistikwissenschaftlichen Schriften.** Hg. von Heinz-Dietrich Fischer/Horst Minte. Bochum.

Burkart, Roland (2002): **Was ist Kommunikation? Was sind Medien?** In: Irene Neverla/Elke Grittmann/Monika Pater (Hg.): Grundlagentexte zur Journalistik. Konstanz, 52–72. [*]

Dahinden, Urs (2006): **Framing.** Eine integrative Theorie der Massenkommunikation. Konstanz.

Deutsche Gesellschaft für Publizistik- und Kommunikationswissenschaft (2001): **Die Mediengesellschaft und ihre Wissenschaft** (www.dgpuk.de/allgemein/selbstverstaendnis.htm). [*]

Dörmann, Jürgen/Pätzold, Ulrich (1998): **Journalismus, neue Technik, Multimedia und Medienentwicklungen.** Ein Plädoyer für journalistische Produktion und Qualifikation in den Neuen Medien. In: Journalist, Heft 7, 59–70.

Donsbach, Wolfgang (1978): **Zur professionellen Kompetenz von Journalisten.** In: Walter Hömberg (Hg.): Journalistenausbildung. München, 108–121.

Donsbach, Wolfgang (2003): **Journalist.** In: Elisabeth Noelle-Neumann/Winfried Schulz/Jürgen Wilke (Hg.): Fischer Lexikon Publizistik Massenkommunikation. Frankfurt, 78–125.

Donsbach, Wolfgang/Jandura, Olaf (Hg.) (2003): **Chancen und Gefahren der Mediendemokratie.** Konstanz.

Dreier, Hardy (2004): **Das Mediensystem der Bundesrepublik Deutschland.** In: Hans-Bredow-Institut (Hg.): Internationales Handbuch Medien. 2004/2005. Baden-Baden (27. Aufl.), 245–268.

Dreier, Hardy (2006): **Konzentration.** In: Hans-Bredow-Institut (Hg.): Medien von A bis Z. Wiesbaden, 185–188.

Dulinski, Ulrike (2003): **Sensationsjournalismus in Deutschland.** Konstanz.

Esser, Frank (1998): **Die Kräfte hinter den Schlagzeilen.** Englischer und deutscher Journalismus im Vergleich. Freiburg, München.

Fabris, Hans Heinz (2004): **Vielfältige Qualität.** Theorien zur Analyse der Qualität des Journalismus. In: Martin Löffelholz (Hg.): Theorien des Journalismus. Ein diskursives Handbuch. Wiesbaden (2. Aufl.), 393–404.

Fabris, Hans Heinz (2005): **Österreich.** In: Siegfried Weischenberg/Hans J. Kleinsteuber/Bernhard Pörksen (Hg.): Handbuch Journalismus und Medien. Konstanz, 333–337. [*]

Faulstich, Werner (2004): **Medienwissenschaft.** Paderborn (= Reihe UTB basics). [*]

Fasel, Christoph: **Nutzwertjournalismus.** Konstanz. [*]

Filipp, Ulf-Dieter (1995): **FOCUS im Spiegel der Marktforschung – Die Erfolgsgeschichte einer Zeitschrift.** In: Karin Böhme-Dürr/Gerhard Graf (Hg.): Auf der Suche nach dem Publikum. Medienforschung für die Praxis. Konstanz, 21–43.

Friedrichsen, Mike/Mühl-Benninghaus, Wolfgang/Schweiger, Wolfgang (Hg.) (2006): **Neue Technik, neue Medien, neue Gesellschaft?** Ökonomische Herausforderungen der Onlinekommunikation. München.

Früh, Werner (2007): **Inhaltsanalyse.** Theorie und Praxis. Konstanz (6. Aufl.). [*]

Funiok, Rüdiger (2006): **Ethische Analyse im Qualitätsmanagement.** Plädoyer für die Verschränkung zweier Handlungsorientierungen. In: Siegfried Weischenberg/Wiebke Loosen/Michael Beuthner (Hg.): Medien-Qualitäten. Öffentliche Kommunikation zwischen ökonomischem Kalkül und Sozialverantwortung. Konstanz, 185–199.

Galtung, Johan/Ruge, Mari H. (1965): **The Structure of Foreign News.** The Presentation of the Congo, Cuba and Cyprus Crises in Four Foreign Newspapers. In: Journal of Peace Research, Heft 1, 64–90.

García Avilés, Jose A./León, Bienvenido (2002): **Journalistic practice in digital television newsrooms.** In: Journalism, Heft 3, 355–371.

Gerhards, Maria/Klingler, Walter (2006): **Mediennutzung in der Zukunft.** Traditionelle Nutzungsmuster und innovative Zielgruppen. In: Media Perspektiven, Heft 2, 75–90.

Glotz, Peter/Langenbucher, Wolfgang R. (1993/1969): **Der missachtete Leser.** Zur Kritik der deutschen Presse. München. [*]

Glotz, Peter/Meyer-Lucht, Robin (Hg.) (2004): **Online gegen Print.** Zeitung und Zeitschrift im Wandel. Konstanz.

Goonasekera, Anura/Chong Jin, Chua (2002) (Hg.): **Under Asian Eyes.** What the West Says. What the East Thinks. Singapore.

Göpfert, Winfried (2006): **Wissenschafts-Journalismus.** Ein Handbuch für Ausbildung und Praxis. Berlin (5. Aufl.). [*]

Gottwald, Franzisca/Kaltenbrunner, Andy/Karmasin, Matthias (2006): **Medienselbstregulierung zwischen Ökonomie und Ethik.** Erfolgsfaktoren für ein österreichisches Modell. Wien/Berlin/Münster.

Haas, Hannes (1999): **Empirischer Journalismus.** Verfahren zur Erkundung gesellschaftlicher Wirklichkeit. Wien/Köln/Weimar.

Haas, Marcus (2006): **Kostenlose Pendlerzeitungen in Europa.** Anbieter, Angebote, Strategien. In: Media Perspektiven, Heft 10, 510–520.

Hachmeister, Lutz/Rager, Günther (2005) (Hg.): **Wer beherrscht die Medien?** Die 50 größten Medienkonzerne der Welt. München. [*]

Hackforth, Josef/Fischer, Christoph (Hg.) (1994): **ABC des Sportjournalismus.** Konstanz. [*]

Hagen, Lutz M. (1995): **Informationsqualität von Nachrichten.** Messmethoden und ihre Anwendung auf die Dienste von Nachrichtenagenturen. Opladen.

Haller, Michael (1987): **Wie wissenschaftlich ist Wissenschaftsjournalismus?** Zum Problem wissenschaftsbezogener Arbeitsmethoden im tagesaktuellen Journalismus. In: Publizistik, Heft 3, 305–319.

Hans-Bredow-Institut (Hg.) (2004): **Internationales Handbuch Medien.** 2004/2005. Baden-Baden (27. Aufl.). [*]

Hasebrink, Uwe (1997): **Die Zuschauer als Fernsehkritiker?** Anmerkungen zum vermeintlichen Missverhältnis zwischen »Qualität« und »Quote«. In: Hartmut Weßler/Christiane Matzen/Otfried Jarren/Uwe Hasebrink (Hg.): Perspektiven der Medienkritik. Die gesellschaftliche Auseinandersetzung mit öffentlicher Kommunikation in der Mediengesellschaft. Opladen, 201–215.

Häusermann, Jürg (2005): **Journalistisches Texten.** Sprachliche Grundlagen für professionelles Informieren. Konstanz (2. Aufl.).

Heinrich, Jürgen (2001/2002): **Medienökonomie.** 2 Bände. Wiesbaden (2. Aufl. bzw. Nachdruck). [*]

Heinrich, Jürgen/Moss, Christoph (2006): **Wirtschaftsjournalistik.** Grundlagen und Praxis. Wiesbaden. [*]

Henschel, Gerhard (2006): **Gossenreport.** Betriebsgeheimnisse der Bild-Zeitung. Berlin.

Hermes, Sandra (2006): **Qualitätsmanagement in Nachrichtenredaktionen.** Köln. [*]

Herrmann, Friederike (Hg.) (2006): **Unter Druck.** Die journalistische Textwerkstatt. Erfahrungen, Analysen, Übungen. Wiesbaden. [*]

Hess, Dieter (Hg.) (1997): **Kulturjournalismus.** Ein Handbuch für Ausbildung und Praxis. München (2. Aufl.). [*]

Hettwer, Holger/Lehmkuhl, Markus/Wormer, Holger/Zotta, Franco (Hg.) (2007): **Wissenswelten: Wissenschaftsjournalismus in Theorie und Praxis.** Gütersloh. [*]

Hickethier, Knuth (2003): **Einführung in die Medienwissenschaft.** Stuttgart. [*]

Hohlfeld, Ralf (1999 a): **Systemtheorie für Journalisten.** Ein Vademekum. Eichstätt (= Reihe Eichstätter Materialien zur Journalistik 12). [*]

Hohlfeld, Ralf (1999 b): **Qualität in Quoten?** Der öffentlich-rechtliche Rundfunk in der Evaluations-Gesellschaft. In: Communicatio Socialis, Heft 1, 5–24.

Hohlfeld, Ralf (2002): **Journalismus für das Publikum?** Zur Bedeutung angewandter Medienforschung für die Praxis. In: Hohlfeld, Ralf/Meier, Klaus/Neuberger, Christoph (Hg.): Innovationen im Journalismus. Forschung für die Praxis. Münster, 155–201.

Hohlfeld, Ralf (2003): **Journalismus und Medienforschung.** Theorie, Empirie, Transfer. Konstanz.

Hohlfeld, Ralf (2005): **»Der missachtete Leser revisited«.** Zum Wandel von Publikumsbild und Publikumsorientierung im Journalismus. In: Markus Behmer/Bernd Blöbaum/Armin Scholl/Rudolf Stöber (Hg.): Journalismus und Wandel. Analysedimensionen, Konzepte, Fallstudien. Wiesbaden, 196–224.

Hohlfeld, Ralf (2006): **Ferne und Nähe.** Kommunikationswissenschaft und Praxis. Download der Zeitschrift »Journalist« (www.journalist.de/downloads/pdf/dokumentationen/Kommunikationswissenschaft_und_Praxis.pdf).

Hohlfeld, Ralf/Meier, Klaus/Neuberger, Christoph (Hg.) (2002): **Innovationen im Journalismus.** Forschung für die Praxis. Münster.

Holtz-Bacha, Christina (2003): **Wie die Freiheit messen?** Wege und Probleme der empirischen Bewertung von Pressefreiheit. In: Langenbucher, Wolfgang R. (Hg.): Die Kommunikationsfreiheit der Gesellschaft. Die demokratischen Funktionen eines Grundrechts (Publizistik Sonderheft). Wiesbaden, 403–412.

Holzweißig, Gunter (2002): **Die schärfste Waffe der Partei.** Eine Mediengeschichte der DDR. Köln/Weimar/Wien. [*]

Hömberg, Walter (1987): **Von Kärrnern und Königen.** Zur Geschichte journalistischer Berufe. In: Manfred Bobrowsky/Wolfgang R. Langenbucher (Hg.): Wege zur Kommunikationsgeschichte. München, 619–629.

Hömberg, Walter (2006): **Die Verantwortung des Journalisten.** Eine Herausforderung für die Journalistenausbildung. In: Communicatio Socialis, Heft 4, 380–388.

Hömberg, Walter/Hackel-de Latour, Renate (Hg.) (2005): **Studienführer Journalismus, Medien, Kommunikation.** Konstanz (3. Aufl.). [*]

Hooffacker, Gabriele (2004): **Online-Journalismus.** Schreiben und gestalten für das Internet. München (2. Aufl.). [*]

Institut zur Förderung publizistischen Nachwuchses/Deutscher Presserat (Hg.) (2005): **Ethik im Redaktionsalltag.** Konstanz.

Jäckel, Michael (2005): **Medienwirkungen.** Ein Studienbuch zur Einführung. Wiesbaden (3. Aufl.). [*]

Jakobs, Hans-Jürgen/Langenbucher, Wolfgang R. (Hg.) (2004): **Das Gewissen ihrer Zeit.** 50 Vorbilder im Journalismus. München/Wien.

Jarren, Otfried/Weßler, Hartmut (Hg.) (2002): **Journalismus – Medien – Öffentlichkeit.** Eine Einführung. Wiesbaden.

Jonscher, Norbert (1995): **Lokale Publizistik.** Theorie und Praxis der örtlichen Berichterstattung. Ein Lehrbuch. Opladen. [*]

Kant, Immanuel (1986): **Grundlegung zur Metaphysik der Sitten.** Hg. von Theodor Valentiner. Stuttgart 1986.

Karmasin, Matthias (2005): **Journalismus: Beruf ohne Moral?** Von der Berufung zur Profession. Wien.

Karmasin, Matthias/Kaltenbrunner, Andy/Kraus, Daniela/Zimmermann, Astrid (2007): **Der Journalisten-Report.** Österreichs Medien und ihre Macher. Wien (angekündigt). [*]

Kepplinger, Hans Mathias (2005): **Die Mechanismen der Skandalierung.** Die Macht der Medien und die Möglichkeiten der Betroffenen. München (2. Aufl.). [*]

Kepplinger, Hans Mathias (2006): **Forschungslogik der Nachrichtenwertforschung.** Theoretische Grundlagen. In: Werner Wirth/Andreas Fahr/Edmund Lauf (Hg.): Forschungslogik und -design in der Kommunikationswissenschaft. Band 2. Köln, 15–34.

Kiefer, Marie Luise (2001): **Medienökonomik.** Einführung in eine ökonomische Theorie der Medien. München/Wien. [*]

Klammer, Bernd (2005): **Empirische Sozialforschung.** Eine Einführung für Kommunikationswissenschaftler und Journalisten. Konstanz. [*]

Klaus, Elisabeth/Lünenborg, Margret (2002): **Journalismus: Fakten, die unterhalten – Fiktionen, die Wirklichkeit schaffen.** Anforderungen an eine Journalistik, die dem Wandel des Journalismus Rechnung trägt. In: Baum, Achim/Schmidt, Siegfried J. (Hg.): Fakten und Fiktionen. Über den Umgang mit Medienwirklichkeiten. Konstanz, 152–164.

Kleinsteuber, Hans J. (2005): **Mediensysteme.** In: Siegfried Weischenberg/Hans J. Kleinsteuber/Bernhard Pörksen (Hg.): Handbuch Journalismus und Medien. Konstanz, 275–280.

Köcher, Renate (1986): **Bloodhounds or Missionaries: Role Definitions of German and British Journalists.** In: European Journal of Communication, Heft 1, 43–64.

Kopper, Gerd G./Mancini, Paolo (Hg.) (1997): **Kulturen des Journalismus und politische Systeme.** Probleme internationaler Vergleichbarkeit des Journalismus in Europa – verbunden mit Fallstudien zu Großbritannien, Frankreich, Italien und Deutschland. Berlin.

Krämer, Walter (1991): **So lügt man mit Statistik.** Frankfurt.

Kromrey, Helmut (1995): **Empirische Sozialforschung.** Modelle und Methoden der Datenerhebung und Datenauswertung. Opladen (7. Aufl.).

Kunczik, Michael/Zipfel, Astrid (2005): **Publizistik.** Ein Studienhandbuch. Köln/Weimar/Wien (2. Aufl.). [*]

Kurz, Josef (2000): **Journalistische Genres.** In: Josef Kurz/Daniel Müller/Joachim Pötschke/Horst Pöttker: Stilistik für Journalisten. Wiesbaden, 215–378.

La Roche, Walther von (2006): **Einführung in den praktischen Journalismus.** Mit genauer Beschreibung aller Ausbildungswege. Berlin (17. Aufl.) [*]

La Roche, Walther von/Buchholz, Axel (Hg.) (2004): **Radio-Journalismus.** Ein Handbuch für Ausbildung und Praxis im Hörfunk. München (8. Aufl.). [*]

Langenbucher, Wolfgang R. (Hg.) (1980): **Journalismus & Journalismus.** Plädoyers für Recherche und Zivilcourage. München.

Langenbucher, Wolfgang R. (Hg.) (1992): **Sensationen des Alltags.** Meisterwerke des modernen Journalismus. München.

Langenbucher, Wolfgang R. (1993): **Autonomer Journalismus.** Unvorsichtige Annäherungen an ein (Un-)Thema heutiger Publizistik- und Kommunikationswissenschaft. In: Walter A.

Mahle (Hg.): Journalisten in Deutschland. Nationale und internationale Vergleiche und Perspektiven. München, 127–135.

Langenbucher, Wolfgang R. (Hg.) (2003): **Die Kommunikationsfreiheit der Gesellschaft.** Die demokratischen Funktionen eines Grundrechts (Publizistik Sonderheft). Wiesbaden.

Lerg, Winfried B. (1981): **Verdrängen oder ergänzen die Medien einander?** Innovation und Wandel in Kommunikationssystemen. In: Publizistik, Heft 2, 193–201.

Lippmann, Walter (1922): **Public Opinion.** New York (als kostenloses eBook unter www.gutenberg.org/etext/6456; als deutsche Übersetzung: **Die öffentliche Meinung.** München 1964).

Löffelholz, Martin (2003): **Kommunikatorforschung: Journalistik.** In: Bentele, Günter/Brosius, Hans-Bernd/Jarren, Otfried (Hg.): Öffentliche Kommunikation. Handbuch Kommunikations- und Medienwissenschaft. Wiesbaden, 28–53. [*]

Löffelholz, Martin (Hg.) (2004): **Theorien des Journalismus.** Ein diskursives Handbuch. Wiesbaden (2. Aufl.). [*]

Löffelholz, Martin/Quandt, Thorsten/Hanitzsch, Thomas/Altmeppen, Klaus-Dieter (2003): **Onlinejournalisten in Deutschland.** Zentrale Befunde der ersten Repräsentativbefragung deutscher Onlinejournalisten. In: Media Perspektiven, Heft 10, 477–486.

Loosen, Wiebke (2005): **Zur »medialen Entgrenzungsfähigkeit« journalistischer Arbeitsprozesse:** Synergien zwischen Print-, TV- und Online-Redaktionen. In: Publizistik, Heft 3, 304–319.

Loosen, Wiebke (2007): **Entgrenzung des Journalismus: empirische Evidenzen ohne theoretische Basis?** In: Publizistik, Heft 1, 63–79.

Ludwig, Johannes (2007): **Investigativer Journalismus.** Konstanz (2. Aufl.). [*]

Luhmann, Niklas (1996): **Die Realität der Massenmedien.** Opladen (2. Aufl.).

Lünenborg, Margreth (2005 a): **Journalismus als kultureller Prozess.** Zur Bedeutung von Journalismus in der Mediengesellschaft. Ein Entwurf. Wiesbaden.

Lünenborg, Margreth (2005 b): **Public Journalism.** Konzept – Entstehung – gesellschaftliche Relevanz. In: Markus Behmer/Bernd Blöbaum/Armin Scholl/Rudolf Stöber (Hg.): Journalismus und Wandel. Analysedimensionen, Konzepte, Fallstudien. Wiesbaden, 143–159.

Machill, Marcel/Köhler, Sebastian/Waldhauser, Markus (2006): **Narrative Fernsehnachrichten:** Ein Experiment zur Innovation journalistischer Darstellungsformen. In: Publizistik, Heft 4, 479–497.

Maletzke, Gerhard (1963): **Psychologie der Massenkommunikation.** Theorie und Systematik. Hamburg.

Marr, Mirko/Wyss, Vinzenz/Blum Roger/Bonfadelli, Heinz (2001): **Journalisten in der Schweiz.** Eigenschaften, Einstellungen, Einflüsse. Konstanz. [*]

Mast, Claudia (2002): **Unternehmenskommunikation.** Ein Leitfaden. Stuttgart [*].

Mast, Claudia (Hg.) (2004): **ABC des Journalismus.** Ein Handbuch. Konstanz (10. Aufl.).

McQuail, Denis (1992): **Media Performance.** Mass Communication and the Public Interest. London u. a.

Meckel, Miriam (1999): **Redaktionsmanagement.** Ansätze aus Theorie und Praxis. Opladen/Wiesbaden. [*]

Medienhaus Wien (2007): **Österreichs Journalistinnen und Journalisten.** Eine empirische Erhebung des Medienhaus Wien (www.medienhaus-wien.at/cgi-bin/file.pl?id=13).

Meier, Klaus (1997): **Experten im Netz.** Maklersysteme als Recherchehilfe für Journalisten im Wissenschaftsbereich. Konstanz.

Meier, Klaus (2002 a): **Ressort, Sparte, Team.** Wahrnehmungsstrukturen und Redaktionsorganisation im Zeitungsjournalismus. Konstanz. [*]

Meier, Klaus (2002 b): **Kritik und Innovation.** Die Doppelrolle anwendungsorientierter Journalistik. In: Aviso, Heft 30, 4–5.

Meier, Klaus (Hg.) (2002 c): **Internet-Journalismus.** Konstanz (3. Aufl.). [*]

Meier, Klaus (2002 d): **Herausforderungen des Internet-Journalismus.** Das neue Medium denken lernen. In: Klaus-Dieter Altmeppen/Walter Hömberg (Hg.): Journalistenausbildung für eine veränderte Medienwelt. Diagnosen, Institutionen, Projekte. Wiesbaden, 145–155.

Meier, Klaus (2003): **Qualität im Online-Journalismus.** In: Hans-Jürgen Bucher/Klaus-Dieter Altmeppen (Hg.): Qualität im Journalismus. Grundlagen – Dimensionen – Praxismodelle. Wiesbaden, 247–266.

Meier, Klaus (2005): **Redaktion.** In: Siegfried Weischenberg/Hans J. Kleinsteuber/Bernhard Pörksen (Hg.): Handbuch Journalismus und Medien. Konstanz, 394–398.

Meier, Klaus (2006): **Newsroom, Newsdesk, crossmediales Arbeiten.** Neue Modelle der Redaktionsorganisation und ihre Auswirkung auf die journalistische Qualität. In: Siegfried Weischenberg/Wiebke Loosen/Michael Beuthner (Hg.): Medien-Qualitäten. Öffentliche Kommunikation zwischen ökonomischem Kalkül und Sozialverantwortung. Konstanz, 203–222. [*]

Meier, Klaus (2007): **Innovations in Central European Newsrooms:** Overview and case study. In: Journalism Practice, Heft 1, 4–19. [*]

Meier, Klaus/Feldmeier, Frank (2005): **Wissenschaftsjournalismus und Wissenschafts-PR im Wandel.** Eine Studie zu Berufsfeldern, Marktentwicklung und Ausbildung. In: Publizistik, Heft 2, 201–224.

Meier, Klaus/Tüshaus, Benedikt (2006): **Echtzeit-Quoten.** Klickzahlen im Online-Journalismus. In: epd medien, Nr. 56 vom 19.7., S. 3–7.

Meier, Werner A. (2004): **Das Mediensystem der Schweiz.** In: Hans-Bredow-Institut (Hg.): Internationales Handbuch Medien. 2004/2005. Baden-Baden (27. Aufl.), 594–605. [*]

Melischek, Gabriele/Seethaler, Josef/Skodacsek, Katja (2005): **Der österreichische Zeitungsmarkt 2004: hoch konzentriert.** Strukturen, Marktpotentiale, Anbieterkonzentration. In: Media Perspektiven, Heft 5, 243–252.

Merten, Klaus/Schmidt, Siegfried J./Weischenberg, Siegfried (Hg.) (1994): **Die Wirklichkeit der Medien.** Eine Einführung in die Kommunikationswissenschaft. Opladen. [*]

Merton, Robert K. (1983): **Auf den Schultern von Riesen.** Ein Leitfaden durch das Labyrinth der Gelehrsamkeit. Frankfurt.

Meyen, Michael (2004): **Mediennutzung.** Mediaforschung, Medienfunktionen, Nutzungsmuster. Konstanz (2. Aufl.). [*]

Mohr, Nikolaus/Thomas, Gerhard P. (2002): **Interactive Broadband Media.** A Guide for a Successful Take-Off. Braunschweig/Wiesbaden (2. Aufl.).

Müchler, Günter (1998): **»Wie ein treuer Spiegel«.** Die Geschichte der Cotta'schen Allgemeinen Zeitung. Darmstadt.

Neuberger, Christoph (1997): **Was ist wirklich, was ist wichtig?** Zur Begründung von Qualitätskriterien im Journalismus. In: Günter Bentele/Michael Haller (Hg.): Aktuelle Entstehung von Öffentlichkeit. Akteure – Strukturen – Veränderungen. Konstanz, 311–322. [*]

Neuberger, Christoph (2001): **Strategien der Tageszeitungen im Internet.** Ergebnisse einer Redaktionsbefragung. In: Ursula Maier-Rabler/Michael Latzer (Hg.): Kommunikationskulturen zwischen Kontinuität und Wandel. Universelle Netzwerke für die Zivilgesellschaft. Konstanz, 237–254.

Neuberger, Christoph (2002): **Alles Content, oder was?** Vom Unsichtbarwerden des Journalismus im Internet. In: Ralf Hohlfeld/Klaus Meier/Christoph Neuberger (Hg.): Innovationen im Journalismus. Forschung für die Praxis. Münster, 25–69.

Neuberger, Christoph (2003): **Zeitung und Internet.** Über das Verhältnis zwischen einem alten und einem neuen Medium. In: Christoph Neuberger/Jan Tonnemacher (Hg.): Online – Die Zukunft der Zeitung? Das Engagement deutscher Tageszeitungen im Internet. Wiesbaden (2. Aufl.), 16–109.

Neuberger, Christoph (2004 a): **Journalismus als systembezogene Akteurkonstellation.** Grundlagen einer integrativen Journalismustheorie. In: Martin Löffelholz (Hg.): Theorien des Journalismus. Ein diskursives Handbuch. Wiesbaden (2. Aufl.), 287–303.

Neuberger, Christoph (2004 b): **Lösen sich die Grenzen des Journalismus auf?** Dimensionen und Defizite der Entgrenzungsthese. In: Roters, Gunnar/Klingler, Walter/Gerhards, Maria (Hg.): Medienzukunft – Zukunft der Medien. Baden-Baden, 95–112 (www.3sat.de/ard/pdf/Neuberger.pdf). [*]

Neuberger, Christoph (2005 a): **Objektivität.** In: Siegfried Weischenberg/Hans J. Kleinsteuber/Bernhard Pörksen (Hg.): Handbuch Journalismus und Medien. Konstanz, 325–328. [*]

Neuberger, Christoph (2005 b): **Formate der aktuellen Internetöffentlichkeit.** Über das Verhältnis von Weblogs, Peer-to-Peer-Angeboten und Portalen zum Journalismus – Ergebnisse einer explorativen Anbieterbefragung. In: Medien & Kommunikationswissenschaft, Heft 1, 73–92.

Neuberger , Christoph (2007 a): **Durchmarsch der Amateure?** In: Message, Heft 1, 40–42.

Neuberger, Christoph (2007 b): **Journalismus online: Partizipation oder Profession?** Vortrag auf einer Tagung der DGPuK in München am 22.2.2007.

Neuberger, Christoph/Tonnemacher, Jan (Hg.) (2003): **Online – Die Zukunft der Zeitung?** Das Engagement deutscher Tageszeitungen im Internet. Wiesbaden (2. Aufl.). [*]

Noelle-Neumann, Elisabeth/Kepplinger, Hans Mathias (2003): **Wirkung der Massenmedien.** In: Noelle-Neumann, Elisabeth/Schulz, Winfried/Wilke, Jürgen (Hg.): Fischer Lexikon Publizistik Massenkommunikation. Frankfurt (2. Aufl.), 597–647.

Noelle-Neumann, Elisabeth/Petersen, Thomas (1998): **Alle, nicht jeder.** Einführung in die Methoden der Demoskopie. München (2. Aufl.). [*]

Noelle-Neumann, Elisabeth/Petersen, Thomas (2003): **Methoden der Publizistik- und Kommunikationswissenschaft.** In: Noelle-Neumann, Elisabeth/Schulz, Winfried/Wilke, Jürgen (Hg.): Fischer Lexikon Publizistik Massenkommunikation. Frankfurt (2. Aufl.), 265–303.

Ollrog, Marc-Christian (2007): **Subventionen bis zum Tod.** In: Message, Heft 1, 30–32.

Ordolff, Martin (2005): **Fernsehjournalismus.** Konstanz. [*]

O'Reilly, Tim (2005): **What is Web 2.0?** Design Patterns and Business Models for the Next Generation of Software (www.oreilly.de/artikel/web20.html). [*]

Outing, Steve (2005): **The 11 Layers of Citizen Journalism.** In: Poynter Online vom 15.6.2005 (www.poynter.org/content/content_view.asp?id=83126). [*]

Pätzold, Ulrich (2005): **Professionalisierung.** In: Siegfried Weischenberg/Hans J. Kleinsteuber/Bernhard Pörksen (Hg.): Handbuch Journalismus und Medien. Konstanz, 365–369.

Perrin, Daniel (1999): **Schreiben ohne Reibungsverlust: Schreibcoaching für Profis.** Zürich. [*]

Perrin, Daniel (2006): **Medienlinguistik.** Konstanz. [*]

Pfeil, Ulrike (2006): **Die meisten Geschichten sind unrund.** Die Welt ist komplex. Journalisten reduzieren Komplexität. In: Friederike Herrmann (Hg.): Unter Druck. Die journalistische Textwerkstatt. Erfahrungen, Analysen, Übungen. Wiesbaden, 147–150.

Pfeuffer, Judith (2006): **Journalismus ja – aber nicht unter diesen Bedingungen!** Eine Studie zur Gesundheitssituation von Journalisten. In: Psychiatrische Praxis, Heft 6, 302–304.

Popper, Karl R. (1995): **Lesebuch.** Herausgegeben von David Miller. Tübingen. [*]

Pörksen, Bernhard (2005 a): **Konstruktivismus.** In: Siegfried Weischenberg/Hans J. Kleinsteuber/Bernhard Pörksen (Hg.): Handbuch Journalismus und Medien. Konstanz, 177–181.

Pörksen, Bernhard (2005 b): **Medienethik.** In: Siegfried Weischenberg/Hans J. Kleinsteuber/Bernhard Pörksen (Hg.): Handbuch Journalismus und Medien. Konstanz, 211–220.

Pörksen, Bernhard (2005 c): **Trendbuch Journalismus.** Erfolgreiche Medienmacher über Ausbildung, Berufseinstieg und die Zukunft der Branche. Köln.

Pörksen, Bernhard (2006): **Die Beobachtung des Beobachters.** Eine Erkenntnistheorie der Journalistik. Konstanz. [*]

Pöttker, Horst (1998): **Öffentlichkeit durch Wissenschaft.** Zum Programm der Journalistik. In: Publizistik, Heft 3, 229–249. [*]

Pöttker, Horst (2003): **Nachrichten und ihre kommunikative Qualität.** Die »Umgekehrte Pyramide« – Ursprung und Durchsetzung eines journalistischen Standards. In: Publizistik, Heft 4, 414–426.

Pöttker, Horst (2005): **Ende des Millenniums – Ende des Journalismus?** Wider die Dogmatisierung der professionellen Trennungsgrundsätze. In: Markus Behmer/Bernd Blöbaum/Armin Scholl/Rudolf Stöber (Hg.): Journalismus und Wandel. Analysedimensionen, Konzepte, Fallstudien. Wiesbaden, 123–141.

Projektteam Lokaljournalisten (Hg.) (1998): **Lokaljournalismus.** Themen und Management. München. [*]

Pulitzer, Joseph (1904): **Planning a School of Journalism – The Basic Concept in 1904.** In: The North American Review, Heft 5. Erneut abgedruckt in: Heinz-Dietrich Fischer/Christopher G. Trump (Hg.): Education in Journalism. The 75th Anniversary of Joseph Pulitzer's Ideas at Columbia University (1904–1979). Bochum, 19–60.

Puppis, Manuel (2007): **Einführung in die Medienpolitik.** Konstanz. [*]

Pürer, Heinz (1992): **Ethik in Journalismus und Massenkommunikation.** Versuch einer Theorien-Synopse. In: Publizistik, Heft 3, 304–321.

Pürer, Heinz (2003): **Publizistik- und Kommunikationswissenschaft.** Ein Handbuch. Konstanz. [*]

Pürer, Heinz (2006): **Boom, Krise, Wege aus der Krise.** Zur Lage der deutschen Tagespresse 1995–2005. In: Communicatio Socialis, Heft 1, 3–29.

Pürer, Heinz/Raabe, Johannes (2007): **Presse in Deutschland.** Konstanz (3. Aufl.). [*]

Pürer, Heinz/Rahofer, Meinrad/Reitan, Claus (Hg.) (2004): **Praktischer Journalismus.** Presse, Radio, Fernsehen, Online. Konstanz/Salzburg (5. Aufl.). [*]

Quinn, Stephen/Filak, Vincent (Hg.) (2005): **Convergent Journalism: An Introduction.** Amsterdam u. a. [*]

Rager, Günther (1994): **Dimensionen der Qualität.** Weg aus den allseitig offenen Richter-Skalen? In: Günter Bentele/Kurt R. Hesse (Hg.): Publizistik in der Gesellschaft. Konstanz, 189–209.

Rager, Günther/Schaefer-Dieterle, Susanne/Weber, Bernd (Hg.) (1994): **Redaktionelles Marketing.** Wie Zeitungen die Zukunft meistern. Bonn. [*]

Rager, Günther/Graf-Szczuka, Karola/Hassemer, Gregor/Süper, Stephanie (Hg.) (2006): **Zeitungsjournalismus.** Empirische Leserschaftsforschung. Konstanz.

Raupp, Juliana (2005): **Determinationsthese.** In: Günter Bentele/Romy Fröhlich/Peter Szyszka (Hg.): Handbuch der Public Relations. Wissenschaftliche Grundlagen und berufliches Handeln. Wiesbaden, 192–208.

Reitze, Helmut/Ridder, Christa-Maria (Hg.) (2006): **Massenkommunikation VII.** Eine Langzeitstudie zur Mediennutzung und Medienbewertung 1964–2005. Baden-Baden.

Renger, Rudi (2000): **Populärer Journalismus.** Nachrichten zwischen Fakten und Fiktion. Innsbruck u. a.

Renner, Karl Nikolaus (2007): **Fernsehjournalismus.** Entwurf einer Theorie des kommunikativen Handelns. Konstanz.

Requate, Jörg (1995): **Journalismus als Beruf.** Entstehung und Entwicklung des Journalistenberufs im 19. Jahrhundert. Deutschland im internationalen Vergleich. Göttingen.

Resing, Christian (2006): **Nachrichtenagenturen – Dienstleister für die Zeitungen.** In: Bundesverband Deutscher Zeitungsverleger (Hg.): Zeitungen 2006. Berlin, 244–253. [*]

Reumann, Kurt (2003): **Journalistische Darstellungsformen.** In: Elisabeth Noelle-Neumann/Winfried Schulz/Jürgen Wilke (Hg.): Fischer Lexikon Publizistik Massenkommunikation. Frankfurt, 126–152.

Reus, Gunter (1999): **Ressort: Feuilleton.** Kulturjournalismus für Massenmedien. Konstanz (2. Aufl.). [*]

Ridder, Christa-Maria/Engel, Bernhard (2005): **Massenkommunikation 2005: Images und Funktionen der Massenmedien im Vergleich.** Ergebnisse der 9. Welle der ARD/ZDF-Langzeitstudie zur Mediennutzung und -bewertung. In: Media Perspektiven, Heft 9, 422–448.

Robinson, Gertrude Joch (1973): **Fünfundzwanzig Jahre »Gatekeeper«-Forschung: Eine kritische Rückschau und Bewertung.** In: Jörg Aufermann/Hans Bohrmann/Rolf Sülzer (Hg.): Gesellschaftliche Kommunikation und Information. Band 1. Frankfurt, 344–355.

Roloff, Eckart Klaus (1982): **Journalistische Textgattungen.** München.

Ronneberger, Franz (1989): **Die Rolle der Verfassungsgerichtsbarkeit beim Wandel des Rundfunksystems.** In: Max Kaase/Winfried Schulz (Hg.): Massenkommunikation. Theorien, Methoden, Befunde. Opladen, 72–84.

Röper, Horst (2006 a): **Formationen deutscher Medienmultis 2005.** Teil 1 und Teil 2. In: Media Perspektiven, Heft 3, 114–124, Heft 4, 182–200.

Röper, Horst (2006 b): **Probleme und Perspektiven des Zeitungsmarktes.** Daten zur Konzentration der Tagespresse in der Bundesrepublik Deutschland im I. Quartal 2006. In: Media Perspektiven, Heft 5, 283–297.

Rössler, Patrick (2005): **Inhaltsanalyse.** Konstanz (= Reihe UTB basics). [*]

Röttger, Ulrike (2005): **Public Relations.** In: Siegfried Weischenberg/Hans J. Kleinsteuber/Bernhard Pörksen (Hg.): Handbuch Journalismus und Medien. Konstanz, 369–374.

Rühl, Manfred (1979): **Die Zeitungsredaktion als organisiertes soziales System.** Freiburg (2. Aufl.).

Rühl, Manfred (1980): **Journalismus und Gesellschaft.** Bestandsaufnahme und Theorieentwurf. Mainz.

Ruhrmann, Georg/Göbbel, Roland (2007): **Veränderung der Nachrichtenfaktoren und Auswirkungen auf die journalistische Praxis in Deutschland** (www.netzwerkrecherche.de/docs/ruhrmann-goebbel-veraenderung-der-nachrichtenfaktoren.pdf).

Rusch, Doris Carmen (2006): **Online Journalismus.** Von den Möglichkeiten der Web-Inszenierung zum audio-visuellen Gesamtereignis am Beispiel online-journalistischer Kulturberichterstattung in Österreich und den USA. Frankfurt.

Ruß-Mohl, Stephan (1992): **Am eigenen Schopfe ...** Qualitätssicherung im Journalismus – Grundfragen, Ansätze, Näherungsversuche. In: Publizistik, Heft 1, 83–96.

Ruß-Mohl, Stephan (1994): **Der I-Faktor.** Qualitätssicherung im amerikanischen Journalismus. Modell für Europa? Zürich. [*]

Ruß-Mohl, Stephan (1995): **Redaktionelles Marketing und Management.** In: Otfried Jarren (Hg.): Medien und Journalismus 2. Eine Einführung. Opladen, 103–138.

Ruß-Mohl, Stephan (1997): **Infrastrukturen der Qualitätssicherung.** In: Hartmut Weßler/Christiane Matzen/Otfried Jarren/Uwe Hasebrink (Hg.): Perspektiven der Medienkritik. Die gesellschaftliche Auseinandersetzung mit öffentlicher Kommunikation in der Mediengesellschaft. Opladen, 219–224.

Ruß-Mohl, Stephan (1998): **Herr Fuchs als Ornithologe.** In: Publizistik, Heft 3, 287–292.

Ruß-Mohl, Stephan (2003): **Journalismus.** Das Hand- und Lehrbuch. Frankfurt.

Saxer, Ulrich (1992): **Strukturelle Möglichkeiten und Grenzen von Medien- und Journalismusethik.** In: Michael Haller/Helmut Holzhey (Hg.): Medien-Ethik. Beschreibungen, Analysen, Konzepte. Opladen, 104–128.

Saxer, Ulrich (2006): **Angewandte Kommunikationswissenschaft als Dienstleistung.** In: Christina Holtz-Bacha/Arnulf Kutsch/Wolfgang R. Langenbucher/Klaus Schönbach (Hg.): 50 Jahre Publizistik. Wiesbaden, 339–353.

Scheufele, Bertram (2003): **Frames – Framing – Framing-Effekte.** Theoretische und methodische Grundlegung des Framing-Ansatzes sowie empirische Befunde zur Nachrichtenproduktion. Wiesbaden.

Schmidt, Siegfried J./Weischenberg, Siegfried (1994): **Mediengattungen, Berichterstattungsmuster, Darstellungsformen.** In: Klaus Merten/Siegfried J. Schmidt/Siegfried Weischenberg (Hg.): Die Wirklichkeit der Medien. Eine Einführung in die Kommunikationswissenschaft. Opladen, 212–236.

Schneider, Beate/Schönbach, Klaus/Stürzebecher, Dieter (1993): **Journalisten im vereinigten Deutschland.** Strukturen, Arbeitsweisen und Einstellungen im Ost-West-Vergleich. In: Publizistik, Heft 3, 353–382.

Scholl, Armin (2003): **Die Befragung.** Sozialwissenschaftliche Methode und kommunikationswissenschaftliche Anwendung. Konstanz. [*]

Scholl, Armin/Weischenberg, Siegfried (1998): **Journalismus in der Gesellschaft.** Theorie, Methodologie und Empirie. Opladen, Wiesbaden.

Schönbach, Klaus (Hg.) (1997): **Zeitungen in den Neunzigern: Faktoren ihres Erfolgs.** 350 Tageszeitungen auf dem Prüfstand. Bonn.

Schönbach, Klaus (2004): **A Balance Between Imitation and Contrast: What Makes Newspapers Successful?** A Summary of Internationally Comparative Research. In: Journal of Media Economics, Heft 3, 219–227.

Schulz, Winfried (1989): **Massenmedien und Realität.** Die »ptolemäische« und die »kopernikanische« Auffassung. In: Max Kaase/Winfried Schulz (Hg.): Massenkommunikation. Theorien, Methoden, Befunde. Opladen, 135–149.

Schulz, Winfried (1997): **Politische Kommunikation.** Theoretische Ansätze und Ergebnisse empirischer Forschung zur Rolle der Massenmedien in der Politik. Opladen/Wiesbaden.

Schütz, Walter J. (2005): **Deutsche Tagespresse 2004.** Zeitungsmarkt trotz Krise insgesamt stabil. In: Media Perspektiven, Heft 5, 205–232.

Schwan, Gesine (2005): **Wo sind Medien legitimiert?** In: netzeitung.de vom 5. 9. (www.netzeitung.de/medien/356324.html).

Shoemaker, Pamela J. (1991): **Gatekeeping.** Newbury Park, London, New Delhi.

Siebert, Fred S./Peterson, Theodore/Schramm, Wilbur (1956): **Four Theories of the Press.** Urbana.

Sjurts, Insa (2004): **Der Markt wird's schon richten!?** Medienprodukte, Medienunternehmen und die Effizienz des Marktprozesses. In: Klaus-Dieter Altmeppen/Matthias Karmasin (Hg.): Medien und Ökonomie. Band 2. Wiesbaden, 159–181.

Steinmaurer, Thomas (2004): **Das Mediensystem Österreichs.** In: Hans-Bredow-Institut (Hg.): Internationales Handbuch Medien. 2004/2005. Baden-Baden (27. Aufl.), 505–520. [*]

Stöber, Rudolf (2005): **Deutsche Pressegeschichte.** Von den Anfängen bis zur Gegenwart. Konstanz (2. Aufl.). [*]

Stuiber, Heinz-Werner (1998): **Medien in Deutschland. Band 2: Rundfunk.** Zwei Teile. Konstanz. [*]

Tonnemacher, Jan (2003): **Kommunikationspolitik in Deutschland.** Eine Einführung. Konstanz (2. Aufl.). [*]

Tuchman, Gaye (1978): **Making News.** A Study in the Construction of Reality. New York, London.

Tuchman, Gaye (1979): **The Exception Proves the Rule: The Study of Routine News Practices.** In: Paul M. Hirsch/Peter V. Miller/F. Gerald Kline (Hg.): Strategies for Communication Research. Beverly Hills, London, 43–62.

van Eimeren, Birgit/Ridder, Christa-Maria (2005): **Trends in der Nutzung und Bewertung der Medien 1970 bis 2005.** Ergebnisse der ARD/ZDF-Langzeitstudie Massenkommunikation. In: Media Perspektiven, Heft 10, 490–504.

Vogel, Andreas (2006): **Stagnation auf hohem Niveau.** Daten zum Markt und zur Konzentration der Publikumspresse in Deutschland im I. Quartal 2006. In: Media Perspektiven, Heft 7, 380–398.

Volpers, Helmut (2007): **Public Relations und werbliche Erscheinungsformen im Radio.** Eine Typologisierung persuasiver Kommunikationsangebote des Radios. Berlin.

Wagner, Hans (1999): **Verstehende Methoden in der Kommunikationswissenschaft.** München.

Wallraff, Günter (1997): **Der Aufmacher.** Der Mann, der bei Bild Hans Esser war. Köln (Neuauflage).

Warren, Carl (1934): **Modern News Reporting.** Madison (als deutsche Übersetzung: ABC des Reporters. München 1959).
Weaver, David H. u.a. (2007): **The American Journalist in the 21st Century.** U.S. News People at the Dawn of a New Millennium. Mahwah/ London. [*]
Weichler, Kurt (2003): **Redaktionsmanagement.** Konstanz. [*]
Weischenberg, Siegfried (1983): **Investigativer Journalismus und »kapitalistischer Realismus«.** Zu den Strukturbedingungen eines anderen Paradigmas der Berichterstattung. In: Rundfunk und Fernsehen, Heft 3–4, 349–369.
Weischenberg, Siegfried (1989): **Der enttarnte Elefant.** Journalismus in der Bundesrepublik – und die Forschung, die sich ihm widmet. In: Media Perspektiven, Heft 4, 227–239.
Weischenberg, Siegfried (1990): **Das Prinzip »Echternach«.** Zur Einführung in das Thema »Journalismus und Kompetenz«. In: Siegfried Weischenberg (Hg.): Journalismus & Kompetenz. Qualifizierung und Rekrutierung für Medienberufe. Opladen, 11–41.
Weischenberg, Siegfried (1995): **Journalistik.** Band 2. Opladen. [*]
Weischenberg, Siegfried (2001 a): **Nachrichten-Journalismus.** Anleitungen und Qualitäts-Standards für die Medienpraxis. Wiesbaden.
Weischenberg, Siegfried (2001 b): **Das Ende einer Ära?** Aktuelle Beobachtungen zum Studium des künftigen Journalismus. In: Kleinsteuber, Hans J. (Hg.): Aktuelle Medientrends in den USA. Journalismus, politische Kommunikation und Medien im Zeitalter der Digitalisierung. Wiesbaden, 61–82.
Weischenberg, Siegfried (2004): **Journalistik.** Band 1. Wiesbaden (3. Aufl.). [*]
Weischenberg, Siegfried/Kriener, Markus (1998): **Journalistik.** Band 3. Opladen. [*]
Weischenberg, Siegfried/Altmeppen, Klaus-Dieter/Löffelholz, Martin (1994): **Die Zukunft des Journalismus.** Technologische, ökonomische und redaktionelle Trends. Opladen.
Weischenberg, Siegfried/Malik, Maja/Scholl, Armin (2006): **Die Souffleure der Mediengesellschaft.** Report über die Journalisten in Deutschland. Konstanz. [*]
Welker, Martin/Werner, Andreas/Scholz, Joachim (2005): **Online-Research.** Markt- und Sozialforschung mit dem Internet. Heidelberg. [*]
Wilke, Jürgen (1998): **Was heißt journalistische Qualität?** Auch ein Versuch zur Bestimmung ihrer Kriterien. In: Wolfgang Duchkowitsch/ Fritz Hausjell/Walter Hömberg/Arnulf Kutsch/Irene Neverla (Hg.): Journalismus als Kultur. Analysen und Essays. Opladen, Wiesbaden, 133–142.
Wilke, Jürgen (Hg.) (1999): **Mediengeschichte der Bundesrepublik Deutschland.** Köln/Weimar/ Wien. [*]
Wilke, Jürgen (2000 a): **Grundzüge der Medien- und Kommunikationsgeschichte.** Von den Anfängen bis ins 20. Jahrhundert. Köln/Weimar/Wien. [*]
Wilke, Jürgen (Hg.) (2000 b): **Von der Agentur zur Redaktion.** Wie Nachrichten gemacht, bewertet und verwendet werden. Köln/Weimar/Wien. [*]
Wolff, Volker (2006): **ABC des Zeitungs- und Zeitschriftenjournalismus.** Konstanz. [*]
Woodward, Bob (2006): **Der Informant.** Deep Throat – die geheime Quelle der Watergate-Enthüller. Hamburg/Berlin.
Wyss, Vinzenz (2001): **Journalismusforschung.** In: Otfried Jarren/Heinz Bonfadelli (Hg.): Einführung in die Publizistikwissenschaft. Bern/ Stuttgart/Wien, 259–284.
Wyss, Vinzenz (2002): **Redaktionelles Qualitätsmanagement.** Ziele, Normen, Ressourcen. Konstanz. [*]
Wyss, Vinzenz (2004): **Journalismus als duale Struktur.** Grundlagen einer strukturationstheoretischen Journalismustheorie. In: Martin Löffelholz (Hg.): Theorien des Journalismus. Ein diskursives Handbuch. Wiesbaden (2. Aufl.), 305–320.
Wyss, Vinzenz (2006): **Zum Potential der Qualitätsforschung als anwendungsorientierte Wissenschaft.** In: Siegfried Weischenberg/ Wiebke Loosen/Michael Beuthner (Hg.): Medien-Qualitäten. Öffentliche Kommunikation zwischen ökonomischem Kalkül und Sozialverantwortung. Konstanz, 263–282.
Yin, Robert K. (2003): **Case Study Research.** Design and Methods. Thousand Oaks (3. Aufl.).
Zimmermann, Clemens (2007): **Medien im Nationalsozialismus.** Deutschland, Italien und Spanien in den 1930er und 1940er Jahren. Köln/Weimar/Wien. [*]
Zerdick, Axel u.a. (2001): **Die Internet-Ökonomie.** Strategien für die digitale Wirtschaft. Berlin/ Heidelberg (3. Aufl.). [*]
Zschunke, Peter (2000): **Agenturjournalismus.** Nachrichtenschreiben im Sekundentakt. Konstanz (2. Aufl.). [*]

Register

Accuracy-Forschung 226, 229
Agenda Setting 26, 115, 119 f.
Aktualität 13, 29 f., 34 f., 74, 99, 104, 180, 226–228, 232, 254
Aufmerksamkeitsregeln 173
Authentizität 37, 185

Befragung 39, 43, 45–52, 54, 57, 59, 61–64, 85, 95 f., 175, 207 f., 210, 228, 231, 239, 246, 248, 258
Beobachtung 13, 16, 28, 30, 39, 47, 49, 52, 54, 57, 63, 114, 176, 178, 197, 248, 254, 256
Berufsprestige 118, 120
Blattmacher 161
Blogs (siehe auch Weblogs) 93, 123 f., 251
Boulevard 36 f., 46, 130, 135, 143, 145, 188, 234 f., 252, 257
Bundeskartellamt 84, 136
Bundespräsident 31, 56, 175, 242
Bundesverfassungsgericht 82, 92, 127

Citizen Journalism 123, 186, 251, 259
Content syndication 132
Corporate Publishing 201, 250
crossmedial (siehe auch Konvergenz) 99, 167, 169, 231, 246, 251, 257
Crossownership 134 f., 158
Cultural Studies 26 f., 35–38

DDR 71, 134, 141, 217
deduktiv 40–44
Demokratie 9, 14 f., 22, 30, 78, 83, 127, 140, 185, 200, 224, 228, 234
Deutsche Gesellschaft für Publizistik- und Kommunikationswissenschaft (DGPuK) 19
Deutscher Rat für Public Relations 240
Digitalisierung 122–124, 165, 170, 251, 253, 257 f.
diversity in the newsroom 207, 217
Duales Rundfunksystem 72, 127, 149

Einkommen 46, 95, 100 f., 205 f.
Einschaltquote 65, 67, 96 f., 102, 152, 229, 256
Entgrenzung des Journalismus 37, 253–255, 259
Entwicklungsredaktion 221, 257

Faktizität 13 f., 37, 185
Fallstudien 40, 42 f., 48 f., 54, 57, 63
Falsifikation 25, 38, 41
Fiktion 13, 30, 36–38, 113, 186
Fragebogen 50–52, 64, 247
Framing 192, 195
Frauen im Journalismus 205
Funktion 13, 28 f., 32, 37 f., 58, 79, 103, 128, 180, 199, 203, 252, 254

Gatekeeping 166, 191 f., 197, 201, 250, 253
Genres 181, 188, 190
Geschichte 21, 68–70, 77, 87, 134, 164, 174, 179, 218, 252
Glaubwürdigkeit 16, 99, 113, 118, 130 f., 186, 227, 240, 243, 249 f.

Individualethik 238, 240
induktiv 40
Informationsfreiheitsgesetz 82

Inhaltsanalyse 39, 42, 44 f., 47, 55, 57, 61, 63 f., 85, 182, 198
Initiative Nachrichtenaufklärung 196
Inselfrage 108
Inszenierung 30, 175, 178, 180, 254
inverted pyramid 181, 190
Investigativer Journalismus 185–187, 189, 213, 234

Journalistenausbildung 9, 17, 20, 24, 42, 44 f., 58, 178, 183, 216–223
Journalistendichte 204
journalistische Tätigkeiten 209

Kommerzialisierung 112, 128, 140, 249, 258
Kommunikationsfreiheit 65, 81 f., 84, 88, 91 f., 118, 234, 244
Kommunikationspolitik 92
Kommunikationsraum 85
Kommunikationswissenschaft 9, 17–25, 74, 77, 94, 112, 122, 124, 216, 218, 220, 238, 260 f.
Kommunikatorforschung 18 f., 23, 59
Konstruktivismus 26 f., 174, 178
Konvergenz (siehe auch crossmedial) 74, 251, 254, 257
Konzentrationskontrolle 136, 140
Kritik und Kontrolle 15 f., 122, 128, 255
Kritischer Rationalismus 25, 38, 41, 176

Landesmedienanstalten 125–127, 136, 150, 200, 244
Leseranwalt 239
Long Tail 139

Media Analyse 95, 151
Medienkonzentration 133, 140
Medienlinguistik 183
Medienökonomie 18, 68, 140
Medienrecht 18, 92
Medienselbstkontrolle 243–245
Medienwissenschaft 20 f., 23, 121, 217, 218, 260
Meinungsfreiheit 71, 78, 82, 91
meritorische Güter 128 f., 140
mobile Kommunikation 154, 167

Nachrichtenagentur 31, 34 f., 56, 62, 71 f., 76, 80, 132, 142 f., 159, 198, 206
Nachrichtenfaktoren 14, 176, 192 f., 195, 197
Nachrichtenwertforschung 191 f., 197
Nationalsozialismus 71, 81, 141, 217
New Journalism 187
Newsdesk 62, 167 f., 170
Newsroom 62, 160, 167–170, 231, 258
Nutzungsforschung 104
Nutzungsmotive 109–111

objective reporting 184, 187, 198, 201
Objektivität 66, 172, 175–178, 184
öffentliche Aufgabe 15 f., 36, 83, 128, 137, 139, 199 f., 224, 256, 258
Öffentlichkeit 13, 15, 18, 21, 23, 32 f., 69, 74, 76, 78, 82, 86, 116, 127, 175, 191, 200 f., 203, 235, 238, 240, 244
Online-Journalismus 58, 153, 192, 222, 225, 227, 244
Österreich 72, 85, 100, 129, 132, 134, 136, 155–159, 184, 203–206, 214 f., 222, 230, 233, 242, 249, 250, 256

Periodizität 13, 74
Pluralität (siehe auch Vielfalt)
– Außenpluralität 125
– Binnenpluralität 125 f., 135
Podcasts 74, 123 f., 169
politische Einstellung der Journalisten 207
Presseförderung 129
Pressefreiheit 16, 69–71, 75–78, 80, 82–84, 87 f., 90 f., 123, 238, 241, 244
Pressekodex 15, 240–242, 244 f.
Presserat 16 f., 92, 232, 239, 241–245
Priming 115, 119
Professionalisierung 58, 217, 229, 258
Professionsethik 240 f.
Prognose 24, 27, 248
Public Journalism 185–187, 211

Public Relations 21, 55, 146, 172, 175, 177, 184, 191 f., 198–203, 226, 240, 244, 250, 253, 255, 258
Public Service 87
Publizistik 9, 17, 19–26, 29, 112, 124, 182, 210, 217 f., 224, 261
Publizistische Einheit 45, 134, 142 f.
Publizität 74

Qualität 14, 20, 26, 37, 39, 44 f., 47, 60, 62, 67, 86, 99, 165, 169, 224–234, 238 f., 244, 250, 252, 256, 258
Qualitätsmanagement 99, 166, 221, 224, 231–233, 257, 259
Qualitätssicherung 16, 176, 228–231, 233, 256
Quellen 49, 66 f., 82, 91, 97, 104, 126, 145, 153, 185, 198, 206, 212, 214, 218, 220, 227, 229, 234, 240, 253

Radiocontrol 98
ReaderScan 98
Realismus 174 f., 178
Recherche 14, 31, 45, 48, 50, 52, 54, 63, 66, 78, 118, 161, 167, 185–187, 198, 208–210, 213–215, 219–221, 225 f., 228, 234, 240 f., 243, 257
Redaktion 15, 49, 51 f., 54, 62, 66 f., 75 f., 82, 84, 93, 99, 132, 143, 153, 159–162, 164–170, 176, 188 f., 192, 216, 221, 227, 229, 231 f., 237, 239, 242, 258
Redaktionelles Marketing 103 f., 256
Redaktionsforschung 52, 54, 166, 191
Redaktionskonferenz 164, 231
Redaktionsmanagement 62, 68, 164, 166 f., 171
Redaktionssystem 165, 170
Relevanz 13, 30, 33, 57, 73 f., 176, 178, 193, 211, 226 f., 232
Reliabilität 45, 47, 63
Religion 28, 32, 34, 161, 207
Repräsentativität 45, 47, 51, 54, 63
Ressort 35, 52, 75, 162
Rieplsches Gesetz 77, 81
Risikokommunikation 117
Rollenselbstverständnis 66, 210, 212, 215
Routinen 14, 52, 66, 68, 172, 174, 177, 179, 180, 183, 190 f., 218, 231, 257
Rundfunkrat 126 f., 129, 243

Schleichwerbung 84, 179, 200, 240, 243, 249
Schweigespirale 115, 119 f., 211
Schweiz 70, 85, 94, 98 f., 132, 155, 157–159, 184, 203 f., 206, 211 f., 214 f., 217, 222, 229–231, 233, 241, 249, 250
Selbstbeobachtung 28 f., 32, 35, 37 f., 252
Sinus-Milieus 101, 104
Social Software 123, 166, 180, 201
Spiegel-Urteil 82–84, 92
Studienführer 223
Synchronisation 28–30, 34 f., 37 f., 252
Systemtheorie 26–28, 35, 38, 66

Tabloid 145
Total Quality Management 231
Transparenz 15 f., 33, 46, 176, 186, 227, 229, 232, 234, 240, 243
Trends 24, 56, 105 f., 132, 145, 151, 161, 245–249, 252, 256, 258
Trendsetter 246

Unabhängigkeit 15, 16, 22, 226 f., 232, 234, 240, 250
Unique User 96 f., 154
Universalität 74
Unternehmenskommunikation 14, 202

Validität 45, 47, 63
Vertrauen 14, 16, 33, 58, 118, 213, 226
Vielfalt 12, 62, 74, 76, 84, 86, 124 f., 127, 129, 133, 135, 140 f., 143, 153, 160, 174, 176, 207, 227, 232, 238, 251
Volontariat 17, 217–219, 222

W-Fragen 176
Watchdogs 16
Web 2.0 138 f., 141, 166, 248, 251

Weblogs 16, 18, 91, 123, 139, 180, 226, 240, 250
Wikipedia 123, 139, 166
Wirtschaftsethik 239 f.
Wissenschaftsjournalismus 42 f., 75, 190, 220, 222, 229
Wissenschaftstheorie 25, 38, 40, 176
Wissenskluft 116, 120
Wissensmanagement 166
Wistleblowers 234
Workflow 164, 170

Zeitungswissenschaft 21, 26, 74, 166
Zielgruppe 13, 30, 66, 98, 100, 103, 147, 151 f., 160, 167, 176, 188, 200, 212, 220 f., 225, 232, 246, 250, 256

pro Studium

Andrea Beyer, Petra Carl
Einführung in die Medienökonomie
2004, 216 Seiten, broschiert
UTB 2574
ISBN 978-3-8252-2574-2

Heinz Bonfadelli
Medieninhaltsforschung
Grundlagen, Methoden, Anwendungen
2002, 212 Seiten, broschiert
UTB 2354
ISBN 978-3-8252-2354-0

Heinz Bonfadelli
Medienwirkungsforschung I
Grundlagen und theoretische Perspektiven
2004, 300 Seiten, broschiert
ISBN 978-3-8252-2502-5

Heinz Bonfadelli
Medienwirkungsforschung II
Anwendungen in Politik, Wirtschaft und Kultur
2004, 328 Seiten, broschiert
UTB 2615
ISBN 978-3-8252-2615-2

Nils Borstnar, Eckhard Pabst, Hans Jürgen Wulff
Einführung in die Film- und Fernsehwissenschaft
2002, 230 Seiten, broschiert
UTB 2362
ISBN 978-3-8252-2362-5

Konrad Dussel
Deutsche Rundfunkgeschichte
2004, 320 Seiten, broschiert
UTB 2573
ISBN 978-3-8252-2573-5

Werner Früh
Inhaltsanalyse
Theorie und Praxis
6., überarbeite Auflage
2007, 310 Seiten, broschiert
ISBN 978-3-8252-2501-8

Andreas Hepp
Transkulturelle Kommunikation
2006, 342 Seiten, broschiert
UTB 2746
ISBN 978-3-8252-2746-3

Bernd Klammer
Empirische Sozialforschung
Eine Einführung für Kommunikationswissenschaftler und Journalisten
2005, 346 Seiten, broschiert
UTB 2642
ISBN 978-3-8252-2642-8

UVK UTB

pro Studium

H. Küchenhoff,
T. Knieper, W. Eichhorn,
H. Mathes, K. Watzka
Statistik für Kommunikationswissenschaftler
2., überarbeitete Auflage
2006, 384 Seiten, broschiert
UTB 2832
ISBN 978-3-8252-2832-3

Michael Meyen
Mediennutzung
Mediaforschung, Medienfunktionen, Nutzungsmuster
2004, 302 Seiten, broschiert
UTB 2621
ISBN 978-3-8252-2621-3

Lothar Mikos
Film- und Fernsehanalyse
2003, 368 Seiten, broschiert
UTB 2415
ISBN 978-3-8252-2415-8

Lothar Mikos,
Claudia Wegener (Hg.)
Qualitative Medienforschung
Ein Handbuch
2005, 616 Seiten, gebunden im Großformat
UTB 8314
ISBN 978-3-8252-8314-8

Sabina Misoch
Online-Kommunikation
2006, 220 Seiten, broschiert
UTB 2835
ISBN 978-3-8252-2835-4

Marion G. Müller
Grundlagen der visuellen Kommunikation
Theorieansätze und Analysemethoden
2003, 304 Seiten, broschiert
UTB 2414
ISBN 978-3-8252-2414-1

Daniel Perrin
Medienlinguistik
Inklusive CD-ROM
2006, 240 Seiten, broschiert
UTB 2503
ISBN 978-3-8252-2503-2

Stephan Porombka
Kritiken schreiben
Ein Trainingsbuch
2006, 270 Seiten, broschiert
UTB 2776
ISBN 978-3-8252-2776-0

Manuel Puppis
Einführung in die Medienpolitik
2007, 366 Seiten, broschiert
UTB 2881
ISBN 978-3-8252-2881-1

pro Studium

Heinz Pürer, Johannes Raabe
Presse in Deutschland
3., völlig überarbeitete u. erweiterte Auflage 2007
656 Seiten, gebunden im Großformat
UTB 8334
ISBN 978-3-8252-8334-6

Heinz Pürer
Publizistik- und Kommunikationswissenschaft
Ein Handbuch
2003, 598 Seiten, gebunden im Großformat
UTB 8249
ISBN 978-3-8252-8249-3

Patrick Rössler
Inhaltsanalyse
2005, 300 Seiten, broschiert
UTB 2671
ISBN 978-3-8252-2671-8

Armin Scholl
Die Befragung
Sozialwissenschaftliche Methode und kommunikationswissenschaftliche Anwendung
2003, 384 Seiten, broschiert
UTB 2413
ISBN 978-3-8252-2413-4

Rudolf Stöber
Deutsche Pressegeschichte
Von den Anfängen bis zur Gegenwart
2., überarbeitete Auflage
2005, 396 Seiten, broschiert
UTB 2716
ISBN 978-3-8252-2716-6

Barbara Thomaß (Hg.)
Mediensysteme im internationalen Vergleich
2007, 370 Seiten, broschiert
UTB 2831
ISBN 978-3-8252-2831-6

Stefan Weber (Hg.)
Theorien der Medien
Von der Kulturkritik bis zum Konstruktivismus
2003, 360 Seiten, broschiert
UTB 2424
ISBN 978-3-8252-2424-0

Guido Zurstiege
Werbeforschung
2007, 234 Seiten, broschiert
UTB 2909
ISBN 978-3-8252-2909-2